LIVRE D'HOMMAGE
A
GEORGES CLEMENCEAU

LIVRE D'HOMMAGE
A
GEORGES CLEMENCEAU

LE MINISTÈRE
DE
LA VICTOIRE

> LES ARMÉES ET LEURS CHEFS,
> LE GOUVERNEMENT DE LA
> RÉPUBLIQUE, LE CITOYEN
> GEORGES CLÉMENCEAU
> PRÉSIDENT DU CONSEIL,
> MINISTRE DE LA GUERRE,
> LE MARÉCHAL FOCH
> GÉNÉRALISSIME DES
> ARMÉES ALLIÉES, ONT
> BIEN MÉRITÉ DE LA PATRIE

LE TEXTE DE LA PRÉSENTE LOI SERA GRAVÉ POUR DEMEURER PERMANENT DANS TOUTES LES MAIRIES ET DANS TOUTES LES ÉCOLES DE LA RÉPUBLIQUE.

VOTÉE PAR LE SÉNAT
le 7 Novembre 1918.

VOTÉE PAR LA CHAMBRE DES DÉPUTÉS
le 11 Novembre 1918.

Le texte de la présente loi sera aussi gravé dans tous les cœurs !
LES FRANÇAIS.

EN CE
LIVRE D'HOMMAGE

trop modeste pour le but qu'ils visent

MM.

Paul ADAM. — Jean AICARD, *de l'Académie française*. — Jean AJALBERT, *de l'Académie Goncourt*. — Mark BALDWIN, *correspondant de l'Institut*. — Maurice BARRÈS, *de l'Académie française, député*. — Henry BATAILLE. — Louis BARTHOU, *de l'Académie française, député*. — Paul BÉNAZET, *député*. — E. BENOIT-LÉVY, *Secrétaire Général de la Ligue: " Souvenez-vous ! "*. — Henry BÉRENGER, *sénateur*. — Arthur BERNÈDE. — Henry BERNSTEIN. — Georges BERTHOULAT, *Directeur de "La Liberté"*. — Théodore BOTREL. — Paul BLUYSEN, *député*. — Dominique BONNAUD. — Jean de BONNEFON. — René BOYLESVE, *de l'Académie française*. — CHAVENON, *Directeur de "l'Information"*. — Georges COURTELINE. — Paul DESCHANEL, *de l'Académie française, Président de la Chambre des Députés*. — DUMONT-WILDEN. — Georges d'ESPARBÈS. — Paul FÉVAL fils. — Camille FLAMMARION. — Paul FORT. — Emile GAUTIER. — Gustave GEFFROY, *de l'Académie Goncourt*. — R. GROSDIDIER, *sénateur*. — Yves GUYOT. — Edmond HARAUCOURT. — Léon HENNIQUE, *de l'Académie Goncourt*. — HENRI-ROBERT, *bâtonnier de l'Ordre des Avocats à la Cour d'Appel de Paris*. — Rudyard KIPLING. — Henry KISTEMAEKERS. — LAMPUÉ, *doyen du Conseil Municipal de Paris*. — Hugues LAPAIRE. — André LEBEY, l'abbé LEMIRE, *députés*. — Georges LECOMTE, *Président de la Société des Gens de Lettres*. — Eugène LINTILHAC, *sénateur*. — LYSIS, *Directeur de la " Démocratie Nouvelle "*. — Maurice MAETERLINCK. — Paul MARGUERITTE, *de l'Académie Goncourt*. — Maurice des OMBIAUX, *Président des " Amitiés françaises " de Bruxelles*. — Henri d'ORCINES. — Armando PALACIO-VALDÈS, *de l'Académie espagnole*. — PHILIPOT, *sénateur*. — Jean PSICHARI. — Jean RAMEAU. — Jean RICHEPIN, *de l'Académie française*. — J.-H. ROSNY aîné, *de l'Académie Goncourt*. — Maurice SARRAUT, *sénateur, Directeur de "La Dépêche" de Toulouse*. — Maurice SCHWOB, *Directeur du "Phare de la Loire"*. — Albert VIGER, *sénateur*. — Lazare WEILLER, *député*. — L'abbé E. WETTERLÉ, *ex-député au Reichstag et au Parlement d'Alsace-Lorraine*. — CARTON DE WIART, *ancien Ministre de la justice du Royaume de Belgique*. — Pierre WOLFF, *Président de la Société des Auteurs dramatiques*

et les artistes MM. FORAIN, Ricardo FLORÈS, Alfred HOËN, Lucien JONAS, LÉANDRE, ROUBILLE, Henri ROYER.

ont voulu célébrer la Gloire impérissable de

Georges CLEMENCEAU

et le Triomphe Éternel des

ARMÉES de la RÉPUBLIQUE

∽ ∽

Henri RAINALDY, *promoteur*   Jean CUSSAC, *imprimeur-éditeur*

ÉCRITS POUR LA POSTÉRITÉ

Écrits pour la Postérité

UNE PAGE DE CLEMENCEAU

« Qu'est-ce donc que ces fils des vaincus qui, trouvant leur pays démembré, vont, à deux pas de la frontière, sous les insultes de la presse pangermaniste, ajouter l'outrage de leurs révoltes aux blessures de la Patrie mutilée, comme pour mieux frayer le chemin à l'exécution des menaces ennemies? Leurs pères, tombés sur les champs de bataille pour sauvegarder la terre des aïeux, ne purent empêcher que des Français fussent arrachés de la France au tranchant du fer victorieux. Tout un peuple cria vers le Ciel que la France se retrouverait un jour. Heureux les morts de ne s'être pas vu renier par ceux-là mêmes qui leur devaient, devant l'Histoire, la réparation du Droit outragé. . . .

« Il faut bien que quelqu'un commence, dis-tu? Non pas. Il faut être au moins deux pour commencer. Tandis que tu désarmes, entends-tu le fracas des canons de l'autre côté des Vosges? Prends garde ! Tu pleurerais tout le sang de ton cœur sans pouvoir expier ton crime. Athènes, Rome, — les plus grandes choses du passé — furent balayées de la terre le jour où la sentinelle faillit, comme tu as commencé de faire. Et toi, ta France, ton Paris, ton village, ton champ, ton chemin, ton ruisseau, tout le tumulte d'histoire dont tu sors, puisque c'est l'œuvre de tes anciens, tout cela n'est-il donc rien pour toi, et vas-tu sans émoi livrer l'âme dont est pétrie ton âme à la fureur de l'étranger? Oui ! Dis donc que c'est cela que tu veux, ose le dire, afin d'être maudit de ceux qui t'ont fait homme et d'être déshonoré pour jamais.

« Tu t'arrêtes, tu n'avais pas compris, tu ne savais pas. On a requis de toi un sacrifice plus lourd que tu n'avais pensé ! Il est vrai. C'est un surcroît d'efforts qui te fut demandé à toi comme à bien d'autres qui se seraient crus indignes de la France s'ils avaient murmuré. Eh bien ! souviens-toi que ce n'est pas encore assez pour la Patrie. Un jour, au plus beau du moment où fleurit l'espérance tu quitteras tes parents, ta femme, tes enfants, tout ce que tu chéris, tout ce qui tient ton cœur et l'enserre, et tu t'en iras chantant comme hier, mais une toute autre chanson, avec des frères, — avec de vrais frères, ceux-là — au-devant de la mort affreuse qui fauchera des vies humaines en un effroyable ouragan de fer. Et voilà qu'à ce moment suprême, tu reverras dans un éclair tout ce qui se peut rassembler en ce mot si doux : le Pays; et ta cause te paraîtra si belle, tu seras si fier de tout donner pour elle que, blessé ou frappé à mort, tu tomberas content.

« Et ton nom sera honoré et ton fils portera haut son regard, car, plus heureux que toi, il aura compris dès l'enfance la beauté du sacrifice pour la noblesse du foyer, et son cœur battra plus fort à son souvenir, et tu auras vécu, et, mort, tu continueras de vivre dans les tiens. »

« CLEMENCEAU. »

◆ *A propos des incidents militaires de* 1913.

En ce vieillard actif et décidé, s'incarne enfin notre espoir de Liberté universelle qui, depuis les Encyclopédistes, exalta l'énergie de Danton, l'intelligence de Carnot, le génie de Bonaparte, la passion de Gambetta, la sagesse de Freycinet, l'élan sublime de nos poilus, la science créatrice de nos industriels, toutes les noblesses de la Nation.

Trois siècles de gloire spirituelle et militaire parlent avec la voix de Clemenceau devant le monde attentif pour nos drapeaux sanglants.

Il est beau que cet ancien maire de Montmartre refusant de livrer ses canons aux fauteurs d'une paix indigne, il est beau que ce même homme guide aujourd'hui les forces du peuple en armes, selon l'idéal manifesté au Soleil de Mars 1871, par les citoyens morts ensuite pour l'honneur de Paris, et pour l'indépendance de sa commune. Il est beau que l'ancien édile de Montmartre efface, avec les soldats de Foch et de Mangin, l'humiliation subie par les principes du Droit, selon les furies toujours renaissantes des Barbares.

Ainsi, sur les stèles latines, Mithra, le dieu porte-lumière des légions romaines, le dieu au bonnet phrygien, égorge la bestialité du taureau dévastateur, devant la clarté de l'immortel flambeau.

Paul ADAM.

Octobre 1918.

◇ ◇ ◇

Avec la France entière, j'admire les hautes qualités morales, la fermeté, la vaillance de Georges Clemenceau. Quelque chose de cette âme, de sa foi dans les destinées françaises, dans le libre avenir du monde, est venu, à l'heure fatidique, s'ajouter aux forces d'âme de notre Patrie.

Et encore, il semblait impossible qu'un homme pût trouver des paroles assez grandes pour être à la taille des Événements. Il les a trouvées. Il les a dites. Elles resteront.

Sa splendide vieillesse est belle comme l'immortalité même.

Jean AICARD,
de l'Académie française,
Président de « L'Union française. »

La Garde (Var), 3 octobre 1918.

J'ai débuté à *La Justice* de Clemenceau, il y a trente-cinq ans — et, comme je ne suis jamais tombé dans la politique, je n'ai jamais été éloigné de lui, en admiration et en amitié. Mon hommage ne lui sera donc pas nouveau — et je suis avec vous bien cordialement.

Jean AJALBERT,
de l'Académie Goncourt.

7 octobre 1918.

◇ ◇ ◇

Clemenceau, Man of Action

My qualifications for writing a word in honour of George Clemenceau are two : I am an American, and I am a philosopher. The philosopher decides that Clemenceau is a *man of action*, and the American, member of the Nation which a competent French writer has recently called the « people of action », claims him *as one of them.*

It should be remembered that Doctor Clemenceau lived some time in the United States, in one of the smaller cities, where the spirit of American life could penetrate without alarming him and could be absorbed without coming into conflict with the more reflective and better-poised instincts of the French-

Clemenceau, Homme d'Action

Je crois avoir deux titres qui m'autorisent à écrire quelques mots en l'honneur de Georges Clemenceau. Je suis Américain, et je suis philosophe. Comme philosophe, je déclare que Clemenceau est un *homme d'action ;* comme Américain, comme citoyen de la nation qu'un écrivain français distingué a récemment appelée le « peuple de l'action », je le réclame *comme un des nôtres.*

On doit se rappeler que le docteur Clemenceau a vécu quelque temps aux Etats-Unis ; il a séjourné dans une des villes moyennes où l'esprit de la vie américaine a pu l'imprégner sans lui inspirer des craintes et s'infuser en lui sans entrer en conflit avec ses instincts plus réfléchis et plus pondérés de Fran-

Les exploits du Poilu, dit-on, passent l'Histoire
Éclipse la Légende et fait pâlir la Gloire

man. It may be that the tonic of action there made its way into his veins and stimulated those faculties of dynamic idealism by the perfection of which his later career has astonished the world.

Be that as it may, we Americans, the « people of action », may be allowed to recognize him as being of our type, even though we have no claim to have helped to make him. He exemplifies the play of those *idées-forces* which in American public life succeed each other like so many comets passing across the heavens.

In Clemenceau, France has had her? *idée-force*, her dynamic thought. In this stupendous crisis, he has been the channel for the direction of her energies. To other peoples, he stands the symbol of the new France, emerging from her ordeal. He is like France renewed in her spiritual energies, like France young in her powerful maturity, like France majestic in her democratic simplicity, like France serene in victory — France, splendid champion of the ideal which stands triumphant amid the ruins

çais. Il se peut que ce tonique de l'action ait pénétré dans ses veines pour stimuler en lui ces facultés d'idéalisme dynamique dont la puissance devait plus tard étonner l'univers.

Quoi qu'il en soit, nous autres Américains, nous le « peuple de l'action », nous sommes en droit de reconnaître qu'il est façonné sur le même type que nous, même si nous n'avons contribué en rien à sa formation morale. Il personnifie le jeu de ces *idées-forces* qui se succèdent dans la vie américaine comme autant de comètes qui passent à travers le ciel.

Dans Clemenceau la France a trouvé son *idée-force*, sa pensée dynamique. Dans cette crise suprême, il a su canaliser et orienter ses énergies. Aux yeux des autres peuples, il se dresse comme le symbole de la Nouvelle France, surgissant de l'épreuve. Il manifeste la France renouvelée dans ses énergies spirituelles, la France jeune dans sa maturité puissante, la France majestueuse dans sa simplicité démocratique, la France sereine dans sa victoire — la France, champion splendide de l'idéal, qui reste debout

of false theories and base purposer, France proclaiming: *Behold, the ideal becomes real when by action we make it so!*

Clemenceau is the *idée-force* of victorious Republican France.

As an American and as a philosopher, therefore, one of the « people of action », and in their name, I do homage to *George Clemenceau, man of action.*

J.-Mark BALDWIN,
Correspondant étranger de l'Institut.

triomphante parmi toutes les ruines des théories mensongères et des desseins sordides, la France qui proclame : *Regardez, l'idéal se fait réel quand notre action le réalise !*

Clemenceau est l'*idée-force* de la France républicaine victorieuse.

Aussi, comme Américain et comme philosophe, comme membre du « peuple de l'action » et en son nom, je rends hommage à *Georges Clemenceau, homme de l'action.*

J.-Mark BALDWIN,
Correspondant étranger de l'Institut.

◇ ◇ ◇

Nous avons au Gouvernement un homme qui est un fameux modèle, un défenseur et excitateur du moral français. Quelles résolutions il sut prendre dans son patriotisme ! Nous ne l'avons pas toujours aimé. Eh bien ! nous l'aimons aujourd'hui, tous, de tout cœur, pour une seule raison, parce qu'il est utile à la France. Les Boches l'exècrent, les poilus l'estiment, et Déroulède nous dit de joindre le nom de Clemenceau au vivat que nous lançons pour nos chefs et nos soldats.

Maurice BARRÈS,
de l'Académie française. Député.

(Discours à la *Ligue des Patriotes*, le 11 juillet 1918.)

Vers 1916, au moment où l'incurie, l'optimisme, la cécité, faisaient leur ravage en France, l'auteur de ces lignes écrivait à Clemenceau, je ne sais plus trop quoi maintenant, mais quelque chose qui signifiait ceci : « Combien sommes-nous qui souffrons de l'inertie intellectuelle et de l'imprévoyance ? Je hais la guerre de toutes mes forces, mais à tant faire, puisqu'elle est installée partout, c'est vous et pas un autre qui devriez être au pouvoir. C'est de vous que nous attendons toutes les délivrances, etc... Vous viendrez ! » Il était encore « enchaîné » ! Et le bruit des chaînes que secoue Prométhée est si doux aux oreilles des vieux libertaires !

A cette adjuration, Clemenceau répondit par une seule phrase (je l'ai retrouvée l'autre jour, par hasard, en ouvrant les « tiroirs au souvenir ») :

« *Trop de Gloire, Poète, trop de Gloire !* »

Ce jour-là, Clemenceau manqua de perspicacité. (Il s'est rattrapé depuis.) Et c'est le poète qui avait raison.

Elle est émouvante, n'est-ce pas, cette phrase qui marque si bien que tout homme ignore son Destin ?

Après tout, quand vous lui remettrez ce livre consacré à sa juste renommée, l'auteur du « *Voile du Bonheur* » est homme à lever les bras au ciel, en goguenardant, malgré les acclamations de la France entière :

« *Trop de Gloire, Poètes, trop de Gloire !* »

Henry BATAILLE.

Faire la Guerre...

« Je fais la guerre »
(Discours de M. Clemenceau à la tribune de la Chambre.)

Quand un pays est menacé, attaqué, envahi, le devoir du Gouvernement est de faire la guerre, mais la formule ne vaut que dans la mesure où des décisions de volonté la réalisent.

Faire la guerre, c'est, pour un Gouvernement, ne penser, ne vivre et n'agir que pour elle ;

Faire la guerre, c'est, pour un Chef de Gouvernement, s'oublier soi-même, se discipliner, se dévouer, se donner, se sacrifier tout entier, et, s'il lui est arrivé de se tromper, réclamer l'honneur courageux de se contredire ;

Faire la guerre, c'est élever toute la Nation au-dessus des partis, maintenir son union, entretenir sa confiance, stimuler son zèle, la délivrer des trahisons du dedans et l'armer contre les ennemis du dehors ;

Faire la guerre, c'est réaliser par l'unité de commandement, acceptée de tous, la cohésion et l'action combinées des forces alliées ;

Faire la guerre, c'est choisir, sans souci et sans peur de leurs opinions ou de leurs croyances, les chefs qui savent la faire, et ne pas se laisser troubler ou ne pas les troubler par des accidents passagers, injustement transformés en catastrophes irréparables ;

Faire la guerre, c'est aimer les soldats et leur prouver, par une sollicitude constante, affirmée au milieu de leurs propres périls, qu'on les soutient et qu'on les aime ;

Faire la guerre, c'est, pour un Ministre français, conserver une foi inébranlable dans les droits et dans les destinées de la France ;

Faire la guerre, c'est défendre la France avec la sollicitude inquiète, le respect attentif et l'affection passionnée que l'on porte à sa mère ;

Faire ainsi la guerre, c'est vaincre, chasser l'ennemi, libérer le territoire, prendre des garanties, s'assurer des gages et ajouter pour soi, à la satisfaction d'un devoir bien rempli, la gloire méritée d'entrer vivant dans l'Immortalité.

Louis BARTHOU,
de l'Académie française.
Député.

◇ ◇ ◇

Comme Rapporteur du budget de la guerre, j'ai eu souvent l'occasion d'apprécier, chez celui que la France acclame aujourd'hui, les qualités de décision qui permirent aux hommes de la Convention de décréter la victoire et de l'obtenir.

Incontestablement, il est de leur lignée. Dès le début des hostilités, son esprit critique et violemment autoritaire le porta à dénoncer d'inexcusables fautes. Pour beaucoup d'entre nous, elles étaient évidentes et pouvaient compromettre l'issue de la guerre. La lutte était engagée contre un ennemi puissant. Il poursuivait ses buts de conquête en employant des procédés scientifiques entièrement inédits. En face du commandement allemand, appliquant avec une froide cruauté des méthodes nouvelles, nous n'opposions que des organismes attardés dans des doctrines désuètes.

Pour triompher de nos agresseurs, il devenait urgent de secouer toute paresse d'action et même de pensée. Tandis que le mot d'ordre était d'approuver sans réserve les conceptions de nos dirigeants militaires, servis par une bureaucratie indolente, une voix s'éleva : celle du vieux lutteur qui, depuis quarante ans, jamais n'avait craint personne.

Il entreprit de combattre sans relâche les hommes de routine. Bravant l'impopularité, bientôt il devint le centre d'une opposition de jour en jour plus forte. Autour de lui se groupèrent ceux qui ne doutaient pas du triomphe de la cause de la France et du Droit, mais qui sentaient que, pour réussir à abattre le militarisme prussien, il était nécessaire de détruire les forces d'inertie qui arrêtaient la victoire.

C'est en vain qu'on lui reprocha alors — et avec quelle âpreté ! — les luttes ardentes de sa vie. A l'heure des hésitations coupables, ses défauts devinrent des qualités : celles qui firent la gloire des Danton, des Saint-Just, des Carnot !

Il fallait un homme d'audace, un homme de fer. On trouva Clemenceau !

Paul BÉNAZET,
Député de l'Indre,
Rapporteur Général des Budgets de la Guerre
et de l'Armement.

Toute ma vie, j'ai connu Clemenceau comme un démolisseur de ministères. Il a empêché d'excellentes choses de s'accomplir, il a provoqué l'accomplissement de mauvaises ; il a contribué à créer cette situation d'incertitude politique de laquelle il résulte que le pays ne se sent pas gouverné... Je considérais cet homme politique comme néfaste — j'ai la franchise de mon opinion — et je ne pense pas avoir été le seul à penser ainsi.

Je dis « avoir été... » j'ai changé d'opinion, naturellement ; Clemenceau vient peut-être de sauver la France... et, chose curieuse, en lui donnant la sensation qu'elle est gouvernée. Notre pays s'en allait en déliquescence ; Clemenceau a pris le gouvernail et a dirigé la barque droit à l'ennemi ; il a redressé une situation morale qui devenait lamentable. Il a réussi contre l'ennemi du dehors...

Il néglige par trop l'ennemi de l'intérieur... Je souhaite que Clemenceau puisse aller jusqu'au bout du programme et réaliser l'union des classes pour le progrès, en anéantissant l'idée de « lutte de classes » qui conduit au bolchevisme.

Ed.-BENOIT-LÉVY,
Président des « Amis de Paris »,
Secrétaire général de la « Ligue française du Cinématographe »,
Secrétaire général de la « Ligue Souvenez-vous ! »

◇ ◇ ◇

Clemenceau au pouvoir pendant la guerre, c'est l'esprit critique devenu puissance d'action et c'est toute une longue vie concentrée en une flamme de maîtrise. Seule, une démocratie comme celle de notre race et de notre histoire pouvait produire à une pareille heure un pareil champion, non indigne des héros qu'il commande et des siècles qu'il ouvre.

Henry BÉRENGER,
Sénateur.

9 Octobre 1918.

◇ ◇ ◇

Quand la Patrie est en danger, toute préférence politique, toute sympathie personnelle doivent s'effacer devant le principe sacré de la Défense Nationale. Voilà pourquoi je m'incline avec émotion et reconnaissance devant celui qui, non seulement a su faire la guerre, mais est de taille à la gagner.

Depuis le jour où Danton poussa son fameux cri : *De l'audace, encore de l'audace, toujours de l'audace*, nul homme d'Etat n'a montré plus de foi patriotique, plus d'énergie indomptable que Georges Clemenceau. Il a su en imposer à ceux que l'exagération de leurs rêves humanitaires ou l'aigreur de leurs ambitions déçues pouvaient transformer en « empêcheurs » et même en factieux. Il a convaincu, sans les froisser, les amours-propres qui se refusaient à la réalisation du commandement unique des armées, sans lequel nous ne pouvions espérer la suprême victoire. Toujours et partout sur la brèche, au front comme à l'intérieur, il a tenu tête à tous les dangers, souri à toutes les mitrailles. Désormais, on doit mieux qu'admirer, on doit aimer cet homme ; car, par dessus tout, il aura été le bon médecin de cette grande blessée qu'était la France, en lui transfusant généreusement tout le sang de son cœur !

Arthur BERNÈDE.

26 Septembre 1918.

◇ ◇ ◇

La vie de Georges Clemenceau est la plus belle œuvre d'art contemporaine.

Vue de l'extérieur, elle est magnifique, déjà. Considérez ces grandes lignes qui se heurtent, ces longues ascensions éclatantes, ces chutes, dont l'une vertigineuse, et jusqu'au plus profond de l'hostilité, puis de l'oubli publics... L'oubli, marécage aux bords déserts, limon meurtrier, algues prenantes, dont Clemenceau, par la force de l'intelligence et de l'âme, s'arracha. Que de fois, parmi les efforts de cette terrible lutte, ses pieds durent toucher de grands corps rigides, ensevelis dans la vase du fond ! Tant de lutteurs fameux, comme lui précipités de tout, avaient péri là, sans témoins, sans pitié, affreusement. A leur contact, il ne frémissait même pas, cet invincible ! Il savait bien qu'il n'était pas né pour finir en bas.

Plus de vingt ans après, la grande guerre éclate sur le monde, avec un fracas dont nous demeurerons toujours assourdis. Dès les premières semaines, une voix s'éleva qui, par intervalles, traversait ce tumulte, — voix toute mêlée aux luttes du dernier demi-siècle, voix aiguë, implacable, passionnée, voix parfois injuste, mais voix qui jamais ne sut moduler les mots de la flatterie ou de la complaisance... Et cette voix faisait entendre ceci : « Moi !... Pas celui-là... ni celui-là, ni cet autre... Moi ! Moi, encore une fois, une dernière fois! Moi, pour ce qui fut l'espérance et tout l'objet de ma vie ! »

Celui qui osait crier ainsi, dans cette tempête sans pareille, était un vieillard de soixante-quinze ans...

Ce fut d'abord une huée de protestations presque unanimes et pour la plupart convaincues. Mais qu'importent à ce solitaire ces rumeurs et le sentiment d'autrui ! Trois années durant, il continue de lancer son appel... La guerre est longue, l'avenir si noir... Voici que petit à petit, sous le fouet de cette parole, le troupeau des hommes inquiets se serre, ouvre un chemin...

Et en sa soixante-dix-neuvième année, Georges Clemenceau vient d'entrer dans la gloire la plus haute. Déjà nous savons que son nom ne périra plus et que la légende prolongera à l'infini le souvenir de ce héros. Déjà nous le mêlons au petit groupe de ces personnages exceptionnels, qui ne paraissent qu'aux suprêmes instants de l'Histoire et qu'on dirait enfantés par la circonstance elle-même pour être les sauveurs d'une race.

Ah ! certes, c'est un beau dessin d'existence !...

o o

Mais quelque chose me paraît plus admirable que le sort sans doute unique de cet humain, ayant traversé, impassible, des fortunes éclatantes, de noires disgrâces, ayant bataillé sans fin et mené la vie politique la plus intense qui se puisse imaginer, ayant par surcroît accompli tous les travaux du parlementaire, du journaliste, de l'écrivain, et, presque octogénaire, qui fait un tel bond dans l'immortalité.

Oui, quelque chose surpasse ce pittoresque grandiose.

La postérité, détachée des péripéties de cette carrière,

éclairée par la critique historique, verra la beauté de Georges Clemenceau dans l'unité de sa pensée et de son rêve. Rêve et pensée furent ceux de toute sa génération humiliée, et un mot les exprime entièrement : la Revanche. Cet espoir a, sans cesse, orienté la marche de Clemenceau, a déterminé tous ses grands mouvements heureux ou malheureux, et a continué de l'habiter souverainement, alors que ses contemporains disparaissant les uns après les autres, cet homme d'Etat s'entretenait avec une France plus jeune que lui et que ne pouvaient torturer aussi intimement les affreux souvenirs et la honte de la défaite.

Pour la Revanche, Clemenceau a pâti. Parfois son idéal lui fut un dur fardeau, et dont il faillit même être écrasé. Mais à travers toutes les difficultés du chemin il n'a cessé de le porter avec amour ; jamais il n'a ébauché le geste d'en débarrasser ses épaules. Et le jour où nos troupes sont entrées dans Strasbourg, ce vieil homme, le chef du Gouvernement français, fut Sisyphe, ayant vaincu le destin et roulé son rocher jusqu'au plus haut de la montagne.

o o

Cette histoire n'est donc pas une aventure : c'en est même tout le contraire. Et la haute valeur artistique de cette existence lui est conférée moins par les événements dramatiques auxquels nous l'avons vue toute nouée que par la puissance de l'âme qu'elle nous révèle.

Ame inébranlable ! Pas une fois, au long de sa longue vie pleine de rafales, Georges Clemenceau ne s'est abandonné. C'est tout dire, et il n'existe pas du courage une expression plus haute, qu'il s'agisse du tribun dans la lutte publique, du soldat sur le champ de bataille, ou de tout être devant l'angoisse d'un problème moral.

Alors que la plupart des hommes appliquent un maquillage sur leur figure, dédaignent leurs dons authentiques pour toutes sortes de pauvres habiletés, s'abaissent à jouer, en ce monde, un personnage qui ne les vaut pas, Clemenceau conçut d'instinct qu'il n'y a pire folie que de mentir à ce qu'on est. Et loin de s'effrayer de sa nature, il s'est laissé porter par elle, comme par une cavale ailée...

Sa raison et ses sentiments lui proposaient un rôle immense : il a convoité, réclamé, et, enfin, tenu ce rôle, dans son immensité.

Jamais on ne le répétera trop, car l'exemple est riche en bienfaits : pendant quarante-sept années, ce témoin de la défaite se jura de représenter le lien vivant entre deux moments essentiels de notre Histoire, de soutenir les revendications de la France outragée, au nom d'une France redressée et vengée. Le tempérament, ici, fut plus fort que la maladie, que la vieillesse, que l'envie des hommes et l'inconstance des foules, que toutes les morts. Et il a été accordé à ce petit monsieur à moustaches blanches de faire cette enjambée miraculeuse ; il a été accordé à ce grand réaliste, qui est aussi un grand romantique (bien entendu !) de réaliser son projet, ou si l'on préfère, de vivre ce rêve.

La force de son talent lui livra le gouvernement dans l'heure décisive. L'inflexibilité de son caractère et la puissance de son cerveau servirent grandement le triomphe des Alliés. Et ces vertus, soumises à une sublime fidélité du cœur, lui ont donné, avec l'amitié de tous les Français qui aiment la France, le pouvoir d'imprimer à notre victoire sa signification la plus glorieuse.

o . o

L'âge même de Georges Clemenceau voulut qu'il accomplît cette dernière partie de la tâche tout seul.

Quelle fable, quel poème, quel sujet de tragédie surpasse en pathétique la destinée de ce contemporain ?

Henry BERNSTEIN.

C'est Baudelaire qui sculpta ce beau vers pour exprimer sa désillusion

D'un monde où l'action n'est pas la sœur du rêve...

Cependant, Georges Clemenceau a su faire de l'action la sœur de son rêve, et de quel rêve : relever la France des désastres de 1870 !

De tous les hommes d'Etat français, le « Tigre national » est celui qui a vu le plus loin et le plus net en matière de politique étrangère. Dès le lendemain de Sedan, il avait compris que la reprise de l'Alsace-Lorraine était liée à l'alliance anglaise.

Honneur à celui qui, avec la prescience du génie et la constance de la plus ardente volonté, suivit cette route à travers tant de critiques et d'obstacles !

Les grandioses événements d'aujourd'hui, dont il est l'artisan principal, suffisent à magnifier le Clemenceau contemporain. Mais c'est au précurseur qu'il faut aussi rendre justice, à celui qui eut raison depuis si longtemps.

Georges BERTHOULAT,
Directeur de La Liberté.

◇ ◇ ◇

Un vieux Français

A l'occasion de sa soixante-dix-septième année, les télégrammes et les lettres de félicitations se sont accumulés devant M. Georges Clemenceau. Quoiqu'il soit certainement blasé sur la courtisanerie humaine et peu enclin, du reste, à l'encourager, notre Premier, dit-on, en a été très touché. C'est qu'il a compris que ce sentiment public a pour origine une joie de la Nation de voir à sa tête, luttant contre l'ennemi, un homme qui incarne nos plus belles qualités, l'énergie et la fierté.

Il importe de le souligner aux yeux du monde civilisé entier qui, d'après ce vigoureux échantillon de notre race, sent de plus en plus ce qu'elle vaut, ce qu'elle offre de résistance et aussi de juste reconnaissance.

Energie et fierté de soi et du pays, telles sont bien, en effet, les caractéristiques actuelles du personnage de M. Clemenceau, Président du Conseil. Il en donne l'impression dès le premier abord, dans le privé.

Un tableautin de souvenirs personnels s'est fixé dans ma mémoire : en janvier 1918, je reçus indication d'une audience du Président. Neuf heures du matin, rue St-Dominique. Ce matin-là, Paris s'était éveillé sous une neige épaisse, qui tombait à gros tourbillons. Un rude voyage, à pied, jusqu'au faubourg St-Germain ! L'hôtel présidentiel était vide ; les huissiers avaient à peine endossé leur habit de service. A voir la cour sous son tapis blanc, je pensais que mon audience serait au moins singulièrement retardée... Soixante-dix-sept ans !

A neuf heures moins deux minutes, une corne d'auto ; puis l'antichambre est traversée rapidement par un bonhomme tout carré, ramassé sur lui-même, marchant d'un pas alerte, les mains dans les poches d'un énorme paletot. C'était le Président, suivi d'un officier portant des dossiers.

Il s'engouffra dans son cabinet ; à neuf heures précises, coup de sonnette ; la porte du cabinet s'ouvrait. M. Clemenceau était assis devant son bureau, la tête couverte d'un bonnet de laine, qu'il déplace fréquemment d'un geste brusque ; pour costume, un veston de forme large, très aisée ; pas de couverture aux jambes, quoique le feu fût mal allumé dans cette immense pièce ; la main, tendue, nette et ferme d'étreinte. Tout de suite, une sensation de santé, physique et morale, — par ce temps sibérien, à cette heure où les Bureaux sommeillaient !

La conversation, du reste, est rapide et va droit au but. Je n'avais pas vu M. Clemenceau depuis des rencontres de bureaux de rédaction, à la « Justice » de 1881, et dans des réunions extraparlementaires. Il semblait, ce matin de 1918, le même : on le sent brusque, prêt à la défense, s'il y avait lieu, comme il fut toute sa vie, lorsqu'il fit tête, maintes fois, aux meutes lancées à ses trousses, dans tant et tant de « campagnes » ; il a la réputation du mot redoutable, de la boutade qui part comme une flèche et qui blesse, involontairement peut-être ; mais il m'apparut, en causant, qu'à l'occasion, il se blague lui-même, en riant.

En tout cas, ce ne doit être que l'espace d'une seconde,

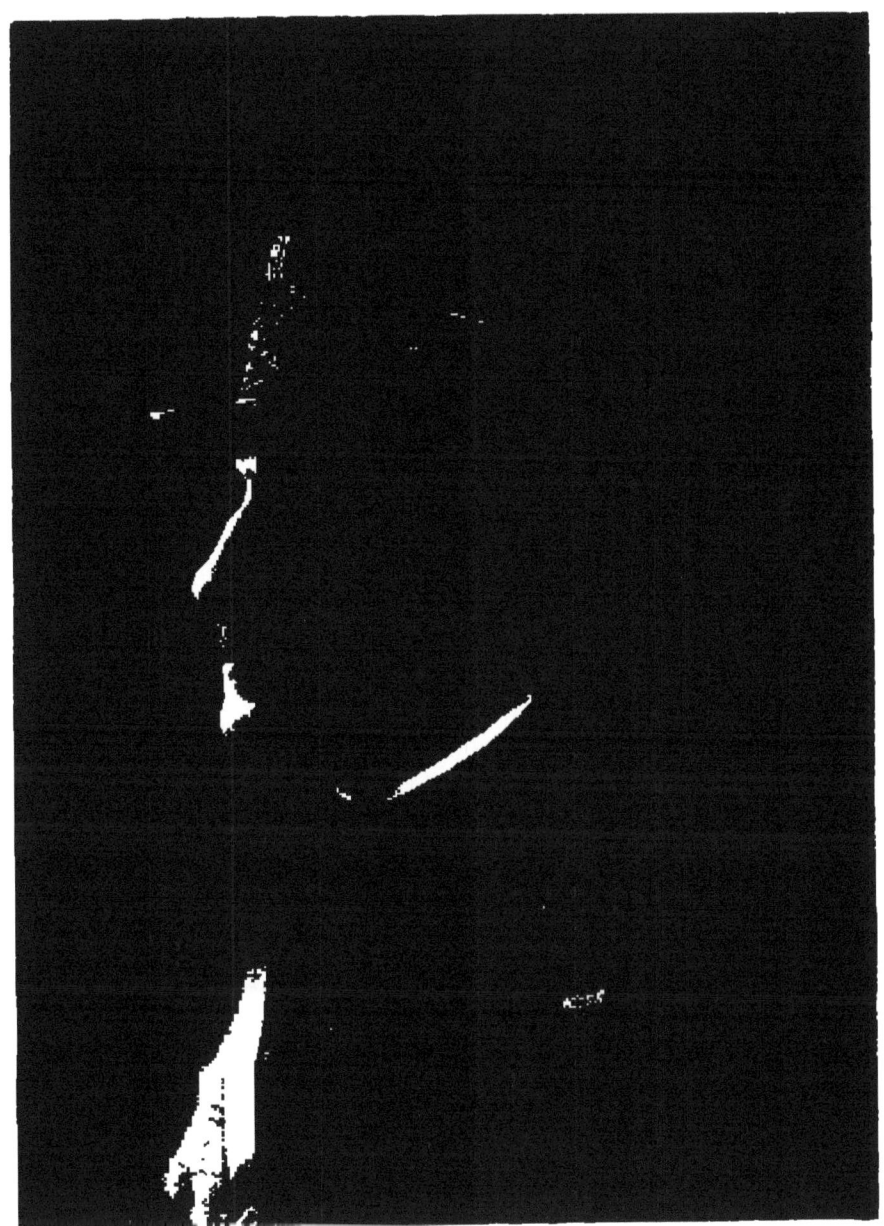

FOCH
Maréchal de France

le passage du trait : le Président suit avec une remarquable ténacité le dessin général de l'entretien, tel qu'il l'a arrêté dans son esprit ; ses yeux brillants, incessamment, fouillent le visage de son interlocuteur, qu'il laisse parler, — et qu'il ramène promptement à l'objectif. Il déblaie le terrain ; telle idée ne lui plaît pas ; telle autre, oui. « Vous croyez ? interroge-t-il, quand il a des doutes. Eh bien, je vous fais confiance, allez-y... »

L'affaire est conclue. Le Président, cordial, reconduit son visiteur : « Revenez me voir. » Dix minutes ont été dépensées ; il n'en fallait pas plus. Quant aux détails, des collaborateurs les régleront...

Allez-y ! Allons-y ! C'est le résumé de l'action gouvernementale de M. Clemenceau. Je l'ai revu devant les grandes Commissions de la Chambre ; il y apportait une identique précision de vues : il les avait sous la main ; il frappait dessus pour montrer qu'il allait les transmettre, mais il indiquait que son opinion était faite ; il poserait la question de confiance et il interdirait tout débat de presse. Allez-y !

Pour avoir cette tranquille audace, cette sûreté de soi et cette confiance dans le patriotisme des membres du Parlement, il faut que M. Clemenceau soit soutenu non seulement par sa propre volonté, mais par la persuasion qu'il a une mission à remplir : c'est celle de délivrer le pays. Il n'en a jamais démordu ; il a toujours vu clair, devant lui, sans optimisme ; il a fixé des dates de nos épreuves et de nos succès, que les événements ont justifiées.

On m'a dit que, dans maints conseils intimes qu'il a tenus avec quelques-uns de ses collaborateurs principaux, il leur a constamment dit la vérité, sans faiblir, à aucune heure. A deux ou trois reprises, il a dit : « C'est dur, c'est dur », mais il ne paraissait pas, il n'était pas démonté. Il croyait par-dessus tout, par-dessus la mauvaise fortune, à l'immortalité de la France. Et il partait au front pour y puiser un renforcement de cette conviction.

C'est son véritable honneur ; il a l'âme d'un fils amoureux de la terre natale, orgueilleux de son passé, certain de son impérissabilité. Il est « l'un de nous », et les années, tombant sur sa tête, n'ont pu qu'accentuer en lui cette obstination filiale. Il sait qu'elle le reprendra, cette terre de ses aïeux vendéens, au terme normal des forces humaines ; il veut que, du moins, elle soit une terre libre.

Mais ce terme ? Qui sait ? Quand on en parle devant ses collaborateurs, l'un d'eux dit volontiers : « Eh ! eh ! le père du Président est mort à quatre-vingt dix-huit ans !... »

Paul BLUYSEN,
Député.

◇ ◇ ◇

Une simple petite anecdote vous prouvera la profonde admiration que j'ai pour le talent de Georges Clemenceau.

A Nancy, pendant les hivers 1914-1915 et 1916, Mirman et moi-même nous faisions le soir de la lecture à haute voix. Le préfet de Meurthe-et-Moselle, qui lit admirablement, nous servait de préférence des articles de *L'Homme Enchaîné* dont un surtout, à propos de la Grèce, était le type du « morceau d'anthologie ». Après cette lecture — et pour trouver à notre « tigre » un auteur correspondant — je n'en voyais qu'un « Bossuet ». Evidemment, c'était un évêque, mais de ces deux hommes : Bossuet, Clemenceau, je n'hésite pas à dire qu'ils sont parents par la magnifique solidité des périodes et la couleur si nette et si française du verbe. Tous deux ont du « cran ». J'ajoute encore que lorsque Sem fit de Clemenceau un dessin remarquable *(Fantasio)* je crus devoir le souligner de ce croquis en vers :

Avec sa blanche moustache
Qui fait tache
Sur son teint café-au-lait
Il a tout à fait le type
— Moins la pipe —
D'un vrai grognard de Charlet.

Dominique BONNAUD.

30 Septembre 1918.

A Georges Clemenceau

La France, qui est une religion, a son mystère comme toutes les religions : ce mystère se transmet, par le peuple, de Charlemagne à Saint Louis, de Louis XI à la Révolution, de Louis XIV à Bonaparte, de Richelieu à Georges Clemenceau. Et tous ces êtres, tous ces siècles, toutes ces victoires, tous ces éblouissements forment l'*unité* française, régulatrice de la civilisation multiple.

Quand les traînards des Huns et des Goths ont sali les marches sublimes de l'Est et du Nord, envahissant, trahissant et blasphémant au nom de Dieu, plusieurs, parmi les nôtres, ont cru au triomphe de la barbarie toujours abominable, mais raisonneuse maintenant et scientifique.

Des Latins ont douté du génie latin et ont cru que ce génie vivant, mais épuisé de beauté et de gloire, n'était plus capable de faire la guerre.

Cependant d'autres races sont venues à notre aide, parce qu'elles se sont *latinisées*, dans la présence réelle de notre clarté. D'aucuns ont douté encore de la barque latine, chargée de ces nautes nouveaux.

Alors un homme s'est levé, qui n'a pas douté, qui a eu le don de croire et de faire croire, de vouloir et de faire vouloir : Georges Clemenceau a remonté le cours du flot, avec cette pensée que, si la barque française sombrait, l'Univers s'abîmerait et que l'Histoire serait finie.

Cette force confiante et active de Clemenceau a gonflé les voiles de la Victoire et leur a donné l'essor. Par la foi française d'un vieillard, la gloire des maréchaux et des soldats a été admise — religion non nouvelle, mais renouvelée.

Les siècles garderont le nom du guide qui a trouvé le gué par où la Victoire a passé : la discipline sans pensée a failli submerger la divine latinité. La discipline avec la liberté a porté les armées alliées et leurs chefs aux rives heureuses de la Victoire. La foi française de Georges Clemenceau a fait, au milieu du fleuve, la lumière dans la nuit de nos doutes.

Jean DE BONNEFON.

L'Aigle et le Tigre

Le petit Coq de France émerveillait le Monde :
Déchiré, front sanglant, mais claironnant toujours,
Il tenait tête à l'Aigle, au grand rapace immonde
Qu'escortaient les corbeaux, les grands-ducs, les vautours.

Le Tigre, lui, rôdait dans la jungle profonde
Autour des combattants, à longs pas de velours ;
L'Aigle observait, narquois, son humeur furibonde
Car le Fauve était vieux, lourd de Gloire et de jours.

Et le combat durait entre les adversaires
Depuis quatre ans, à coups de becs, d'ergots, de serres,
Semblant devoir s'éterniser... quand, tout à coup,

Le vieux Tigre bondit, muet, sur l'aigle noire
Et, d'un revers de patte, et d'un coup de mâchoire,
Il lui fracassa l'aile et lui tordit le cou !

Théodore BOTREL,
(Le barde breton.)
Engagé volontaire au 41ᵉ d'Infanterie.

Ce vieillard volontaire, en face de la Chambre des Députés tout entière debout et qui l'acclame, ce vieillard, tenant à la main le plus beau traité que la France ait jamais signé, ce vieillard, la gorge étranglée d'émotion sacrée et les yeux humides de larmes de joie ; voilà l'image sobre, forte, poignante et féconde que des siècles devront conserver et entourer de vénération.

Il fallut le grand geste de Gambetta pour signifier le soubresaut de la France qui voulait vivre encore.

La France portée à l'apogée de la gloire, Clemenceau, immobile et pleurant la personnifiera.

René BOYLESVE,
de l'Académie française.

◇ ◇ ◇

M. Clemenceau, entrant tout de suite dans la tradition de la grande époque révolutionnaire et des hommes qu'a englobés son mot fameux : *le Bloc*, s'est placé *uniquement au point de vue des intérêts supérieurs de la Nation*. Tout ce qui lui paraissait aller à l'encontre de ces intérêts supérieurs, il l'a écarté. Il a trouvé une situation que la défection russe rendait mauvaise, que la lassitude des alliés de l'Allemagne et le concours américain devaient améliorer avec le temps. Le problème était de durer encore, de tenir jusqu'au jour où l'offensive serait possible. L'heure était grave et pouvait être désastreuse. Toutes les forces du pays réunies en faisceau, M. Clemenceau a tenu, ajoutant à la fermeté, à la méthode, à la prudence de Pétain, l'audace mesurée et la souplesse de Foch.

D'aucuns croient M. Clemenceau ennemi de la paix. Je suis sûr qu'il ne désire rien autant que cela. Mais il ne la veut ni médiocre, ni pire : il la veut bonne.

L. CHAVENON,
Directeur de L'Information.

◇ ◇ ◇

Vive Clemenceau, qui est toute la Convention, et Vive le Général Foch, la plus grande figure militaire que nous ayions eue depuis Napoléon ! Il n'y a que la France pour pondre des oiseaux pareils !

COURTELINE.

23 Octobre 1918.

« Nos soldats nous donneront ce grand jour qui nous est dû depuis longtemps, le jour des libérations triomphantes où nous verrons tomber les vieilles chaînes des plus criantes oppressions du passé. »

Moi aussi, j'ai applaudi !

Paul DESCHANEL,
De l'Académie française.
Président de la Chambre des Députés.

23 Septembre 1918

◇ ◇ ◇

Le 16 novembre 1917 apparaîtra dans l'histoire de la France et du monde comme une date fatidique : c'est ce jour-là que Georges Clemenceau prit le pouvoir et que la guerre entra dans sa dernière phase, celle qui devait nous conduire à la victoire.

La situation était tragique. La Russie, déjà décomposée, avait abandonné la partie ; l'aide américaine paraissait encore bien lointaine ; l'Italie ne s'était pas encore relevée du désastre de Caporetto, et l'Allemagne, libre et victorieuse à l'Est, s'apprêtait à lancer sur notre front la masse de ses divisions disponibles. Les Alliés étaient désemparés et inquiets. En France même, certaines gens, las de la guerre, songeaient à chercher à s'accommoder d'une défaite qui leur paraissait inévitable. C'est alors qu'on fit appel à Clemenceau. Et il semblait que ce fût en dernier ressort, presque en désespoir de cause : Clemenceau, c'était l'expérience suprême. Ils n'étaient pas très nombreux, ceux qui avaient vraiment confiance en lui. On rappelait complaisamment sa carrière de démolisseur parlementaire, ses sautes d'humeur, ses critiques incessantes, et ses fantaisies méprisantes de « politicien dilettante ». Il apparaissait, aux yeux d'un grand nombre de Français, comme une sorte de génie destructeur et d'anarchiste-type. On en faisait l'incarnation de la France d'avant la guerre, de la France trouble, hésitante, énervée, et livrée à l'anarchie des partis ; les rancunes qu'il avait accumulées durant sa longue carrière de polémiste et de par-

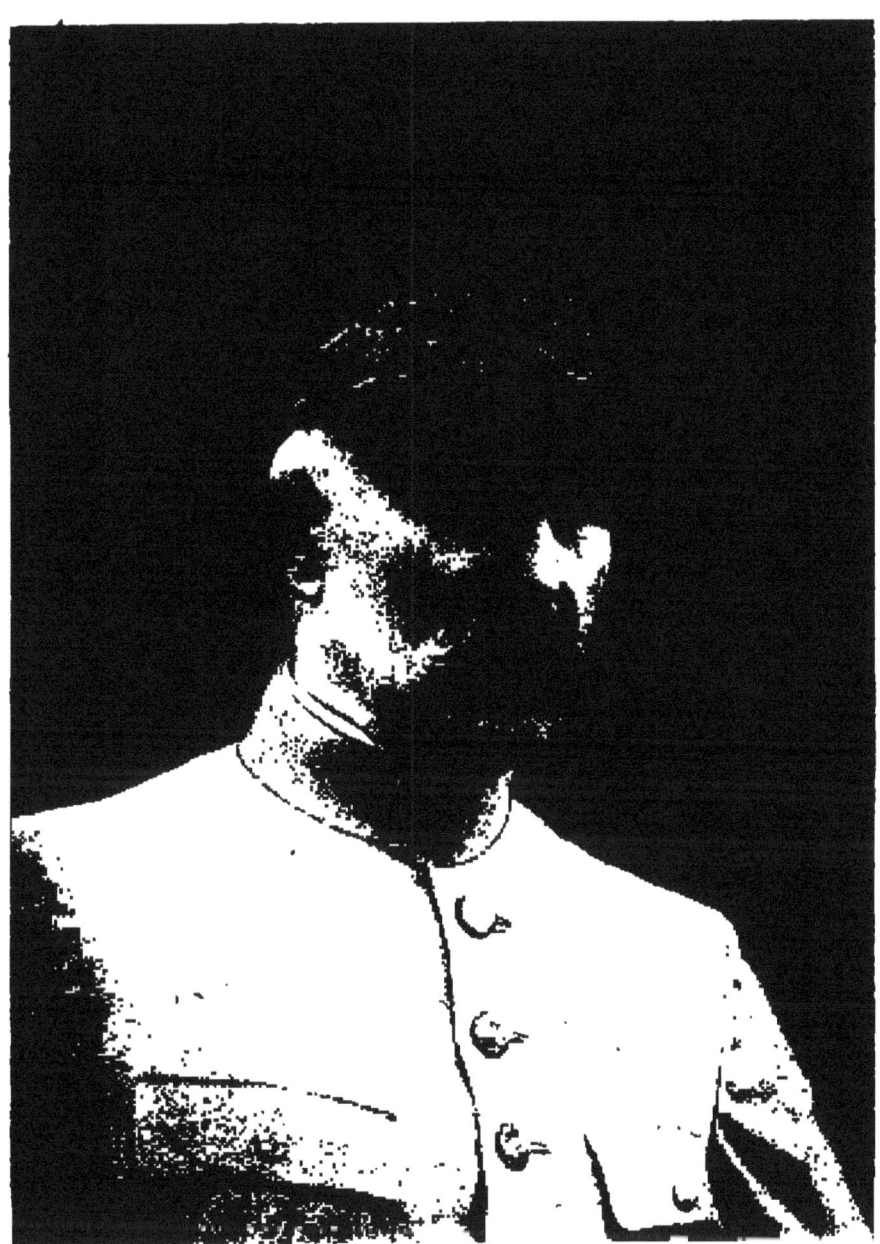

PÉTAIN
Maréchal de France

lementaire avaient créé autour de lui une légende dont on ne connaît qu'aujourd'hui l'injustice.

Et cependant, le jour qu'il prit le pouvoir, on sentit tout de suite qu'il y avait quelque chose de changé dans la conduite de la guerre. Quand ce vétéran à la tribune, portant ses paumes en avant, dans un geste pathétique, vint dire à l'assemblée hésitante et en partie hostile : « Voulez-vous de mes derniers jours? », personne qui ne fût ému. On sentait que cette offre venait du fond d'une magnifique sincérité. On sentait qu'un grand Français allait donner son plein sens au vieux cri français : « Vaincre ou mourir ! »

Dès ce jour-là, Clemenceau incarna la volonté de la France, l'espoir de la France, et la foi de la France en ses destinées.

Avait-il donc suffi qu'il devînt président du Conseil pour changer à ce point?

Mais avait-il donc tant changé?

Maintenant qu'il appartient à l'histoire, à la plus grande histoire, et qu'on peut regarder sa longue carrière de plus haut et de plus loin, on s'aperçoit que l'homme nouveau était inclus dans le vieil homme, comme la France d'aujourd'hui, la France resplendissante et victorieuse, la France éternelle, était cachée sous le masque douloureux et fatigué de la France vaincue, de la France d'hier.

Vous avez vu souvent, à l'entrée d'un village ou d'une petite ville, quelqu'une de ces vieilles maisons qui, extérieurement, n'offrent au regard qu'un mur lépreux percé de rares fenêtres aux carreaux obscurcis, une porte disjointe, un toit moussu et comme affaissé. Vous sonnez ; une vieille cloche tinte joyeusement ; un chien jappe. On vous ouvre, et vous entrez dans une demeure antique, mais large, confortable et bien rangée, garnie de vieux meubles luisants. Il y a des roses dans le jardin et dans les vases de la salle. Tout respire un luxe discret, ancien et solide, mais sans cesse renouvelé. C'est la maison d'une vieille famille bourgeoise, qui sait ce qu'elle vaut et dédaigne l'enseigne et la façade. Rien n'y est disposé pour étonner ou éblouir, mais tout y est solide et raisonnable. Ainsi de la France d'hier : les lézardes de la façade étaient très apparentes, l'édifice semblait menacer ruine, mais ceux qui connaissaient sa structure intime savaient qu'elle était faite pour braver les siècles.

Clemenceau est l'homme de cette France-là. Personne n'a été plus complètement de son temps, avec toutes les inquiétudes, toutes les incertitudes, tous les défauts de son temps. Idéaliste, sceptique et cynique par pudeur et souci de défendre son cœur, irrespectueux de presque tout par respect du respect, il faisait à beaucoup l'effet de celui pour qui rien n'est vrai, pour qui tout est permis. Mais comme chez presque tous les Français de ce temps, cette fureur de négation s'arrêtait en un certain point et ne touchait jamais à certaines idées, à certains sentiments essentiels, et qui tenaient en un mot : la Patrie. Ces idéalistes forcenés, idéalistes jusqu'à la négation de l'idéalisme, savaient bien qu'en dehors de leur patrie, il n'y avait guère d'idéalisme, au moins à leur usage.

Aussi, au moment où la Patrie fut en danger, se retrouvèrent-ils tout soudain, ils ne connurent plus en eux-mêmes que ce qu'il y avait d'irréductible, le fonds français : qui pourrait oublier le magnifique spectacle de la mobilisation, et cette union des cœurs qui fit de ce moment tragique une des heures sacrées de l'histoire de France ?

Ce fut le cas de Clemenceau. Depuis le jour de la mobilisation, comme à tous les moments décisifs de sa carrière, comme en 1871, quand il signa la protestation de Bordeaux, comme en 1911, lorsque, par sa ferme réponse à M. de Schœn, il fit reculer l'Allemagne et évita le conflit, il ne fut plus qu'un Français.

On pourrait relire ses campagnes de *L'Homme Libre* et de *L'Homme Enchaîné*. Il y fut souvent très dur, il lui arriva peut-être de se tromper, mais quel souffle national animait cette prose ardente et vigoureuse !

A bien examiner, ses discours de Président du Conseil continuent ses articles, mais avec quelque chose de plus ample, et de plus discret, quelque chose de paternel aussi. Personne n'a parlé des soldats, et parlé aux soldats mieux que lui. Il fut vraiment pour eux la voix de la France, la voix de tout un passé, d'un passé qui commandait l'avenir.

Aussi bien, c'est ce grand sentiment national qui fit

l'unité de sa vie, de cette vie si féconde en sautes de fortune.

Cet homme qui finit sa carrière dans une apothéose, a connu toutes les amertumes de l'impopularité. Nul n'amassa tant de haine que celui qui peut jouir aujourd'hui de l'amour de tout un peuple. Lui arriva-t-il de les provoquer, de les mériter ? Il n'appartient qu'aux grands hommes d'avoir de grands défauts, dit La Rochefoucaud... Il a du moins montré cette qualité précieuse, cette qualité rare entre toutes à l'époque de complaisance et de veulerie où nous avions vécu : il a toujours su vouloir, et vouloir jusqu'au bout. Dans le premier discours qu'il prononça à la Chambre, lorsqu'il venait d'être nommé Président du Conseil, il dit cette phrase : « Si, dans ces circonstances graves, j'avais refusé la lourde charge du pouvoir, je me déshonorais... » Tout Clemenceau est là ; un sens aigu de l'honneur, de l'honneur national comme de l'honneur individuel, une âpre volonté, et le goût, le désir des responsabilités...

On a dit, — que n'a-t-on pas dit de Clemenceau ? — qu'il y avait en lui du joueur, on a vu dans son audace, dans cette combativité impulsive qui le rendit si redoutable à tant de parlementaires, une sorte d'esprit d'aventure qui convenait d'ailleurs à l'homme de guerre, et l'on a cru distinguer dans ces traits de son caractère la force secrète qui fit de lui, au moment décisif, l'âme de la guerre. On n'avait pas vu la logique profonde qui a gouverné toute sa vie. Peut-être ne parut-il si souvent illogique, que parce qu'il y a en lui une passion de la logique que le commun des hommes ignore et ne comprend pas. La vérité, c'est qu'il est toujours resté l'homme de la déclaration de Bordeaux, on pourrait presque dire du serment de Bordeaux. Il appartenait à une génération qui avait laissé mutiler la France, et avec la France, le Droit. Cette dette avait toujours été lourde à son cœur. Il l'a payée ; il a lavé la tache ; il a sauvé l'honneur de son temps et c'est pour cela qu'il apparaîtra devant l'Histoire comme le plus grand Français de son temps.

Et comme tout ce qui tient à la France se place toujours dans l'universel, en réparant la blessure française, il a sauvé le monde de la tyrannie germanique.

L'anonymat de l'Histoire était un des dogmes de la science

allemande : d'après une certaine conception mécanique de l'évolution humaine, les individus ne sont rien dans la genèse des événements, et les guerres comme les révolutions ne sont qu'un effet fatal des forces obscures qui gouvernent le monde. Il était réservé à Georges Clemenceau de donner un magnifique démenti à ce que la doctrine a de trop absolu. Car c'est bien contre sa volonté que s'est brisé le rêve monstrueux d'hégémonie universelle qu'avait conçu l'éternelle Allemagne. Le monde entier le sait dès à présent ; l'Histoire ne l'oubliera pas.

Des voyageurs m'ont raconté que, dans les coins perdus de la Chine centrale, de l'Histoire de l'Occident, on ne connaissait qu'un nom : Napoléon. De tous nos travaux, de toutes nos révolutions, de toute notre politique, ces gens d'Asie n'avaient retenu que la légende de l'Empereur. J'imagine que, maintenant, une autre légende s'y superposera : celle du grand vieillard solitaire dont on méconnaissait la sagesse, à qui l'on fit appel quand le monde semblait perdu; et qui le sauva par son grand courage et par sa confiance dans le Dieu de la France, qu'on appelle l'Idéal.

L. DUMONT-WILDEN.

◇ ◇ ◇

Clemenceau

Depuis mon enfance, je sais qu'un maire parisien, âgé de trente ans, s'était associé à Hugo, pour signer la protestation des députés alsaciens et lorrains. A cette époque, je chantais dans la cour de l'école de la rue de Reuilly, avec mes camarades : « Vous n'aurez pas l'Alsace et la Lorraine... » Notre chanson n'était qu'un défi, c'était peut-être aussi une espérance ; mais nous ne pouvions pas savoir que quarante-sept ans plus tard, le jeune maire de Montmartre nous ferait rendre ces deux provinces, et autre chose encore d'infiniment plus précieux, l'honneur. Ah ! si nous avions su !

Je ne connais pas M. Clemenceau, l'ayant vu seulement une fois, dans le bureau de la rédaction, du *Journal* en

1896. On venait de lui présenter l'humoriste Alphonse Allais : « Que préparez-vous en ce moment ? — Un livre de nouvelles, sous ce titre : *Deux et deux font cinq*. — Ah ! fit Clemenceau, pourquoi ne faites-vous pas de politique ? »

Ses biographies se comptent par milliers, je n'en veux consulter aucune et m'en référerai à mes impressions et mes souvenirs personnels. Sans doute, les panégyristes répéteront, mais comme bien petites choses, qu'étant Président du Conseil Municipal de Paris, M. Clemenceau traçait pour la Ville un programme d'hygiène et d'assainissement qui est resté un modèle ; que, plus tard, devenu le chef incontesté de l'extrême-gauche (il n'y avait pas alors de socialistes) on le surnommait « tombeur de ministères » pour sa façon d'attaquer dans la ligne haute. Un « Warvick républicain ». On était, en effet, devant le plus dangereux des duellistes.

Cet homme étrange et gouailleur, chaud, vif, irascible, outré de fatigue mais endiablé quand même, aux yeux de poète et aux rudes moustaches de grognard comme deux paquets de charpie ; hier, montrant un visage flegmatique, serré et froid — le génie derrière un rideau — demain allègre et pimpant, la nargue aux dents, menton haut ; ce politicien d'apparence impulsive, et dont les saillies n'éclatèrent pas toujours dans une lumière immédiate, cet homme a traversé l'histoire de ces cinquante dernières années comme une figure essentiellement originale qui, sous ses aspects complexes, demeura toujours bien française.

Je n'en puis donner de meilleure preuve que son opposition à la politique d'expansion coloniale qui lui fut reprochée durement. De tous ceux qui le critiquèrent alors et qui vivent aujourd'hui nos heures de victoire, s'en trouverait-il un qui osât lui reprocher d'avoir eu pour unique souci « la ligne bleue des Vosges » ? Il faut, au contraire, lui en savoir gré. Le mot *cœur* signifie à peu près *mémoire*. On a pu dire et répéter que le Français oubliait vite ce qu'il avait souffert, ce qu'il avait aimé. Celui-ci n'oublia jamais ; il voulait replacer la France devant sa douleur et devant son souvenir.

Il s'y prit de la manière la plus adroite : Ce nouvel esprit colonial, qui avait alors toute la vigueur d'un courant, pouvait entraîner à la fois notre honte de la défaite et notre espérance de l'effacer. Grâce à Clemenceau, le courant se divisa, les deux idées firent route parallèlement ; mais c'est merveille, comme « tant il y en a en l'histoire de la France » que nous ayons pu échapper à cette catastrophe morale.

Je me souviens de la double élection de M. Clemenceau à Paris et dans le Var. C'est l'homme du combat acharné, qui fait brèche tout à coup, le lutteur de choc. Il y a un mot superbe dans la marine : « avoir le vent debout », se dresser face au vent, repousser le flot. Il fut ce capitaine-là.

Ce maître journaliste, qui a du farfadet, du lutin, qui apporte dans les plus graves débats l'espièglerie des bureaux de rédaction ; ce discobole de la politique qui semble avoir pris à tâche de renverser à coups de « mots », plus terribles que des palets de bronze, certains hommes niais et repus que les caprices parlementaires ont élevé, parfois sans grand discernement, jusqu'aux premiers postes de la République ; qui, tour à tour, patronne, j'allais dire « invente » Boulanger, puis se sépare de lui ; qui combat le régime colonial, mais s'attache à la politique anglaise, en dépit des injures et des plaisanteries (Aoh yès !) ; ce protagoniste de la revision du procès Dreyfus qu'on retrouve près de Gallifet, botte à botte — car M. Clemenceau est, paraît-il, un excellent cavalier — ; ce sénateur radical intransigeant qui ne craint pas de mettre en garde la majorité contre les dangers de la politique de M. Combes, disant à la tribune : « Le jour où la République se séparerait de la liberté, c'est la politique qui aurait tort » ; cet homme enfin nous apparaît, dans la bagarre de ces discours et de ces écrits, comme un champion de premier ordre, un assaillant de tête et de main, aux nerfs de fer, qui ne tremble pas, que rien ne lasse, dont les accélérateurs d'énergie marchent constamment à se rompre, hargneux, revêche, intraitable, toujours prêt à se rebecquer, chicanant le terrain, rompant, se refusant, bondissant, présent partout avec ses « mots » à la bile noire, ses mots qui sonnent comme un flicflac de soufflets ou sifflent comme l'épée ; homme de fouettements, de poussées ; plus qu'un homme : une mer sans cesse en courroux, hachée de tourbillons où roulent lamentablement des portefeuilles, des toges, des képis brodés. La mer... un tempérament !

Oui, mais la montagne... un *caractère*.

Le caractère, c'est la région haute, glacée. Le caractère a peu d'habitants, peu d'amis. Le tempérament au contraire attire par sa grâce indomptée, sauvage.

Un nouvel aspect du Tigre, c'est qu'il a toujours été un tortionnaire « sympathique ». Il l'est resté, à cause de son tempérament, par la sincérité presque ingénue de ses agressions, où il est impossible, même à ses victimes, de découvrir quelque véritable méchanceté. Point de calcul bas dans ces mêlées pour le pouvoir. Et les victimes d'ailleurs ne mouraient pas : on ne meurt pas d'une fracture « en bec de flûte », elle vous rappelle seulement un maître coup de patte, qui pouvait être mortel, si le Tigre l'avait voulu. Je n'explique pas autrement les amitiés dévouées que M. Clemenceau a conservées dans tous les partis.

Mais, de son côté, si on faisait mine de l'attaquer, bien souvent le Tigre rentrait ses griffes. « Je suis le plus fort, je ne te mordrai pas, mais attrape ! » Et voici la scène : « Cher collègue, votre abstention me coûte aujourd'hui la présidence de la Chambre ; il ne s'en fallait que d'une voix, la vôtre, et elle m'échappe. Bien. Mais, pour vous punir, je vais vous empêcher de manger les sandwichs que vous êtes en train de chiper à la buvette. » Et au fur et à mesure que le cher collègue faisait disparaître les sandwichs, le Tigre, souple comme un chat, les escamotait des poches du veston.

C'est une de ces petites comédies qui devaient reposer M. Clemenceau du drame national qui se préparait, dont il composait en lui-même les futurs éléments ; et quand sa vie tourmentée de lutteur lui laissait quelque répit, se révélait une autre qualité de ce cerveau merveilleux, un don de poésie, et non des moindres. Il suffit de rappeler le beau succès théâtral que fut *Le Voile du Bonheur*.

1905, le ministère Sarrien portraituré par une ligne féroce de Drumont qui paraît « volée à Clemenceau ». Peu de temps après, Sarrien, défaillant, résigne le pouvoir ; et voici le tombeur des ministres ministre à son tour, voici le démolisseur au pied du mur lézardé, avec l'auget du maçon et la truelle. Que va-t-il bâtir?

Ceux qui avaient la vision des hommes et des choses pensèrent alors : Il y a dans les avatars de cet homme paradoxal ceci de très net : une logique impulsive et cependant innée que règle la même ardeur du droit et du juste. Il est de bonne foi, de bon compte. En lui, une idée n'a jamais varié, une idée dont la constance s'est affirmée dès le lendemain de la défaite, l'*idée de Patrie.* Ce signataire de la protestation de Bordeaux a eu toujours présent au cœur le souci de la victoire. Confiance, regardons-le faire, attendons.

Ceux-là ne furent pas déçus.

Rappelons-nous ce que fut ce ministère de trois ans, ses difficultés intérieures et extérieures, l'affaire des Vignerons du Midi, les grèves de Draveil-Vigneux. Rappelons-nous le « coup d'Agadir ».

Agadir !

Un homme venait de se dresser, un simple homme, mais un homme à la dure tête de chouan, au corps de granit « la Révolution est un bloc », un homme incompressible, inébranlable, imbattable.

« ...Si l'on acceptait cela, ce serait la fin morale de la France. » — « ...*La France ne fait pas d'excuses !* »

Ce jour-là il sembla à la France entière, désaccoutumée de telles paroles, qu'une meilleure sève montait dans ses épis, un meilleur vin dans ses sarments. Ce cérébral, ce jour-là, eut la « foi du charbonnier ». Ce jour-là, il sut ameuter les plus hauts instincts des foules.

Il avait, disent les journaux de l'époque « mis son chapeau sur l'oreille ». Avec cet homme, les Français prirent la résolution de ne plus dès lors rien supporter des outrages allemands.

Ils tinrent parole. C'est ce jour-là, M. Clemenceau, que vous avez mis le premier pavois au mât de la France!

Un autre jour, plus heureux encore que le jour d'Agadir, leur était réservé à tous deux ensemble, à la France et à Clemenceau, le pays et l'homme si bien mêlés l'un à l'autre,

que tout ce qu'ils avaient en eux d'immatériel, d'essentiel, se confondait en un même brasier.

A cet homme providentiel était réservé le destin d'apparaître à tous comme le sauveur, au moment le plus redoutable que la Patrie ait traversé.

Il semble bien en effet, qu'à cette période de son réveil, les mauvais desseins d'une certaine politique pesaient sur la direction de la guerre. Aussi, quand M. Clemenceau parut à la tribune du Sénat pour dénoncer le péril, chacun et tous en France comprirent qu'il était seul capable de débarrasser, énergiquement et impitoyablement, la voie encombrée de la victoire.

C'est l'époque la plus belle de sa vie.

Pourquoi cette adhésion unanime, en un tel moment, de tous les esprits et de tous les cœurs, non seulement de ses partisans, mais de ceux-là même qui la veille encore se proclamaient ses adversaires, ses ennemis?

Parce qu'une grande chose venait d'avoir lieu, parce qu'une métamorphose venait de s'accomplir dans un homme, soudainement.

Il faudrait, plutôt qu'un philosophe, un clinicien de génie pour décrire les étapes de l'évolution intérieure de cet homme d'Etat, dès qu'il eut sous la main la Bataille et ses généraux, la France et ses destinées.

C'est formidable, et c'est simplement ceci : la transformation instantanée d'un tempérament en *caractère*.

La mer, disant : c'est assez rugir et courir, je veux me fixer, je serai montagne.

Ce jour-là, un homme devint un grand homme.

D'un tempérament hérité, j'imagine, s'est élancé un caractère acquis, auquel l'éducation et les exemples ne sont rien, qui a jailli tout d'un coup.

A présent, ce n'est plus cette machine merveilleusement légère, qui bondissait de côté et d'autre, tous freins lâchés ; à présent, c'est le mécanicien que la foudre emporte au-devant de l'autre machine, de la lourde locomotive ennemie, engagée sur les mêmes rails ; c'est le conducteur en pleine possession de soi-même qui serre et relâche les freins à temps, juste à temps, avec une vigueur et un sang-froid qui dominent notre admiration.

Cela c'est sublime. C'est sublime que de trouver en son cœur le pouvoir de s'arrêter, afin de mieux penser, de mieux comparer, pour bien choisir, quand la catastrophe en flammes accourt au-devant de soi... C'est sublime que de commander : halte, pour méditer, dicter ; que de s'élancer ensuite, après avoir commandé : Vaincre !

Cela ce n'est plus le tempérament; c'est le *Caractère*.

Ce n'est plus Œdipe aveugle à qui les tristes yeux de la Patrie servent de guide dans les ténèbres, c'est le Prophète qui déchire le rideau de l'avenir, qui voit, qui agit.

C'est le volcan intérieur de toute une vie qui s'ouvre enfin une issue, c'est son jaillissement au jour, son explosion.

Et depuis ce jour-là, nous avons vu M. Clemenceau à l'œuvre, nous l'avons suivi avec une émotion croissante. A sa voix, sans arrêt, sans retour d'adversité, la guerre prit une direction heureuse qu'elle n'abandonna plus

Le commandement unique, l'initiative entière laissée aux grands chefs, le talent militaire crédité sans limites, la raison qui présida à leur choix, les succès rapides qui s'ensuivirent, tout cela fut l'œuvre de Clemenceau. C'est l'esprit d'idéalisme de la France « seule mesure des choses et créateur de toute connaissance » qui électrisait ce crâne têtu d'âpre Vendéen, précisément à cette heure que certains hommes de peu de foi croyaient devoir marquer notre mort, quand elle marquait notre salut.

Et ne parlons pas de hasards heureux. Les grandes révolutions, les grandes inventions, les grandes victoires peuvent paraître après coup le résultat d'un calcul élémentaire ; il fallait les prévoir, les organiser, les incorporer sans désordre à l'humanité éblouie. Un homme a fait cela. Incomparable destin d'une longue vie se couronnant d'un triomphe que personne n'eût osé rêver.

Placé désormais dans le cénacle radieux et restreint des Prophètes et des Héros, ce démocrate « règne » sur son œuvre : le Pays de France rétabli dans son intégrité complète, absolue.

La gloire serait femme, elle s'évanouirait d'amour aux pieds de ce vieillard.

Mais il y a mieux, plus haut.

Carlyle a dit :

Les grands hommes sont des messagers de l'impénétrable infini, avec des nouvelles pour nous.

Celui-ci, quelles nouvelles nous apporte-t-il ?

L'Alsace et la Lorraine reprises.

Seulement cela... ce peu de terre ?

Point que cela ; mais cette autre chose obscurcie par Waterloo et Sedan.

Quoi donc?

L'honneur.

Georges d'ESPARBÈS.

◇ ◇ ◇

L'Archange moderne

Ne pouvant égaler Lucifer qui s'était attaqué à Dieu et voulait devenir maître du Ciel, le kaiser, aidé de ses hordes sauvages, avait fait le rêve d'asservir le monde. Il avait compté sans le sursaut patriotique de la France, sans la révélation de tacticiens de race, sans la montée au pouvoir surtout de ce vieux et inlassable lutteur qu'est Georges Clemenceau.

Ah ! sur quel piédestal impérissable se dresse à cette heure notre Président du Conseil, auquel l'Histoire a, par avance, décerné le titre de *Libérateur du Territoire*. Quelle énergie extraordinaire sait déployer ce vieillard, presque octogénaire, qui est à tout, pense à tout, et a su galvaniser l'armée dont il est l'âme, sinon le chef militaire, au point de forcer un miracle à nous sauver à l'heure même où la ruée ennemie touchait presque aux portes de Paris.

Qu'elle est loin la légende de sainte Geneviève. Cette fois, Paris a été dégagé et la France libérée par la force d'un cerveau. L'écrasement des Germains nous fait comprendre la vieille tradition de la défaite de l'ange d'orgueil. Georges a vaincu Guillaume comme Michel terrassa Lucifer, il est digne de figurer aux côtés de l'archange sur le Mont, sur la Merveille.

Paul Feval fils.

23 Octobre 1918.

◇ ◇ ◇

C'est avec joie que je m'unis à vous pour un hommage aussi mérité. J'ai lu autrefois, de Clemenceau, un livre intitulé *Le Gran Pan*, dans lequel il montre, si j'ai bonne mémoire, que notre planète est habitée par une espèce humaine à peu près dépourvue de raison. C'est ce que peuvent penser les astronomes. Mais, sur cette planète de brutes (capitale Berlin), il y a quelques sages : mettons un sur mille. Clemenceau est un de ceux-là. Saluons-le, et tressons-lui des couronnes. La France n'oubliera jamais le nom impérissable de l'homme éminent qui a tant contribué à assurer la victoire de la civilisation contre la barbarie.

Camille Flammarion.

Juvisy, 17 octobre 1918.

◇ ◇ ◇

J'appris de mon maître, Stéphane Mallarmé, à tenir Georges Clemenceau pour un des plus grands stylistes français. Depuis j'ai su que Georges Clemenceau était le représentant le plus certain de l'esprit français. Et je sais maintenant que Georges Clemenceau, cœur, esprit, talent, force et lumières, est le bon fétiche de la France.

Paul Fort.

28 Septembre 1918.

Amende honorable

Depuis que j'ai pris conscience de mon propre jugement, depuis que je me suis fait une opinion — ou plutôt des opinions, car, forcément, l'optique change, pour quiconque est de bon sens ou de bonne foi, sous la pression de l'expérience — Clemenceau me passionne, et son nom (si français) m'obsède. Dans tous les sentiers, pas toujours fleuris, où m'ont entraîné les hasards de l'existence et le souci de la vérité, j'ai vu sa rude silhouette de guerrier japonais se profiler sur mon horizon. Nul contemporain n'aura tenu autant de place dans mes préoccupations politiques et sociales.

L'homme me plaisait infiniment. De la tête aux pieds, corps et âme, chair et sang, je le sentais de ma race : Bretons et Vendéens s'apparentent de si près ! Il avait toutes les qualités pour me séduire : l'originalité, l'humeur combative, la vigueur du caractère, je ne sais quel mélange paradoxal de réalisme et d'idéologie, de précision et de fantaisie, d'enthousiasme et de sang-froid, le mépris du qu'en dira-t-on. Personnellement, d'ailleurs, j'étais son obligé : dans une circonstance tragique de ma vie, alors que le vide se faisait autour de moi, il m'avait spontanément tendu, sans me connaître, une main secourable, et je ne suis pas de ceux qui pratiquent volontiers l'indépendance du cœur. Cependant, à aucun moment, à la différence de tels de mes camarades de jeunesse qu'il n'avait pas aussi bien traités, je ne fus de ses familiers ni de ses disciples. J'avais beau le considérer comme un chef, je n'ai jamais consenti à lui emboîter le pas, de peur qu'au prochain tournant, il ne me marchât sur un cor. Tant de fois il m'avait fâcheusement surpris, blessé même au plus intime de mon être, indigné, révolté ! Tant de fois, tranchons le mot, il m'avait fait horreur !

J'avais fini — voyez combien il faut se méfier de ses impressions ! — par ne plus croire à son étoile...

Il me souvient d'une longue et substantielle conversation que j'eus à son sujet, il y a quelque dix ou douze ans, avec un écrivain anglais de haute envolée, observateur subtil et d'une impartialité supérieure. Il parlait de Clemenceau dans les mêmes termes que moi, mais ses conclusions, partagées entre l'enthousiasme et la sévérité, prenaient dans la bouche de ce juge désintéressé des hommes et des choses de France, une autorité singulière. Il me plaît de les évoquer aujourd'hui, ne fût-ce que pour montrer à quelles illusions les plus subtils et les plus sincères risquent parfois de se laisser prendre. On peut les résumer ainsi :

« Jamais peut-être aucun homme n'aura été aussi bien doué que Clemenceau. C'est à croire que toutes les bonnes fées de la forêt de Brocéliande s'étaient donné rendez-vous autour de son berceau. Lettré comme on ne l'est plus, écrivain hors de pair, orateur prestigieux, possédant une culture encyclopédique à laquelle rien n'est étranger, causeur incomparable, artiste jusqu'au bout des ongles, pétri d'esprit, aussi habile, quand il lui plaît de s'en donner la peine, à charmer qu'à convaincre, philosophe, homme de science et homme du monde, économiste, médecin, auteur dramatique, sportsman, il a tout lu, tout vu, tout pénétré. Il sait tout. Partout, près des têtes couronnées comme au milieu des prolétaires, il est à son aise et comme chez lui au premier rang, conquis d'emblée. Partout il brille et il en impose, car de sa forte personnalité, dont son attitude affectée de gavroche impénitent ne saurait altérer la distinction, se dégage une sorte de fascination magnétique. C'est un meneur d'hommes, visiblement né pour commander et non moins apte à dominer la plus orageuse des réunions populaires qu'à présider une Académie ou à gouverner l'Etat.

« D'autre part, sa bravoure, dont il a donné tant de preuves, est proverbiale. Si nul obstacle ne le rebute, nul péril ne l'intimide. Son énergie physique enfin, sur laquelle les ans semblent n'avoir aucune prise, son endurance, sa puissance de travail, sa verdeur, n'ont de comparable que son indomptable volonté.

« Le fait est qu'il n'a jamais paru aussi grand que dans l'adversité. Un homme de cette envergure ne pouvait avoir que des revers et des chutes à sa taille. Plus d'une fois on l'a cru naufragé, perdu sans merci — un homme à la mer. Ses ennemis — ils sont nombreux et féroces — s'apprêtaient à le traîner sur la claie et à danser la danse du scalp autour de son cadavre excommunié. Toujours il a su faire front à la tempête, toujours il est sorti de l'abîme plus fort, plus belliqueux, plus redoutable que jamais.

« Et cependant, malgré cet assemblage miraculeux de tant de qualités si rarement réunies sur une seule tête, malgré cette force de résistance, cette souplesse et cette extraordinaire plasticité, Clemenceau n'aura laissé derrière lui que le souvenir d'un destructeur, presque d'un anarchiste, d'une sorte d'Erostrate qui aurait été un surhomme. Cet entrepreneur de démolitions n'aura rien engendré, rien construit, rien sauvé, et l'admiration que la postérité devra quand même à sa mémoire ne se fleurira d'aucune reconnaissance.

« Quel dommage qu'une telle force demeure stérile ! »

Ainsi devisions-nous, le psychologue anglais et moi, par une maussade après-midi d'automne, dans ce bureau parisien du *Times*, qui fut autrefois, à dire de légende, le *studio* de Rossini, sans nous douter du formidable démenti que nous préparait l'Histoire.

Mon interlocuteur est mort sans avoir su... Je suis seul aujourd'hui à confesser notre erreur commune.

Felix Culpa ! Quelle joie pour moi de m'être trompé, et d'avoir à faire amende honorable au sauveur de la France, tant en mon nom qu'en celui de tant de ses concitoyens qui l'avaient pareillement méconnu ! Quelle joie de pouvoir — et de devoir — attester, par mon propre exemple, en toute humilité, l'incertitude et la fragilité des prévisions humaines !

Décidément, on n'a pas le droit de juger un homme avant qu'il n'ait disparu de la scène, car rien ne prouve à l'avance que le plus inquiétant ne va pas finir en beauté.

Il a fallu que la Patrie fût en danger pour que Clemenceau donnât toute sa mesure. Il a fallu qu'il prît le gouvernail au moment suprême où le navire, faisant eau de toutes parts, menaçait de sombrer, pour qu'il s'avérât *the right man in the right place*, le seul peut-être qui fût capable de réaliser *le miracle*.

C'est à bon escient que je dis et que je souligne : *le miracle*, parce que, devant certains événements dont le sursaut imprévu et improbable semble rompre l'enchaînement traditionnel des causes, et dont les proportions et les formes insolités dépassent les conceptions des intelligences les plus averties, c'est le mot qui vient nécessairement sous la plume. Il n'en est pas de plus vague, c'est possible, mais il n'en est pas, en revanche, de plus suggestif ni de plus profond.

Le « Père la Victoire », qui est un ironiste et un blagueur, rirait de moi si je le comparais à Jeanne d'Arc. Que la France ait été sauvée par un politicien septuagénaire, que rien, dans son tumultueux passé, ne semblait avoir préparé à cette mission, comme elle l'avait été, cinq cents ans plus tôt, dans des conditions comparables, par une petite paysanne inspirée, ce n'est pourtant pas plus facile à expliquer par la logique courante dans un cas que dans l'autre...

Constatons simplement que ces apparitions prodigieuses, avec les revirements de fortune qui s'ensuivent, sont spéciales à notre pays, si parfaitement personnifié par Clemenceau, qui en incarne au paroxysme les qualités et les défauts, les vices et les vertus. Aux heures décisives, elles ne lui ont jamais fait défaut.

Il n'est de miracle que chez nous !

Emile GAUTIER.

◇ ◇ ◇

L'Action de Clemenceau

Le fond de Clemenceau n'est pas de critique, mais d'action. Sa critique n'a été qu'un travail vers l'action, une excitation à l'action chez les autres, une affirmation de son action à lui-même. La dénonciation et la destruction des forces d'inertie, le harcèlement des volontés en retard et en paresse, l'encouragement à marcher encore et toujours pour ceux qui sont tentés de croire qu'ils sont arrivés au but, alors que le sort de l'humanité est de ne pas s'arrêter en route, sous peine de sommeil et de dépérissement, toutes ces formes de l'activité de Clemenceau, à la tribune, ou dans le journal, n'impliquent pas l'esprit destructeur, cette sorte de joie satanique que l'on s'est appliqué à discerner chez l'homme politique, faute de mieux pénétrer sa nature, ses intentions, son but.

Ce qui doit lui être accordé, comme à tous les hommes, c'est qu'il s'est développé, qu'il s'est fait, pendant toute la vie, et qu'il faut attendre la fin d'une carrière pour un jugement définitif. Heureusement pour Clemenceau qu'il a duré de toutes façons. Il n'a pas quitté le champ de l'action, et sa vigueur musculaire, sa force nerveuse, lui ont permis d'atteindre, toujours agissant, un âge qui est habituellement celui du repos et du recueillement, et même aussi l'âge de l'affaissement et de la fatigue. Heureusement pour lui, ai-je dit. Heureusement aussi pour la France, qui, aux jours de péril et d'angoisse, a trouvé ce lutteur pour avoir foi en elle et pour la défendre victorieusement. Cette fois, le jugement porté sur Clemenceau par les adversaires et par les indifférents s'est trouvé modifié, l'opinion s'est faite unanime pour reconnaître le patriotisme, l'intelligence, la bravoure, toutes les qualités du génie français incarné en ce Français de Vendée qu'une longue suite d'années a formé, a bronzé au feu de la vie, pour en faire le chef de cette lutte suprême que la France a livrée pour le monde civilisé.

Son nom désormais traverse l'Histoire avec la force et la clarté de la foudre. Il est significatif de la Patrie sauvée, de l'ennemi vaincu.

Gustave GEFFROY,
de l'Académie Goncourt.

◇ ◇ ◇

Comment ne pas glorifier le grand Français qui, depuis près de cinquante années, a travaillé au relèvement de la Patrie !

Un sénateur lorrain qui a passé souvent dans l'angoisse, cinquante et un mois, à quelques kilomètres du front, est heureux et fier de pouvoir joindre son nom à ceux des hommes éminents qui figurent dans le Comité du Livre dédié à Georges Clemenceau.

R. GROSDIDIER,
Sénateur de la Meuse.

Le soldat avait confiance dans ses généraux. Mais il lui fallait un homme qui incarnât la France.

Il l'a trouvé dans ce vieillard, actif, brave jusqu'à la témérité, allant le trouver dans les tranchées de première ligne, lui parlant familièrement sur un ton de paternelle autorité : — mes petits soldats !

C'est un grand bonheur qu'au moment où le pouvoir exécutif s'affaissait sous la terreur de quelques politiques sans scrupules et justement suspects d'intelligence avec l'ennemi, Clemenceau ait surgi comme premier ministre. Il a rétabli la confiance en montrant qu'il n'avait pas seulement du courage sur le front, mais aussi au Parlement.

Il a voulu la victoire ; et la nation, qui cherchait un homme pénétré de cette volonté, l'a suivi : la victoire a répondu à son appel et à son effort.

Yves Guyot.

10 Octobre 1918.

◇ ◇ ◇

La plus haute gloire d'un homme est d'incarner pour un moment l'âme de son pays : Clemenceau a eu cette gloire, et il l'a eue pendant la minute tragique où la France blessée devait opter entre une résignation à périr et une volonté de refuser la mort. — Il a donné la cohésion aux énergies vitales. Il a sauvé la Patrie !

Edmond Haraucourt.

◇ ◇ ◇

Il y a quinze ans, au moins, que je désirais Georges Clemenceau à « la guerre ». Mes amis le savent. Par sa haine de l'injustice, ses talents, son énergie, son incroyable faculté de travail, par l'enthousiasme qu'il inspire à beaucoup, par son genre d'esprit, par sa droiture et sa fougue, il me semblait être l'homme capable de plaire à nos soldats et à leurs chefs. Je les connais ; je m'y connais, étant moi-même d'une famille de soldats. Eh bien ! Georges Clemenceau est aujourd'hui ministre de la Guerre ; nous le voyons agir. Me suis-je trompé ?... Les troupes alliées, magnifiques, nos troupes, nos chefs et lui ne sont-ils pas en train de nous mener à la victoire et à la paix, tambours battant !...

Léon HENNIQUE,
de l'Académie Goncourt.

29 Octobre 1918.

◇ ◇ ◇

A l'heure critique où les plus résolus pouvaient craindre pour les destinées de la Patrie, Clemenceau a su raffermir les courages et réveiller les énergies.

Il a eu toutes les admirables qualités du soldat français : bravoure, sang-froid, endurance.

Il a été la vivante incarnation de l'héroïsme de notre race. Il a symbolisé la résistance à l'ennemi.

Honneur à lui ! et gloire à nos soldats !

HENRI-ROBERT,
Bâtonnier de l'Ordre des Avocats
à la Cour d'Appel de Paris.

23 Septembre 1918.

◇ ◇ ◇

To Monsieur Clemenceau

To the youngest soul of the strongest people, who he got victory upon the bones of Death.

Rudyard KIPLING.

A Monsieur Clemenceau

A l'âme la plus jeune du peuple le plus fort, à celui qui a remporté la victoire sur les os de la mort.

Rudyard KIPLING.

◇ ◇ ◇

Clemenceau a sauvé notre pays. C'est un prodigieux exemple d'énergie, de foi, d'intelligence vivante et de volonté passionnée. Et l'image même du courage civique, c'est-à-dire de la plus noble et la plus rare des vertus. Considérons dans le libérateur du territoire une des plus grandes figures de l'Histoire de France.

C'est d'un cœur enflammé que je m'associe à votre manifestation.

Henry KISTMAEKERS.

Cap d'Ail, 19 octobre 1918.

◇ ◇ ◇

Depuis un demi-siècle environ, tous les jours j'ai vu Clemenceau vivre, penser et agir, tous les jours ce vaillant a mené les plus magnifiques batailles pour l'établissement de la République d'abord et pour son mieux-être ensuite ; je l'ai toujours aimé et toujours admiré, c'est vous dire combien je me réjouis de voir sa carrière politique devenir triomphale.

Jamais rien de tel n'avait lui !

De tout mon cœur je m'associe à tout ce qui pourra être fait en son honneur.

N'a-t-il pas déjà obtenu l'approbation unanime et enthousiaste de tous les Conseils Généraux de notre pays ; qu'on lise les discours prononcés à l'ouverture de ces assemblées, on y cueillera les plus belles fleurs de l'éloquence, les formes les plus heureuses pour dire et même pour chanter l'influence de ce *surhomme* sur le gouvernement de la République et sur toute la France, que dis-je ! tous les alliés, eux aussi, l'aiment et l'admirent autant que nous.

Le plus sûr moyen de bien peindre Clemenceau consiste, tout simplement, à se servir de sa palette ; on y trouve les tons les plus riches et les plus puissants.

Pour bien comprendre ce Ministre qui fait la guerre, il faut relire ce qu'il a écrit depuis août 1914.

Voici quelques extraits que j'ai notés au cours de mes recherches, ils diront à tous les magnifiques envolées de cet homme qu'on dirait coulé en bronze.

Le 12 août 1914. Voici ce que Clemenceau répondit aux socialistes allemands :

Le chasseur d'aigles

Des torts, nous n'en avions aucun qu'il fût possible d'exagérer ou de travestir. Cela faisait la partie belle à qui eût conçu la pensée d'un noble effort en faveur de la paix. Un mot, un geste, enregistré par l'histoire, eût attesté qu'en ce jour maudit, un cœur généreux battait encore sur la terre allemande. Rien.

En 1870, M. Thiers, esprit aigu, mais sans profondeur, avait courageusement subi, à la tribune française, les huées des membres d'une Chambre affolée, dans l'espérance de sauvegarder avec l'honneur de la France, les droits imprescriptibles de la raison. Il paraît que nos socialistes d'Allemagne n'en sont pas encore arrivés à la hauteur de ce simple esprit bourgeois. L'un d'eux est venu tristement lire un papier qu'il faudra clouer un jour à la porte du tribunal de La Haye afin d'apprendre à ceux qui en franchiront le seuil, qu'il faut laisser là toute espérance pour longtemps de coudre le rêve à la réalité.

La politique impérialiste, dit à la tribune du Reichstag le député socialiste Haase, *est cause que le monde entier est en armes et que les peuples se ruent les uns sur les autres pour répandre un torrent de sang sur l'Europe. Ce sont les défenseurs de cette politique qui en portent devant le monde la pleine responsabilité.*

La politique impérialiste de qui ? Monsieur le Député qui n'osez pas mettre le crime que vous dénoncez au compte des agresseurs, parce qu'il faudrait accuser le Kaiser au service de qui vous allez hypocritement conclure qu'il faut aller verser le sang français ?

Est-ce la France qui a voulu dominer, maîtriser, terroriser l'Europe ou serait-ce l'Allemagne de Guillaume II ?

Vous n'avez plus, alléguez-vous bassement, *à vous prononcer sur la cause de cette guerre* et pourquoi ? Quand on prend le fusil pour aller viser droit au cœur de ceux qu'on proclame ses frères, il semblerait que ce fut plutôt l'heure de se demander pour quelle raison.

On voit bien une vague allusion au *Tsarisme russe ;* je serais curieux de savoir ce que peut bien lui reprocher le Tsarisme allemand.

Quand la Russie a-t-elle fait acte d'hostilité envers l'Allemagne ?

Et la France républicaine, bons messieurs de la justice humanitaire, faut-il donc qu'un Français vous apprenne que c'est bien contre la France de la révolution que vous marchez ? Je vous défie de dire pourquoi, sans proférer un effronté mensonge. Osez révéler sans rougir quel tort nous vous avons fait. Savez-vous au moins ce que votre Gouvernement a inventé contre nous ? Ce Gouvernement dont vous vous rendez solidaires et sous le drapeau duquel vous vous enrôlez ? Il nous a accusés d'avoir bombardé Nuremberg du haut des nuages. Il l'a dit, c'est écrit, il ne pourra plus l'effacer. Allons, un peu de courage. Osez dire que vous le croyez, et que c'est pour vous venger de cette *agression* que vous venez fusiller des enfants dans nos villages.

Mais laissons là les socialistes du Jésuitisme allemand et arrêtons-nous un moment au Chancelier de l'Empire, l'ombre du maître, qui se donne lui-même comme le Justicier suprême, M. Bethmann-Hollweg, bon prince, a bien voulu s'expliquer. L'occupation du Luxembourg et de la Belgique, *cela est contraire au droit des gens*. Il n'y a pas grand mérite à l'avouer quand la presse de tous les pays hurle d'indignation. Toutefois, nous avons l'aveu ; voyons l'explication : « La France était prête à l'attaquer (la Belgique) et une attaque sur le Rhin inférieur *aurait pu nous être fatale ;* c'est pourquoi nous avons passé outre aux *protestations justifiées.* » D'impudence plus achevée il ne s'en peut concevoir. Le droit qu'accepte l'Allemagne doit être respecté par les autres, mais elle entend le violer quand il lui conviendra, en vertu de la loi suprême des bandits de grand chemin.

o o

Cette agglomération d'inépuisables servitudes qui a nom la race allemande a été nourrie depuis des âges de cet enseignement de servitude avilie, qui lui assigne pour but l'élévation de ses maîtres pour des abjections d'humanité.

A la voirie l'honneur ! Le tranchant du fer, voilà l'unique raison des choses. Quand on peut tuer, on est maître de tout. Les hommes ne sont debout que pour l'humiliation de s'abaisser. Le droit c'est la revendication de l'impuissance.

o o

Lorsque cette guerre nous fut imposée, tous les Français, tous les civilisés, pourrais-je dire, ont dû s'écrier : Eh bien qu'on en finisse, c'est assez. Oui, il faut en finir avec ce comédien couronné, poète, musicien, marin, guerrier, pasteur, exégète, préoccupé d'accomoder Hamourabi et la Bible, ayant une opinion sur chaque problème de la philosophie, parlant de tout et ne disant rien. Il y a du Néron en cet homme ; le besoin d'être toujours en scène avec la froide cruauté. Seulement Rome en flammes ne suffit pas à sa lyre. Il lui faut les ruines du monde entier. Ses ouvriers sont à l'œuvre, fusillant tout ce qui se rencontre : ici un maire parce qu'un prisonnier s'est échappé de son village, ailleurs, des habitants inoffensifs ; jetant une centaine de bombes dans Pont-à-Mousson, ville ouverte, pour le seul avantage de tuer ou de mutiler des femmes et des enfants, et taillandant les blessés sur les grands chemins.

Tout cela, c'est la gloire à la mesure de son intelligence, à la portée de son entourage, à la hauteur d'esprit de ses sujets.

o o

La réhabilitation, par l'union de toutes les énergies françaises mises d'un commun mouvement de discipline inflexible au service de la patrie. La réhabilitation par le sacrifice, et puisque les événements l'exigent, la réhabilitation par le sang. La réhabilitation, non par des phrases qui sont des instruments de faiblesse d'un romantisme dégénéré, mais par les actes de surhumaine révolte que la fortune, que les traditions de notre race nous demandent, et que nous n'avons plus le droit de lui refuser. Tous au devoir jusqu'à la mort, et au delà même, par la puissance de l'exemple qui fait surgir les morts de la terre natale pour signifier aux vivants que ce n'est plus le temps d'aimer la vie, quand ceux qui seront la France demain réclament de nous la gloire d'avoir vécu pour quelque chose de plus que de se trouver vivants, sans raison de vivre. Sinon, c'est tout le territoire français où ramperont des créatures sans âme, devenu province allemande. Nous pouvons choisir. (*Août* 1914).

o o

La France, c'est une histoire, c'est une vie, c'est une pensée qui a pris sa place dans le monde, et le morceau de terre d'où cette histoire, cette vie, cette pensée ont rayonné, nous ne pouvons la sacrifier sans sceller la pierre du tombeau sur nous-même, sur nos enfants, et sur les générations qui seraient nées d'eux. Et puisque nul homme de France ne saurait accepter cette affreuse fin d'une aussi grande destinée, il reste pour les hommes à combattre jusqu'au dernier pour tous les autres, à accepter, à offrir tout ce qu'ils ont, tout ce qu'ils aiment, tout ce qu'ils souhaitent de sauver, pour soutenir, aider, encourager chacun de nos soldats. De tout ce que nous ont légué nos aïeux, à quoi nous attacher d'abord, sinon au sol lui-même que leur vaillance et leur labeur ont fait fleurir ? Quel intérêt pourrions-nous mettre au-dessus de la terre même d'où ce que les peuples appellent la France a jailli ? Et s'il en est ainsi, pourquoi nous embarrasser d'intérêts désormais secondaires qui, en dehors du sauvetage de la France, avaient retenu notre attachement ?

Paris est la capitale de la France en même temps qu'une capitale d'humanité. (*Septembre* 1914).

o o

Tous unis cette fois, par conséquent tous invinciblement forts. Toute haine abolie. La tradition des déchirements passés, nous ne la connaissons plus. Nous ne savons plus rien, sinon que nous sommes les enfants de la même France, et que cette mère de beauté, de grandeur, de vaillance, a besoin de nous. Elle a dit : A moi ! Et nous sommes tous accourus et retrouvés frères, stupides d'avoir pu croire que nous étions ennemis. Et l'ardeur de ce premier élan est telle que nous nous retrouvons autres, tout en étant les mêmes, et que nous ne pourrons jamais plus nous regarder obliquement comme autrefois.

Heureux soldats qui voyez, qui vivez la France unie pour un recommencement d'histoire, où les antiques forces, jaillies de l'ancien tronc, vont recevoir bientôt de vos mains triomphales la parure des branches nouvelles. Cette France là, vous la faites, heureux soldats des grandes journées ! Vous la révélez dans sa splendeur en lui donnant votre cœur, tout ce que vous avez reçu d'elle, le plus sûr de votre vie. Et parce qu'elle est immortellement grande et noble et rayonnante, et que vous êtes de sa chair, de sa volonté, de sa flamme, le sacrifice que vous lui apportez vous égale aux hommes des sommets. Vous ne réservez rien, vous donnez tout pour continuer l'histoire de France. Fasse mieux qui pourra. Vos fils sauront qu'ayant reçu la charge d'un grand passé de labeur et de sang, votre noblesse fut d'y apporter labeur et sang à votre tour.

Qu'il aille solliciter ses lettres de servitude allemande, le bâtard qui se cachera quand c'est l'heure de se montrer.

o o

Oh ! la noble chose que cette solidarité des champs de bataille où la même idée, qu'on sent pure et sublime, emporte d'immenses cohortes humaines à cette hauteur où la plus belle volupté de la vie s'égale à la plus belle volupté de la mort. C'est là que tout se rejoint de ce qui est en nous de meilleur, par une condensation de noblesse devant laquelle s'effondrent les forces secondaires qui ne sont que brutalité. Honneur aux Belges qui ont rappelé au monde que les grandeurs des temps antiques pouvaient revivre devant les résurrections des primitives barbaries. Si leur pays devait s'anéantir aujourd'hui, il resterait grand dans les fastes du monde. Mais il vivra, il durera pour l'achèvement de sa gloire, et l'Europe n'oubliera pas qu'il lui a magnifiquement montré la voie du salut.

o o

Pendant le premier ministère de Clemenceau, les socialistes lui ménagèrent des grèves plus turbulentes les unes que les autres ; quelques-unes même s'orientèrent vers les émeutes et vers la révolution, et comme révolutions et émeutes sont criminelles dans un pays qui a le suffrage universel à la base de ses institutions, Clemenceau fit intervenir l'armée pour rétablir l'ordre ; c'est cela que les socialistes ne lui pardonnent pas.

Voici les sévères paroles qu'il alla prononcer à Lens pendant que la grève battait son plein :

« Après avoir répondu aux reproches des réactionnaires, pourquoi hésiterais-je à répondre aux reproches qui nous viennent des révolutionnaires ? Nous sommes accusés de déchaîner une répression forcenée. Qu'on me dise si saccager les maisons des travailleurs, piller les fermes, les marchés, chasser les femmes et les enfants de leur domicile, traîner une malheureuse femme, ses vêtements déchirés sur la place publique de Lens, lorsque tout son crime est d'avoir son mari au travail, s'emparer d'ouvriers revenant de la mine, leur mettre au front des écriteaux infamants, les faire agenouiller sous les coups, les contraindre à demander pardon d'avoir travaillé, et pour ce crime, à se déclarer fainéants, qu'on me dise si ce sont là des actes qu'un Gouvernement ne saurait réprimer sans se dénoncer lui-même comme un Gouvernement de réacteurs.

« Il faut tôt ou tard recourir à la puissance de contrainte, puisque dans les sociétés humaines, sans la sanction suprême de la force, le droit n'est rien. »

LAMPUÉ,
Doyen du Conseil Municipal de Paris.

Septembre 1918.

◇ ◇ ◇

Vous me faites le très grand honneur, après tant d'illustres collaborateurs, de me demander ce que je pense de Georges Clemenceau. Il faudrait avoir l'esprit plus reposé et ne pas courir comme je le fais en ce moment, villes et campagnes, pour mûrir sa pensée et ordonner son style.

D'ailleurs, je ne pourrais que vous répéter ce que j'entends dire partout, depuis que la Victoire frémissante guide nos chers soldats : « Ah ! sans Clemenceau !... »

Et j'ai vu des gens trembler comme s'il s'agissait d'eux-mêmes en lisant presque quotidiennement cette simple phrase dans les journaux : « Le Président du Conseil a passé la journée aux Armées. »

Ce que je trouve d'aussi surprenant que la première victoire de la Marne, c'est que ce polémiste bouillant, cet homme que l'on accusa si souvent d'incohérence en matière politique, se soit révélé soudain, aux heures les plus tragiques de la Patrie, non seulement un grand patriote (cela nous le savions), mais... un sage !

Sans lui !...

Hugues LAPAIRE.

9 Octobre 1918.

Georges Clemenceau, en dépit de fautes qui, selon moi, auraient pu être évitées, a eu le redoutable honneur de tenir tête aux événements décisifs, en brisant un courant funeste à l'heure la plus grave de la guerre. On ne lui en sera jamais assez reconnaissant. La Patrie tout entière lui a déjà exprimé son immense et profonde gratitude.

J'étais de ceux qui estimaient que nous autres, socialistes, devions collaborer avec lui. Les événements m'ont donné raison. La lutte entre lui et nous datait de loin. Il fallait l'effacer. Il est vrai qu'il ne nous y a pas aidés, bien au contraire. J'étonnerai beaucoup de mes amis en avouant que je l'ai toujours regrettée, que souvent même, je ne l'ai pas comprise. Elle était opposée à l'intérêt national. Elle n'a jamais profité au pays républicain. L'alliance du tempérament jacobin et de l'esprit socialiste est dans la ligne évidente de la politique républicaine efficace. Les discussions seront stériles, quand il s'agira de rebâtir, si elles ne mènent ni à des actes, ni à des faits.

Au vieillard intrépide qui a aidé la victoire indispensable, dans la plus terrible lutte de l'Histoire, à grandir sous nos trois couleurs, je suis heureux d'apporter, parmi des noms illustres, le témoignage public, bien modeste, mais sûr, d'une sympathie qui n'a jamais flatté personne et dont l'entière franchise a même, plusieurs fois, déplu.

André Lebey,
Député.

◇ ◇ ◇

Je suis tout disposé à m'associer à l'hommage à rendre au Président du Conseil qui en ne faisant que la guerre, sauve la France de l'invasion et le monde de la tyrannie.

Abbé Lemire,
Député du Nord.

16 Septembre 1918.

M. Clemenceau, lisant à la Chambre des Députés
:: :: le Traité d'Armistice avec l'Allemagne :: ::

Tous les députés sont là, assis ou debout dans l'hémicycle. Désireux d'éviter une entrée théâtrale, M. Clemenceau se glisse dans cette fourmilière. Les regards ne tardent pas à l'y découvrir. On reconnaît son crâne renflé, son regard noir, mobile, dardé, aigu. La foule des députés s'ouvre alors devant lui. Il entre d'un pas tranquille, d'une allure très simple. Une formidable, une longue clameur de reconnaissance, d'admiration, d'amitié, l'accueille. Les parlementaires, les invités des tribunes se sont dressés et applaudissent sans fin.

Lui, de ses mains gantées de gris, fait, simplement, gravement, de part et d'autre de sa tête puissante, un geste pour écarter tant d'hommage. Il est depuis longtemps assis — immobile, très calme en apparence, mais en réalité profondément ému — que l'acclamation dure encore. De tous les bancs, des députés viennent lui prendre les mains et le remercier. Le socialiste Jean Bon après l'abbé Lemire. Symbole d'union sacrée qui est très applaudi.

Ayant enlevé ses éternels gants gris — qui désormais font partie de son personnage comme la casquette de laine dont il se coiffe dans son cabinet ou son chapeau cabossé des visites sur le front — il tire de sa poche le texte de l'armistice. Long cahier plié en deux et protégé d'une couverture en papier vert : l'Espérance, l'Avenir ! Et le voici qui, lentement, se dirige vers la tribune.

Malgré son incomparable maîtrise de lui-même il est très ému. Il sent que, en ce jour de détente, il peut se laisser aller à son émotion. Ceux qui connaissent bien ses gestes, sa voix, ses expressions de physionomie, se rendent compte qu'il en est brisé. Le matin, quand il a eu entre les doigts, dûment signé, cet armistice qui venge nos morts, qui réalise toute notre espérance, lui, que personne n'a jamais vu pleurer, il a versé des larmes ! Lui, seul survivant des protestataires de l'Assemblée nationale qui, à Bordeaux, jurèrent fidélité à l'Alsace-Lorraine, il a tenu le serment solennel ! Il sent autour de lui tous les vieux compagnons de son espérance. Et notre cœur les met à leur place à ses côtés. Larmes qu'il est beau d'avoir versées !

A la tribune encore, sa main levée demande le silence. Et, d'une voix que l'émotion étrangle, il profite de cette fervente union des âmes pour supplier qu'on la prolonge pour le bien du pays :

« Faisons-nous, les uns aux autres, en un pareil moment, la promesse de toujours travailler de toutes les forces de notre cœur, au bien public. »

Visiblement, en ce magnifique jour de la vie française, M. Clemenceau s'attacha à être plus simple et plus sobre encore que de coutume. Autant que possible, ce grand orateur cherche, en ces minutes, à ne pas faire d'éloquence. Il veut laisser parler le texte historique.

Son lorgnon ajusté, la couverture verte rabattue, il commence d'une voix nette, sous la sécheresse énergique de laquelle on sent gronder l'émotion contenue, le défilé des articles prévoyants et nécessaires qui, par leur sévérité, nous garantissent pour plus tard la paix que nos soldats nous ont conquise et dont la France a besoin pour préserver son pacifique bonheur.

A mesure que cette succession bien ordonnée de verrous se présente à nos esprits, on a le soulagement que donne toujours un travail longuement mûri, conçu avec clairvoyance, avec une tendre précaution pour la sécurité présente et future de la France, où rien n'est oublié ni laissé au hasard.

Chaque clause de ce traité d'armistice est fermement applaudie. Et toute l'assistance, soulevée par l'enthousiasme, le bonheur et la reconnaissance, se met dix fois debout pour mieux saluer au passage les articles qui nous assurent les meilleures satisfactions et les plus précieuses garanties :

« Le feu a cessé ce matin sur tout le front à 11 heures », déclare M. Clemenceau comme l'on pousse un cri de délivrance.

Désormais plus de morts, de mutilations, de deuils nouveaux ! C'est la fin du cauchemar. Et voici qu'en plein défilé de ces articles, le canon se met à tonner de minute en minute. Il ponctue solennellement chacun d'eux. Comme il retentit sous la voûte du Palais-Bourbon ! Mais il sonne plus encore dans tous les cœurs.

Puis on fête du même élan la restitution immédiate de l'Alsace-Lorraine, le retour non moins rapide de nos prisonniers civils et militaires, la capture des avions et des sousmarins meurtriers, l'occupation de la ligne du Rhin et des grandes villes qui en marquent les plus dangereux passages.

Tout le monde se lève encore et frénétiquement applaudit lorsque, de sa voix ferme, avec une sobre fierté dans l'accent, il rappelle que c'est par la force de ses armes victorieuses que la France s'est libérée, et lorsque, pour mieux signaler à la gratitude des représentants du pays le chef génial et glorieux qui dirigea la délivrance, il jette comme un coup de clairon le nom du maréchal Foch au premier rang des signataires de cet acte.

Alors, le cahier vert refermé et, le lorgnon abattu, M. Clemenceau, qui s'est jusqu'à présent dispensé de tout commentaire à de telles clauses si justement impitoyables, ajoute simplement, de toute son âme qu'on devine brisée par la sublimité de tels événements et de telles heures, comme si d'autres paroles étaient superflues, ces quatre phrases que scande encore l'impérieuse voix du canon :

« Au nom du Peuple français, au nom du Gouvernement de la République Française, j'envoie le salut de la France une et indivisible à l'Alsace et à la Lorraine retrouvées ! »

Et, avec un grand geste des bras qui porte son pieux hommage vers toutes les tombes éparses sur la terre de France, il s'écrie :

« Et puis, honneur à nos grands morts, qui nous ont fait cette victoire ! »

A cette minute, un nouveau coup de canon leur sonne dans le silence le plus glorieux des glas. Et les applaudissements se font plus chaleureux encore.

« Quand nos vivants, poursuit M. Clemenceau, de retour sur nos boulevards, passeront devant nous, en marche vers l'Arc de triomphe, nous les acclamerons. Qu'ils soient salués d'avance pour la grande œuvre de reconstitution sociale ! »

Puis, dans un magnifique élan où pourtant il contient encore l'éloquence qui jaillit de son cœur si français et de son émotion profonde, il jette, les bras levés au-dessus de la tête, cette constatation qui raccorde entre elles et unit dans la gloire toutes les étapes de l'Histoire de notre pays :

« Grâce à eux, la France, hier soldat de Dieu, aujourd'hui soldat de l'Humanité, sera toujours le soldat de l'Idéal ! »

C'est fini. Dominant son émotion, avec une gravité simple, il descend de la tribune. Une grande partie de l'auditoire se précipite au-devant de lui, les mains ne cessant d'applaudir que pour serrer les siennes. Une garde enthousiaste l'escorte jusqu'à son banc, où longtemps encore les paroles de reconnaissance lui arrivent, tandis que la Chambre et les tribunes ne se lassent pas de l'acclamer.

Puis, attendu au Sénat où il doit remplir le même devoir, M. Clemenceau se lève pour gagner la sortie. Toute la salle se dresse en même temps. Les mains battent. Un long cri de reconnaissance l'accompagne jusqu'au delà de la porte. « Vive Clemenceau ! Vive la République ! Vive la France ! »

Et, dans une ardente communion des cœurs, députés, journalistes, spectateurs et spectatrices des tribunes, les membres du corps diplomatique eux-mêmes, chantent la *Marseillaise*. Minutes enivrantes ! Exaltation de l'âme qui emplit les yeux de larmes et qui pourtant console un peu la douleur !

Georges LECOMTE,
Président de la Société des Gens de Lettres.

◇ ◇ ◇

Mon opinion sur le Ministère Clemenceau

Nos forces morales avaient été mises en bataille par les harangues de Viviani, sollicitées en tous sens par les habiletés intuitives de Briand, portées à la confiance par l'expérience de Ribot et par la science de Painlevé, mais elles ne se disciplinaient pas. Le salut public exigeait une volonté capable de faire, avec toutes ces énergies, l'idéale synergie.

Clemenceau est venu à point. Son énergie autoritaire a aimanté toutes les énergies nationales et en a fait le bloc.

Une vague immense de popularité est montée alors vers l'auteur de cet événement si attendu, le soulevant au-dessus de son âge, au-dessus même de son caractère, jusqu'à la hauteur de son talent et de son patriotisme où elle le maintient.

Cette popularité est présentement une force si précieuse que chacun doit se faire scrupule de rien dire ou écrire qui soit de nature à la diminuer.

Clemenceau a droit au *moratorium* des critiques. Laissons-le exercer la dictature du patriotisme. Son programme « Je fais la guerre » répond à tout, jusqu'à la victoire.

Eugène LINTILHAC,
Sénateur.

1er Octobre 1918.

◇ ◇ ◇

L'avenir d'un peuple dépend de l'admiration qu'il a pour les grands hommes de son sol et de sa race.

LYSIS,
Directeur de La Démocratie Nouvelle.

◇ ◇ ◇

Tout ce que je pourrais dire à la louange du providentiel vieillard qui sauva le monde à l'heure du suprême péril, n'ajouterait rien à sa gloire. D'autres proclameront mieux que je ne le saurais faire ce que lui doit l'humanité. Il appartient à l'Histoire et il ne nous est pas encore possible de le mesurer.

Pour moi, je me bornerai à saluer ici le grand orateur qui, au contraire de la plupart des hommes politiques de son temps, et pareil aux meilleurs de la Grèce et de Rome, sut, dans toutes les circonstances, les plus tragiques comme les plus magnifiques, prononcer des paroles égales aux événements qu'il célébrait, maîtrisait ou faisait naître.

Maurice MAETERLINCK.

À Georges Clemenceau, qui n'a jamais douté de la France, et qui l'aida, par son accession au pouvoir, à se redresser plus forte et indomptable : aujourd'hui splendide au front et demain victorieuse, j'offre l'admiration d'un Français.

Paul MARGUERITTE,
De l'Académie Goncourt.

4 Octobre 1918.

◇ ◇ ◇

Il ne paraît pas qu'il y ait une gloire supérieure à celle que s'est acquise Clemenceau en se dévouant pour sauver, avec la Patrie, la civilisation menacée et organiser la victoire du Droit. La reconnaissance universelle et surtout celle des peuples opprimés monte vers ce grand citoyen.

Maurice DES OMBIAUX.
Président fondateur des Amitiés Françaises
de Bruxelles.

◇ ◇ ◇

C'était, il y a vingt ans. À *L'Aurore* dans le cabinet du rédacteur en chef.

Je sollicitais l'intervention de M. Clemenceau, en faveur d'un fou enfermé à l'asile de Bicêtre, par raison d'État. Un fou qui n'était pas fou — une victime, — mais dont le coup de pistolet fut plus bruyant que dangereux.

— Comment avez-vous connu F...? me demanda « le patron ».

— Après qu'il m'eut envoyé deux volumes de vers, publiés à ses frais, je...

— Deux volumes de vers à ses frais ! s'écria Clemenceau. Mais alors, vous voyez bien qu'il est fou ! Il est archi-fou votre bonhomme !

En m'interrompant de la sorte, je vous prie de croire que *Le Tigre* « avait le sourire... » Et quel sourire !

N'empêche qu'il voulut avoir de plus amples détails sur le cas de F..., prit rapidement quelques notes et me serra la main en me congédiant, sans m'avoir rien promis.

Un mois après, F... quittait Bicêtre (à la condition de quitter aussi Paris).

Il ne sut jamais qui l'avait « tiré de là ». Ni moi non plus ; mais j'ai toujours soupçonné *Le Tigre*...

Dissimuler un grand cœur derrière un paravent d'esprit gavroche !... « La manière » de Clemenceau n'a pas changé depuis.

Henri D'ORCINES (H.R.).

◇ ◇ ◇

Se dice que los hombres somos dificiles de gobernar. Lo somos, en efecto, mientras sos pectamos que aquel que nos gobierna pone todas o una parte de sus fuerzas al servicio de su interés personal, de su provecho o su vanidad. Mas en el instante en que nos persuadimos de que el hombre que nos guia es absolutamente desinteresado y no tiene otro pensamiento ni otro fin que nuestro bien, que nos ha consagrado por completo su vida y su alma, entonces nos sometemos sin replicar.

Tal es el caso de M. Clemenceau en Francia.

Armando PALACIO-VALDÉS,
de l'Académie Espagnole.

On dit que les hommes nous sommes difficiles à gouverner. Nous le sommes, en effet, dès l'instant que nous soupçonnons celui qui nous gouverne de mettre toutes ou partie de ses forces au service de son intérêt personnel, de son profit ou de sa vanité. Mais dès l'instant que nous nous persuadons que l'homme qui nous guide est absolument désintéressé et n'a d'autre pensée ni d'autre but que notre bien, qu'il nous a complètement consacré sa vie et son âme, alors nous nous soumettons sans répliquer.

Tel est le cas de M. Clemenceau en France.

Armando PALACIO-VALDES,
de l'Académie Espagnole.

Certes oui ! je suis un admirateur reconnaissant de l'illustre patriote qui a dit : « Je fais la guerre. »

Il a pris le pouvoir au moment où le défaitisme faisait des ravages irréparables, à l'arrière comme à l'avant, et avec lui le pays comme l'armée se sont ressaisis.

Que Georges Clemenceau soit donc honoré comme il le mérite !

 Je vous envoie de tout cœur ma signature pour le livre d'hommage qui sera offert au grand Français qui a fait la guerre et amené la paix aussi bien que les plus optimistes pouvaient la vouloir.

G. PHILIPOT,
Sénateur.

17 Novembre 1918.

◇ ◇ ◇

Je me reproche de parler de lui. D'abord, parce que je l'adore. Ensuite, parce que Jean Martet — encore un que j'aime bien — ne manquera pas de lui dire :

— « Patron, voilà un article qui ne vous éreinte pas trop. C'est ce brave Psichari qui pond toujours... »

Et ces quelques paroles lui prendront des secondes qui sont à la France.

J'ai tenu le coup. Depuis qu'il nous gouverne, j'ai voluptueusement fait à la Patrie le sacrifice de ne lui point écrire, de ne le point aller voir — oui, pas même en des assauts de bourrasque où, pourtant, quelque intérêt général pouvait se trouver en jeu. J'ai fait mieux encore. L'admiration m'avait arraché des sonnets en son honneur — et qui furent accueillis tour à tour par l'*Action Française*, le *Gaulois* et la *Voix Nationale*. Vainquant tout amour-propre, j'hésitai longtemps à m'en dessaisir : je ne voulais pas qu'il me remercie.

Si je vous en parle, c'est pour vous apprendre ce que vous ne soupçonnez guère. Clemenceau souffre de cette discrétion de ceux qui l'aiment, de cette absence de visites, de lettres, mais, mon Dieu ! de sonnets aussi. Il aurait plaisir, lui, l'ami fidèle entre tous, à voir ses amis le plus possible. Personne ne sait causer avec plus de charme, avec plus d'horizons.

Et puis, il veut toujours vous obliger, quand il vous a rendu un service :

— Il ne faut pas que ce soit le dernier, a-t-il soin d'ajouter. Vous reviendrez, pas? Sans vous gêner.

C'est que Clemenceau est un cœur qui demande incessamment à se donner.

Il est stupéfiant, il est injuste d'avoir encore à démontrer qu'il est tout cœur, alors que les faits mêmes l'attestent, les faits publics, les faits palpables. Oui, cet homme qui, en cinq sec, boulotte un empereur, — qui en croquera bien un second, — cet homme est surtout mû par le sentiment.

Voulez-vous me dire pour quelle raison il a pu accepter le pouvoir? Est-ce par ambition? Mais, d'abord, en a-t-il eu jamais? Je ne vois pas à quel moment de sa carrière politique il en a montré. Par contre, son patriotisme fut visible à toute heure. Et quand donc plus qu'à celle-ci?

Le patriotisme ! Mais, alors, dites-moi, il me semble que nous voici en plein dans le domaine du sentiment. Et ce patriotisme, à son tour, inculqué à l'enfant par un père qui fut un mâle citoyen, nous explique cette énergie admirable, jusqu'en cette vieillesse de verdeur.

o o

Pour moi, Clemenceau n'a même jamais eu ce à quoi le penseur a droit : des haines intellectuelles. Il a, pour cela, l'esprit trop vastement compréhensif. Il a eu des haines de sentiment.

C'est ce qu'on a pris pour de l'impulsivité.

Le tombeur de ministères était un impulsif, circonstance aggravante, un impulsif de la négation.

On ne s'est jamais demandé ce que valaient les ministères — ou les ministres que Clemenceau *tombait*.

Ils pouvaient, en tout cas, valoir ce qu'ils voulaient. Lui, s'il les renversait, vous pouvez être sûr que c'est pour ne les avoir point trouvés à la hauteur de leur tâche, à la hauteur de la Patrie. Et nous revoici dans le sentiment.

L'amour de la France porté à sa puissance suprême ; l'amour de la République ; l'amour de la liberté ; l'amour de la vérité ; telles sont les bases, chez ce tigre du sentiment.

Une observation est nécessaire à cette place.

On peut sentir de deux façons : obscurément ou lucidement. Clemenceau a le sentiment lucide. Pour le pénétrer, il faut remonter jusqu'à Pascal, dont la force résidait dans une *logique passionnée*.

La logique irrépliquable de Clemenceau, voilà par quoi si souvent il vous désarçonne.

Aux temps lointains de l'*Aurore*, où j'avais tous les jours la fête de le voir, Francis de Pressensé devait entreprendre je ne sais plus quel voyage. Clemenceau, consulté, en avait, du premier coup, saisi et arrêté le plan. Ce plan ne convenait pas de tous points à notre ami. Pressensé n'avait pas froid aux yeux, bien qu'il les eût petits, clignotants et myopes. Il me pria pourtant d'aller dissuader Clemenceau. Je m'en gardai bien. Son idée, logiquement, était impeccable. C'est précisément pourquoi Pressensé n'osa même pas l'aborder.

Voilà le seul point par lequel Clemenceau soit tigre : la griffe du raisonnement.

Nous sommes loin de la légende.

Il est un autre trait moral de Clemenceau que je voudrais vous marquer. Je l'ai fait en vers. Je veux le faire en prose.

Un ancien président du Conseil, bonhomme et fin, donnait, un jour — par téléphone, s'il vous plait — à un grand comédien, qui doit s'appeler Gémier, la clef du caractère politique de Clemenceau en ces termes :

— Que voulez-vous, mon cher ami ? Clemenceau est un homme qui a des principes. Et quand il est au pouvoir, il se croit obligé de les appliquer.

Comme c'est joli ! Il ne faut pas, en effet, que les pétillements de cet esprit endiablé, il ne faut pas que ces mots à l'emporte-pièce d'impénitent gamin de Paris nous trompent sur ce que cette âme a de sérieux — sur ce que cette âme a de grave.

Ces mots, c'est souvent la situation qui les lui arrache, dans ce qu'elle a de tragique ou d'ignominieux, comme ce mot sublime en tête d'un communiqué *officiel* sur l'empereur d'Autriche et l'autre empereur aussi, je suppose :

« Il y a des consciences pourries. »

Sa conscience, à lui, est restée fraîche comme l'aube.

Il fallait le voir, au ministère de l'Intérieur, lors de la mévente des vins et des troubles dans le Midi, avec quelle tension de souffrance il suivait les événements, couchant au ministère, dans son cabinet, sur un lit de camp, pour être plus près des nouvelles.

Quand il joua ce fameux tour au fauteur illuminé du désordre, à Marcelin Albert, de lui mettre dans la main un billet de cent francs pour son voyage, on crut, en effet, *à un bon tour*. Je ne le pense pas. Clemenceau était soulagé de remettre quelqu'un dans la droite voie patriotique, avec la logique de son cœur.

On lui prête toujours de sombres rancunes, des vengeances, de la férocité. C'est totalement méconnaître ce qu'il y a de philosophie dans cette intelligence.

Clemenceau, passionné de bien, voit ce qu'il y a d'affligeant dans le mal et, par suite, de tristesse dans le châtiment.

Soyez sûrs que le sort de Caillaux l'ennuie. En le maintenant à l'ombre, il assure, par devoir national, l'innocuité relative de ce malade. Il eût mieux aimé que ce forcené de germanie fût un Français conscient de la grandeur française.

Le souci de la chose publique, telle est l'étoile polaire de Georges Clemenceau. Je fus frappé un jour, au Sénat, le 16 décembre 1913, du spectacle qu'il offrait à la séance. M. Gaston Doumergue prenait courageusement la présidence du Conseil et répondait à une interpellation serrée de M. Gaudin de Villaine. Clemenceau, de son fauteuil — celui de Victor Hugo — les yeux sur la tribune, le sourcil froncé, la pensée tendue, suivait les discours des orateurs, comme si le sort de la France eût été en jeu, là, tout entier.

Pour lui, c'est toujours du sort de la France qu'il s'agit. Ce sort, en ce moment, est en de bonnes mains, fortes et lumineuses. Réjouissons-nous-en. Quant à lui, je vais vous découvrir toute ma pensée. Donnez-lui votre admiration : il y verra gloire et réconfort. Mais si vous voulez le toucher jusqu'au cœur, donnez-lui votre amour.

Jean PSICHARI.

Monsieur Clemenceau? Le Tigre?...

Je me souviens qu'il daigna m'allonger un coup de griffe, il y a dix ou douze ans. J'avais le tort d'exprimer, à cette époque, des sentiments qui n'ont été en honneur qu'à la nôtre.

M. Clemenceau me traita de « marchand d'idéal du *Gaulois* ». L'Idéal? J'en ai offert au public en effet, et tant que j'ai pu. Il n'y avait guère d'amateurs alors. Il y en a aujourd'hui. Et M. Clemenceau, heureusement pour la France, est devenu le grand idéaliste qui nous a sauvés.

Je l'en admire profondément et j'estime qu'il mérite une reconnaissance éternelle. Il aura été le meilleur serviteur de la Patrie. Son nom restera aux cîmes de la gloire, vénéré à jamais.

Aux pieds du Tigre royal, je dépose mes hommages d'humble mouton.

Jean RAMEAU.

◇ ◇ ◇

Au Tigre

Sois désormais le roi des Fauves symboliques,
O Tigre, que le nôtre a réhabilité,
En sauvant à la fois toutes les républiques,
Et la France, et l'Humanité !

Jean RICHEPIN,
De l'Académie française.

◇ ◇ ◇

Les pires ennemis de Georges Clemenceau ne lui refusent pas un tribut d'admiration ; ils lui reconnaissent un ensemble extraordinaire de qualités et de défauts. Son ascension durant cette guerre est une aventure prodigieuse. Abandonné par la masse de ses partisans, honni par le monde parlementaire, sans autre arme que sa plume, sans autre appui que son caractère, son opiniâtreté et son inexorable patriotisme, une irrésistible force le porte au pouvoir au milieu de ses ennemis comme un dompteur parmi les fauves. Et ce vieillard héroïque devient le symbole de l'énergie patriotique, l'emblème de la France dans le monde, et l'effroi de l'Allemagne.

J.-H. Rosny, aîné,
De l'Académie Goncourt.

◇ ◇ ◇

Vous pouvez être certain de toute la sympathie de la *Dépêche* pour l'initiative heureuse que vous avez prise : notre journal s'honore d'avoir compté Georges Clemenceau au nombre de ses collaborateurs les plus éminents, et lui est reconnaissant, comme la nation tout entière, comme l'armée, dans laquelle je vis depuis cinquante mois, de l'admirable énergie qu'il déploie pour assurer la victoire du Droit et de la Justice contre la barbarie.

Maurice Sarraut,
Sénateur,
Directeur de La Dépêche de Toulouse.

24 Octobre 1918.

◇ ◇ ◇

Mon opinion, la voici : c'est celle d'un Alsacien transplanté aux confins de la Vendée :

Nous sommes un vieux pays, le plus vieux d'Europe, qui conserve le feu et l'enthousiasme d'une éternelle jeunesse. Il semble que Clemenceau en soit la plus vivante personnification.

Maurice Schwob,
Directeur du Phare de la Loire.

◇ ◇ ◇

Comme tous les Français, j'adresse l'expression de ma gratitude infinie au grand patriote Georges Clemenceau et suis heureux de joindre mon nom à ceux des hommes éminents qui figurent dans le Comité du Livre d'hommage destiné au Président du « Ministère de la Victoire. »

Albert VIGER,
Sénateur.

24 Octobre 1918.

◇ ◇ ◇

Sans m'être spécialisé dans le métier de prophète, j'ai prophétisé depuis trente ans que Georges Clemenceau serait un jour le Clemenceau que la dernière phase de la guerre vient de nous révéler. Et je ne dis pas cela seulement parce qu'il fut celui qui me donna ma première leçon de politique électorale.

Je le vois comme si c'était hier, me faisant asseoir à sa table biscornue de la rue Clément-Marot, devant les masques japonais qui souriaient à ma jeunesse et à mon ignorance. Elle est rue Franklin maintenant, la table ronde en forme de coquillage, sur laquelle Clemenceau fixa tant de pensées lapidaires.

C'était en 1887. Je possédais tout juste l'âge requis pour être candidat. On se battait alors pour ou contre le général Boulanger. Tout cela est bien démodé.

Clemenceau me dit : « Prenez ce papier et écrivez votre profession de foi. » J'étais un peu tremblant de tenir une plume devant ce maître de la plume. Je rédigeai mon pensum, papier d'une emphase romantique et inexpérimentée, et quand le Maître l'eut parcouru : « Ah ça ! me dit-il sur ce ton saccadé qui lui est particulier, est-ce que vous vous présentez à l'Académie Française ou à la Chambre des Députés ? » Sans me laisser revenir de ma stupeur, il ajouta : « A l'Académie Française ça y est, vous êtes reçu. Pas un candidat boulangiste ne passera devant vous. Mais au Parlement, vous êtes blacboulé. »

Je ne fus alors reçu ni à l'Académie Française ni au Parlement, mais j'eus comme suprême compensation d'être devenu l'ami et le commensal de Clemenceau.

Au premier déjeuner que je fis chez lui, je lui marquai

tout de suite ma reconnaissance. Sur la cheminée trônaient deux magnifiques chats chinois en porcelaine d'un jaune incomparable. D'une main légère, j'essayai de caresser l'une des magnifiques bêtes, mais dans un mouvement brusque je la jetais à terre ; elle se cassa en mille morceaux. Je crains que Clemenceau ne m'ait jamais complètement pardonné ce méfait puisqu'il ne m'offrit aucun portefeuille dans son dernier cabinet. Ce manque de clairvoyance à mon égard ne m'empêcha pas de l'aimer et de l'admirer.

Voici donc trente années que j'ai gardé le contact le plus affectueux malgré tout et malgré tous, avec ce grand homme. J'ai parfois discuté sa politique : il y a des jours où un député se croit muni de plus d'esprit que Voltaire et de plus de sens politique que Clemenceau.

Aux jours sombres de Bordeaux, j'allai voir le prodigieux polémiste de *L'Homme Enchaîné* dans son pauvre petit appartement où, coiffé d'une casquette et vêtu d'une houppelande qu'il semblait avoir dérobée à l'un de ces juifs polonais qu'il croisait à Carlsbad, il m'expliqua, avec quelle verve éblouissante, son sens de la guerre.

Quelle claire et puissante dialectique jaillissait de ce cerveau bouillonnant, que de raison victorieuse roulait dans ce torrent de satire impitoyable !

Dès ce moment, j'ai compté les étapes qui rapprochaient Clemenceau du pouvoir. L'heureuse conjuration de sa fortune et des bons destins de la France a voulu qu'il le fût à l'heure précise où ses dons prodigieux et jusqu'aux aspérités de sa nature devenaient des vertus nationales.

Il m'est doux de penser que mon amitié et mon admiration lui furent acquises avant qu'il ne soit devenu l'Homme de la Victoire, la plus haute incarnation de la France libératrice.

Lazare WEILLER,
Député.

◇ ◇ ◇

De tout cœur les Alsaciens-Lorrains s'associent à l'hommage rendu au premier poilu de France.

Georges Clemenceau aura sa statue sur l'ancienne place

impériale de Strasbourg, à côté de celle de Déroulède, le grand chantre de la revanche. Il a eu la foi et l'énergie. La victoire a couronné ses efforts. Nous garderons une reconnaissance éternelle à notre libérateur dont le nom rayonnera dans l'Histoire à côté de celui du maréchal Foch. Toutes nos souffrances sont oubliées aujourd'hui dans la joie du retour de nos deux provinces à la France.

Abbé E. WETTERLÉ,
Député d'Alsace-Lorraine.

19 Novembre 1918.

◇ ◇ ◇

La reconnaissance britannique avait décerné à Gladstone le beau nom de « Great Old Man ». Je ne sais quel est le titre que la gratitude du monde civilisé donnera à Georges Clemenceau. Celui de « Tigre » me paraît insuffisant. Mais je sais bien que le « Président » du Conseil des Ministres de France de 1918 demeurera pour nos arrière-neveux comme pour nous-mêmes, un de ces types d'homme qui font honneur à l'homme. Dans un moment tragique et décisif, il a rallié la Confiance et maîtrisé la Destinée. Il les a attelées au char d'assaut du Droit et dans un admirable élan, où toutes les Nations alliées ont eu leur part de mérite et de gloire, il a poussé ce char victorieux jusqu'au Rhin.

A ses vertus de clairvoyance et d'énergie, il a ajouté une fleur d'esprit goguenard qui achève de donner à son rôle de guerre la manière française. Et son étonnante verdeur a démontré à ceux qui l'auraient ignoré que la jeunesse n'est pas, comme on l'a cru souvent, un état d'âge, mais un état d'âme.

CARTON DE WIART,
Ministre de la Justice du Royaume de Belgique.

Bruxelles, 20 novembre 1918.

Georges Clemenceau force l'admiration. Quel admirable professeur d'énergie, de courage et d'amour !

Pierre WOLFF,
Président de la Société des Auteurs Dramatiques.

28 Septembre 1918.

Cher Monsieur,

Je suis heureux de vous remercier d'avoir pensé à moi pour votre *Livre d'Hommage au Ministère Clemenceau*. Votre lettre au *Journal* a été, par erreur, envoyée à la 2e Compagnie de mitrailleuses du 103e d'infanterie. Je n'y suis plus depuis le 6 juin dernier. J'ai été blessé devant le Kemmel à la tête et au genou, c'est pourquoi vous avez tardivement mon adhésion.

Je rentre le 1er octobre à mon hôpital pour y refaire de la mécanothérapie car je ne puis plier le genou gauche. Dès que je serai installé, je vous enverrai votre dessin.

Croyez, cher Monsieur, à mes sentiments les meilleurs.

Ricardo FLORÈS,
Hôpital Complémentaire N° 1, Rennes.

Le bon artiste, le vaillant soldat que fut Ricardo Florès, est décédé à l'hôpital de Rennes, le 29 octobre 1918, avant d'avoir pu tenir sa promesse.

Nous avons voulu lui garder sa page, dans ce livre, en publiant sa lettre à la place du dessin qu'il nous avait promis.

DOCUMENTS & PAGES D'HISTOIRE

(L'Œuvre et les Hommes)

LES HEURES GRAVES

Le 11 novembre 1917, la France vivait comme si elle se fut trouvée « dans le champ magnétique d'une catastrophe ».

La défection russe apparaissait absolue. Les armées italiennes violemment attaquées par les forces austro-allemandes avaient dû se replier. Nul ne pouvait apprécier encore quelle serait la valeur du concours militaire des Etats-Unis. Partout l'ennemi affirmait une supériorité, momentanée sans doute, mais inquiétante pour les Alliés. Bientôt il pourrait jeter dans la bataille du front occidental l'appoint considérable de ses divisions du front d'Orient, redevenues libres.

A l'intérieur, un lourd malaise pesait sur le pays.

La France conservait intacte sa confiance dans l'héroïsme de ses armées, mais elle n'avait peut-être plus confiance en leur invincibilité. Des ferments de découragement et de trahison semés sournoisement chez nous par la propagande allemande, opéraient leur action dissolvante sur le peuple.

Au front, les soldats eux-mêmes, semblaient ne plus se battre que « pour l'honneur » et sans espoir.

Le Gouvernement apparaissait impuissant à dominer les événements.

Le 14 novembre, le Ministère Painlevé fut renversé à la Chambre par 277 voix contre 186, sur la question de « l'ajournement des interpellations relatives à la politique intérieure ».

Dès le 15, un grand journal écrivait : « Quel que soit le Président du Conseil, voici ce que la France exige de lui : *La Vérité* !

1º Par l'utilisation des *vraies* capacités, à la tête de chacun des ministères de la Défense nationale ;

2º Par une direction unique de la guerre qui est le seul et *vrai* moyen d'obtenir la victoire ;

3º Par une justice sans ménagement ni nervosité, n'ayant qu'un but : la recherche de la *vérité* ;

4° Par l'abolition, — pour tout ce qui n'est pas de nature à renseigner l'ennemi sur les opérations militaires, — d'une censure humiliante et dangereuse qui ne fait que retarder « *la vérité* ».

Mais on cherchait l'*homme de la situation* et l'*homme* n'apparaissait pas. Ou plutôt il n'apparaissait que trop aux yeux de ceux qui redoutaient sa venue...

Un nom montait à toutes les lèvres : celui du vieux lutteur dont le patriotisme et l'énergie suprêmement intelligente pouvaient sauver le Pays : Georges Clemenceau.

Le Président de la République fit appeler à l'Elysée le sénateur du Var et celui-ci accepta sans hésiter la redoutable mission de gouverner la France durant une heure aussi grave.

Le miracle de Faust s'accomplit. Le cœur, le jeune cœur ardent de ce vieillard de soixante-seize ans lui avait dit : « Vouloir, c'est pouvoir... Et toi du moins, tu veux ! »

Tout de suite, Clemenceau sentit frémir autour de lui la Nation avide de confiance et d'action virile.

Dans les vingt-quatre heures, le Ministère fut constitué, qui devait être le plus grand Ministère de notre glorieuse histoire : le Ministère de la Victoire !

Le Journal Officiel publia dès le 17, les décrets de nomination des collaborateurs qu'avait choisis le Président du Conseil, Ministre de la Guerre.

MM.

Justice	NAIL, *député.*
Affaires étrangères	Stephen PICHON, *sénateur.*
Marine	Georges LEYGUES, *député.*
Intérieur	PAMS, *sénateur.*
Finances	KLOTZ, *député.*
Instruction publique et Beaux-Arts	LAFFERRE, *député.*
Armement et Aviation	LOUCHEUR, *non parlementaire*
Travaux publics	CLAVEILLE, *non parlementaire.*
Commerce	CLÉMENTEL, *député.*
Colonies	Henry SIMON, *député.*
Ravitaillement et Agriculture	Victor BORET, *député.*
Travail	COLLIARD, *député.*
Blocus et Régions libérées	JONNART, *sénateur.*
Sous-secrétaire d'Etat à la Guerre	JEANNENEY, *sénateur.*

17 Novembre 1917 ! Ce jour-là, s'ouvrait, sans que l'univers s'en doutât, une ère nouvelle pour la France et pour le Monde !

Le 18 novembre, le Ministère Clemenceau se trouva complété par l'adjonction, comme sous-secrétaires d'Etat, de :

MM.
Edouard Ignace	*Justice militaire et Contentieux.*
Léon Abrami	*Contrôle des effectifs et Pensions.*
Justin Godart	*Service de santé.*
Jules Cels	*Marine de guerre.*
J.-L. Dumesnil	*Aéronautique et Aviation.*
Albert Favre	*Intérieur.*
Sergent	*Finances.*
Lemery	*Marine marchande.*
Vilgrain	*Ravitaillement.*

Le nouveau Comité de guerre comprenait :

MM. Clemenceau, Président du Conseil, Ministre de la Guerre ;
Georges Leygues, Ministre de la Marine ;
Stéphen Pichon, ministre des Affaires étrangères ;
L.-L. Klotz, Ministre des Finances ;
Victor Boret, Ministre du Ravitaillement ;
Jonnart, Ministre du Blocus.

M. Jonnart, sénateur du Pas-de-Calais, ne devait pas occuper longtemps le Ministère du Blocus. Le 23 novembre, en effet, des raisons de santé le mettaient dans l'obligation d'adresser sa démission au Président du Conseil. Il était remplacé par M. Albert Lebrun, député de Meurthe-et-Moselle.

LA DÉCLARATION MINISTÉRIELLE

Messieurs,

Nous avons accepté d'être au Gouvernement pour conduire la guerre avec un redoublement d'efforts en vue du meilleur rendement de toutes nos énergies.

Nous nous présentons devant vous dans l'unique pensée d'une guerre intégrale. Nous voudrions que la confiance dont nous vous demandons le témoignage fût un acte de confiance en vous-mêmes, un appel aux vertus historiques qui nous ont faits Français. Jamais la France ne sentit si clairement le besoin de vivre et de grandir dans l'idéal d'une force mise au service de la conscience humaine, dans la résolution de fixer toujours plus de droits entre les citoyens, comme entre les peuples capables de se libérer. Vaincre pour être justes, voilà le mot d'ordre de tous nos gouvernements depuis le début de la guerre. Ce programme à ciel ouvert, nous le maintiendrons. Nous avons de grands soldats d'une grande histoire, sous des chefs trempés dans les épreuves, animés aux suprêmes dévouements qui firent le beau renom de leurs aînés. Par eux, par nous tous, l'immortelle patrie des hommes, maîtresse de l'orgueil des victoires, poursuivra dans les plus nobles ambitions de la paix, le cours de ses destinées.

Ces Français que nous fûmes contraints de jeter dans la bataille, ils ont des droits sur nous. Ils veulent qu'aucune de nos pensées ne se détourne d'eux, qu'aucun de nos actes ne leur soit étranger. Nous leur devons tout, sans aucune réserve. Tout pour la France saignante dans sa gloire, tout pour l'apothéose du Droit triomphant. Un seul devoir, et simple : demeurer avec le soldat, vivre, souffrir, combattre avec lui. Abdiquer tout ce qui n'est pas de la Patrie. L'heure nous est venue d'être uniquement Français, avec la fierté de nous dire que cela suffit.

Droits du front et devoirs de l'arrière, qu'aujourd'hui tout soit donc confondu. Que toute zone soit de l'armée. S'il doit y avoir des hommes pour retrouver dans leurs âmes de vieilles semences de haine, écartons-les.

Toutes les nations civilisées sont engagées dans la même bataille contre les formations modernes des vieilles barbaries. Avec tous nos bons alliés, nous sommes le roc inébranlable d'une barrière qui ne sera pas franchie. Au front de l'alliance, à toute heure et partout, rien que la solidarité fraternelle, le plus sûr fondement du monde à venir.

Champ-clos des idéals, notre France a souffert pour tout ce qui est de l'homme. Ferme dans les espérances puisées aux sources de l'humanité la plus pure, elle accepte de souffrir encore, pour la défense du sol des grands ancêtres, avec l'espoir d'ouvrir, toujours plus grandes, aux hommes comme aux peuples, toutes les portes de la vie. La force de l'âme française est là. C'est ce qui meut notre peuple au travail comme à l'action de guerre. Ces silencieux soldats de l'usine, sourds aux suggestions mauvaises, ces vieux paysans courbés sur leur terre, ces robustes femmes au labour, ces enfants qui leur apportent l'aide d'une faiblesse grave : voilà de nos poilus. De nos poilus qui, plus tard, songeant à la grande œuvre, pourront dire, comme ceux des tranchées : « J'en étais. » Avec ceux-là aussi, nous devons demeurer, faire que,

pour la Patrie, dépouillant nos misères, un jour, nous nous soyons aimés.

S'aimer, ce n'est pas se le dire, c'est se le prouver. Cette preuve, nous voulons essayer de la faire. Pour cette preuve, nous vous demandons de nous aider. Peut-il être un plus beau programme de gouvernement?

Il y a eu des fautes. N'y songeons plus que pour les réparer.

Hélas ! il y a eu aussi des crimes. Nous prenons devant vous, devant le pays qui demande justice, l'engagement que justice sera faite selon la rigueur des lois. Ni considérations de personnes, ni entraînement de passions politiques ne nous détourneront du devoir ni ne nous le feront dépasser. Trop d'attentats se sont déjà soldés, sur notre front de bataille, par un surplus de sang français. Faiblesse serait complicité. Nous serons sans faiblesse, comme sans violence. Tous les inculpés en conseil de guerre. Le soldat au prétoire, solidaire du soldat au combat. Plus de campagnes pacifistes, plus de menées allemandes. Ni trahison, ni demi-trahison : la guerre. Rien que la guerre. Nos armées ne seront pas prises entre deux feux. La justice passe. Le pays connaîtra qu'il est défendu.

Et cela, dans la France libre, toujours. Nous avons payé nos libertés d'un trop grand prix pour en céder quelque chose au delà du soin de prévenir les divulgations, les excitations dont pourrait profiter l'ennemi. Une censure sera maintenue des informations diplomatiques et militaires aussi bien que de celles qui seraient susceptibles de troubler la paix civile. Cela jusqu'aux limites du respect des opinions. Un bureau de presse fournira des avis — rien que des avis — à qui les sollicitera. En temps de guerre, comme en temps de paix, la liberté s'exerce sous la responsabilité personnelle de l'écrivain. En dehors de cette règle, il n'y a qu'arbitraire, anarchie.

Messieurs, pour marquer le caractère de ce Gouvernement, dans les circonstances présentes, il ne nous a pas paru nécessaire d'en dire davantage. Les jours suivront les jours. Les problèmes succéderont aux problèmes. Nous marcherons du même pas, avec vous, aux réalisations dont la nécessité s'impose. Nous sommes sous votre contrôle. La question de confiance sera toujours posée.

Nous allons entrer dans la voie des restrictions alimentaires à la suite de l'Angleterre, de l'Italie, de l'Amérique elle-même, admirable d'élan. Nous demanderons à chaque citoyen de prendre toute sa part de la défense commune, de donner plus et de consentir à recevoir moins. L'abnégation est aux armées. Que l'abnégation soit dans tout le pays. Nous ne forgerons pas une plus grande France sans y mettre de notre vie.

Et voici qu'à la même heure quelque chose de notre épargne, par surcroît, nous est demandé. Si le vote qui conclura cette séance nous est favorable, nous en attendons la consécration par le succès complet de notre emprunt de guerre, suprême attestation de la confiance que la France se doit à elle-même quand on lui demande pour la victoire, après l'aide du sang, l'aide pécuniaire dont la victoire sera la garantie.

Messieurs, cette victoire, qu'il nous soit permis, à cette heure, de la vivre par avance, dans la communion de nos cœurs à mesure que nous y puisons plus et plus d'un désintéressement inépuisable qui doit s'achever dans le sublime essor de l'âme française au plus haut de ses plus hauts espoirs.

Un jour, de Paris au plus humble village, des rafales d'acclamations accueilleront nos étendards vainqueurs, tordus dans le sang, dans les larmes, déchirés des obus, magnifique apparition de nos grands morts. Ce jour, le plus beau de notre race, après tant d'autres, il est en notre pouvoir de le faire. Pour les résolutions sans retour, nous vous demandons, Messieurs, le sceau de votre volonté.

✿ ✿ ✿

On eut dit que le Ministère Clemenceau apportait avec soi sa chance. De meilleures nouvelles arrivaient presque simultanément de tous les fronts. En Italie, les Armées royales renforcées de divisions anglaises et françaises envoyées à leur secours, se ressaisissaient et repoussaient les formidables assauts des Austro-Allemands; en Palestine le général Allenby s'était emparé de Jaffa et menaçait Jérusalem.

Le 21 novembre, les Britanniques, avec leurs tanks, enfonçaient le front Hindenburg en direction de Cambrai, faisant des milliers de prisonniers. L'effort américain se précisait.

✿ ✿ ✿

Le 29 novembre s'ouvrait à Versailles « la conférence des Alliés » à laquelle participaient de nombreux délégués de l'Entente, entre autres MM. Clemenceau, Lloyd George, Orlando, le colonel House,

Antonesco, le comte de Brocqueville, le baron Matsuï, Costa, Venizelos et Patchich.

Après avoir réalisé « l'unité de front militaire », indispensable à l'obtention de la Victoire, la conférence des Alliés devait travailler aussi à la réalisation de l'Unité de front économique non moins nécessaire à la « résistance » intérieure des pays alliés.

A l'issue de la Conférence, le colonel House, représentant les Etats-Unis, prononça les paroles suivantes :

M. Clemenceau, président du Conseil de la République française, a déclaré, en souhaitant la bienvenue aux divers délégués à cette Conférence, que nous nous réunissions pour travailler. Ses paroles étaient prophétiques : nos réunions ont été caractérisées par une coordination et une unité de vues qui promettent les meilleurs résultats pour l'avenir. C'est ma conviction profonde que, par des efforts unifiés et concentrés, nous pourrons atteindre le but que nous nous sommes fixé.

Je désire profiter de la séance de clôture pour adresser, au nom de mes collègues, mes remerciements aux personnalités du Gouvernement français, et, par elles, à la Nation française, pour la chaleureuse réception qui nous a été réservée et les égards qui nous ont été manifestés.

Nous restons sur l'impression qu'en venant en France, nous avons rendu visite à des amis.

L'Amérique adresse son salut à la France, à ses fils héroïques, et lui exprime la fierté qu'elle ressent de combattre aux côtés d'une alliée aussi brave.

Le Président du Conseil, Ministre de la Guerre, répondit en ces termes :

Puisqu'il est de mon devoir de prononcer la clôture de cette Conférence, permettez-moi d'ajouter quelques paroles à celles que vous venez d'entendre. J'étais venu ici avec l'intention formelle de garder le silence, afin de vous laisser sous l'impression des belles paroles que vient de prononcer mon ami, l'éminent colonel House, qui représente si dignement le noble peuple américain.

En l'écoutant, je n'ai pu me défendre de penser que, s'il y a une leçon à tirer des amitiés historiques qui réunissent aujourd'hui dans un glorieux passé les Nations française et américaine, il n'y a pas un moindre enseignement dans l'abolition totale des vieilles inimitiés.

Dans le passé, nous avons été amis de l'Amérique et ennemis de l'Angleterre. Français et Anglais ont lutté bravement et loyalement les uns contre les autres, aussi bien sur terre que sur mer. Les deux peuples aujourd'hui sont tout à l'action de solidarité, d'amitié. Il n'y a plus ici de grandes et de petites nations. Tous les peuples sont grands, qui luttent pour le même idéal de justice et de liberté, et sauront l'obtenir à force de sacrifices bientôt magnifiquement récompensés.

Si j'en crois les journaux, une lourde voix se serait fait entendre de l'autre côté des tranchées pour railler cette Conférence. Il n'y a pas ici matière à raillerie. Nos ennemis, qui ne voient rien au delà de la force brutale, ne peuvent nous comprendre.

Nous sommes tous au combat sous les ordres de la conscience humaine. Nous voulons la même réalisation du droit, de la justice et de la liberté. Et nous sommes rassemblés pour faire que le droit, toujours promis, devienne réalité.

Même si, de l'autre côté du Rhin, on ne veut pas comprendre, le monde attend notre victoire. Il l'aura. Tous les peuples ici représentés s'entr'aident pour le succès de la plus grande cause. Nous travaillons pour conquérir par la force le droit à la paix.

☙ ☙ ☙

Entre temps, les maximalistes russes lançaient des appels à l'Univers pour convier les belligérants à accepter de suite une paix « sans annexion ni indemnité ». L'armistice russo-allemand allait être signé et les négociations entre ceux que l'on appelait déjà les bolchevick, et les empires centraux s'ouvriraient le 2 décembre. Pour aboutir à la paix de Brest-Litowsk !

☙ ☙ ☙

Ce que les Alliés perdaient d'un côté allait être largement compensé de l'autre. En un discours magistral, le Président Wilson affirmait, dès le 3 décembre, le dévouement absolu, définitif de l'Amérique à notre cause et définissait les buts de guerre des nations démocratiques et libres :

Les Buts de guerre des Etats-Unis

Notre objet est de gagner la guerre. Nous voulons la paix pour la défaite du mal, pour la défaite, une fois pour toutes, des forces néfastes qui interrompent la paix et la rendent impossible.

Pas d'annexion, pas de contribution, pas d'indemnité pénale. La paix que nous voulons doit, toutefois, délivrer les peuples, jadis prospères et jadis heureux, de l'emprise prussienne et de la menace prussienne. Les très profonds dommages causés par cette guerre devront, en outre, être réparés.

Nous regarderons la guerre comme gagnée, seulement quand le peuple allemand nous dira, par des représentants dûment accrédités, qu'il est prêt à accepter un règlement basé sur la justice et la réparation des torts que ses souverains ont commis.

Si, la guerre finie, le peuple allemand continuait à vivre sous des maîtres ambitieux et intrigants, cherchant à troubler la paix du monde, il serait impossible de l'admettre à la Société des Nations. Cette Société doit être une Société des Peuples et non une Société des Gouvernements. La pensée du peuple, qui ne jouit d'aucun privilège et qui a des conceptions du bien très simples et très pures, est l'atmosphère dans laquelle tous les gouvernements doivent désormais respirer s'ils veulent vivre.

Le peuple russe a été empoisonné par les mêmes mensonges qui ont aveuglé le peuple allemand, et le poison a été donné par les mêmes mains. Le seul antidote possible est la Vérité.

Nous sommes en guerre avec l'Allemagne et pas avec ses alliés. Je propose que le Congrès déclare les Etats-Unis en état de guerre avec l'Autriche-Hongrie. L'Autriche-Hongrie n'est pas en ce moment, sa propre maîtresse, mais simplement la vassale du gouvernement allemand. Nous devons faire face aux faits tels qu'ils sont et agir vis-à-vis d'eux sans aucune sensibilité pendant cette dure affaire. Nous irons partout où les nécessités de cette guerre nous conduiront.

C'est parce que c'est pour nous une guerre de buts élevés et désintéressés que nous nous battrons jusqu'à ce que le dernier coup de canon soit tiré.

Le 5 décembre, le général anglais Allenby, commandant en chef les troupes franco-anglaises de Palestine, délivre Jérusalem, préparant ainsi l'affranchissement prochain de la Syrie.

۞ ۞ ۞

Le 7 décembre, les Etats-Unis déclarent la guerre à l'Autriche.

۞ ۞ ۞

Le 14 décembre, l'Ukraine proclame son indépendance.

۞ ۞ ۞

Un mois à peine après son accession au pouvoir, le Ministre de la Guerre se voit obligé de sévir contre les lenteurs de notre Administration et il adresse une circulaire impérative à tous les services dépendant de son département.

Les services du département de la Guerre ne sont pas suffisamment dégagés de certaines méthodes de travail dont la lenteur ne correspond pas aux nécessités de l'heure présente. Les errements du temps de paix continuent. Il faut qu'une chasse obstinée soit faite à tous les « temps morts » qui ralentissent encore la machine administrative ; l'intérêt du pays l'exige.

Il faut traiter les affaires en hommes d'affaires, donc aller vite. On ne doit plus voir un chef de service demander, sur des questions insignifiantes, des rapports écrits à des subordonnés immédiats qu'il a loisir d'interroger à tout instant. On ne doit pas tolérer qu'une décision soit transmise de porte en porte « pour attribution », grossie à chaque station nouvelle de bordereaux d'envoi dûment enregistrés, alors qu'une entente téléphonique lui eût assuré d'emblée sa légitime destination.

Des officiers ou fonctionnaires qui traitent journellement des affaires connexes n'ont pas le droit de s'ignorer l'un l'autre.

Il est inadmissible enfin de voir des bureaux entreprendre un long échange de correspondance pour un renseignement qu'aurait fourni une conversation de deux minutes.

Les décisions doivent toujours être préparées, souvent prises et parfois exécutées avant l'échange de toute pièce. C'est affaire aux deux interlocuteurs de prendre leurs responsabilités et aussi leur sûreté. Il suffira de se faire connaître et de se mettre d'accord en fin de conversation, le crayon à la main, sur le sens et la portée des paroles échangées.

Il ne s'agit pas de suspendre les pièces écrites qui sont souvent nécessaires parce qu'elles portent la signature et qu'elles restent, mais il faut n'y recourir qu'au moment voulu, c'est-à-dire lorsque l'affaire est déjà décidée ou tout au moins dégrossie par la conversation. Ces habitudes prises, on constatera que les cas exigeant une longue étude sont l'exception.

J'estime que 80 pour 100 des affaires peuvent être étudiées et résolues très rapidement. Je prescris en conséquence qu'à l'avenir toutes les affaires qui n'exigent pas de longue enquête seront traitées en trois jours, délai de transmission compris.

L'exécution de ces prescriptions sera contrôlée par des inspections inopinées. Toute infraction aboutira à des sanctions sévères.

Sur la proposition du Ministre de la Guerre et du Ministre des Affaires étrangères, le Président de la République autorise par décret la création d'une armée Tchéco-Slovaque qui combattra à nos côtés. C'est plus de cent mille hommes qui entrent ainsi dans les rangs des Alliés ; cent mille hommes d'excellentes troupes.

✿ ✿ ✿

Et, implacablement, la justice suit son cours...
Les défaitistes, grands et petits, vont être poursuivis et mis dans l'impossibilité de continuer plus longtemps leur besogne néfaste.

✿ ✿ ✿

M. Klotz, Ministre des Finances, accomplissait la tâche ardue de gérer nos finances de guerre avec une compétence, une habileté auxquelles le succès rendit hommage.
Le 28 décembre, il pouvait annoncer au Parlement que le 3ᵉ emprunt de la Défense Nationale avait produit 10 milliards 276 millions !

✿ ✿ ✿

Le 8 janvier 1918, le Président Wilson précisait en quatorze articles, le programme de la Paix Mondiale, dans son Message au Congrès de Washington.

Les quatorze articles du Président Wilson

I. — Accords de paix conclus ouvertement après lesquels il n'y aura plus d'accords internationaux secrets d'aucune sorte : la diplomatie procédera toujours franchement et publiquement.

II. — Liberté absolue de navigation sur les mers en dehors des eaux territoriales, aussi bien en temps de paix qu'en temps de guerre, sauf lorsque les mers seront fermées en totalité ou en partie par une action internationale, en vue de renforcer l'exécution d'accords internationaux.

III. — Suppression, autant que possible, de toutes les barrières économiques, et établissement des conditions commerciales égales pour toutes les nations qui consentent à la paix et qui s'associent entre elles pour assurer son maintien.

IV. — Garanties adéquates, données et prises, que les armements nationaux seront réduits au minimum indispensable pour la sécurité intérieure du pays.

V. — Arrangements libres, dans un esprit large et absolument impartial, de toutes les revendications coloniales, basés sur la stricte observation des principes qui, en déterminant toutes les questions de souveraineté et d'intérêt des populations intéressées, pèseront d'un poids égal avec les demandes équitables des gouvernements dont il faudra établir les titres.

VI. — Évacuation de tous les territoires russes et règlement de toutes les questions concernant la Russie de façon à assurer la meilleure et la plus libre coopération des autres nations du monde pour fournir à la Russie l'occasion opportune de fixer, sans entraves ni embarras, l'indépendance de son propre développement politique et national et lui assurer un sincère accueil dans la Société des nations libres, sous des institutions qu'elle aura choisies elle-même.

VII. — Le monde entier s'accordera à penser que ce pays doit être évacué et restauré sans qu'aucune tentative soit faite pour limiter la souveraineté dont il jouit à l'égal des autres nations libres. Aucun autre acte élémentaire

J'aime mieux ma province que la province, j'aime mieux mon village que ma province, mais j'aime la France plus que tout.

Le village natal de Georges Clemenceau. — Mouilleron-en-Pareds (Vendée).

ne pourra mieux servir à ramener la confiance des nations dans les lois qui les ont unies entre elles et qui déterminent la forme des relations internationales. Sans cet acte de réparation, toute la structure et toute la valeur du droit international seraient pour toujours compromises.

VIII. — Tous les territoires français devront être libérés et toutes les autres parties envahies devront être restaurées. Le dommage causé à la France par la Prusse, en 1871, relativement à l'Alsace-Lorraine — dommage qui a compromis la paix du monde depuis près de cinquante ans — devra être réparé de telle manière que la paix puisse être désormais garantie dans l'intérêt de tous.

IX. — Une rectification des frontières de l'Italie devra être effectuée sur les lignes nettement reconnaissables des nationalités.

X. — Les peuples d'Autriche-Hongrie, dont nous désirons voir sauvegarder et assurer la place parmi les nations, devront recevoir la plus libre faculté d'un développement autonome.

XI. — La Roumanie, la Serbie et le Monténégro devront être évacués. Leurs territoires occupés devront être restitués.

A la Serbie, il sera accordé un accès libre et sûr à la mer.

Les relations entre les différents États balkaniques seront déterminées par le Conseil des Nations, dans un esprit amical et d'après les considérations historiques d'affinités et de nationalités.

Toutes les garanties internationales seront données à ces États en ce qui concerne leur indépendance politique et économique et l'intégrité de leurs territoires.

XII. — Les différentes parties qui forment l'empire ottoman d'aujourd'hui devront être assurées d'une souveraineté intangible ; mais les autres nationalités qui vivent actuellement sous le régime turc devront également posséder une sécurité d'existence hors de toute atteinte et le droit absolument imprescriptible de développer leur autonomie.

Les Dardanelles devront être ouvertes d'une façon permanente, avec libre passage aux navires et au commerce de toutes les nations sous un régime de garanties internationales.

XIII. — Un État polonais indépendant devra être constitué, auquel seront incorporés les territoires habités par des populations d'origine indiscutablement polonaise et auquel devra être garanti un accès libre et sûr à la mer ; l'indépendance politique et économique ainsi que l'intégrité territoriale seront assurées à cet État par un accord international.

XIV. — Une Société Générale des Nations sera formée en vertu d'accords spéciaux, de nature à fournir des garanties mutuelles d'indépendance politique et d'intégrité territoriale aux petits comme aux grands États.

Ces principes de la paix, la France ne pouvait moins faire que de les accepter en bloc. Ils étaient siens, parce qu'ils étaient justes. Comme ils étaient ceux de l'Angleterre. Le grand Ministre Lloyd George l'avait déjà déclaré.

Aussi M. Stephen Pichon obtint-il, le 11 janvier, un grand succès à la Chambre, en répondant selon ces principes et au nom du Gouvernement aux interpellateurs qui voulaient être éclairés sur « la conduite diplomatique de la guerre ».

✧ ✧ ✧

A la suite d'un incident au Palais-Bourbon à propos du fonctionnement du Service de Santé, M. Justin Godart, sous-secrétaire d'État, remit le 1er février sa démission au Président du Conseil.

Le 6 février, le docteur Mourier, député, est nommé à sa place au Sous-Secrétariat d'État du Service de Santé.

✧ ✧ ✧

Un Conseil de Guerre interallié s'était tenu à Versailles du 30 janvier au 2 février.

La Maison de Champrosay à Montgeron en Poitou.

A la suite de cette réunion, les déclarations suivantes furent publiées :

Du 30 janvier au 2 février, le Conseil supérieur de Guerre, sous la présidence de M. Clemenceau, a tenu sept séances plénières à Versailles. Etaient présents :

Pour les Etats-Unis d'Amérique :
Général BLISS, général PERSHING.

Pour la France :
MM. CLEMENCEAU et PICHON, général FOCH général PETAIN, général WEYGAND.

Pour la Grande-Bretagne :
MM. LLOYD GEORGE, lord MILNER, général sir W. ROBERTSON, maréchal sir DOUGLAS HAIG, général sir H. WILSON.

Pour l'Italie :
MM. ORLANDO, baron SONNINO, général ALFIERI, général CADORNA.

Le Conseil supérieur de Guerre a examiné avec le plus grand soin, les déclarations récentes du Chancelier allemand et du Ministre des Affaires étrangères d'Autriche-Hongrie. Il lui a été impossible d'y trouver rien qui se rapproche des conditions modernes formulées par tous les gouvernements alliés. Cette conviction n'a pu être que fortifiée par l'impression que produit le contraste entre les fins prétendues idéalistes en vue desquelles les puissances centrales ont entamé les négociations de Brest-Litovsk et les plans de conquête et de spoliation-aujourd'hui mis à jour.

Dans ces conditions, le Conseil supérieur de Guerre a jugé que son seul devoir immédiat était d'assurer la continuation, avec la dernière énergie et par la coopération la plus étroite et la plus efficace, de l'effort militaire des Alliés. Cet effort devra se poursuivre jusqu'à ce qu'il ait amené chez les gouvernements et chez les peuples ennemis, un changement de dispositions propre à donner l'espoir d'une paix conclue sur des bases n'impliquant pas l'abandon, devant un militarisme agressif et impénitent, de tous les principes que les Alliés sont résolus à faire triompher : principes de Liberté, de Justice et de Respect pour le droit des nations.

Les résolutions prises par le Conseil supérieur de Guerre pour faire suite à cette conclusion ont embrassé non seulement la conduite générale des affaires militaires des Alliés sur les différents théâtres de la guerre, mais plus particulièrement la coordination plus étroite et plus efficace, sous le contrôle du Conseil, de tous les efforts des puissances unies dans la lutte contre les empires centraux. Les attributions du Conseil lui-même ont été étendues et les principes d'unité de politique et d'action posés à Rapallo au mois de novembre se sont développés sous une forme concrète et pratique. Sur toutes ces questions, une commune entente s'est réalisée, après la discussion la plus approfondie de la politique à suivre et des mesures d'exécution.

L'accord complet s'est ainsi établi aussi bien entre les gouvernements qu'entre les chefs militaires, dans toutes les directions nécessaires, pour que les résolutions concordantes puissent recevoir leur plein effet.

De là, pour tous, un tranquille sentiment de force indéfectible par la ferme confiance dans l'unanime accord non seulement sur les dispositions, sur les moyens, mais d'abord sur les vues.

Une coalition au grand jour de consciences et de volontés, qui ne poursuit d'autres desseins que la défense des peuples civilisés contre la plus brutale entreprise d'oppression mondiale, oppose aux violences de l'ennemi la tranquille maîtrise des plus hautes énergies incessamment renouvelées.

Les grands soldats de nos démocraties ont marqué leur place dans l'histoire par l'éclat d'héroïques vertus pour lesquelles il n'est plus de mesure, tandis que la noble endurance des populations civiles dans les terribles épreuves de chaque jour n'atteste pas moins haut que le magnifique élan de nos armées, quelle victoire morale la victoire militaire de l'Entente libératrice aura la gloire de consacrer.

✼ ✼ ✼

Dans un nouveau discours prononcé le 11 février au Congrès de Washington, le Président Wilson pose les quatre principes fondamentaux des éventuels échanges de vue entre belligérants.

1º Chaque partie du règlement final doit s'adapter étroitement aux conditions imposées par l'équité dans chaque cas spécial, sous réserve des dispositions particulières propres à garantir une paix permanente ;

2º Il faut que les peuples et les provinces cessent d'être ballottés entre les gouvernements comme un simple gage mobilier ; il faut en finir aussi avec le jeu, aujourd'hui discrédité, de l'équilibre des puissances ;

3º Il ne sera fait, dans cette guerre, aucun règlement territorial qui ne réponde aux intérêts des populations intéressées, et qui soit une simple clause d'arrangement entre des Etats rivaux ;

4º Chaque nationalité verra ses aspirations réalisées dans toute la mesure possible et de manière à éviter des causes de discorde et d'antagonisme d'où résulteraient pour la paix de l'Europe de nouveaux dangers.

La paix russo-allemande est signée le 3 mars à 5 heures.

Elle livre la Pologne, la Lithuanie, la Courlande, la Livonie et l'Esthonie à la discrétion du Kaiser et de son Gouvernement.

La Roumanie est, par contre-coup obligée de signer le 5 mars, des préliminaires de paix qui la placent sous la dépendance complète des Empires Centraux.

✼ ✼ ✼

Un débat engagé à la Chambre sur le défaitisme amène, le 8 mars, le Président du Conseil, à prendre la parole et à prononcer le discours dans lequel se trouve la célèbre phrase à la Caton : « Je fais la guerre ! » que l'on a si souvent citée comme étant le programme admirable et unique de Clemenceau.

UN DISCOURS DE CLEMENCEAU

M. Renaudel sait bien que je ne peux m'expliquer sur des faits dont je ne suis pas responsable. Mais il m'accuse d'un crime politique déterminé sur lequel je tiens à me défendre. On m'accuse de laisser faire des campagnes. J'en suis fâché. M. Renaudel et ses amis sont de grands libertaires. Ils y ont été habitués par la protection de la censure. Il fut un temps où ce même Léon Daudet, qu'ils me reprochent de tolérer, me notait chaque jour d'infamie, et c'était ma réponse que la censure blanchissait. *(Rires.)*

On fait des campagnes contre vous. Vous vous en étonnez? Voilà cinquante ans qu'on en fait contre moi! Quand m'a-t-on entendu m'en plaindre? Il m'est arrivé de répondre, de dédaigner, de ne pas lire : et c'est là le meilleur remède. Vous voulez que j'arrête toute attaque contre vous? Et pourtant, à mes débuts, vous applaudissiez quand j'annonçais la suppression de la censure politique. Je n'arrêterai pas les campagnes : et si vous voulez un Gouvernement qui les arrête, choisissez-en un autre que le mien.

Les républicains ne doivent pas avoir peur de la liberté de la presse. *(Applaudissements prolongés.)*

La question sera posée avec vous, contre vous ou sans vous, selon qu'il vous conviendra. La liberté de la presse doit être respectée par tous et pour tous. Vous avez à votre disposition les journaux, la tribune dont usait à l'instant M. Painlevé. De quoi vous plaignez-vous? Il faut savoir défendre la liberté autrement que par des gesticulations et des vociférations.

La première doctrine, c'est la liberté ; la seconde, c'est la guerre, et c'est ainsi qu'il faut tout sacrifier à la guerre pour assurer le triomphe de la France. Il m'est arrivé un grand malheur le jour où ce ministère est né : j'ai été frappé d'exclusive par M. Renaudel et ses amis : ils ont décrété que j'étais un danger pour la classe ouvrière et pour la défense nationale.

La classe ouvrière n'est pas votre propriété, Messieurs. Les mains de MM. Renaudel et Thomas ne sont pas plus calleuses que les miennes : j'en suis fâché pour eux, mais ce sont des bourgeois comme moi ! *(Applaudissements.)*

Non, je ne suis pas un danger pour la classe ouvrière.

Je n'ai que le désir ardent d'aider à sauver mon pays de l'effroyable danger qu'il court.

Une voix. — Il y a la manière !

— La mienne n'est pas la vôtre. Pour moi, je ne suis qu'un vieil homme que l'expérience a rendu sage. Vous me reprochez toutes sortes de crimes ! Qui veut tuer son chien l'accuse de la rage. Eh bien, je ne suis pas enragé !

A mesure que la guerre s'avance, vous voyez se développer la crise morale qui est à la terminaison de toutes les guerres. Les brutalités, les violences, c'est la crise morale à laquelle aboutit l'une ou l'autre partie, et celui qui peut tenir le plus longtemps est le vainqueur. Et le grand peuple d'Orient qui a subi l'épreuve de siècles de guerre a trouvé cette formule : « Celui qui est vainqueur est celui qui peut, un quart d'heure de plus que l'autre, croire à sa victoire. » Voilà ma maxime.

Toute ma politique ne vise qu'un seul but : le maintien du moral français à travers une crise comme notre pays n'en a jamais connu.

Nos hommes sont tombés par millions, les sacrifices des classes possédantes ont été formidables à ce point que, quand on parle des riches, on est obligé de leur accoler l'épithète de « nouveaux » riches.

Les pères ont donné leurs fils ; les malheureux habitants des régions envahies ont subi des tortures telles qu'il n'en est pas de pareilles dans l'histoire. L'aviateur Garros me disait avant-hier, dans une visite qu'il m'a faite à mon cabinet, que si l'un de nos hommes prisonniers en Allemagne ne recevait pas ses paquets de France il serait obligé de mourir de faim. Voilà la situation de ceux que nous aimons, auxquels va notre pensée, vers qui nous tendons les bras. C'est pire que tout ! Et vous venez me parler de questions de personnes ! Je ne les connais pas. Je ne les connaîtrai pas ! *(Vives interruptions à l'extrême-gauche.)*

Je n'ai rien fait contre vous. Je ne ferai rien contre vous ! Alors pourquoi toutes les fois que je fais un acte, m'accusez-vous de combattre la classe ouvrière ? La vérité est que vous ne trouvez pas à mordre sur ce Gouvernement, mais vous ouvrez cependant les mâchoires et vous les refermez !

Quant à nous, nous ne sommes pas au pouvoir pour assurer le triomphe d'un parti ; nos ambitions sont plus hautes : elles visent à sauvegarder l'intégrité de l'héroïque moral du peuple

français. Chacun de nous a aujourd'hui le droit de dire :
« Je suis le fils d'une vieille et belle histoire ; je suis le fils
d'un peuple qui a pensé, écrit, a agi, et nos petits-neveux
penseront, écriront, agiront de même. » Voilà pourquoi je
suis au Gouvernement. . . . .

Vous voulez la paix? Moi aussi. Il serait criminel d'avoir
une autre pensée. Mais ce n'est pas en bêlant la paix qu'on
fait taire le militarisme prussien.

Ma formule est la même partout. Politique intérieure?
Je fais la guerre. Politique étrangère? Je fais la guerre. Je
fais toujours la guerre.

Je cherche à me maintenir en confiance avec nos alliés.
La Russie nous trahit? Je continue à faire la guerre. La
malheureuse Roumanie est obligée de capituler? Je continue
à faire la guerre, et je continuerai jusqu'au dernier quart
d'heure, car c'est nous qui aurons le dernier quart d'heure!

M. André Lebey. — Tout le monde pense de même !

— Pardon. J'ai lu un dialogue où M. Renaudel et M. Longuet
n'étaient pas d'accord sur la paix. De quoi s'agissait-il entre
vous au Congrès national? De savoir si, demain, vous voteriez les crédits de la guerre.

Comptez-vous donc sur une contagion de vos idées pour
arrêter la guerre? L'exemple d'hier devrait vous détromper.

Vous voulez la paix démocratique? Nous aussi. Vous nous
demandez nos buts de guerre? Nous vous les avons dits.
Demandez donc ceux des Allemands.

Je vous ai dit que la justice ferait son œuvre. Le Gouvernement fera son devoir. Il poursuivra la guerre jusqu'à la
paix victorieuse. S'il y en a ici qui sont disposés à refuser
les crédits de guerre, qu'ils le disent ! *(Applaudissements prolongés.)*

⁂

La déclaration de Londres du 18 mars 1918

Les gouvernements de l'Entente, réunis à Londres en conférence, après
s'être mis pleinement d'accord sur les problèmes militaires du jour, ont le devoir
impérieux de prendre acte des attentats sans précédent exercés, sous la dénomination d'une paix allemande, sur les peuples de la Russie, dont les armées
ont spontanément renoncé à la défense du pays.

Dans un mouvement d'aberration, le plus étrange de l'Histoire, la résistance
militaire de notre alliée d'Orient s'est trouvée tout à coup abolie. Une inconce-

vable simplicité portait l'esprit russe à attendre de l'Allemagne, pour la Russie désarmée, une paix démocratique sans annexions ni violences, par la volonté de cette même Allemagne qui, depuis quatre ans, combat contre l'indépendance des nations, contre tous les droits de l'humanité.

L'effet fut prompt à se manifester.

L'échéance des préliminaires n'était pas expirée que l'état-major allemand, qui s'était engagé à ne pas déplacer ses formations militaires, les dirigeait en masse sur le front d'occident, au mépris de la foi jurée.

Déjà les choses en étaient à ce point que les délégués de Petrograd n'osaient même pas protester. Ainsi l'annonce d'une paix octroyée par les armées allemandes se traduisit aussitôt par l'envahissement du territoire russe, par l'occupation militaire des villes et des campagnes, la capture ou la destruction de tous les moyens de défense, l'installation générale d'une autorité allemande décrétant et organisant le démembrement du sol russe au profit de l'Allemagne qui annexait d'immenses provinces à l'Empire, sous des rubriques d'hypocrisie d'où le titre seul d'annexion se trouvait banni.

Cependant, les défenseurs du territoire, dispersés après avoir détruit de leurs mains toutes les ressources de la défense militaire, voyaient leurs négociateurs réduits à proclamer leur obligation de signer le prétendu traité de paix sans le lire, et, par conséquent, sans rechercher s'il était susceptible de produire un état véritable de paix ou de guerre, ni à quels simulacres de vie soi-disant nationale le peuple russe pouvait ainsi être conduit.

Pour les gouvernements de l'Entente, jamais le jugement des peuples libres ne s'imposa si clairement. A quoi bon s'arrêter aux paroles allemandes, quand, en aucun moment de l'Histoire, l'action conquérante de l'Allemagne, pas même aux temps de l'envahissement de la Silésie ou des partages de la Pologne, ne fut si ouvertement destructrice de toute indépendance, si implacablement ennemie de tous les droits qui font la dignité de l'homme et des nations civilisées?

La Pologne, qui a su magnifiquement maintenir sa vie nationale à travers les plus tragiques catastrophes de l'Europe, se trouve sous la menace d'un quatrième démembrement par l'habituelle procédure de fourberie qui ferait sortir de la libération promise un nouvel écrasement de ses derniers vestiges d'indépendance.

Un renouveau de ces torrents de domination sans merci, dont les ravages ont fait tant de désastres parmi les peuples de l'Orient, emporte à son tour la Roumanie.

Toutes ces choses, sous l'étiquette d'une paix de mensonges qui, dans des cadres de verbalisme pacifique, installe les réalités de la guerre sous la loi suprême d'une force brutale sans frein.

Ces sortes de paix, nous ne les connaissons pas, nous ne pouvons pas les connaître, puisque nous nous proposons, à force d'héroïsme et d'endurance, d'en finir avec une politique de spoliation pour faire place à un régime de paix durable par le Droit organisé.

A mesure, en effet, que les événements de cette longue guerre se déroulent, il apparaît de plus en plus que toutes les libérations s'enchaînent et que, sans tenter des énumérations d'affranchissements à venir, il suffit d'invoquer les réparations générales de justice qui se résument dans ce seul mot : le Droit.

Quant à savoir si le Droit peut l'emporter sur l'oppression des peuples, nos hommes du front et de l'arrière, sans préparations suffisantes, se sont montrés assez grands pour que les nations dont le sort va se jouer sur les derniers champs de bataille s'en remettent à eux d'achever le triomphe de la civilisation.

M. STEPHEN PICHON

M. LOUIS NAIL

M. CLAVEILLE

LES HEURES TRAGIQUES

A partir du 21 mars, les communiqués relatèrent les formidables attaques allemandes contre le front occidental qui se succédaient avec une continuité angoissante.

Pendant d'interminables semaines et tandis que l'ennemi bombardait Londres par avions et Paris encore avec des gothas et des pièces spéciales à longue portée, le monde entier se demanda si les troupes du Kaiser n'arriveraient pas finalement jusqu'à Calais et au cœur de la France après avoir détruit les armées alliées.

Mais, entre les lignes brèves des communiqués, on put deviner l'indestructible héroïsme de nos soldats... et les hommes de foi gardèrent au cœur l'espoir.

Dès le 22 mars, les communiqués officiels britanniques disent :

Ce matin, vers huit heures, à la suite d'un violent bombardement par obus explosifs et toxiques de nos lignes avant et zones arrière, l'ennemi a lancé une puissante attaque sur un front de plus de quatre-vingts kilomètres entre l'Oise (région de la Fère) et la Sensée (région de Croisilles).

Il faisait en même temps des démonstrations d'artillerie sur un large front, au nord du canal de la Bassée et dans le secteur d'Ypres. L'attaque, qui était, depuis un certain temps, en préparation, a été poussée toute la journée avec une vigueur et une énergie extrêmes. Les assaillants sont parvenus à franchir nos lignes d'avant-postes et à pénétrer dans nos positions de combat en un certain nombre de points. Les attaques exécutées en formations massives ont été fort coûteuses à l'ennemi, qui a subi des pertes extrêmement élevées.

La bataille continue avec une grande violence sur toute l'étendue du front. Nous avons observé, au cours de la journée, de nombreux renforts en marche à l'intérieur des lignes allemandes. Plusieurs divisions comprenant des unités de la garde spécialement entraînées en vue de cette grande attaque, ont déjà été identifiées.

De l'examen des cartes saisies indiquant les objectifs de l'ennemi, il résulte qu'en aucune partie de ce large front, il n'est parvenu à ses objectifs.

A la vérité, les communiqués spéciaux de la bataille aérienne précisent déjà que l'aviation devient une arme de jour en jour plus importante et que la maîtrise de l'air appartiendra bientôt aux Alliés, comme leur appartient la maîtrise de la mer, par laquelle ils seront fatalement victorieux.

22 mars. *Soir.* — **Communiqué britannique**

La bataille s'est poursuivie hier soir jusqu'à une heure avancée, sur tout le front de l'Oise à la Sensée. Nous continuons à maintenir l'ennemi sur ses positions de combat.

Au cours des attaques d'hier, l'infanterie allemande en formations serrées offrait aux canons, fusils et mitrailleuses, une cible excellente que nos troupes ont pleinement mise à profit. Tous les comptes rendus signalent les pertes extrêmement élevées de l'ennemi.

Aucune attaque sérieuse ne s'est développée jusqu'ici ce matin, mais il faut s'attendre encore à de violents combats.

Le 23 mars, dans la matinée, premier bombardement de Paris, par les pièces ennemies à longue portée.

24 mars. — **Communiqués britanniques**

Matin. — Aucune modification sensible ne s'est produite cette nuit dans la situation sur le front de bataille, bien que la lutte se soit poursuivie en un certain nombre de points.

Nous tenons la ligne de la Somme jusqu'à Péronne. De petits éléments ennemis qui tentaient de traverser Pargny ont été repoussés.

A droite, nous sommes en liaison avec l'armée française et, au nord de la Somme, à Péronne, nos troupes conservent leurs positions après avoir rejeté un certain nombre d'attaques en différents points pendant la première partie de la nuit.

Il faut s'attendre encore à de violents combats.

Soir. — De nouvelles attaques se sont développées ce matin en grande force sur toute l'étendue du front et se sont poursuivies toute la journée.

Au sud de Péronne, l'ennemi est parvenu, après une lutte violente, à franchir la Somme en certains points où il se trouve aux prises avec nos troupes.

Au nord de Péronne, les Allemands ont attaqué avec une extrême vigueur la ligne de la Torpille. Dans cette partie du front de bataille, nous nous sommes retirés, en combattant, sur de nouvelles positions. Plus au nord, les assauts répétés de puissantes formations d'infanterie ont été repoussés avec de fortes pertes pour les assaillants. Les 17e et 40e divisions se sont particulièrement distinguées en rejetant de nombreuses attaques.

Aviation. — Le temps a encore favorisé hier les opérations aériennes. Nos pilotes n'ont pas cessé de reconnaître les emplacements de troupes ennemies, de prendre des clichés, de jeter des bombes et de faire du réglage. Ils ont tiré, de faible hauteur, plusieurs milliers de cartouches de mitrailleuses sur des troupes massées dans des villages ou en terrain découvert.

Les opérations de bombardement se sont poursuivies sans arrêt tout le jour. Plus de quatorze tonnes de projectiles ont été jetées sur des cantonnements, des canons à longue portée et des gares de la zone de bataille.

Mais, dès le 23, des troupes françaises rapidement envoyées au secours de nos Alliés, intervenaient dans la bataille.

Les communiqués français du 24 disaient :

14 heures. — Les troupes françaises ont commencé à intervenir, dès le 23 mars dans la bataille en cours sur le front britannique.

Elles ont relevé une partie des forces alliées et pris la lutte à leur compte sur ce secteur du front. Actuellement, elles mènent un dur combat dans la région de Noyon, disputant les hauteurs de la rive droite de l'Oise à des forces allemandes importantes.

Au nord-ouest de Reims, actions d'artillerie violentes dans la région Courcy-Loivre.

En Champagne, deux coups de main ennemis ont échoué à l'est de la Suippe. Nos patrouilles ont fait des prisonniers vers Tahure.

Grande activité d'artillerie entre Arracourt et les Vosges. Au petit jour, l'ennemi a attaqué nos lignes à l'est de Blemerey et à l'est de Badonviller. Il a été repoussé avec de lourdes pertes.

23 heures. — Dans la région de Noyon, la bataille se poursuit avec acharnement, les Allemands amenant sans cesse des forces nouvelles. Nos troupes, se conformant aux ordres reçus, cèdent le terrain pied à pied en exécutant de vigoureuses contre-attaques et en infligeant à l'ennemi de lourdes pertes.

Un combat acharné a eu lieu autour de Nesle, qui a été perdu et repris à plusieurs reprises.

Lutte d'artillerie en divers points du front.

Reims a reçu 1.375 obus la nuit dernière et au cours de la journée.

Le communiqué britannique exposait ainsi la situation sur le champ de bataille :

La bataille continue sur tout le front avec une grande violence.

Hier après-midi et dans la soirée, les puissantes attaques de l'ennemi ont été durement repoussées.

L'infanterie allemande n'a atteint nos tranchées qu'en un point, d'où elle a été aussitôt rejetée. Partout ailleurs, les assaillants, arrêtés devant nos positions par nos feux d'infanterie, de mitrailleuses et d'artillerie, ont été refoulés avec de grandes pertes.

Dans la nuit et ce matin, de nouvelles attaques se sont développées dans la même région et au-dessus de Bapaume. Au sud de Péronne, les éléments qui avaient franchi la rivière entre Licourt et Brie ont été rejetés sur la rive est.

26 MARS. — Communiqués français

14 heures. — La bataille a continué avec violence dans la soirée du 25 mars et dans la nuit, l'ennemi multipliant ses attaques sur tout le front de Noyon à Chaulnes.

Notre artillerie, bien établie dans la région de Noyon, appuie efficacement notre infanterie, dont la résistance et les fréquentes contre-attaques retardent la poussée des Allemands en leur infligeant des pertes élevées.

Noyon a été évacué, pendant la nuit, dans le plus grand ordre.

Nous tenons solidement la rive gauche de l'Oise.

Rien à signaler sur le reste du front.

23 heures. — Nos troupes tiennent solidement leurs positions sur la rive gauche de l'Oise, en amont de Noyon.

Le combat continue avec une violence non diminuée sur le front Bray-sur-Somme-Chaulnes-Roye-Noyon.

Rien à signaler sur le reste du front.

Communiqués britanniques

Matin. — Des combats excessivement violents se sont déroulés toute la journée sur de larges fronts au sud de Péronne, ainsi qu'au sud et au nord de

Bapaume. Dans les deux secteurs, nos positions ont été attaquées par l'ennemi mettant en action de nombreuses troupes fraîches.

En dépit de la valeureuse résistance de nos troupes, nous avons été contraints de céder du terrain ; l'ennemi occupe Nesle et Bapaume, et des combats très durs se poursuivent.

Soir. — La bataille s'est ralentie dans la nuit, et nos troupes se sont établies sur de nouvelles positions à l'est de Roye et d'Albert.

Au nord de la Somme, on s'attend à la continuation de la lutte, mais elle ne s'est pas développée jusqu'à présent.

Au sud de la Somme, on signale ce matin des attaques en cours contre nos troupes et les troupes françaises. Vers Roye et Chaulnes, l'ennemi a continué à subir des pertes très élevées et il a dû amener sur le front de bataille des renforts empruntés à tous les secteurs du front ouest. Il a engagé, à l'heure actuelle, plus de 70 divisions dans la bataille.

Pour la première fois, nos Alliés abattaient 70 avions allemands en un jour.

✽ ✽ ✽

Le 28, nos troupes lancées en une irrésistible contre-attaque au sud et à l'ouest de Montdidier obligeaient les Allemands à reculer. L'avance ennemie pouvait être dès ce moment considérée comme enrayée.

La situation n'en restait pas moins critique pour nos armes. C'est alors, qu'au nom de l'Amérique, le général Pershing commandant en chef les forces des Etats-Unis en France eut le geste superbe que nous n'oublierons jamais. Ce geste revêtit cette forme à la fois émouvante et laconique :

(*Note officielle du 29 mars*). — Au cours d'une réunion qui s'est tenue hier sur le front et à laquelle assistaient le général Pétain, M. Clemenceau et M. Loucheur, le général Pershing s'est présenté au général Foch :

Je viens pour vous dire que le peuple américain tiendrait à grand honneur que nos troupes fussent engagées dans la présente bataille. Je vous le demande en mon nom et au sien.

Il n'est pas, en ce moment, d'autre question que de combattre. Infanterie, artillerie, aviation, tout ce que nous avons est à vous. Disposez-en comme il vous plaira. D'autres forces viendront encore, aussi nombreuses qu'il sera nécessaire.

Le peuple américain serait fier d'être engagé dans la plus grande et la plus belle bataille de l'Histoire.

Le général Pershing nous apportait l'inappréciable concours d'une armée jeune, virile, enthousiaste et joyeuse.

— Joyeuse?... — Oui ! joyeuse !

M. COLLIARD

M. L...

M. CLA...

M. LOUCHEUR

M. L...

M. ...S...

M. HENRY SIMON

M. CLÉMENTEL

Les Britanniques de leur côté, devenaient comme nous, comme les Belges et les Serbes héroïques, comme les Italiens aux prouesses surprenantes, les vétérans de la guerre.

Mais, le cœur des vétérans saignait de trop de blessures, leur âme s'attristait de trop de deuils et leur expérience avait été trop chèrement acquise pour que leur jeunesse ne fut pas sombre.

L'armée américaine, elle, c'était le printemps dans sa force. La gaieté des yanks éclatait dans le rire de leurs lèvres et dans leurs yeux naïfs, encore tout remplis de la vision de leurs immensités, de leurs usines innombrables, de leurs villes neuves et prodigieuses.

Leur gaieté sonnait comme une claironnade de défi, de menace, à la mort et à la souffrance vomies par les armes traîtresses des Barbares.

✿ ✿ ✿

La journée du 30 mars fut une journée de combats gigantesques, où l'héroïsme de nos troupes brisa de nouvelles et formidables attaques ennemies sur un front de plus de soixante kilomètres d'étendue.

Les Allemands commençaient à se demander avec inquiétude : « Est-ce bien Foch qui commande?

Et dans ce cas, que fait-il, que va-t-il faire?... *Où sont ses réserves?* »

Les communiqués alliés s'exprimaient encore ainsi :

Communiqués français

14 heures. — La bataille a repris avec une nouvelle violence pendant la nuit. Elle est en cours sur un front de 40 kilomètres, depuis Moreuil jusqu'au delà de Lassigny. Nos troupes, appuyées par nos réserves, qui continuent à arriver, opposent une résistance acharnée aux puissants assauts de l'ennemi.

23 *heures.* — La bataille engagée sur le front Moreuil-Lassigny a continué tout le jour avec une violence grandissante et s'est encore élargie.

Sur une étendue de 60 kilomètres, les forces allemandes, malgré les ravages énormes causés dans leurs rangs par nos feux, ont multiplié les assauts contre nos lignes. Nos troupes héroïques, se jetant à corps perdu dans la bataille, ont, par leurs contre-attaques incessantes, arrêté partout la furieuse poussée de l'ennemi. La région d'Orvillers-Le-Plémont-Plessis-de-Roye, notamment, a été le théâtre de combats acharnés. Ces villages ont changé plusieurs fois de mains. Deux divisions allemandes, qui avaient réussi à prendre pied dans Le Plémont et dans le parc de Plessis-de-Roye, ont été balayées par une magnifique contre-attaque de nos troupes, qui ont rétabli leurs lignes.

Sur certains points, les masses assaillantes, prises sous le feu terrible de notre artillerie, ont dû brusquement s'arrêter et refluer en désordre, laissant le terrain couvert de cadavres.

Les pertes subies par l'ennemi sur toute la zone de bataille, dépassent encore celles des jours précédents.

Communiqué britannique

Au nord de la Somme, il n'y a eu que des actions locales.

Au sud de la Somme, hier, l'ennemi, qui a attaqué Demuin et Mézières, a réussi à refouler nos troupes hors de ce dernier village.

Nos contre-attaques nous ont valu un certain nombre de prisonniers. Toutes les tentatives de l'ennemi pour s'emparer de Demuin ont échoué, après une lutte très vive qui dura tout l'après-midi.

Pendant la semaine écoulée, notre cavalerie, soit montée, soit à pied, a, au cours de nombreux engagements, combattu avec grand courage et repoussé l'ennemi en lui infligeant de lourdes pertes.

Ce même jour, le Sénat vota, d'enthousiasme, à l'unanimité, la motion suivante :

Le Sénat, en étroite communauté d'esprit et de cœur avec les armées de la République et de ses alliés qui se battent avec un sublime héroïsme, adresse aux chefs et aux soldats l'hommage ému de son admiration, de sa gratitude et de son inaltérable confiance.

Le 30 mars, on apprenait par une brève dépêche de Londres, la nomination du général Foch au commandement en chef des Armées alliées.

M. Lloyd George a annoncé que le général Foch a été chargé de coordonner l'action des armées alliées sur le front occidental.

Le Premier britannique tint à expliquer en termes précis la décision prise en ce qui concernait l'unité de commandement. :

La situation a été extrêmement critique pendant les quelques premiers jours, après que l'armée allemande eut déclenché contre nos lignes une attaque sans parallèle comme concentration de troupes et de canons ; mais cette situation s'est maintenant améliorée, grâce à la bravoure indomptable de nos troupes, qui ont graduellement arrêté l'avance ennemie jusqu'à l'arrivée des renforts, jusqu'à ce que nos fidèles alliés aient pu prendre part à la bataille.

La lutte en est cependant toujours à sa première phase, et aucune prédiction n'est possible quant à sa marche future.

Le cabinet de guerre a siégé de façon permanente depuis le premier jour et s'est trouvé en communication constante avec le Quartier Général et les Gouvernements français et américain.

Certaines mesures ont été prises de concert pour faire face aux circonstances. L'ennemi a possédé jusqu'ici l'avantage incalculable de se battre comme une seule armée. Pour faire face à cela, les Alliés ont, depuis le commencement de la bataille, pris une décision des plus importantes.

Les Gouvernements anglais, français et américain ont chargé le général Foch de coordonner l'action des armées alliées sur le front ouest en coopération cordiale avec les commandants en chef français et anglais.

Outre les mesures prises pour faire face aux besoins immédiats actuels, il sera nécessaire de mettre à exécution certaines mesures envisagées depuis longtemps, au cas où les circonstances l'exigeraient.

Il est évident que, quel que puisse être le résultat de cette bataille, le pays doit être prêt à de nouveaux sacrifices pour assurer la victoire finale. Je suis sûr que la nation ne reculera devant aucun sacrifice nécessaire pour arriver à ce résultat. Les projets urgents, élaborés soigneusement par le Gouvernement, seront communiqués lors de la rentrée du Parlement.

Le 1er avril, l'offensive allemande en direction de Noyon et de Montdidier était arrêtée après sept jours de combats où les gains de terrain de l'ennemi, si importants qu'ils fussent, ne compensaient pas ses pertes énormes en hommes et en matériel.

Arrêtée la première grande offensive militaire de l'ennemi, son offensive diplomatique suivait aussitôt. Le comte Czernin, Ministre des Affaires étrangères d'Autriche-Hongrie, prononçait à Vienne un retentissant discours dans lequel il affirmait que l'Entente seule refusait d'accepter la discussion d'une paix juste et générale.

L'incident Czernin

J'en atteste Dieu, disait Czernin, nous avons fait tout ce qui était possible pour éviter une nouvelle offensive. L'Entente n'a pas voulu.

M. Clemenceau, quelque temps avant le commencement de l'offensive sur le front occidental, me fit demander si j'étais prêt à entrer en négociations et sur quelles bases. Je répondis immédiatement, d'accord avec Berlin, que j'étais prêt à ces négociations, que je ne voyais aucun obstacle à la paix avec la France, si ce n'étaient les aspirations françaises relatives à l'Alsace-Lorraine. On répondit de Paris qu'il n'était pas possible de négocier sur cette base.

Dès lors il n'y avait plus de choix. La lutte formidable à l'ouest est déjà déchaînée. Les troupes austro-hongroises et allemandes combattent côte à côte comme elles combattirent la Russie, la Serbie, la Roumanie et l'Italie. Nous combattons ensemble pour la défense de l'Autriche-Hongrie et de l'Allemagne. Nos armées prouveront à l'Entente que les aspirations françaises et italiennes sur nos territoires sont des utopies appelant une vengeance terrible.

Mais l'explication pour cette attitude de l'Entente, qui confine presque à la folie, se trouve pour la plus grande partie dans certains événements à l'intérieur de notre pays sur lesquels je reviendrai. Quoi qu'il arrive, nous ne sacrifierons pas les intérêts de l'Allemagne, tout comme elle ne nous abandonnera pas. La fidélité au bord du Danube n'est pas inférieure à la fidélité allemande. Nous ne combattons pas pour des buts impérialistes, annexionnistes, ni pour les nôtres, ni pour les buts allemands, mais nous irons ensemble jusqu'au bout pour notre défense, pour notre existence nationale et pour notre avenir.

Les négociations de paix avec la Russie ont fait une première brèche dans la volonté guerrière de nos ennemis ; ce fut la percée de l'idée de paix.

C'est montrer un dilettantisme puéril que de ne pas voir dans quel rapport étroit sont les uns avec les autres, les différents traités de paix.

La constellation de nos ennemis, à l'Est, ressemble à un filet après la rupture d'une maille : les autres se déferont d'elles-mêmes.

Le Président du Conseil visitait le front ; il était parmi les poilus, comme cela lui arrivait chaque fois qu'il pouvait, depuis son accession au pouvoir, s'absenter de Paris pour vingt-quatre ou quarante-huit heures. On lui communiqua la dépêche reproduisant le discours du Ministre des Affaires étrangères de la double-monarchie.

Le chauffeur au volant, l'auto du Ministre de la Guerre allait démarrer et le transporter dans un autre secteur. Clemenceau prit le papier et lut rapidement.

« Czernin a menti ! » fit-il après avoir lu.

C'est tout.

« Czernin a menti ! » Il jette ces mots à la volée comme une bordée de mitraille. Le temps est passé de discourir. *Acta non verba !* Il fait la guerre !

D'autres poilus l'attendent un peu plus loin. Oui ! on l'attend, car il a compris, lui, que l'administrateur de la guerre doit se montrer. Il sait lui, que le soldat aime à voir à ses côtés, dans le même danger, les chefs qui le commandent et ceux qui sont les chefs des chefs.

Clemenceau avec ses manières brusques mais cordiales, son absolu mépris du danger, sa témérité même s'était vite fait un ami du poilu. Le vieil ami redonne confiance à ses jeunes amis. Confiants, ses jeunes amis seront victorieux.

Durant ces rapides et nombreuses visites, le chef du Gouvernement, Ministre de la Guerre, savait voir, se documenter, se rendre compte par lui-même et s'inspirer sur place des décisions à prendre.

※ ※ ※

Le 4 avril, onze divisions allemandes s'efforcent en vain de rompre notre front, au nord de Montdidier.

※ ※ ※

L'incident Czernin habilement exploité par les agents plus ou moins bénévoles de la propagande allemande en France, faisant quelque bruit, la présidence du Conseil publia officiellement la note suivante :

En arrivant au pouvoir, M. Clemenceau a trouvé des conversations engagées, en Suisse, sur l'initiative de l'Autriche, entre le comte Revertera, ami personnel de l'empereur, et M. le commandant Armand, du 2e bureau de l'état-major, désigné à cet effet par le ministre de l'époque.

M. Clemenceau ne crut pas devoir prendre la responsabilité d'interrompre des pourparlers qui n'avaient donné aucun résultat, mais qui pouvaient fournir d'utiles sources d'information. M. le commandant Armand put donc continuer de se rendre en Suisse, sur la demande de M. le comte Revertera. L'instruction qui lui fut donnée, en présence de son chef, par M. Clemenceau, fut celle-ci : « Ecouter et ne rien dire. »

Lorsque M. le comte Revertera fut enfin convaincu que sa tentative d'amorçage pour une paix allemande demeurait sans succès, il prit la peine, afin de bien caractériser sa mission, de remettre le 25 février dernier à M. le commandant Armand, une note de sa main dont la première phrase est ainsi conçue : « Au mois d'août 1917, des pourparlers avaient été engagés dans le but d'obtenir

MARÉCHAL SIR DOUGLAS HAIG
Commandant en chef des Armées Britanniques

GENERAL DIAZ
Commandant en chef des Armées Italiennes

GENERAL PERSHING
Commandant en chef des Armées des États-Unis

du Gouvernement français, en vue d'une paix future, des propositions faites à l'adresse de l'Autriche-Hongrie qui seraient de nature à être appuyées par celle-ci auprès du Gouvernement de Berlin. »

Le comte Revertera, solliciteur et non sollicité, avoue donc en ces termes qu'il s'agissait d'obtenir du Gouvernement français des propositions de paix sous le couvert de l'Autriche à destination de Berlin. Et voilà le fait, établi par un document authentique, que M. le comte Czernin ose transposer en ces termes : « M. Clemenceau, quelque temps avant le commencement de l'offensive sur le front occidental, me fit demander si j'étais prêt à entrer en négociations et sur quelles bases. » Non seulement, en parlant ainsi, il n'a pas dit la vérité, mais encore il a dit le contraire de la vérité. En France, c'est ce que nous appelons « mentir ».

Il est trop naturel que M. Clemenceau n'ait pu retenir son indignation quand il vit M. le comte Czernin, justement inquiet des conséquences finales de l'offensive, renverser si audacieusement les rôles et représenter le Gouvernement français comme mendiant la paix à l'heure même où nous nous préparions, avec nos Alliés, à infliger la suprême défaite aux empires centraux.

Il serait trop aisé de rappeler à quel point l'Autriche a fatigué Rome, Washington et Londres de ses sollicitations de prétendue paix séparée, qui n'avaient d'autre but que de nous faire glisser sous le joug dont elle fait profession de s'accommoder. Qui ne connaît l'histoire de la récente rencontre (en Suisse toujours) d'un ancien ambassadeur d'Autriche avec une haute personnalité de l'Entente? La conférence ne dura pas plus de quelques minutes. Cette fois encore, ce n'était pas notre allié qui avait sollicité l'entrevue, c'était le Gouvernement autrichien.

M. le comte Czernin ne pourrait-il pas retrouver dans sa mémoire, le souvenir d'une autre tentative du même ordre faite à Paris et à Londres, deux mois seulement avant l'entreprise Revertera, par un personnage d'un rang fort au-dessus du sien? Là encore, il subsiste, comme dans le cas présent, une preuve authentique, mais beaucoup plus significative.

De son côté, Czernin, ne connaissant pas bien encore, sans doute, l'adversaire avec lequel il se trouvait aux prises, ne veut pas se tenir pour battu et il communique aux agences note officielle sur note officielle.

Celle du 6 avril au matin dit :

Quelque temps avant le commencement de l'offensive dans l'Ouest, M. Clemenceau m'a fait demander si nous étions prêts à des négociations et sur quelles bases. D'accord avec Berlin, j'ai immédiatement répondu que j'étais disposé à le faire et que je ne voyais d'autre obstacle à la conclusion de la paix avec la France que les vœux de cette puissance en ce qui concerne l'Alsace-Lorraine.

On a répondu de Paris que dans ces conditions, les négociations étaient impossibles.

L'agence Havas annonce, le 3 avril, que le Président du Conseil des ministres français a déclaré, après avoir pris connaissance de cette déclaration, que le comte Czernin avait menti.

Il est répondu ce qui suit à M. Clemenceau :

« Sur l'ordre du ministre autrichien des Affaires étrangères, le conseiller de légation comte Nicolas Revertera a eu en Suisse plusieurs entrevues avec le commandant Armand, attaché au Ministère de la Guerre français, homme de confiance de M. Clemenceau.

« Au cours d'un entretien à Fribourg, en Suisse, le 2 février de l'année courante, ces deux messieurs ont discuté la question de savoir sur quelle base une discussion pouvant amener la paix générale serait possible entre les ministres des Affaires étrangères d'Autriche-Hongrie et de France ou entre des représentants officiels de ces ministres.

« Le comte Revertera, suivant les instructions du ministre autrichien des Affaires étrangères, et selon l'ordre de ce dernier, a déclaré alors au commandant Armand, dans les derniers jours de février, en le chargeant d'en informer M. Clemenceau, que le comte Czernin était prêt à conférer avec un représentant de la France et qu'il considérait qu'une telle entrevue pourrait avoir du succès, dès l'instant où la France renoncerait à ses intentions sur l'Alsace-Lorraine.

« Il fut alors répondu au comte Revertera, au nom de M. Clemenceau, que ce dernier n'était pas en état d'accepter la renonciation proposée à cette annexion ; de sorte qu'une entrevue de délégués serait actuellement, suivant le point de vue des deux parties, sans utilité. »

Celle du 6 avril au soir, plus copieuse encore, expose ainsi les faits :

En opposition avec la première et courte déclaration de M. Clemenceau, qui reprochait au comte Czernin d'avoir menti, on voit avec satisfaction, dans le communiqué français de la présidence du Conseil du 6 avril, l'aveu que les conversations entre les deux hommes de confiance des Gouvernements d'Autriche-Hongrie et de France sur la question de la paix ont eu lieu, mais l'exposé fait par M. Clemenceau sur le commencement et le cours de ces négociations, de même que les déclarations de M. Painlevé dans l'*Humanité* sur le même sujet diffèrent sur des points nombreux.

En juillet 1917, le comte Revertera fut invité, par l'intermédiaire d'un neutre, au nom du Gouvernement français, à faire savoir s'il serait en mesure de prendre connaissance des ouvertures de ce gouvernement à celui d'Autriche-Hongrie.

Lorsque le comte Revertera, après avoir eu l'autorisation, eût répondu affirmativement, en juillet 1917, le comte Armand, son parent éloigné, arriva le 7 août 1917 chez lui, à Fribourg. Au nom du Président du Conseil d'alors, M. Ribot, le commandant Armand demanda alors au comte Revertera si des conversations seraient possibles.

L'initiative de cette prise de contact vint donc du côté français. Le comte Revertera fit au ministère des Affaires étrangères austro-hongrois un rapport sur cette question posée sur l'ordre du Gouvernement français. Le ministère lui demanda d'entrer en conversation avec l'homme de confiance français et de constater, au courant de ces conversations, si par là on ne pourrait pas créer des bases pour amener la paix.

Le comte Revertera entra ensuite, le 22 et le 23 août 1917, avec le commandant Armand, en pourparlers, qui, cependant, comme M. Clemenceau le dit justement, ne donnèrent aucun résultat.

Quand M. Clemenceau prétend que les négociations du comte Revertera et du commandant Armand étaient en cours lors de son entrée en fonctions, cela est inexact. Ce n'est qu'en janvier 1918 que le commandant Armand, cette fois sur l'ordre de M. Clemenceau, prit de nouveau contact avec le comte Revertera.

De ce nouveau contact sortirent les négociations connues par le communiqué officiel du 4 avril 1918. Il est exact que le comte Revertera remit à cette occasion, au commandant Armand, l'annotation dont M. Clemenceau cite seulement la première phrase et qui confirme que le comte Revertera, dans les pourparlers qui eurent lieu en août 1917 avec le commandant Armand, avait eu ordre de constater si on pouvait obtenir du Gouvernement français des propositions qui, adressées à l'Autriche-Hongrie, offriraient des bases pour une paix générale.

Les déclarations du comte Czernin, dans son discours du 2 avril, répondent donc entièrement à la réalité quand il dit :

« M. Clemenceau, quelque temps avant le commencement de l'offensive de l'ouest, s'informa auprès de moi si j'étais prêt à des négociations et sur quelles bases. »

Le reproche de mensonge fait par M. Clemenceau au comte Czernin ne peut, par suite, être maintenu, même avec cette restriction faite par le communiqué du Gouvernement français.

Le Gouvernement austro-hongrois ne connaît rien de ces sollicitations pour « une prétendue paix séparée » dont l'Autriche-Hongrie aurait fatigué les Gouvernements de Rome, de Paris, de Washington et de Londres.

Par contre, il est vrai qu'en Suisse eut lieu, entre l'ambassadeur comte Mensdorff et le général Smuts, un entretien avoué par le Gouvernement anglais à la Chambre des Communes ; l'entretien cependant ne dura pas seulement quelques minutes, mais quelques heures, en plusieurs reprises. Si M. Clemenceau demande au ministre austro-hongrois des Affaires étrangères si celui-ci se rappelle qu'avant la tentative du comte Revertera — donc il y a environ un an — une tentative du même genre fut faite par une personnalité d'un rang bien au-dessus, le comte Czernin n'hésite pas à répondre par l'affirmative, mais il faut ajouter, pour être complet et exact, que cette tentative n'aboutit également pas à aucun résultat.

Au reste, qu'il soit remarqué que le comte Czernin, de son côté, ne verrait aucun motif de nier des faits si, dans ce cas ou dans un autre cas semblable, il avait pris l'initiative, car, contrairement à M. Clemenceau, il croit qu'on ne peut faire à un Gouvernement aucun reproche d'avoir essayé une tentative pour amener une paix honorable délivrant tous les peuples des horreurs de la guerre actuelle.

La controverse soulevée par M. Clemenceau détourne d'ailleurs l'attention du point vraiment essentiel des déclarations du comte Czernin. L'important, en l'espèce, n'est pas tant de savoir qui prit l'initiative des conversations avant le commencement de l'offensive de l'Ouest, mais qui les fit échouer ; or, M. Clemenceau, jusqu'ici, ne nie pas qu'il refusa d'entrer en négociations sur la base de la renonciation au retour de l'Alsace-Lorraine à la France.

Clemenceau le même jour, riposte du tac au tac, et avec quelle fougue !

Cette riposte est bien dans sa manière : droite, cinglante, vraie !

Le mensonge délayé demeure le mensonge.

Le mensonge de M. le comte Czernin est d'avoir dit que, quelque temps avant l'offensive, M. Clemenceau lui avait fait demander s'il était prêt à entrer en négociations et sur quelles bases.

M. Clemenceau a opposé à cette allégation le passage de la note manuscrite du comte Revertera où il est dit qu'il s'agissait pour l'Autriche d'obtenir de la France des propositions de paix. Le texte du solliciteur est authentique : M. le comte Czernin n'a pas osé le contester.

Pour masquer sa confusion, il essaie de soutenir que c'est sur la demande de M. Clemenceau que l'entretien a été repris. Il y a, malheureusement pour lui, un point de fait qui suffit à mettre son allégation à néant.

C'est que M. Clemenceau a été saisi de l'affaire le 18 novembre 1917, c'est-à-dire le lendemain de sa prise de possession du ministère de la Guerre, par une communication de l'intermédiaire datée du 10 novembre et par conséquent destinée à son prédécesseur.

Pour que M. le comte Czernin eût dit la vérité, il aurait fallu que M. Clemenceau eût pris l'initiative en question. Après un démenti personnel, M. le comte Czernin se voit ainsi infliger le démenti catégorique des faits. Il en est réduit à soutenir que le commandant Armand était l'homme de confiance de M. Clemenceau. Or, jusqu'à cet incident, M. Clemenceau n'avait vu cet officier du bureau des renseignements qu'une fois, au manège Fillis, pendant cinq minutes, il y a quinze ou vingt ans.

Enfin, M. le comte Czernin a pour dernière ressource de dire que la démarche qu'il impute à M. Clemenceau est sans importance.

L'important en l'espèce, affirme-t-il, n'est pas autant de savoir qui prit l'initiative des conversations avant le commencement de l'offensive sur le front occidental, mais qui les fit échouer. Alors pourquoi tout ce bruit ?

Pour constater que tous les Gouvernements français, comme la France elle-même, sont irréductibles sur la question d'Alsace-Lorraine.

Qui donc aurait cru qu'il fût besoin de M. le comte Revertera pour élucider dans l'esprit du comte Czernin une question sur laquelle l'empereur d'Autriche avait lui-même prononcé le dernier mot ? Car c'est bien l'empereur Charles qui, dans une lettre du mois de mars 1917, a de sa main consigné son adhésion aux « justes revendications françaises relatives à l'Alsace-Lorraine ».

Une seconde lettre impériale constate que l'empereur était « d'accord avec son ministre ».

Il ne restait plus à M. le comte Czernin qu'à recevoir son propre démenti.

Décidément, le comte Czernin n'était pas de force !

☙ ☙ ☙

Après l'incident Czernin, l'empereur Charles Ier, un peu inquiet de l'impression produite en Allemagne, télégraphie, le 11 avril, au Kaiser pour lui renouveler l'expression de son indéfectible attachement, et ce maladroit, à son tour s'attaque au vieux lutteur passé maître en tous les tours diplomatiques.

Le télégramme de Charles Ier à Guillaume disait :

> Le Président du Conseil français, poussé à bout, cherche à échapper au tissu de mensonges dans lequel il est pris lui-même, en accumulant de plus en plus les inexactitudes, ne craignant pas aussi d'avancer maintenant une assertion tout à fait fausse et inexacte d'après laquelle j'aurais, d'une manière quelconque, reconnu justes les revendications de la France quant à la réacquisition de l'Alsace-Lorraine.
>
> Je repousse cette assertion avec indignation. Dans le moment où les canons austro-hongrois tirent en commun avec ceux de l'Allemagne sur le front occidental, il n'y a guère besoin d'une preuve que je combats pour tes provinces et que je suis prêt à combattre exactement comme s'il fallait défendre mes propres pays.
>
> Quoique en présence de cette preuve éloquente de la parfaite communauté dans les buts pour lesquels nous continuons la guerre depuis maintenant quatre ans bientôt, je juge inutile de perdre même une parole sur l'assertion mensongère de M. Clemenceau. Je tiens pourtant à t'assurer à cette occasion, une fois de plus, de la parfaite solidarité qui existe entre toi et moi, entre ton empire et mon empire. Aucune intrigue, aucune tentative, de quelque personnalité qu'elle provienne, ne peuvent mettre en danger notre fidèle fraternité d'armes.
>
> En commun nous forcerons la paix honorable.

Bon ! Après le valet c'est le maître qui touchera des deux épaules. Clemenceau pointe un coup décisif :

La parole d'un Habsbourg

Il n'y a point d'arrêt dans l'engrenage des mensonges. L'empereur Charles, sous l'œil de Berlin, prenant à son compte les démentis mensongers du comte Czernin, met ainsi le Gouvernement français dans l'obligation de fournir la preuve.

Voici le texte de la lettre autographe communiquée le 31 mars 1917 par le prince Sixte de Bourbon, beau-frère de l'empereur d'Autriche, à M. Poincaré, président de la République française, et communiquée immédiatement, avec l'assentiment du prince, au Président du Conseil français :

> Mon cher Sixte,
>
> La fin de la troisième année de cette guerre qui a apporté tant de deuils et de douleurs dans le monde approche. Tous les peuples de mon empire sont unis plus étroitement que jamais dans la volonté commune de sauvegarder l'intégrité de la monarchie au prix même des plus lourds sacrifices. Grâce à leur union, au concours généreux de toutes les nationalités de mon empire, la monarchie a pu résister depuis bientôt trois ans aux plus graves assauts. Personne ne pourra

contester les avantages militaires remportés par mes troupes, en particulier, sur le théâtre de guerre balkanique.

La France a montré de son côté une force de résistance et un élan magnifiques. Nous admirons tous, sans réserve, l'admirable bravoure traditionnelle de son armée et l'esprit de sacrifice de tout le peuple français.

Aussi m'est-il particulièrement agréable de voir que, bien que momentanément adversaires, aucune véritable divergence de vues ou d'aspirations ne sépare mon empire de la France et que je suis en droit de pouvoir espérer que mes vives sympathies pour la France, jointes à celles qui règnent dans toute la monarchie, éviteront à tout jamais le retour d'un état de guerre pour lequel aucune responsabilité ne peut m'incomber.

A cet effet, et pour manifester d'une façon précise la réalité de ces sentiments, je te prie de transmettre secrètement et inofficiellement à M. Poincaré, président de la République française, que j'appuierai par tous les moyens et en usant de toute mon influence personnelle auprès de mes alliés, les justes revendications françaises relatives à l'Alsace-Lorraine.

Quant à la Belgique, elle doit être rétablie entièrement dans sa souveraineté, en gardant l'ensemble de ses possessions africaines, sans préjudice des dédommagements qu'elle pourra recevoir pour les pertes qu'elle a subies. Quant à la Serbie, elle sera rétablie dans sa souveraineté, et, en gage de notre bonne volonté, nous sommes disposés à lui assurer un accès équitable et naturel à la mer Adriatique ainsi que de larges concessions économiques. De son côté, l'Autriche-Hongrie demandera comme condition primordiale et absolue que le royaume de Serbie cesse, à l'avenir, toute relation et qu'il supprime toute société ou groupement dont le but politique tend vers une désagrégation de la monarchie, en particulier la Narodna Obrana ; qu'il empêche loyalement et par tous les moyens en son pouvoir toute sorte d'agitation politique soit en Serbie, soit en dehors de ses frontières dans ce sens, et qu'il en donne l'assurance sous la garantie des puissances de l'Entente.

Les événements qui se sont produits en Russie m'obligent de réserver mes idées à ce sujet jusqu'au jour où un gouvernement légal et définitif y sera établi.

Après t'avoir ainsi exposé mes idées, je te demanderai de m'exposer à ton tour, après en avoir référé avec ces deux puissances, l'opinion tout d'abord de la France et de l'Angleterre, à l'effet de préparer ainsi un terrain d'entente sur la base duquel des pourparlers officiels pourraient être engagés et aboutir à la satisfaction de tous.

Espérant qu'ainsi nous pourrons bientôt, de part et d'autre, mettre un terme aux souffrances de tant de millions d'hommes et de tant de familles qui sont dans la tristesse et l'anxiété, je te prie de croire à ma très vive et fraternelle affection.

CHARLES.

M. le comte Czernin ayant reconnu par sa note du 8 avril l'existence de cette négociation, due à l'initiative d'une personnalité « d'un rang bien au-dessus du sien », le Gouvernement autrichien est maintenant mis en demeure de s'expliquer sur la « tentative » avouée par lui et sur les détails des entretiens de son délégué.

A présent l'empereur et son ministre vont vainement essayer de sortir du marécage où les ont enlisés leurs mensonges. Tout le monde de bonne foi est fixé: On ne peut se fier à la parole d'un Habsbourg!

Czernin n'a plus qu'à démissionner.

Les deux objectifs allemands, Amiens et Calais, visés par les armées allemandes, aussi bien dans leur première colossale offensive du 21 mars contre le front britannique que dans leur seconde offensive beaucoup moins favorable pour eux, du 9 au 16 avril, ne sont pas atteints.

Ils ont perdu la partie une fois de plus dans le nord.

Mais on sait depuis longtemps qu'ils préparent contre le front français des offensives non moins puissantes, pour le déclenchement desquelles l'heure propice va sonner.

Alors, le 15 avril, un communiqué officiel du Gouvernement français confirme et précise la nomination d'un chef unique des armées du front occidental :

Le Gouvernement britannique et le Gouvernement français sont d'accord pour décerner au général Foch le titre de commandant en chef des armées alliées en France.

Et l'Italie envoie à son tour quelques-unes de ses valeureuses troupes combattre sur notre front.

※ ※ ※

D'une activité qui n'a d'égales que son énergie et son courage, le Ministre de la Guerre sait utiliser son temps. Il ne se borne pas à visiter le front français.

Nos amis britanniques l'intéressent aussi et quand il va leur rendre visite, c'est fête dans les lignes chez les tommies. Chacun d'eux veut voir le « cher vieux tigre » et bavarder un peu avec lui en anglais. Car il paraît que sa conversation est des plus attrayantes, et frappée au coin du plus original humour !

Le Ministre de la Guerre français est devenu populaire chez les Britanniques autant que chez les poilus. Et puis c'est parmi les Américains, les Belges et les Canadiens, les Australiens les Yougo-Slaves et les troupes portugaises, les contingents italiens qu'il va voir « le soldat ». Ses attentions ne négligent personne.

※ ※ ※

Le 23 avril, l'armée navale britannique réussit un exploit extraordinaire. En un raid d'une audace calculée elle parvient à embouteiller Ostende et Zeebruge qui sont les deux bases essentielles des sous-marins allemands.

Cinq croiseurs s'échouent ou sautent volontairement à l'entrée du chenal des deux ports, tandis qu'à Zeebruge un vieux sous-marin explose et détruit les poteaux qui défendaient les approches du môle et permet ainsi le débarquement d'une troupe d'assaut et de démolition.

Dès le lendemain de cet exploit et presque journellement des escadrilles d'avions et d'hydravions britanniques se mettent à bombarder Ostende et Zeebruge pour empêcher l'ennemi de réparer le désastre.

❦ ❦ ❦

Le 18 mai, le communiqué officiel de l'armée d'Orient annonce que les opérations offensives des Alliés sont amorcées sur le front de Macédoine.

Faible activité d'artillerie sur l'ensemble du front, sauf à l'ouest du lac d'Ochrida où les batteries ennemies ont bombardé Pogradec et Mumulista.

Vers Hemendos, sur la Struma, les patrouilles grecques ont mis en fuite des détachements ennemis.

A l'ouest de Koritza, entre les hautes vallées du Devoli et de l'Osum, les troupes françaises et italiennes, agissant de concert, ont exécuté avec plein succès, pendant les journées des 15, 16 et 17 mai, une série d'opérations destinées à réduire un saillant très prononcé que formait la ligne des positions occupées par l'ennemi dans cette région et à porter le front allié sur une ligne plus avantageuse, jalonnée par les localités de Protopapa, Cerevoda.

Malgré des difficultés très grandes de terrain, dans un pays montagneux et dépourvu de chemins, et en dépit d'une vigoureuse résistance de l'ennemi qui a contre-attaqué à plusieurs reprises, les colonnes française et italienne ont atteint tous leurs objectifs.

Au cours de ces opérations, l'aviation a brillamment contribué au succès ; nos troupes ont capturé un certain nombre de prisonniers ; leur avance au centre a atteint une vingtaine de kilomètres.

La 3e grande offensive allemande

Le 28 mai l'armée allemande déclenche une troisième offensive, cette fois contre le front français, en direction Soissons-Château-Thierry, qui constitue une menace directe contre la capitale.

C'est la *Kaiserchlacht*, la bataille de l'Empereur !

28 MAI, 14 *heures*. — Dans la soirée du 27, les Allemands, grâce à l'arrivée de forces nouvelles, ont réussi à franchir l'Aisne, entre Vailly et Berry-au-Bac.

Les troupes franco-britanniques, faisant face à un ennemi très supérieur en nombre, ont continué à se replier progressivement.

La bataille se poursuit avec acharnement entre la Vesle et l'Aisne, dans la région des plateaux, en arrière desquels arrivent nos réserves.

En Champagne, sur la rive droite de la Meuse et en Woëvre, l'activité des deux artilleries se poursuit assez vive.

Un fort coup de main sur nos positions dans le secteur des Chambrettes a échoué sous nos feux.

23 *heures*. — Au cours de la nuit dernière, et dans la journée l'ennemi, profitant encore de sa supériorité numérique, a déployé de nouveaux efforts pour accentuer sa poussée vers le sud et vers Soissons.

AMIRAL BEATTY
Commandant en chef des forces navales
britanniques

VICE-AMIRAL GAUCHET
Commandant en chef des forces navales alliées
de la Méditerranée

AMIRAL THAON DI REVEL
Commandant en chef des forces navales
italiennes

AMIRAL WILSON
Commandant en chef des forces navales
des U.S. dans les eaux européennes

A notre gauche, nos troupes, par des contre-attaques menées avec énergie, ont arrêté l'avance des Allemands et brisé leurs attaques sur les hauteurs de Neuville-sur-Margival, de Vregny, au nord-est de Soissons, et sur les monts situés dans la région de Ciry-Salsogne et Vasseny, qui dominent immédiatement au sud la vallée de la Vesle.

Au centre, où l'ennemi a porté son effort principal, la bataille se déroule avec une violence soutenue sur la ligne de la Vesle, que les Allemands ont réussi à franchir ce matin en plusieurs points, notamment dans la région de Bazoches et de Fismes.

A notre droite, les troupes britanniques, sur le massif de Saint-Thierry, ont résisté aux assauts de l'ennemi, qui semble avoir subi des pertes particulièrement élevées.

29 MAI. 14 *heures*. — Pendant la nuit, la poussée allemande, entretenue par l'arrivée de divisions fraîches, s'est accentuée, notamment sur les deux ailes, en direction de Soissons et de Reims.

A gauche, nos troupes se sont reportées, en combattant pied à pied, jusqu'aux lisières est de Soissons où la bataille continue avec âpreté.

A droite, les troupes franco-britanniques, après une défense énergique dans le massif de Saint-Thierry, se sont repliées lentement au sud et au sud-est de ces hauteurs, où elles tiennent entre la Vesle et le canal de l'Aisne.

Au centre, les combats se sont poursuivis avec des alternatives diverses sur la rive sud de la Vesle, dont nos troupes défendent les hauteurs avec une admirable bravoure.

La lutte d'artillerie reste vive sur les deux rives de la Meuse, en Woëvre et sur le front de Lorraine dans le secteur d'Emberménil.

Une série de coups de main ennemis au nord de Bezonvaux, dans la région de Badonviller et vers le canal du Rhône au Rhin ont échoué sous nos feux.

23 *heures*. — La bataille a pris une violence particulière à notre aile gauche dans la région de Soissons.

Après une résistance acharnée et des combats de rues, qui ont contenu pendant plusieurs heures l'effort de l'ennemi, nos troupes ont évacué la ville, dont elles occupent les débouchés ouest.

Au sud-est de Soissons, la bataille se déroule sur les plateaux jalonnés par Belleu, Septmonts, Ambrief et Chacrise.

Au centre, tandis que sous la pression de l'ennemi nous cédons du terrain dans la région de Loupeigne, au nord de Fère-en-Tardenois, les troupes franco-britanniques, plus à l'est, réussissaient à maintenir leurs positions sur la ligne Brouillet-Savigny-Tilloy.

A droite, les troupes qui couvrent Reims se sont repliées derrière le canal de l'Aisne, au nord-ouest de la ville.

30 MAI. 14 *heures*. — La bataille s'est poursuivie sans arrêt pendant la nuit.

Nos troupes ont énergiquement maintenu les abords ouest de Soissons, d'où l'ennemi n'a pu déboucher malgré ses tentatives répétées.

Plus au sud, des combats d'une extrême violence se déroulent dans la région de la route de Soissons à Hartennes et sur le front de Fère-en-Tardenois-Vézilly où nos troupes, soutenues par nos réserves, s'opposent à la masse de l'ennemi avec une ténacité inlassable.

A droite, les troupes franco-britanniques sur le front Brouillet-Thillois, ainsi qu'au nord-ouest de Reims, ont brisé tous les assauts et gardé leurs positions.

23 *heures*. — La bataille s'est poursuivie pendant la journée du 30 avec une violence égale sur toute l'étendue du front.

Nos troupes, cramponnées aux débouchés ouest de Soissons, ont empêché de ce côté toute progression de l'ennemi.

Au sud, nous tenons solidement la rive gauche de la Crise.

Au centre, la lutte n'a pas diminué d'intensité. Les Allemands se sont emparés de Fère-en-Tardenois et de Vézilly et multiplient leurs efforts dans la direction de Ville-en-Tardenois.

A notre droite, nous maintenons sensiblement nos positions, ainsi qu'au nord-ouest de Reims.

31 mai. 14 *heures*. — L'ennemi a prolongé son effort sur sa droite jusqu'à l'Oise par de violentes attaques dans la région de l'Ailette. Nos troupes se sont repliées en combattant sur des positions au nord de la ligne Blérancourt-Epagny.

Dans la région de Soissons et plus au sud, les attaques ennemies se sont brisées contre la résistance héroïque de nos troupes, qui ont maintenu leurs positions au débouché ouest de la ville et le long de la route de Château-Thierry.

Au centre, l'ennemi a réussi à effectuer une légère avance dans la région au nord de la Marne.

Plus à l'est, ainsi qu'au nord-ouest et au nord de Reims, tous les efforts de l'ennemi ont été vains. Une contre-attaque énergiquement menée par nos troupes nous a permis de reprendre Thillois.

23 *heures*. — A notre gauche, dans la région de la Basse-Ailette, les Allemands ont continué leur pression au cours de la journée. Nos troupes ont brisé toutes les attaques ennemies dans la région de Blérancourt et à l'ouest de cette localité. Une attaque ennemie qui avait réussi à franchir l'Oise, à l'est de Sempigny, a été rejetée sur la rive droite.

L'effort de l'ennemi s'est porté principalement dans le secteur de Soissons et plus au sud en direction de Neuilly-Saint-Front.

A l'ouest de Soissons, nos troupes ont mené des contre-attaques vigoureuses et arrêté toutes les tentatives de l'ennemi qui a subi de très lourdes pertes et n'a pu effectuer aucune progression de ce côté. Par contre, il a pu gagner quelque terrain à l'ouest de la route de Soissons à Château-Thierry et en direction de cette ville, dépassant Oulchy-la-Ville et Oulchy-le-Château.

Au centre, des éléments légers allemands ont atteint la rive nord de la Marne entre Chartève et Jaulgonne.

Sur notre droite, situation sans changement ainsi qu'au nord-ouest et au nord de Reims.

1er JUIN. 14 *heures*. — La poussée de l'ennemi a continué, hier en fin de journée et dans la nuit, avec une violence redoublée sur le front de Soissons à Château-Thierry.

Dans la région de Soissons et sur la ligne Chaudun-Vierzy, nos troupes, poursuivant leurs contre-attaques avec une énergie inlassable, ont refoulé les masses ennemies lancées sur ce front, gagnant partout du terrain et faisant plusieurs centaines de prisonniers. Au sud de Soissons, l'ennemi a été rejeté sur la Crise. Plus au sud, Chaudun et Vierzy, pris et perdus à plusieurs reprises, sont restés entre nos mains après des combats acharnés.

La bataille n'a pas été moins violente dans la région Chouy-Neuilly-Saint-Front. Nos troupes ont brisé les attaques ennemies et maintenu leur ligne immédiatement à l'est de ces localités.

Sur la rive nord de la Marne, l'ennemi a poussé ses éléments avancés depuis les lisières nord et est de Château-Thierry jusqu'à Verneuil.

Sur notre droite, des combats très vifs se sont déroulés sur la route de Dormans à Reims.

La situation reste sans changement au nord-ouest et au nord de Reims.

23 *heures*. — La journée a été marquée par une série de puissantes attaques allemandes sur tout le front compris entre l'Oise et la Marne.

Nos troupes, après des alternatives d'avance et de recul, n'ont cédé sur certains points que devant des forces encore supérieures en nombre, en infligeant de lourdes pertes aux assaillants.

Entre l'Oise et l'Aisne, nous avons reporté nos positions aux lisières nord du bois de Carlepont et sur les hauteurs à l'ouest d'Audignicourt jusqu'à Fontenoy.

Toutes les tentatives de l'ennemi à l'ouest et au sud de Soissons jusqu'au nord de Vierzy sont restées vaines.

Plus au sud, la bataille a pris une violence particulière de part et d'autre de l'Ourcq. L'ennemi est maître de Chouy et de Neuilly-Saint-Front. Nos troupes soutiennent le combat sur la ligne Villers-Hélon-Nauroy-Priez-Monthiers-Etrepilly. Nous tenons Château-Thierry.

Sur la rive nord de la Marne, aucun changement.

A notre droite, dans la région de la route de Dormans à Reims, nous avons maintenu sensiblement nos positions, notamment au nord de Ville-en-Tardenois, malgré une pression constante de l'ennemi.

La situation est restée la même au nord-ouest et au nord de Reims.

Au sud-est de cette ville, une violente attaque ennemie appuyée par des chars d'assaut, a réussi à nous rejeter momentanément du fort de la Pompelle sur la voie ferrée, mais une contre-attaque immédiate de nos troupes nous a rendu le fort et rétabli intégralement nos positions. Nous avons fait plus de deux cents prisonniers et capturé quatre chars d'assaut.

A l'aube du 3 juin, la troisième offensive allemande exécutée avec des effectifs et des moyens exceptionnels, est arrêtée définitivement par nos soldats, jamais las, jamais vaincus et toujours égaux aux plus grands, en héroïsme, depuis près de quatre ans que dure la guerre !

La défense de Reims, pendant cette offensive, s'apparente en beauté à la défense de Verdun !

※ ※ ※

En Allemagne, von Kuhlmann semble entrevoir l'avenir. Il prononce son fameux discours sur l'impossibilité de vaincre par les armes.

Le parti militaire prussien, plus puissant que jamais, fait jeter à la porte ce ministre indocile.

※ ※ ※

En Macédoine, les troupes franco-helléniques remportent de nouveaux succès le 30 mai.

※ ※ ※

Le 4 juin, le Conseil de guerre interallié qui a siégé pendant trois jours à Versailles, publie ce manifeste :

Le Conseil supérieur de guerre a tenu sa sixième réunion dans des circonstances graves pour la coalition des peuples libres.

Le Gouvernement allemand, délivré de tout danger sur son front oriental par la défaillance des armées et de la nation russes, a concentré tous ses efforts sur le front occidental. Il cherche à présent à obtenir une décision en Europe par des attaques coûteuses et désespérées contre les armées alliées avant que les Etats-Unis puissent faire sentir tout le poids de leurs forces. Grâce à sa position stratégique et à la supériorité des chemins de fer à sa disposition, l'ennemi a pu obtenir au début certains succès. Il renouvellera sans aucun doute ses attaques, et les nations alliées peuvent être exposées encore à des journées critiques.

Après avoir examiné dans son ensemble la situation, le Conseil supérieur de guerre est certain que les Alliés supporteront les épreuves de la présente campagne avec le ferme courage qu'ils n'ont cessé de montrer pour la défense du droit.

Nous mettrons l'ennemi en échec, et, le temps venu, nous le battrons. Nous faisons tout ce qui est possible pour aider et soutenir nos armées sur le champ de bataille.

L'établissement de l'unité de commandement a grandement amélioré la situation des armées, et son fonctionnement se fait bien et sans secousses.

Le Conseil supérieur de guerre a la plus entière confiance dans le général Foch. Il contemple avec admiration et orgueil la valeur des troupes alliées. Grâce à la prompte et cordiale coopération du Président des Etats-Unis, les conventions faites il y a plus de deux mois pour le transport et l'embrigadement des troupes américaines, rendront impossible à l'ennemi de l'emporter en usant nos réserves avant d'avoir épuisé les siennes.

Le Conseil supérieur de guerre attend avec confiance le résultat final. Les peuples alliés sont résolus à ne pas abandonner une seule des nations libres du monde au despotisme de Berlin. Leurs armées montrent le courage et la ténacité qui leur ont déjà permis maintes fois d'arrêter l'agression allemande. Il leur suffira de supporter l'épreuve jusqu'à la fin avec la même endurance et la même foi pour assurer la victoire à la cause de la liberté. Une fois de plus, les peuples libres, par leurs admirables soldats, sauveront la civilisation.

✿ ✿ ✿

Le Parlement s'est ému des fautes qui auraient été commises par certains chefs lors de l'offensive allemande du 28 mai et de certaines défaillances inexplicables.

Aussi le Gouvernement se trouve-t-il à la Chambre, dès le 4 juin, en présence de plusieurs demandes d'interpellation sur la situation militaire.

Au cours de cette séance fiévreuse, le Président du Conseil défendit courageusement et loyalement les grands chefs de l'armée contre les injustes attaques dont ils étaient l'objet.

Comment le Président du Conseil
Ministre de la Guerre
défend devant le Parlement les Chefs de nos Armées.

Je vois les plus grands inconvénients, à traiter aujourd'hui la situation militaire telle qu'elle se présente. Elle est trop proche de nous. Vous me direz que l'offensive allemande à Verdun et ses conséquences ont fait ici l'objet d'un débat relativement rapproché. Oui. Vous me direz aussi que, plus récemment encore, M. Lloyd George a accepté, aux Communes, un débat sur l'offensive allemande contre le front anglais. Oui encore. Mais, si vous vous souvenez des conséquences de ces débats et de leur fâcheux retentissement, je ne crois pas qu'il y ait lieu de suivre cet exemple...

Le Président du Conseil ajouta qu'il ne pouvait pas admettre davantage la procédure du Comité secret.

D'abord, il ne permet aucun contrôle. Puis ses résultats, rapportés plus ou moins fidèlement par la presse nationale et étrangère, sont la source d'affirmations qu'on ne peut démentir. De plus, je me suis expliqué à la Commission de l'armée...

Le pays a le droit de savoir tout ce qui se dit à la Chambre. La Chambre contrôle le Gouvernement et le pays contrôle la Chambre. Or le Comité secret soustrait à la connaissance du pays des faits qui demeurent l'apanage d'une petite élite, qui peut s'en servir éventuellement pour tel ou tel dessein politique que je n'ai pas à juger.

Ces derniers mots provoquèrent de vives protestations sur les bancs socialistes.

Qui peut vous faire croire que je parle de vous ? demanda le Président du Conseil à l'extrême-gauche.

M. Aristide Jobert réclama un débat immédiat.

Je demande, dit-il, à interpeller le Gouvernement sur les mesures qu'il compte prendre pour doter notre admirable armée des chefs qu'elle mérite, et aussi sur les sanctions qu'il compte prendre contre les incapables !

M. Marcel Cachin adjura ses collègues de ne pas renoncer à demander au Gouvernement des éclaircissements nécessaires.

Le Président du Conseil revint à la tribune et dit :

S'il s'agit des opérations militaires en elles-mêmes, je ne peux vraiment, au bout de six jours, vous donner les explications auxquelles vous avez droit.

La commission de l'armée m'est témoin qu'une enquête a été commencée sur certaines actions qui m'ont été signalées. Mais je ne puis aller plus loin. Aucun fait, en effet, ne s'est produit, — d'après la brève et décisive enquête que j'ai menée — qui permette d'exercer une sanction quelconque contre qui que ce soit. *(Murmures à l'extrême-gauche.)*

S'il faut, pour obtenir l'approbation de certaines gens qui jugent hâtivement, abandonner des chefs qui ont bien mérité de la Patrie, c'est une lâcheté dont je suis incapable; n'attendez pas de moi que je la commette.

M. Clemenceau continua :

Quand j'ai accepté la présidence du Conseil, je vous ai dit que nous traverserions ensemble des moments difficiles et durs, des heures cruelles. Elles viennent ces heures cruelles. Toute la question est de savoir si nous sommes de taille à les supporter.

Une allusion à la défection de la Russie souleva quelques interruptions sur les bancs socialistes.

M. Clemenceau demanda qui aurait pu croire que le million de soldats allemands devenus disponibles sur le front oriental n'allaient pas être envoyés contre nous :

Le fait s'est produit. Qu'attendiez-vous d'autre de cette ruée que le terrible coup de bélier que nous subissons? Il y a plus. Pendant quatre ans, nos effectifs se sont affaiblis, notre front a été gardé par une ligne de soldats de plus en plus mince, avec des alliés qui avaient subi des pertes énormes. Et, à ce moment, vous voyez arriver une masse nouvelle de divisions allemandes à pleins effectifs !

Est-il quelqu'un de vous qui n'ait pas compris que sous le choc de ce flot énorme nos lignes ne dussent pas sur quelques points fléchir? Le fléchissement est venu.

Aujourd'hui, allons-nous manifester des inquiétudes, jeter le trouble chez les soldats, faire naître chez eux un doute sur certains de leurs chefs, peut-être les meilleurs? Ce serait un crime que, pour ma part, je ne veux pas commettre.

Les éclaircissements que vous me demandez, vous y avez droit, et c'est mon devoir de vous les fournir aussitôt que les événements me permettront de les apporter. Aujourd'hui, nos hommes sont engagés dans la bataille — nos hommes qui se sont battus un contre cinq, sans dormir pendant trois ou quatre jours... *(Applaudissements prolongés.) La plupart des députés se lèvent et acclament l'armée.*

LE ROI CHEVALIER

LE PRINCE QUI NE DÉSESPÈRA JAMAIS

— La Chambre est unanime à saluer l'héroïsme de nos soldats, déclara M. Deschanel.

Le Président du Conseil poursuivit :

Ces grands soldats ont de bons chefs, de grands chefs, des chefs dignes d'eux en tous points. J'ai vu ces chefs à l'œuvre, et quelques-uns m'ont frappé d'admiration. Est-ce à dire qu'il n'y ait eu de fautes nulle part? Je suis incapable de le soutenir. Mon office est précisément de découvrir ces fautes et de les punir, en quoi je suis soutenu par ces deux grands soldats qui s'appellent Foch et Pétain.

Le général Foch jouit à ce point de la confiance des Alliés, qu'hier ils ont voulu qu'il fût porté témoignage de cette confiance unanime dans le communiqué.

Ces hommes livrent en ce moment la bataille la plus dure de la guerre avec un héroïsme pour lequel je ne trouve pas d'expression, et c'est nous, pour une faute qui se sera ou ne se sera pas produite, qui allons leur demander des explications ! Cela, je m'y refuse.

Nettement, le Président du Conseil affirma qu'il avait le devoir de frapper ces chefs s'il était de l'intérêt national de le faire, mais aussi celui de les couvrir s'ils étaient injustement attaqués.

Puis il continua :

Vous aurez tous les documents que vous désirerez ; toutes nos archives vous seront ouvertes.

Que pouvez-vous demander de plus? Nous avons cédé du terrain, beaucoup plus de terrain que nous n'aurions voulu. Il y a des hommes qui ont payé ce recul de leur sang. J'en connais qui ont accompli des actes héroïques, comme ces Bretons cernés dans un bois toute une nuit et qui, le lendemain, ont trouvé le moyen d'envoyer, par pigeon voyageur, un message pour dire : « Vous pouvez venir nous chercher, nous tiendrons encore une demi-journée. »

Là-bas, tous ces héros ne peuvent que mourir. Mais vous, par votre attitude ferme et résolue, vous pouvez leur donner ce qu'ils méritent : la victoire !

Vous avez devant vous un Gouvernement qui, il vous l'a dit dès le premier jour, n'est pas entré au pouvoir pour jamais accepter de céder.

Vous savez ce que vous faites. Renvoyez-nous ou gardez-nous ! A vous de décider. Mais, tant que nous serons là, la Patrie sera défendue à outrance. Je le répète : nous ne céderons pas. Voilà le mot d'ordre de notre Gouvernement ! (*Applaudissements répétés.*)

La décision est entre vos mains. Il s'agit d'une question de fait : les effectifs des belligérants s'épuisent, ceux des Allemands comme les nôtres. Mais, pendant ce temps, les Américains viennent pour la partie décisive.

J'affirme que la victoire dépend de nous, à la condition que les pouvoirs civils soient à la hauteur de leur devoir. Je n'ai pas besoin de faire cette recommandation aux soldats.

Le peuple de France accomplit sa tâche, et ceux qui sont tombés ne sont pas tombés en vain puisqu'ils ont grandi l'histoire française.

Il reste aux vivants à parachever l'œuvre magnifique des morts !

La quatrième offensive ennemie

L'ennemi n'attendit pas longtemps pour lancer sa quatrième grande attaque.

Le 9 juin, les troupes allemandes se jettent sur nos lignes entre Montdidier et Noyon, mais partout cette fois nos troupes soutiennent le choc ; la vigueur allemande est épuisée.

9 JUIN. 14 *heures*. — Les Allemands ont déclenché à minuit, une violente préparation d'artillerie, depuis la région au nord de Montdidier jusqu'à l'est de l'Oise Nos batteries ont intensifié immédiatement leur tir de contre-préparation. A 4 h. 30, l'infanterie ennemie s'est portée à l'attaque de nos positions entre Montdidier et Noyon. Nos troupes résistent avec une magnifique vaillance dans la zone de couverture. La bataille est en cours.

Entre l'Oise et l'Aisne, nous avons exécuté ce matin une opération de détail à l'est de Hautebraye et gagné du terrain en faisant une soixantaine de prisonniers.

Au sud de l'Ourcq, nous avons amélioré nos positions à l'est de Chézy. L'ennemi, qui avait réussi hier, à 22 heures, à pénétrer dans nos lignes vers Vinly, en a été rejeté aussitôt par notre contre-attaque. Vers la même heure, nous avons enlevé le bois d'Eloup et, ce matin, le bois immédiatement au sud de Bussiares. Ces opérations nous ont donné 200 prisonniers, dont 5 officiers.

A l'ouest de Reims, après un vif bombardement, l'ennemi a attaqué dans la région de Vrigny et a subi des pertes sérieuses sans obtenir de résultat.

Sur le reste du front, rien à signaler.

23 *heures*. — La nouvelle offensive, commencée ce matin par l'armée allemande, s'est développée avec une violence soutenue sur un front de 35 kilomètres entre Montdidier et l'Oise.

L'ennemi, en forces importantes, a multiplié ses efforts pour enfoncer nos lignes. Nos troupes ont partout soutenu le choc et livré sur toute la ligne de bataille des combats opiniâtres qui ont enrayé ou ralenti sérieusement la poussée de l'ennemi.

A gauche, les Allemands n'ont pas réussi à franchir notre zone de couverture, et ils sont fortement accrochés par nos troupes sur la ligne Rubescourt-Le-Frétoy-Mortemer, qu'ils ont atteinte.

Au centre, la progression de l'ennemi a été plus sensible. Après des attaques successives, meurtrières pour leurs troupes, les Allemands ont réussi à prendre pied dans les villages de Ressons-sur-Matz et de Mareuil, où nos unités de première ligne continuent leur défense pied à pied.

A notre droite, l'ennemi a rencontré une résistance non moins énergique. En dépit de ses efforts répétés, nous l'avons maintenu sur le front Belval-Connectancourt-Ville.

Dès le 15, l'offensive ennemie, à bout de souffle, s'arrête sans avoir obtenu aucun résultat appréciable, mais les pertes sont extrêmement lourdes qu'ont subies les divisions du Kaiser.

L'offensive austro-allemande contre l'Italie

C'est le moment que choisit l'Armée autrichienne pour se porter, en masse à son tour à l'attaque des positions italiennes, du plateau d'Asiago jusqu'à la mer.

Nos Alliés résistent magnifiquement, et au second jour il est visible que la grande offensive autrichienne vient de débuter par un échec.

En effet, les masses de Charles Ier qui avaient d'abord occupé quelques positions des premières lignes italiennes, sont refoulées par des contre-attaques, 3.000 prisonniers restent du premier coup entre les mains de nos Alliés.

La ligne française du front italien est demeurée intacte.

Dès le 23 juin, le général Diaz, commandant suprême des armées italiennes, publie ce superbe communiqué de victoire. :

Communiqué italien

23 JUIN. 17 h. 55. — Du Montello à la mer, l'ennemi défait et talonné par nos braves troupes, repasse en désordre la Piave.

Général DIAZ.

✿ ✿ ✿

Des problèmes économiques du plus haut intérêt, tels ceux des consortiums, des achats en commun des Alliés, et de la répartition des produits entre les pays de l'Entente sont solutionnés, entre temps, grâce au travail, modeste et discret, mais combien utile de M. Clémentel, le Ministre du Commerce, qui se révéla durant cette crise, une des plus claires intelligences du Gouvernement.

Paris célèbre avec éclat, le 4 juillet, la fête de l'Indépendance des États-Unis, tandis qu'à Mount-Vernon, sur la tombe de Washington, le Président Wilson définit une fois de plus les buts de guerre de l'Entente.

Voici, dit-il, quels sont les buts pour lesquels les peuples associés du monde combattent et qui doivent être acceptés de leurs ennemis avant que la paix puisse à nouveau régner :

1º La destruction de tout pouvoir arbitraire, en quelque lieu que ce soit, qui puisse, isolément, secrètement et de par sa seule volonté, troubler la paix du monde ; si ce pouvoir ne peut être détruit actuellement, le réduire au moins à une virtuelle impuissance ;

2º Le règlement de toute question concernant soit les territoires, soit la souveraineté nationale, soit les accords économiques ou les relations politiques, sur la base de la libre acceptation de ce règlement par le peuple immédiatement intéressé et non sur la base de l'intérêt matériel ou de l'avantage de toute autre nation ou de tout autre peuple qui pourrait désirer un règlement différent en vue de sa propre influence extérieure ou de son hégémonie ;

3º Le consentement de toutes les nations à se laisser guider, dans leur conduite, à l'égard les unes des autres, par les mêmes principes d'honneur et de respect pour la loi commune de la société civilisée qui régissent les citoyens pris individuellement de tous les États modernes dans leurs rapports réciproques, de telle sorte que toutes les promesses et toutes les conventions soient religieusement observées, qu'aucun complot, aucune conspiration particulière, ne soit tramé, qu'aucun préjudice ne soit impunément causé dans un but égoïste, et qu'une confiance mutuelle, établie sur le noble fondement d'un respect mutuel du droit, soit instaurée ;

4º L'établissement d'une organisation de la paix qui donnera la certitude que le pouvoir combiné des nations libres empêchera tout empiètement sur le droit, et qui contribuera à assurer davantage le respect de la paix et de la justice par l'établissement d'un véritable tribunal de l'opinion dont les décisions devront être acceptées par toutes les nations, et qui sanctionnera toute modification internationale sur laquelle les peuples directement intéressés ne pourraient se mettre d'accord amicalement ;

Ces grands buts peuvent être résumés en une seule phrase. Ce que nous poursuivons, c'est le règne de la loi basé sur le consentement des gouvernés et soutenu par l'opinion organisée de l'humanité.

C'est ici que se sont levées les forces que la grande nation contre laquelle elles étaient dirigées à l'origine regardait comme une révolte contre son autorité légitime, mais qui, elle l'a reconnu depuis longtemps, marquaient un pas en avant vers la libération de son propre peuple tout autant que vers la libération du peuple des États-Unis.

Les maîtres aveugles de la Prusse ont fait surgir ces forces à leur tour. Ces forces, ils les connaissaient mal, ignorant qu'une fois qu'elles ont pris leur essor elles ne peuvent jamais être écrasées de nouveau sur la terre, car elles recèlent en elles, une inspiration et un but qui sont immortels et participent à la nature même du triomphe.

※ ※ ※

On apprend, le 12 juillet, que des forces alliées coopèrent à la protection de la côte mourmane, de façon à maintenir libres les communications avec l'intérieur de la Russie.

LES HEURES DÉCISIVES

En déclenchant leur cinquième offensive, le 15 juillet, sur un front de 80 kilomètres, entre Château-Thierry et la Main de Massiges, les Allemands croyaient bien cette fois atteindre Paris et en finir avec la France.

Comme toujours ils avaient tout réglé, tout prévu, tout organisé, tout calculé, — sauf l'incalculable !

Et trois jours après l'ultime attaque allemande arrêtée net sur la Marne dès son début, ce fut Foch qui commença la série de ses coups victorieux et ininterrompus, frappant sans trêve à tous les points sensibles des lignes de l'adversaire jusqu'au jour où celui-ci vaincu dut demander grâce !

En 116 jours, le généralissime des armées de l'Entente annihila tous les succès acquis en quatre ans par l'ennemi.

Communiqués français

14 JUILLET. 14 *heures*. — Après une violente préparation d'artillerie, les Allemands ont attaqué, ce matin, depuis Château-Thierry jusqu'à la Main de Massiges.

Nos troupes soutiennent énergiquement le choc de l'ennemi sur un front d'environ 80 kilomètres.

La bataille est en cours.

23 *heures*. — L'attaque allemande, déclenchée ce matin vers 4 h. 30, s'est poursuivie toute la journée de part et d'autre de Reims avec une égale violence.

A l'ouest de Reims, des combats acharnés se sont livrés dans la région Reuilly-Courthiezy-Vassy. Au sud de la Marne, que l'ennemi a réussi à franchir en quelques points entre Fossoy et Dormans.

Une contre-attaque, vivement menée par les troupes américaines, a réussi à refouler sur la rive nord des éléments ennemis qui avaient atteint la rive sud à l'ouest de Fossoy.

Entre Dormans et Reims, les troupes franco-italiennes résistent avec ténacité sur la ligne Châtillon-sur-Marne-Cuchery-Marfaux-Bouilly.

A l'est de Reims, l'attaque ennemie, qui s'est étendue de Sillery à la Main de Massiges, s'est heurtée à une défense irréductible. L'ennemi a multiplié ses efforts sur Prunay et les Marquises, sur les régions au nord de Prosnes et de Souain, et n'a pu, en dépit d'attaques répétées, entamer notre position de combat.

La dernière offensive allemande vient d'échouer devant Gouraud.
Foch décide que l'heure de vaincre est enfin venue.
Un nouvel enthousiasme pénètre dans tous les cœurs !
Et les deux communiqués français du 18 Juillet marquent le début de la Grande Victoire.

14 heures. — Nous avons attaqué, ce matin, les positions allemandes depuis la région de Fontenoy, sur l'Aisne, jusqu'à la région de Belleau. Nous avons progressé en certains points de deux à trois kilomètres. On signale des prisonniers.

Sur le front de la Marne et en Champagne, la nuit n'a apporté aucun changement.

Au sud-ouest de Nanteuil-la-Fosse, nous avons arrêté net une violente poussée de l'ennemi.

Au nord de Prosnes, une attaque, menée par les troupes de la Garde, a complètement échoué.

23 heures. — Après avoir brisé l'offensive allemande sur les fronts de Champagne et de la Montagne de Reims dans les journées des 15, 16 et 17 juillet, les troupes françaises, en union avec les forces américaines, se sont portées, le 18, à l'attaque des positions allemandes entre l'Aisne et la Marne, sur une étendue de 45 kilomètres.

Partant du front Ambleny-Longpont-Troesnes-Bouresches, nous avons réalisé une avance importante dans les lignes ennemies.

Nous avons atteint les plateaux qui dominent Soissons au Sud-Ouest et la région de Chaudun.

Entre Villers-Helon et Nauroy-sur-Ourcq, de violents combats sont en cours.

Au sud de l'Ourcq, nos troupes ont dépassé la ligne générale Marizy-Sainte-Geneviève-Hautevesnes-Belleau.

Plus de 20 villages ont été repris par l'admirable élan des troupes franco-américaines.

Plusieurs milliers de prisonniers et un important butin sont entre nos mains.

Pas d'événement important sur les autres parties du front.

19 JUILLET. *14 heures*. — Entre l'Aisne et la Marne, nos troupes, surmontant la résistance de l'ennemi qui a amené de nouvelles réserves, ont réalisé hier, en fin de journée, une avance sensible et accru le chiffre de leurs prisonniers.
La bataille se poursuit avec acharnement.

Sur le front à l'ouest de Reims, nos troupes ont mené, hier, de vives attaques.

Au sud de la Marne, nous avons repris Montvoisin et rejeté l'ennemi aux lisières est d'Œuilly.

Au nord de la rivière, nous avons réalisé des progrès dans le bois du Roi, ainsi que dans le bois de Courton, entre la Poterne et Pourcy, et porté nos lignes à un kilomètre à l'ouest.

Plus au nord, les Italiens ont enlevé le moulin de l'Ardre et conquis du terrain dans la région de Bouilly.

Au cours de ces actions, nous avons capturé quatre canons et trente mitrailleuses et fait 400 prisonniers.

Entre Montdidier et Noyon, ainsi qu'en Woëvre, des coups de main sur les lignes ennemies nous ont permis de ramener une centaine de prisonniers.

23 heures. — La bataille commencée hier entre l'Aisne et la Marne a continué toute la journée avec une extrême violence.

L'ennemi, réagissant sur toute la ligne avec des réserves importantes, a tenté d'arrêter notre progression; en dépit de ses efforts, nous avons poursuivi notre avance sur la plus grande partie du front.

A gauche, nous nous sommes maintenus sur les plateaux au sud-ouest de Soissons et dans la région de Chaudun.

Au centre, nous avons dépassé de 3 kilomètres en certains points la ligne Vaux-Castille-Villers-Hélon-Noroy-sur-Ourcq.

A droite, nos troupes ont conquis de haute lutte le plateau au nord-ouest de Monnes, la hauteur au nord de Courchamps et progressé au delà de Torcy.

Le chiffre des prisonniers actuellement dénombrés dépasse 17.000, dont 2 colonels avec leur état-major.

Nous avons pris plus de 360 canons, dont une batterie de 210.

Notre communiqué du 20 juillet, 23 heures, annonce le commencement de la retraite ennemie :

23 heures. — Le résultat de notre contre-offensive victorieuse ne s'est pas fait attendre. Les Allemands, violemment attaqués sur leur flanc droit et au sud de la Marne, ont été contraints de battre en retraite et de repasser la rivière.

Nous tenons toute la rive sud de la Marne.

Entre Aisne et Marne, les troupes franco-américaines continuent à progresser et ont refoulé l'ennemi, qui se défend avec opiniâtreté. Nous avons atteint Ploisy et Parcy-Tigny, dépassé Saint-Remy-Blanzy et Rozet-Saint-Albin. Plus au sud, nos troupes tiennent la ligne générale Priez-Plateau nord-est de Courchamps.

Entre la Marne et Reims, de violents combats sont en cours. Les troupes franco-britanniques, attaquant avec vigueur, se sont heurtées à des forces importantes. En dépit de la résistance acharnée de l'ennemi, nous avons gagné du terrain dans le bois de Courton, dans la vallée de l'Ardre et vers Saint-Euphrasie.

Le chiffre des prisonniers que nous avons faits depuis le 18 dépasse 20.000. Plus de 400 canons sont tombés entre nos mains.

Le 21 juillet, les troupes françaises réoccupent Château-Thierry. Les troupes américaines, de leur côté, remportent de beaux succès.

Communiqué américain

21 JUILLET. — Entre l'Aisne et la Marne, nos troupes ont remporté aujourd'hui de nouveaux succès.

Avec un élan et une vigueur inlassables, elles ont de nouveau obligé l'ennemi à abandonner des positions âprement disputées.

Au cours des combats livrés ces jours derniers, nos divisions ont capturé plus de 6.000 prisonniers, plus de 100 canons, un grand nombre de mortiers de tranchées et de mitrailleuses.

22 JUILLET. — Hier soir, nos troupes, continuant leur avance en liaison avec les Français, au sud de l'Ourcq, ont traversé la route Soissons-Château-Thierry, entre l'Ourcq et La Clignon, et atteint la route Bézu-Epieds-Chartèves.

D'autres unités américaines ont traversé la Marne, en partant de positions au sud de la rivière, et occupé des villages que l'ennemi a abandonnés en grande hâte, ainsi qu'en témoigne l'état où nous les avons trouvés.

Le 27 juillet, les armées allemandes battent en retraite sur tout le front au nord de la Marne.

Nous reprenons Soissons le 2 août.

※ ※ ※

En Russie, les Alliés occupent Arkangel sur la mer Blanche pour sauvegarder les approvisionnements immenses qui s'y trouvent accumulés.

※ ※ ※

Pour reconnaître le précieux concours de l'armée américaine, le Gouvernement décide d'élever le général Pershing à la dignité de grand-croix de la Légion d'Honneur et le Président du Conseil télégraphie la nouvelle en ces termes au commandant en chef les forces expéditionnaires américaines :

8 AOUT 1918. — J'ai le plaisir de vous annoncer, mon cher général, que le gouvernement de la République a décidé de vous élever à la dignité de grand-croix de la Légion d'Honneur.

Il veut reconnaître par cette distinction les éminentes qualités dont vous avez fait preuve et les remarquables services que vous avez rendus en organisant si puissamment les forces américaines.

La France n'oubliera jamais que c'est au moment où la lutte était le plus dure que vos vaillantes troupes sont venues joindre leurs efforts aux siens.

Cette croix sera le symbole de notre reconnaissance.

Veuillez agréer mes plus vives félicitations et l'assurance de ma haute estime.

CLÉMENCEAU

La juste récompense

Mais les grands chefs français ont leur large part dans les succès récents des armées de l'Entente.

Aussi le Conseil des Ministres réuni le 6 août à l'Elysée, sous la présidence du Président de la République, veut-il les en récompenser justement.

Sur la proposition de M. Clemenceau, Président du Conseil, Ministre de la Guerre, le Conseil décide d'élever le général Foch, généralissime des armées alliées, à la dignité de maréchal de France, et de conférer la médaille militaire au général Pétain.

DÉCRETS

ARTICLE PREMIER

Le général de division Foch (Ferdinand) est nommé maréchal de France.

ARTICLE 2

Le Ministre de la Guerre est chargé de l'exécution du présent décret.

Fait à Paris, le 6 août 1918.

Ce décret est précédé du rapport suivant, adressé par M. Clemenceau, Ministre de la Guerre, à M. le Président de la République :

Paris, le 6 août 1918.

Monsieur le Président,

Le décret du 24 décembre 1916 a fait revivre une première fois la dignité de maréchal de France.

J'ai l'honneur de soumettre à votre signature, au nom du Gouvernement et, je peux l'affirmer, au nom de la France entière, un décret conférant au général Foch cette haute récompense nationale.

A l'heure où l'ennemi, par une offensive formidable sur un front de 100 kilomètres, comptait arracher la décision et nous imposer cette paix allemande qui marquerait l'asservissement du monde, le général Foch et ses admirables soldats l'ont vaincu.

Paris dégagé, Soissons et Château-Thierry reconquis de haute lutte, plus de 200 villages délivrés, 35.000 prisonniers, 700 canons capturés, les espoirs hautement proclamés par l'ennemi avant son attaque écroulés, les glorieuses armées alliées jetées, d'un seul élan victorieux, des bords de la Marne aux rives de l'Aisne : tels sont les résultats d'une manœuvre aussi admirablement conçue par le haut commandement que superbement exécutée par des chefs incomparables.

La confiance placée par la République et par tous ses alliés dans le vainqueur des Marais de Saint-Gond, dans le chef illustre de l'Yser et de la Somme, a été pleinement justifiée.

La dignité de maréchal de France, conférée au général Foch, ne sera d'ailleurs pas seulement une récompense pour les services passés : elle consacrera mieux encore, dans l'avenir, l'autorité du grand homme de guerre appelé à conduire les armées de l'Entente à la Victoire définitive.

Je vous prie d'agréer, Monsieur le Président, l'hommage de mon profond respect.

Signé : CLEMENCEAU.

ARTICLE UNIQUE

Est inscrit au tableau spécial de la médaille militaire, à compter du 6 août 1918 :

Pétain (Henri-Philippe), général de division, commandant en chef les armées du Nord et du Nord-Est :

« Au cours de cette guerre, dans les différents commandements qu'il a exercés : brigade, division, corps d'armée, armée, groupe d'armées, armée française, a toujours fait preuve des plus belles qualités morales et techniques.

« Soldat dans l'âme, n'a cessé de donner des preuves éclatantes du plus pur esprit du devoir et de la plus haute abnégation.

« A su toujours maintenir, dans les armées placées sous ses ordres, une discipline ferme et bienveillante ; a soutenu au suprême degré leur moral et exalté leur confiance.

« Vient de s'acquérir des titres impérissables à la reconnaissance nationale en brisant la ruée allemande et en la refoulant victorieusement. (Croix de guerre.) »

Les chars d'assaut

Le 30 juillet, le général Pétain adresse aux troupes de l'A. S. l'ordre du jour suivant :

Depuis le début d'avril, l'artillerie d'assaut vient d'affirmer, en trente combats et deux batailles rangées, sa haute valeur offensive.
Ratifiant le suffrage unanime de l'infanterie, qui fit, dès le premier jour,

à ses nouveaux frères d'armes, une part de gloire dont ils garderont la fierté, le commandant en chef leur adresse à tous ses félicitations.

Équipages des chars qui, après avoir puissamment contribué à arrêter l'ennemi, l'avez rompu au 11 juin et au 18 juillet ;
Ingénieurs qui avez conçu et mis au point les engins de victoire ;
Ouvriers de l'usine qui les avez réalisés ;
Ouvriers du front qui les avez entretenus, vous avez bien mérité de la Patrie.

Le général commandant en chef les armées françaises du Nord et du Nord-Est,

PÉTAIN.

Le Président du Conseil Ministre de la Guerre, porta cet ordre à la connaissance de M. Loucheur, Ministre de l'Armement et des Fabrications de guerre, en y joignant ses félicitations.

※ ※ ※

Mais il n'y a pas que les troupes d'assaut pour avoir mérité les éloges du commandant en chef des armées du Nord et de l'Est. Toutes les troupes françaises ont mérité d'être à l'honneur.

L'ordre du jour du général Pétain à l'armée française rend justice aux héros anonymes de la Victoire :

Quatre ans d'efforts avec nos fidèles alliés, quatre ans d'épreuves stoïques acceptées commencent à porter leur fruit.
Brisé dans sa cinquième tentative de 1918, l'envahisseur recule, ses effectifs diminuent, son moral chancelle, cependant qu'à vos côtés, vos frères américains, à peine débarqués, font sentir la vigueur de leurs coups à l'ennemi déconcerté.
Placés sans cesse à l'avant-garde des peuples alliés, vous avez préparé les triomphes de demain.
Je vous disais hier : « Abnégation, patience : les camarades arrivent ! »
Je vous dis aujourd'hui : « Ténacité, audace, et vous forcerez la victoire ! »
Soldats de France, je salue vos drapeaux, qu'illustre une gloire nouvelle.

PÉTAIN.

Foch attaque inlassablement

Le 8 août, nouvelles et brillantes attaques franco-britanniques.

Communiqués français

8 AOUT. 14 *heures.* — Ce matin, à 5 heures, nos troupes, en liaison avec les troupes britanniques, ont attaqué dans la région au sud-est d'Amiens.
L'attaque se développe dans des conditions favorables.

23 *heures.* — L'attaque effectuée ce matin par nos troupes, au sud-est d'Amiens, en liaison avec les troupes britanniques, s'est poursuivie dans de bonnes conditions.
Les détails connus figurent au communiqué britannique.

Communiqué britannique

8 AOUT. 13 *heures*. — A l'aube, ce matin, la quatrième armée britannique et la première armée française, sous le commandement du maréchal sir Douglas Haig, ont attaqué sur un large front à l'est et au sud-est d'Amiens. Les premiers rapports indiquent que l'attaque progresse d'une manière satisfaisante.

22 *heures*. — Les opérations commencées ce matin sur le front d'Amiens par la 1re armée française, sous le commandement du général Debeney, et la 4e armée anglaise, sous les ordres du général sir Henry Rawlinson, se développent favorablement.

Les troupes alliées avaient été massées à la faveur de la nuit, à l'insu de l'ennemi. A l'heure fixée pour l'assaut, les divisions françaises, canadiennes, australiennes et anglaises, soutenues par un grand nombre de tanks britanniques, se sont élancées vers les positions allemandes sur un front de plus de 20 milles, depuis Braches, sur l'Avre, jusqu'aux environs de Morlancourt.

L'ennemi a été surpris, et sur tous les points les troupes alliées ont fait des progrès rapides.

De bonne heure, tous nos objectifs avaient été atteints sur l'ensemble du front d'attaque. Pendant la matinée, l'avance de l'infanterie alliée s'est poursuivie, vivement soutenue par la cavalerie britannique, les tanks légers et les batteries d'autos-mitrailleuses.

En certains points, la résistance des divisions allemandes a été brisée après de vifs combats ; nos troupes ont fait de nombreux prisonniers et capturé des canons.

Les troupes françaises, attaquant avec une grande bravoure, ont traversé l'Avre, et, en dépit de la résistance de l'ennemi, ont enlevé les défenses allemandes.

Au nord de la Somme, la plupart des objectifs fixés ont été atteints avant midi ; mais, aux environs de Chipilly et au sud de Morlancourt, des détachements ennemis ont opposé une résistance prolongée. Dans ces deux endroits, de durs combats ont été livrés, mais, finalement, nos troupes ont surmonté la résistance de l'infanterie allemande et ont atteint leurs objectifs.

Au sud de la Somme, grâce à la bravoure de l'infanterie alliée, à l'élan et à la vigueur de ses attaques, nous avions atteint dans l'après-midi, sur les points principaux de tout le front de bataille, les derniers objectifs fixés pour la journée.

Appuyée par nos tanks légers et nos autos blindées, notre cavalerie a dépassé l'infanterie, s'est portée au delà de nos objectifs, bousculant les convois allemands en retraite, s'emparant de plusieurs villages et faisant de nombreux prisonniers.

La ligne générale atteinte par nos troupes passe par Plessis-Rozainvillers-Beaucourt-Caix-Framerville-Chipilly, ouest de Morlancourt.

Il est impossible, à l'heure actuelle, d'évaluer le nombre de prisonniers et de canons et l'importance du matériel capturé, mais on signale déjà que plusieurs milliers d'ennemis et un grand nombre de canons sont tombés entre nos mains.

9 AOUT. 13 *heures*. — Nos progrès continuent sur le front de bataille ; les troupes françaises ont pris Fresnoy-en-Chaussée et les troupes britanniques sont à l'est du Quesnel et de Caix.

Au nord de la Somme, l'ennemi offre une résistance à notre avance, et de durs combats ont eu lieu entre Chipilly et Morlancourt.

Les prisonniers capturés hier par les armées alliées dépassent 14.000. Le nombre des canons ne peut encore être évalué.

Pendant les dernières journées, l'ennemi a continué à évacuer les positions avancées qu'il tenait dans la vallée de la Lys

Notre ligne a été avancée sur tout le front de la rivière Law, jusqu'à la Bourre, au nord-ouest de Merville, sur une profondeur supérieure à 2.000 yards.

Nos troupes tiennent Locon, Le Cornemalo, Quentin-le-Petit, Pacaut et Le Sart.

La nuit dernière, nous avons effectué une heureuse opération locale au nord de Kemmel, avançant notre ligne à une courte distance, sur un front de plus de 1.000 yards et capturant plus de 30 prisonniers.

22 *heures*. — Dans la matinée, l'armée alliée a renouvelé son attaque sur la totalité du front de bataille au sud de la Somme.

Elle a progressé sur tous les points, en dépit de la résistance croissante de l'ennemi.

Les troupes françaises, étendant leur front d'attaque vers le sud, ont pris le village de Pierrepont et le bois qui est au nord. Au nord et au nord-est de cette localité, les troupes françaises ont fait de rapides progrès et réalisé une avance de plus de 4 milles.

Sur le front de la 4e armée britannique, les troupes canadiennes et australiennes se sont emparées, avec un entrain admirable, de la ligne des défenses extérieures d'Amiens et les ont dépassées sur une profondeur de 2 milles, après un très dur combat en beaucoup d'endroits.

A la fin de l'après-midi, des troupes d'infanterie françaises et britanniques avaient atteint la ligne générale Pierrepont-Arvillers-Rosières-Rainecourt et Morcourt.

Le combat continue sur cette ligne.

Au nord de la Somme, des combats locaux sont mentionnés.

Le nombre des prisonniers atteint 17.000, et nous nous sommes emparés de deux à trois cents canons, y compris une pièce de gros calibre sur rail.

Nous avons pris également des mortiers de tranchées et des mitrailleuses en grande quantité ainsi que d'énormes approvisionnements, du matériel de toute nature, un train complet de chemin de fer et d'autre matériel roulant.

Hier, nos pertes ont été exceptionnellement légères.

Communiqué français

9 AOUT. 14 *heures*. — Aucun changement sur le front de bataille au sud de la Somme.

La nuit a été marquée par une certaine activité de l'artillerie allemande en Champagne. L'ennemi a tenté plusieurs coups de main dans les régions de Prosnes, du Mont-sans-Nom et de Souain. Il a été repoussé.

23 *heures*. — Poursuivant leur avance à la droite de la 4e armée britannique, nos troupes ont remporté aujourd'hui de nouveaux succès.

Après avoir brisé la résistance de l'ennemi, nous avons enlevé les villages de Pierrepont, de Contoire, d'Hangest-en-Santerre.

Au delà de la voie ferrée à l'est d'Hangest, nous avons atteint Arvillers, qui est en notre possession.

Notre progression dans cette direction atteint, depuis hier matin, 14 kilomètres en profondeur.

Outre un matériel considérable qui n'a pu encore être dénombré, nous avons, pour notre part, fait 4.000 prisonniers.

Nos pertes, comme celles de nos alliés britanniques, sont particulièrement légères.

Sur la Vesle, les troupes américaines se sont emparées de Fismette, où elles ont fait une centaine de prisonniers.

10 AOUT. 14 *heures*. — Nos troupes, opérant à la droite des forces britanniques, ont poursuivi leur succès dans la soirée d'hier et dans la nuit.

Nous avons progressé à l'est d'Arvillers et conquis Davenescourt. Attaquant au sud de Montdidier, entre Ayencourt et Le Frétoy, nous avons pris Rubescourt et Assainvillers et atteint Faverolles.

Communiqué britannique

10 AOUT. 13 *heures*. — Dans l'après-midi et dans la soirée d'hier, les armées alliées ont continué leur avance sur tout le front depuis le sud de Montdidier jusqu'à l'Ancre.

Les troupes françaises, attaquant au sud de Montdidier pendant l'après-midi, ont pris Le Tronquoy, Le Frétoy et Assainvillers. Elles menacent Montdidier par le sud-est. Nos alliés ont fait plus de 2.000 prisonniers dans ce secteur.

Les divisions canadiennes et australiennes ont pris Bouchoir, Méharicourt et Lihons et ont pénétré dans Rainecourt et Proyart.

Dans la soirée, les troupes anglaises et américaines ont attaqué dans le saillant entre l'Ancre et la Somme et ont obtenu un succès immédiat. Dès la tombée de la nuit, elles ont atteint tous leurs objectifs, dont Morlancourt et les hauteurs situées au sud-est de cette localité.

Les contre-attaques de l'ennemi dans ce secteur ont été repoussées après de vifs combats.

Le chiffre des prisonniers faits par les Alliés depuis la matinée du 8 août dépasse 24.000.

Communiqué français

10 AOUT. 24 *heures*. — Sur le front de bataille de l'Avre, nos attaques ont continué toute la journée avec un succès grandissant.

Dès ce matin, Montdidier, débordé par l'est et le nord, est tombé en notre pouvoir.

Poursuivant notre avance victorieuse à la droite des forces britanniques, nous avons porté nos lignes à 10 kilomètres à l'est de Montdidier, sur le front Andechy-Laboissière-Fescamps.

D'autre part, élargissant encore notre action au sud-est, nous avons attaqué les positions allemandes à droite et à gauche de la route de Saint-Just-en-Chaussée à Roye, sur un front de plus de 20 kilomètres. Nous avons occupé Rollot, Orvillers-Sorel, Ressons-sur-Matz, Conchy-les-Pots, La Neuville-sur-Ressons, Elincourt, réalisant en certains points une avance de 10 kilomètres.

En trois jours de combat, les troupes françaises ont progressé de plus de 20 kilomètres le long de la route d'Amiens à Roye. Le chiffre des prisonniers qu'elles ont faits en même temps dépasse 8.000. Parmi l'énorme matériel abandonné par l'ennemi, nous avons dénombré jusqu'à présent 200 canons.

Communiqué britannique

10 AOUT. 22 *heures*. — Conformément au plan des opérations des Alliés, l'attaque lancée hier soir par la droite de la 1er armée française au sud de Montdidier a été développée ce matin avec un succès complet.

Enveloppée au nord et au sud-est, la ville de Montdidier est tombée aux mains des Français avant midi, ainsi que beaucoup de prisonniers et un matériel considérable.

Pendant le reste de la journée, l'avance de la 1re armée française a été conti-

GENERAL GARCIA ROSAD

GENERAL DANGLIS

GENERAL MILAS MARTINOVITCH

nuée en coopération avec l'armée française établie sur sa droite et la droite de la 4ᵉ armée britannique.

Les troupes britanniques, précipitant la retraite des troupes allemandes au sud de Lihons, ont brisé la résistance ennemie et réalisé de sérieux progrès.

Actuellement, la ligne générale atteinte par les troupes alliées passe, du nord au sud, par Lihons, Fresnoy-lès-Roye, Lignières, Conchy-les-Pots.

Le nombre des prisonniers s'accroît.

Ainsi les armées de von Hutier et de von Marwitz sont obligées de rompre sans cesse devant les armées alliées, et ce n'est que grâce à l'organisation de leur retraite qu'elles échappent au désastre qui les menaçait.

❀ ❀ ❀

Sur la proposition du maréchal Foch, le Gouvernement de la République française décerne au maréchal Douglas Haig, commandant les armées Britanniques, la plus haute distinction qui puisse lui être accordée : la médaille militaire.

Le Président du Conseil se rend aussitôt sur le front de nos Alliés pour remettre lui-même, avec ses félicitations, la distinction suprême au chef victorieux.

❀ ❀ ❀

Communiqué français

20 AOUT. 23 heures. — Au sud de l'Avre, nous nous sommes emparés de Beuvraignes après un combat acharné.

Au cours de notre avance d'hier entre Matz et Oise, nous avons fait 500 prisonniers.

A l'est de l'Oise, nos troupes ont attaqué ce matin les lignes allemandes, sur un front de 25 kilomètres environ, depuis la région de Bailly jusqu'à l'Aisne.

En dépit de la résistance opposée par l'ennemi, nous avons atteint, sur notre gauche, les lisières sud de la forêt d'Ourscamps, les abords de Carlepont et de Caisnes, au centre, nous avons enlevé Lombray, Blerancourdelle, et pris pied sur le plateau au nord de Vassens.

Sur notre droite, les villages de Vezaponin, Tartiers, Cuisy-en-Almont, Osly-Courtil sont entre nos mains.

Nous avons réalisé sur tout le front d'attaque une avance moyenne de 4 kilomètres et fait plus de 8.000 prisonniers.

Le chiffre de ces derniers faits depuis le 18, entre Oise et Aisne, dépasse 10.000.

❀ ❀ ❀

A la fin du mois d'août, le Président du Conseil adresse un message aux mineurs anglais.

Les uns sont à la bataille cruellement sublimes. Les autres sont au sillon, à l'usine, au chantier, pour distribuer les moyens de vivre à l'élite des nations, pour forger toutes armes à l'élite des combattants. Le soldat qui tournerait le dos serait précipité dans la honte. Le travailleur qui déserterait le travail n'encourrait pas une moindre flétrissure de ceux qui, chaque jour, donnent tout de leur vie à la plus grande cause de l'homme en action de grandir.

La France peut se rendre ce témoignage qu'elle n'a rien épargné d'elle-même. La Grande-Bretagne est entrée librement, la tête haute, dans la bataille mondiale, pour collaborer de son héroïsme au triomphe dont nos dernières batailles sont le prélude merveilleux. Tandis que ses soldats sont au devoir, avec les nôtres, ses intrépides marins nous font la liberté des mers, ravitaillent l'Entente, assurent la vie des peuples, accumulent en tous lieux le plus formidable outillage de combat. En même temps, ses mineurs, non moins ardents à la peine dans le rôle décisif sans lequel tout effort serait vain, arrachent durement du sol ingrat la houille précieuse qui entretient le foyer, dompte le fer, pourvoit à toutes les conditions de la vie.

Le maréchal Foch a adressé aussi aux mineurs un message qui se terminait par ces mots :

Le charbon est la clef de la victoire. Travaillez, mineurs ; ne perdez pas un instant pour hâter l'heure de la paix.

☮ ☮ ☮

Le triomphe est en vue

Le 22 août, les armées allemandes continuent à battre en retraite devant les forces franco-britanniques. D'une part, les armées françaises des généraux Mangin et Humbert, d'autre part, les armées anglaises des généraux Byng et Rawlinson progressent, sans arrêt, de l'Ailette à l'Ancre ; Albert est pris par nos Alliés. En trois jours, du 21 au 23 août, ils font 14.000 prisonniers.

Le triomphe est en vue.

C'est ce qu'affirme Clemenceau dans le message qu'il adresse, comme chef du Gouvernement de la Défense Nationale à tous les présidents des Conseils généraux ayant voté une adresse de félicitations an Ministère qui a déjà mérité le titre de *Ministère de la Victoire !*

La victoire de nos armes, en effet, est désormais certaine ; elle ne nous échappera plus.

Paris, le 24 août 1918.

Monsieur le Président,

Le Gouvernement est grandement honoré de la haute marque d'estime et de confiance que les conseils généraux de la République française viennent de lui accorder. Ces libres témoignages d'active sympathie nous sont particulièrement précieux, venant d'assemblées qui sont en contact permanent avec la population et suivent d'un cœur attentif les héroïques efforts de nos grands soldats dans une longue suite de rencontres déjà légendaires.

Les assemblées départementales ont tenu à affirmer leur désir de nous voir poursuivre toujours plus vigoureusement notre activité de défense nationale. Elles peuvent compter sur le Gouvernement comme sur le maréchal Foch, secondé par une magnifique élite de chefs militaires, aussi bien alliés que français, pour tirer de jour en jour, jusqu'à l'effondrement de l'ennemi, le bénéfice décisif de succès qui n'ont étonné que les faibles cœurs.

Les belles victoires de ces dernières semaines, où nos alliés ont si noblement rivalisé d'élan avec nous, ont fixé définitivement la fortune de la guerre, à la stupéfaction d'un ennemi qui, s'étant grossièrement trompé sur lui-même, découvre tout à coup qu'il nous a méconnus. Ce ne sont encore que les premières gerbes d'une moisson d'indicibles récompenses, dont la plus haute sera d'avoir définitivement délivré le monde d'une oppression d'implacable brutalité et libéré d'un coup pour un merveilleux développement de grandeur historique tous les foyers permanents de civilisation humanitaire.

Saluons cette éblouissante aurore dont les premiers rayons illuminèrent les fronts victorieux des fondateurs de la République américaine et de nos pères de la Révolution. Dans l'abîme d'une défaite irréparable, le militarisme prussien emportera la honte de la plus grande tentative de mal qu'un peuple de barbarie ait pu rêver. Le suprême obstacle à l'installation du droit parmi les hommes va disparaître dans les clameurs d'une victoire dont nous aurons le devoir de faire un triomphe d'humanité.

Pour cela, continuons à être nous-mêmes, que s'accomplissent les derniers sacrifices exigés par les convulsions suprêmes de la sauvagerie. Encore des volontés d'abnégation, encore des volontés et des actes ! Le triomphe est en vue. La collaboration de tous à la rénovation mondiale des peuples achèvera l'œuvre d'idéalisme vers laquelle tant de générations se sont glorieusement efforcées et que l'histoire nous aura réservé l'inexprimable joie de réaliser. Notre peuple, qui a tant donné de toutes ses énergies pour toutes les causes humaines, ne compte pas ses blessures. Il a longtemps attendu, il a longtemps vécu au delà de l'espérance : il avait droit au jour si longtemps attendu qui se lève, et réclame pour toute récompense le droit de collaborer avec tous les peuples de juste conscience aux problèmes de haute équité sociale qui seront le fruit généreux de la plus belle victoire de tous les temps.

Je vous prie d'agréer, monsieur le président, et de bien vouloir faire agréer à vos collègues, l'assurance de ma haute considération.

G. CLEMENCEAU.

Les Britanniques vont attaquer aussi sans répit

Le 26 Août, les troupes britanniques attaquent, à l'est d'Arras sur un front de 15 kilomètres.

Le 27, elles poursuivent leur avance sur les deux rives de la Scarpe et refoulent les Allemands sur la ligne d'attaque de la Somme. Les Anzacs pénètrent dans Bapaume tandis que nos troupes s'emparent de Roye et obligent les divisions de l'armée von Bœhm à se replier de part et d'autre de l'Avre.

Puis, le lendemain, c'est Chaulnes et Nesle qui retombent en notre pouvoir et les Australiens arrivent devant Péronne. Successivement l'ennemi doit abandonner, non sans une résistance acharnée, Bapaume, Noyon, Péronne. Insensiblement le bassin houiller du Nord est arraché aux griffes de l'ennemi.

Presque coup sur coup les Britanniques brisent le pivot de la ligne de résistance que les Allemands ont baptisée Ligne Hindenburg ; pénètrent dans les ruines de Lens et menacent Cambrai.

Talonnés par les armées françaises, les Allemands précipitent leur retraite durant les premiers jours de septembre. Ils repassent le canal du Nord, tandis que nous atteignons Guiscard et bientôt Coucy-le-Château, Ham, Chauny, Roisel, Tergnier.

Mais l'ennemi, en se retirant ne laisse derrière lui que des ruines. Villes et villages sont en flammes.

Depuis Ypres jusqu'à Reims s'affirme davantage, d'instant en instant, la victoire des Alliés.

✤ ✤ ✤

Dès la rentrée du Parlement, le 5 septembre, Clemenceau rend hommage en ces termes à la vaillance de nos Armées :

Messieurs, les ardentes paroles de votre président renforcées de vos applaudissements unanimes sont déjà pour notre glorieuse armée les heureuses prémisses des hautes récompenses qui ne manquent jamais au devoir accompli. *(Très bien ! très bien !)*

En même temps, nos bons, nos vaillants alliés y trouveront le juste tribut d'une amicale gratitude qui ne leur sera jamais marchandée, ni par nous, leurs compagnons d'armes, ni par les enfants à qui nous léguerons ce permanent souvenir. *(Applaudissements.)*

Nos soldats, nos grands soldats, les soldats de la civilisation, pour les appeler de leur vrai nom *(Applaudissements)* sont en train de refouler, de bousculer victorieusement les hordes de la barbarie. *(Vifs applaudissements.)* Cette tâche sera continuée jusqu'au complet achèvement que nous devons à la grande cause pour qui le plus beau, le meilleur du sang français a magnifiquement été prodigué.

Nos soldats nous donneront ce grand jour qui nous est dû depuis longtemps, le jour des libérations triomphantes, où nous verrons tomber les vieilles chaînes des plus criantes oppressions du passé pour de nouvelles installations de justice, pour des développements nouveaux de liberté. *(Applaudissements.)*

A l'heure où nous prenons acte d'événements qui seront bientôt les plus grands de la plus grande histoire, il est juste que le Gouvernement se retourne vers les Assemblées parlementaires d'où lui est venue sa force, sa puissance d'agir avec les moyens de pousser la victoire jusqu'au point où le fruit glorieux de tant de sacrifices doit nous être assuré. *(Applaudissements.)* Il faut que nous rendions ce témoignage aux Assemblées de la République, que dans les plus sombres jours elles n'ont jamais fléchi, elles n'ont jamais douté. *(Applaudissements.)*

Par leur ferme constance dans les plus hautes aspirations du devoir patriotique, elles nous ont procuré les moyens matériels et moraux de vaincre, elles ont préparé, elles ont fait la victoire. La reconnaissance du pays leur est due.

Tous, nous voulons que cette victoire soit, par la volonté de la France et de tous les peuples de l'Entente, une victoire d'humanité. *(Vifs applaudissements.)*

La tâche est assez belle.

Aux hommes qui viendront, la suite du labeur. *(Applaudissements vifs et prolongés sur tous les bancs.)*

Les Américains prennent leur part de gloire

Enfin, le 12 septembre, sous le commandement du général Pershing, la jeune et vaillante armée américaine peut donner sa mesure.

En vingt-quatre heures, elle parvient à réduire la fameuse hernie de Saint-Mihiel en faisant 8.000 prisonniers.

Communiqué américain

12 SEPTEMBRE. 22 *heures*. — Ce matin, nos troupes, opérant dans le secteur de Saint-Mihiel, ont réalisé des progrès importants.

Appuyées par des unités françaises, elles ont brisé la résistance ennemie et avancé en certains points sur une profondeur de 5 milles.

Nous avons jusqu'alors décompté 8.000 prisonniers.

L'opération continue d'une manière favorable.

En quarante-huit heures, le nombre des prisonniers faits par les troupes américaines s'élevait à 15.000 et à plus de 100 le nombre des canons pris. Leur avance s'étendait sur 37 kilomètres de front et sur 22 kilomètres de profondeur et nos associés avaient la délicatesse de laisser les troupes françaises pénétrer les premières dans la ville de Saint-Mihiel, que les Allemands occupaient depuis le 24 septembre 1914.

Parmi les Français, le capitaine Michel Clemenceau, fils du Président du Conseil, entra le premier dans la cité reconquise, à la tête de ses coloniaux.

☼ ☼ ☼

L'Orient s'enflamme

Sur le front occidental, les armées alliées marchent de succès en succès depuis le 18 juillet. Et voilà que le 15 septembre, l'armée de Salonique commandée par le général Franchet d'Esperey s'ébranle à son tour.

En quelques heures les lignes bulgares sont enlevées sur une étendue de 11 kilomètres.

De nombreux prisonniers, des canons, un important matériel restent aux mains de nos soldats.

⊛ ⊛ ⊛

Alors, l'Autriche semble comprendre que l'heure du châtiment approche pour elle et, dès le 15 septembre, le Gouvernement de la double monarchie envoie aux Etats belligérants, une note qui n'est pas encore une demande de paix formelle, mais qui dénote une situation désespérée :

> Le Gouvernement impérial et royal vient proposer aux Gouvernements de tous les Etats belligérants d'envoyer prochainement dans un pays neutre, des délégués pour entamer une conversation d'un caractère confidentiel sur les principes fondamentaux d'une paix à conclure.

L'Allemagne offre une paix séparée à la Belgique qui, dédaigneusement et noblement refuse.

⊛ ⊛ ⊛

Le communiqué du 17 septembre de l'armée d'Orient annonce que sur un front de 25 kilomètres, Français, Serbes et Yougo-Slaves ont enfoncé les lignes bulgares, faisant, en deux jours plus de 4.000 prisonniers.

⊛ ⊛ ⊛

En réponse à l'offre austro-hongroise de conversations secrètes, le Président des Etats-Unis fait connaître par M. Lansing, son sentiment sur ce point :

> Je suis autorisé par le Président à déclarer que ce qui suit sera la réponse du Gouvernement américain à la note de l'Autriche-Hongrie proposant une conférence non officielle de tous les belligérants :
> Le Gouvernement des Etats-Unis juge qu'il n'y a qu'une seule réponse qui puisse être faite à la suggestion présentée par le Gouvernement impérial austro-hongrois. A plusieurs reprises, le Gouvernement américain a exposé avec une parfaite netteté les conditions qui lui permettraient d'envisager les débats pour la paix, et il n'examinera aucune proposition pour une conférence sur un sujet à propos duquel il a pris une position et une décision aussi franches.

⊛ ⊛ ⊛

C'est devant le Sénat que le Chef du Gouvernement de la République répond aux suggestions autrichiennes.

Messieurs, après les présidents des deux Assemblées, le Gouvernement de la République réclame, à son tour, l'honneur d'exprimer, dans la mesure où les mots peuvent le faire, l'immense gratitude des peuples dignes de ce nom envers les merveilleux soldats de l'Entente, par qui les peuples de la terre vont se trouver enfin libérés des angoisses dans la suprême tourmente des lames de fond de la barbarie.

Pendant un demi-siècle, pas un jour ne s'est écoulé sans que la France pacifique, en quête de réalisations toujours plus hautes, n'eût à subir quelque indigne blessure d'un ennemi qui ne pardonnait pas à notre défaite passagère d'avoir sauvé du naufrage la conscience du droit, les revendications imprescriptibles de l'indépendance dans la liberté.

Vaincus, mais survivants, d'une vie inaccessible à la puissance des armes, la terreur du Germain, dans le faste bruyant de ses fausses victoires, était du redressement historique qui nous était dû.

Pas un jour sans une menace de guerre. Pas un jour sans quelque savante brutalité de tyrannie. « Le gantelet de fer », « la poudre sèche », « l'épée aiguisée » furent le thème de la paix germanique, sous la perpétuelle menace des catastrophes qui devaient établir, parmi les hommes, l'implacable hégémonie. Nous avons vécu ces heures affreusement lentes parmi les pires outrages et les avances, plus humiliantes encore, d'une basse hypocrisie nous proposant l'acceptation du joug volontaire qui, seul, devait nous soustraire au cataclysme universel.

Nous avons tout subi, dans l'attente silencieuse du jour inévitable qui nous était dû.

Et le moment vint où, faute d'avoir pu nous réduire par la terreur, le prétendu maître du monde, croyant l'heure venue des suprêmes défaillances, prit la résolution d'en finir avec la tranquille fierté des peuples qui osaient refuser de servir. Ce fut l'énorme méprise du dominateur trop prompt à conclure de l'avilissement traditionnel de son troupeau à l'impuissance des révoltes de noblesse chez les peuples qui avaient, jusque-là, sauvé leur droit à la vie indépendante.

Et sans cause avouable, sans l'apparence d'un prétexte, sans s'arrêter même aux invraisemblances des mensonges, l'agresseur traditionnel des antiques ruées se jeta sur notre territoire pour reprendre le cours des grandes déprédations. Sans une parole vaine, nos soldats partirent pour le sacrifice total que demandait le salut du foyer. Ce qu'ils furent, ce qu'ils sont, ce qu'ils ont fait, l'Histoire le dira. Nous le savons, nous, nous le savions d'avance ; c'est depuis hier, seulement, que l'Allemagne effarée commence à comprendre quels hommes se sont dressés devant elle et à quels coups du sort sa folie de meurtre et de dévastation l'a condamnée.

Imbécilement, elle avait cru que la victoire amnistierait tout en des hosannas de feu et de sang. Nos campagnes dévastées, nos villes, nos villages effondrés par la mine et par l'incendie, par les pillages méthodiques, les sévices raffinés jusque sur les modestes vergers du paysan français, toutes les violences du passé revivant pour les hideuses joies de la brute avinée, hommes, femmes, enfants emmenés en esclavage, voilà ce que le monde a vu, voilà ce qu'il n'oubliera pas.

Eh bien ! non, il n'y aurait pas eu de victoire pour amnistier tant de crimes, pour faire oublier plus d'horreurs que les peuplades primitives n'en avaient pu accumuler. Et puis la victoire annoncée n'est pas venue et le plus terrible compte de peuple à peuple s'est ouvert. Il sera payé.

Car, après quatre ans d'une gloire ingrate, voici qu'un renversement de fortune inattendu — non pour nous — amène après le grand reniement germanique de la civilisation universelle, le grand recul des armées du kaiser devant les peuples de conscience affranchie. Oui, le jour annoncé depuis plus d'un siècle par notre hymne national est vraiment arrivé ; les fils sont en train d'achever l'œuvre immense commencée par les pères. La France n'est plus seule à justifier les armes, suivant la parole de notre grand penseur. C'est tous les peuples frères, dans une communion du droit humain comme il ne s'en vit jamais, qui vont achever la suprême victoire de la plus haute humanité.

Qui donc pourrait rêver d'avoir vécu, même dans le sang et les larmes, une plus belle histoire de l'homme pour une plus belle destinée?

Civils et Soldats, Gouvernements et Assemblées de l'Entente, tous furent au devoir. Ils y resteront jusqu'au devoir accompli. Tous dignes de la victoire parce qu'ils sauront l'honorer.

Et cependant, dans cette enceinte où siègent les anciens de la République, nous nous manquerions à nous-mêmes si nous pouvions oublier que l'hommage suprême de la plus pure gloire va à nos combattants, à ces magnifiques poilus qui verront confirmer par l'histoire les lettres de noblesse qu'ils se sont eux-mêmes données. Héros au stoïcisme souriant qui, à cette heure même, ne nous demandent rien que le droit d'achever l'œuvre grandiose qui les sacre pour l'immortalité !

Que veulent-ils? Que voulons-nous nous-mêmes? Combattre, combattre victorieusement encore et toujours jusqu'à l'heure où l'ennemi comprendra qu'il n'y a plus de transaction possible entre le crime et le droit. Nous serions indignes du grand destin qui nous est échu si nous pouvions sacrifier quelque peuple petit ou grand aux appétits, aux rages de domination implacable qui se cachent encore sous les derniers mensonges de la barbarie.

J'entends dire que la paix ne peut être amenée par une décision militaire. Ce n'est pas ce que disait l'Allemand quand il a déchaîné dans la paix de l'Europe les horreurs de la guerre. Ce n'est pas ce qu'il annonçait hier encore quand ses orateurs, ses chefs se partageaient les peuples comme bétail enchaîné, annonçant chez nous et réalisant en Russie les démembrements qui devaient faire l'impuissance du monde sous la loi du fer.

La décision militaire, l'Allemagne l'a voulue et nous a condamnés à la poursuivre. Nos morts ont donné leur sang en témoignage de l'acceptation du plus grand défi aux lois de l'homme civilisé. Qu'il en soit donc comme l'Allemagne a voulu, comme l'Allemagne a fait. Nous ne chercherons que la paix et nous voulons la faire juste, solide, pour que ceux à venir soient sauvés des abominations du passé. Allez donc, enfants de la patrie, allez achever de libérer les peuples des dernières fureurs de la force immonde ! Allez à la victoire sans tache ! Toute la France, toute l'humanité pensante sont avec vous.

✥ ✥ ✥

Le maréchal Foch continue à prouver qu'il est résolu à ne laisser aucun répit à l'ennemi jusqu'à ce que celui-ci soit irrémédiablement vaincu.

Le 18 septembre, les Britanniques attaquent au nord-ouest de Saint-Quentin, en liaison avec l'aile gauche française à l'ouest de la ville. Des milliers de prisonniers ; des centaines de canons pris ; des douzaines de villages reconquis.

Simultanément l'offensive se développe favorablement pour nos armes sur le front de Macédoine et les Anglais en Palestine enfoncent les lignes turques en faisant aussi plusieurs milliers de prisonniers.

D'enthousiasme, la Chambre et le Sénat votent « l'Emprunt de la Libération ». Et l'on apprendra à la fin de l'année 1918 que ce quatrième emprunt a produit plus de 30 milliards !

✹ ✹ ✹

M. Pichon, Ministre des Affaires étrangères, s'est borné à accuser réception de la note autrichienne, en envoyant au Gouvernement de Vienne, un numéro du *Journal Officiel* de la République française où se trouve reproduit *in-extenso* le discours prononcé par Clemenceau le 17 septembre au Sénat.

✹ ✹ ✹

Les nouvelles d'Orient sont de jour en jour plus favorables. La libération de l'héroïque et malheureuse Serbie commence. La retraite bulgare se transforme en déroute.

En Palestine, la fuite des Turcs devient une débandade. Deux des armées du Sultan sont détruites et l'armée du général Allenby, après avoir ramassé rapidement 25.000 prisonniers s'empare, sans coup férir, de Caïffa et de Saint-Jean-d'Acre.

En Serbie la cavalerie française atteint Prilep. La frontière bulgare est franchie par les Anglais. Les Serbes s'emparent d'Istip.

✹ ✹ ✹

En Champagne, Français et Américains attaquent victorieusement et aussi à l'ouest de Verdun.

En Argonne, nous faisons 10.000 prisonniers le 26 septembre ; les Américains en font 8.000 au nord-ouest de Verdun et, dans le Cambraisis les Britanniques cueillent aussi des prisonniers par milliers.

Le 27 septembre la Bulgarie demande la Paix.

Les heures triomphales vont sonner !

LES
HEURES TRIOMPHALES

Durant les cinq derniers jours de septembre, les Alliés avaient fait, sur le front occidental plus de 60.000 prisonniers et pris des centaines de canons aux Allemands.

De la mer à Verdun, les armées du Kaiser continuaient à battre en retraite.

En Belgique, l'héroïsme de la petite armée du Roi-Chevalier écrivait dans le sang son immortelle épopée.

Le 29 septembre, Dixmude est enlevée par les Anglo-Belges, qui, le 1er octobre, franchissent la Lys.

Le même jour, les Français rentrent à Saint-Quentin, tandis qu'en Orient notre cavalerie reconquiert Uskub.

Les hostilités sur le front d'Orient furent suspendues le 30 septembre à midi, selon les termes de l'armistice signé entre le général Franchet d'Esperey et les plénipotentiaires bulgares.

L'invincible Serbie allait renaître.

✧ ✧ ✧

Le 2 octobre, le général Allenby s'empare de Damas, la plus grande ville de Syrie.

✧ ✧ ✧

Le 5, le Gouvernement français est amené à publier les deux déclarations solennelles suivantes, pour répondre aux crimes que sèment sous leurs pas fuyants les soldats de l'Allemagne et de ses Alliés.

Le Gouvernement allemand n'a pas cessé de proclamer que si jamais il venait à être forcé d'abandonner les territoires français qu'il a occupés il ne rendrait qu'une terre absolument nue et ravagée.

Cette sauvage menace a été mise à exécution à chacun des replis ennemis avec une férocité méthodique.

Contraintes aujourd'hui à reculer sans arrêt, les armées allemandes, pour se venger de leurs défaites continues, s'acharnent plus cruellement encore que précédemment contre les populations, contre les villes et contre la terre même.

Rien n'est épargné aux malheureux habitants de nos provinces. Arrachés brutalement à leurs demeures et à leur sol, déportés en masse, poussés comme un troupeau de bétail devant les armées allemandes en retraite, ils voient derrière eux piller et détruire leurs maisons et leurs usines, incendier les écoles et les hôpitaux, dynamiter les églises, saccager leurs vergers et toutes leurs plantations. Enfin, ils trouvent villes et villages minés, les routes semées de machines infernales à explosion savamment retardée pour produire le meurtre en masse des populations revenues à leurs foyers. Le bombardement vient ajouter à ces forfaits le massacre cynique des blessés.

En présence de ces violations systématiques du droit et de l'humanité, le Gouvernement français a l'impérieux devoir d'adresser un avertissement solennel à l'Allemagne et aux Etats qui l'assistent dans son œuvre monstrueuse de ravage et de dévastation. Des actes aussi contraires aux lois internationales et aux principes mêmes de toute civilisation humaine ne resteront pas impunis.

Le peuple allemand, qui participe à ces forfaits, en supportera les conséquences. Les auteurs et les ordonnateurs de ces crimes en seront rendus responsables, moralement, pénalement et pécuniairement. Vainement ils chercheront à échapper à l'inexorable expiation qui les attend.

Le compte à régler avec eux est ouvert. Il sera soldé.

La France est dès à présent en pourparlers avec ses alliés pour toutes les décisions à prendre.

Les autorités autrichiennes ayant annoncé que tout aviateur allié qui lancera des manifestes sera mis à mort, s'il est fait prisonnier, le Gouvernement français a répondu par la déclaration suivante :

Le Gouvernement de la République française fait savoir au Gouvernement austro-hongrois que, si des mesures aussi contraires aux lois les plus élémentaires de l'humanité venaient à être mises à exécution contre des aviateurs français, les autorités françaises exerceraient des représailles en appliquant, dans la proportion du double, la même peine aux officiers autrichiens tombés entre leurs mains.

... *Le jour de Gloire est arrivé!*

Extrait d'une lettre du Président du Conseil à M. Margaine, député de la Marne, à la suite du bombardement de l'hôpital d'évacuation de Châlons-sur-Marne, dans la nuit du 1er au 2 octobre :

Le drame de Châlons, n'est qu'un épisode d'une longue suite de crimes Par ce meurtre sans excuse, l'ennemi manifeste une fois de plus sa rage et sa sauvagerie. Pris à la gorge et rudement rejeté vers son repaire, il cherche encore à assouvir sa haine sur le pays que nos soldats lui arrachent pied à pied.

Mais le sang, les ruines et l'incendie qu'il laisse derrière lui, ouvrent une créance dont il sentira bientôt tout le poids.

L'Allemagne a contracté de ce fait, envers nous, depuis cinquante mois, une dette écrasante. J'ai dit qu'elle sera payée.

✵ ✵ ✵

Le 5 octobre, l'abdication du tsar de Bulgarie, Ferdinand Ier, en faveur de son fils Boris est officiellement confirmée.

L'Allemagne est à bout

Le 6, on apprend que le Gouvernement de Berlin fait transmettre au Président Wilson, par l'intermédiaire de la Suisse, une proposition d'armistice.

Le Gouvernement allemand prie le Président des Etats-Unis d'Amérique de prendre en main la cause de la paix, d'en informer tous les Etats belligérants et de les inviter à envoyer des plénipotentiaires pour ouvrir des négociations.

Le Gouvernement allemand prend pour base de ces négociations le programme élaboré dans le message adressé au Congrès le 8 janvier 1918 par le Président des Etats-Unis d'Amérique et dans ses déclarations ultérieures, en particulier dans le discours du 27 septembre 1918.

Pour éviter que l'effusion de sang ne continue, le Gouvernement allemand demande la conclusion immédiate d'un armistice général sur terre, sur mer et dans les airs.

MAX DE BADE.

✵ ✵ ✵

La gigantesque bataille de la libération se poursuit avec de nouveaux succès pour les Alliés, — succès qui sont autant de victoires.

Le 8 octobre, une nouvelle offensive victorieuse est déclenchée par les Britanniques, les Américains et nous entre Cambrai et Saint-Quentin sur un front de 45 kilomètres.

En Belgique, les Français prennent Roulers et les Britanniques Menin.

Enfin, à la mi-octobre, Lille est reconquise ; Ostende et Douai sont également libérés ; puis c'est Bruges, Tourcoing, Roubaix, Zeebruge, Denain, Marchiennes. L'armée belge atteint la frontière hollandaise.

※ ※ ※

En réponse à la demande d'armistice du Gouvernement allemand, adressée au Président Wilson, M. Robert Lansing, secrétaire d'Etat aux Affaires Etrangères des Etats-Unis, a remis au chargé d'affaires de Suisse une note dont voici le texte :

Département d'Etat, 8 octobre.

J'ai l'honneur d'accuser réception, au nom du Président, de votre note du 6 octobre, à laquelle est jointe une communication du Gouvernement allemand au Président, et le Président m'a chargé de vous prier de communiquer ce qui suit au Chancelier impérial allemand :

Avant de répondre au Gouvernement impérial allemand, et afin que la réponse soit aussi sincère et sans détours que les formidables intérêts en jeu l'exigent, le Président des Etats-Unis estime nécessaire de s'assurer de la signification exacte de la note du Chancelier impérial.

Le Chancelier impérial veut-il dire que le Gouvernement impérial allemand accepte les conditions posées par le Président dans son adresse au Congrès des Etats-Unis, le 8 janvier dernier, et dans ses adresses subséquentes, et que son but, en entamant des discussions, serait seulement de se mettre d'accord sur les détails pratiques de leur application ?

Le Président se voit dans l'obligation de dire, en ce qui concerne la suggestion d'un armistice, qu'il ne voit pas la possibilité de proposer une cessation des hostilités aux Gouvernements avec lesquels le Gouvernement des Etats-Unis est associé contre les puissances centrales aussi longtemps que les armées de ces dernières puissances sont sur le sol des Gouvernements associés.

La bonne foi de toute discussion dépendrait manifestement du consentement des puissances centrales de retirer immédiatement partout leurs forces des territoires envahis.

Le Président se croit également justifié en demandant si le Chancelier impérial parle simplement au nom des autorités constituées de l'Empire qui, jusqu'ici, ont conduit la guerre.

Il considère que la réponse à ces questions est vitale à tout point de vue.

Agréez, Monsieur, les assurances renouvelées de sa haute considération.

Robert LANSING.

De plus en plus, l'Allemagne montre sa hâte d'obtenir une cessation rapide des hostilités.

Le 12 octobre à midi, le secrétaire d'Etat Solf expédie la réponse allemande à la note des Etats-Unis :

En réponse aux questions du Président des Etats-Unis d'Amérique, le Gouvernement allemand déclare :

« Le Gouvernement allemand a accepté les points que le Président Wilson a posés dans son discours du 8 janvier 1918 et dans ses discours postérieurs comme base d'une paix de droit durable. Le but des pourparlers à entamer serait donc seulement de s'entendre sur les détails pratiques de leur application.

« Le Gouvernement allemand suppose que les Gouvernements des puissances alliées des Etats-Unis se placent aussi sur le terrain des manifestations du Président Wilson.

« Le Gouvernement allemand, d'accord avec le Gouvernement austro-hongrois, se déclare prêt à répondre à la proposition d'évacuation du Président Wilson pour amener un armistice.

« Le Gouvernement allemand s'en rapporte au Président pour provoquer la réunion d'une commission mixte qui serait chargée de passer les accords nécessaires en vue de l'évacuation.

« Le Gouvernement allemand actuel qui porte la responsabilité de conclure la paix a été formé à la suite de négociations, et d'accord avec la grande majorité du Reichstag, et, s'appuyant dans chacun de ses actes sur la volonté de cette majorité, le Chancelier de l'empire parle au nom du Gouvernement et du peuple allemands. »

- Le secrétaire d'Etat aux Affaires étrangères,

Signé : SOLF.

☙ ☙ ☙

Le communiqué officiel du 10 octobre du général Allenby, dit :

Des vaisseaux de guerre français et britanniques sont entrés dans le port de Beyrouth dimanche, et ont trouvé la ville évacuée par l'ennemi.

Lundi, des automobiles blindées britanniques sont arrivées, précédant notre cavalerie et les colonnes d'infanterie. Mardi, des détachements d'infanterie britanniques et indiens ont occupé la ville, où ils ont été reçus avec un grand enthousiasme par les habitants.

Le nombre total des prisonniers faits par le corps expéditionnaire égyptien, non compris ceux qui ont été faits par les armées arabes, dépasse 75.000, et l'on estime que de l'ensemble des 4e, 7e et 8e armées turques, 17.000 hommes au plus ont pu s'échapper, dont 4.000 combattants.

☙ ☙ ☙

La Porte aussi implore la paix.

Le 14 octobre, le Ministre de Turquie à Madrid, remet au Gouvernement espagnol une note demandant au Président Wilson l'ouverture de négociations de paix et un armistice.

Les Empires Centraux et leurs complices en affectant ainsi de s'adresser au Président Wilson et de le considérer plutôt comme un arbitre que comme un belligérant, espèrent peut-être susciter la jalousie ou la mauvaise humeur des Gouvernements alliés et semer entre eux des germes de mésentente.

Mais, la France, l'Angleterre, l'Italie, le Japon, la Belgique, la Serbie, la Grèce, le Portugal, ont une dignité plus haute et l'erreur psychologique allemande restera une erreur.

Le Président Wilson fait répondre dans les quarante-huit heures à la note allemande du 12 octobre.

Département d'Etat, 14 octobre 1918.

En réponse à la communication du Gouvernement allemand, en date du 12 courant, que vous m'avez remise aujourd'hui, j'ai l'honneur de vous demander de transmettre la réponse suivante :

L'acceptation sans restriction par le Gouvernement allemand actuel et par une grande majorité du Reichstag allemand des conditions posées par le Président des Etats-Unis d'Amérique, dans son adresse au Congrès des Etats-Unis, le 8 janvier 1918, et dans son adresse subséquente, justifie le Président à faire un exposé franc et direct de sa décision, relativement aux communications du Gouvernement allemand des 8 et 12 octobre 1918. Il doit être clairement entendu que le mode de l'évacuation et les conditions de l'armistice sont des questions qui doivent être laissées au jugement et aux avis des conseillers militaires du Gouvernement des Etats-Unis et des Gouvernements alliés, et le Président a le sentiment qu'il est de son devoir de dire que nul arrangement ne peut être accepté par le Gouvernement des Etats-Unis qui n'assurerait pas des sauvegardes et garanties, absolument satisfaisantes, du maintien de la présente supériorité militaire des armées des Etats-Unis et des alliés sur le champ de bataille. Il a la confiance de pouvoir présumer, en toute sécurité, que tels seront aussi le jugement et la décision des Gouvernements alliés. Le Président sent qu'il est aussi de son devoir d'ajouter que ni le Gouvernement des Etats-Unis ni, il en a l'entière certitude, les Gouvernements avec lesquels le Gouvernement des Etats-Unis est associé comme belligérant, ne consentiront à envisager un armistice aussi longtemps que les forces armées de l'Allemagne continueront à se livrer aux pratiques illégales et inhumaines dans lesquelles elles persistent. Au moment même où le Gouvernement allemand approche le Gouvernement des Etats-Unis avec des propositions de paix, ses sous-marins s'acharnent à couler des navires à passagers sur mer, et non seulement les navires, mais les embarcations mêmes dans lesquelles les passagers et équipages cherchent à se sauver ; et dans leur retraite actuelle, forcée, des Flandres et de France, les armées allemandes poursuivent le cours de leurs destructions effrénées, ce qui a toujours été considéré comme étant en violation directe des règles et pratiques de la guerre civilisée. Villes et villages, s'ils ne sont pas détruits, sont dépouillés, non seulement de tout ce qu'ils contiennent, mais souvent de leurs habitants eux-mêmes. On ne saurait s'attendre à ce que les nations associées contre l'Allemagne consentent à une suspension d'armes, tandis que se poursuivent des actes d'inhumanité, de dévastation et de désolation que ces nations considèrent, à juste titre, avec horreur et le cœur enflammé. Il est également nécessaire, afin qu'il n'y ait aucune possibilité de malentendu, que le Président appelle très solennellement l'attention du Gouvernement allemand sur la forme et la portée manifeste d'une des conditions de paix auxquelles le Gouvernement allemand a maintenant adhéré.

Elle est contenue dans l'adresse du Président prononcée à Mount-Vernon, le 4 juillet dernier. Elle est ainsi conçue :

« Détruire tout pouvoir arbitraire où qu'il se trouve, qui peut, séparément, secrètement et par sa seule volonté, troubler la paix du monde ; s'il ne peut être présentement détruit, au moins le réduire à une virtuelle impuissance. »

Le pouvoir qui, jusqu'ici, a gouverné la nation allemande est de la nature ci-dessus indiquée. Il dépend de la volonté de la nation allemande de le changer. Les paroles du Président qui viennent d'être citées constituent, naturellement, une condition préalable à la paix, si la paix doit venir par l'action du peuple allemand lui-même. Le Président se sent obligé de dire que tout le processus de la paix, selon son opinion, sera subordonné à la précision et au caractère satisfaisant des garanties qui peuvent être données dans cette question fondamentale. Il est indispensable que les Gouvernements associés contre l'Allemagne sachent, sans équivoque possible, à qui ils ont affaire.

Le Président fera une réponse séparée au Gouvernement impérial et royal d'Autriche-Hongrie.

Acceptez, Monsieur, les assurances renouvelées de ma haute considération.

Robert LANSING.

❦ ❦ ❦

Le 24 octobre, au nom de M. Maurice Sarraut, aux Armées, M. le sénateur Couyba saisissait la haute Assemblée d'une motion qui fut votée à l'unanimité :

Le Sénat, confirmant ses délibérations antérieures, résolu à assurer aux populations libérées par les magnifiques victoires des armées alliées les réparations des dommages, des dévastations, des attentats au droit des gens pratiqués par l'ennemi.

Approuve le Gouvernement d'avoir signifié nettement sa volonté de leur opposer les avertissements et les sanctions nécessaires ;

L'invite à continuer à se concerter à cet effet avec les Gouvernements alliés et à poursuivre une enquête en vue d'aboutir à la condamnation des auteurs responsables de ces méfaits. La justice devra être la première condition de la paix.

Le Ministre des Affaires étrangères, M. Stephen Pichon, avait apporté en ces termes l'adhésion du Gouvernement à la motion de M. Maurice Sarraut :

Le Gouvernement n'avait pas attendu l'invitation qui lui est adressée pour faire savoir à l'Allemagne qu'elle porterait la pleine responsabilité des crimes qu'elle a commis ou commettra sur notre territoire, et dont l'ignominie est un objet d'horreur pour tout le monde civilisé !

Nous lui avons dit, dans un avertissement solennel, qu'elle n'échapperait pas à une expiation inexorable.

Cet avertissement, je le lui répète aujourd'hui du haut de la tribune du Sénat.

Il vient, d'ailleurs, d'être donné sous une forme décisive par le Président Wilson dans son admirable réponse aux propositions d'armistice qu'il avait reçues de Berlin.

L'illustre Président de la République des Etats-Unis d'Amérique, dans les résolutions duquel nous avons toujours eu une entière confiance, a signifié qu'il se refusait, comme nous-mêmes, à négocier une suspension d'armes avec un Etat dont les armées continuent à se déshonorer par des actes de désolation, de dévastation et de sauvagerie, qui sont la violation des lois fondamentales des sociétés humaines.

C'est le premier acte de mise en œuvre des responsabilités encourues par les auteurs des crimes dont la France a si cruellement souffert, mais dont le châtiment approche.

Ce ne sera pas impunément que nos malheureux compatriotes des terres envahies, auxquels j'envoie le salut de la Patrie solidaire et décidée à les venger de leurs épreuves, auront été martyrisés, que leurs propriétés auront été détruites, que leurs villes et leurs villages auront été dévastés, que leurs monuments et leurs églises auront été réduits en poussière, que leurs arbres auront été coupés et leurs champs saccagés, qu'ils auront été arrachés de leurs demeures et déportés comme otages, au mépris des engagements écrits contractés par leurs bourreaux eux-mêmes.

Il y aura, pour tous ces faits abominables, d'autres sanctions que les condamnations morales, déjà prononcées par la conscience. Il en sera fait justice matériellement.

Nous ne permettrons pas que les responsabilités qu'ils engagent soient impudemment déplacées, comme le voudraient faire ceux qui, dans la rage aveugle de la défaite, ne calculent pas la portée de leurs actes et reculent, en multipliant les atrocités, devant la marche victorieuse et libératrice de nos armées.

Nous veillerons avec nos alliés à ce que jusqu'au bout l'œuvre de justice s'accomplisse, pour qu'à tout jamais disparaisse du monde reconstitué sur le droit la possibilité de retour de pareilles monstruosités.

☙ ☙ ☙

Lille reconquise, la victoire des Flandres se développant à chaque minute, sous la haute direction du maréchal Foch, dont le génie s'affirmait égal à sa tâche formidable, ces succès eurent leur répercussion à la Chambre des Députés pendant la séance mémorable du 18 octobre.

Clemenceau y prononça ce magnifique et bref discours :

Je n'ai qu'un sentiment dans mon cœur, l'immense joie de toute la patrie retrouvée *(Vifs applaudissements)* et la gratitude à nos grands soldats, à leurs grands chefs, à nos nobles alliés. *(Vifs applaudissements.)*

La bataille continue. M. le Président vous a dit : Ostende, Douai, Lille, Bruges. Au moment où j'entrais en séance, je recevais la dépêche qui m'annonçait que Tourcoing et Roubaix sont délivrées. *(MM. les députés se lèvent. — Applaudissements unanimes et prolongés.)*

Avec la victoire, l'espérance, la plus grande espérance ouvre ses ailes. Notre devoir à nous ici est de faire que cette espérance, pour laquelle le meilleur sang français fut versé, devienne par notre Gouvernement, par notre Parlement, par le peuple français, une réalité. *(Applaudissements.)*

Nous avons combattu, nous combattrons encore pour notre droit ; nous voulons notre droit tout entier, avec les garanties nécessaires contre les retours offensifs de la barbarie. *(Vifs applaudissements.)*

De ce droit, nous n'entendons pas faire, à notre tour, une revanche d'agressions sur les agressions qui ont ensanglanté le monde. *(Applaudissements prolongés.)*

C'est toute la liberté, tout le droit du monde moderne qui vient, en la personne de nos soldats, d'abattre toutes les puissances de la tyrannie du passé. *(Vifs applaudissements.)*

Ce que nous ferons de la plénitude de notre droit reconquis, un seul mot peut le dire. La continuation de notre grande histoire toute d'affranchissement, toute d'esprit humanitaire, d'abord, la pleine reconstitution de nos forces nationales dans tous les domaines de la vie française et puis, la succession de généreux efforts pour que la libération de la France, soit avec l'aide des peuples frères, un bon outil de libération pour l'humanité. *(Applaudissements unanimes et prolongés.)*

Vienne attendait impatiemment la réponse du Président Wilson à la note du 7 octobre.

Le 18, le secrétaire d'État Lansing la confia au Ministre de Suède à New-York :

Département d'État, 18 octobre 1918.

Monsieur,

J'ai l'honneur de vous accuser réception de votre note du 7 courant, dans laquelle vous me transmettiez une communication du Gouvernement impérial et royal d'Autriche-Hongrie au Président de la République des États-Unis, en vous priant de bien vouloir transmettre, par l'intermédiaire de votre Gouvernement, au Gouvernement impérial et royal la réponse suivante :

« Le Président estime de son devoir de déclarer au Gouvernement austro-hongrois qu'il ne peut retenir les suggestions actuelles de ce Gouvernement, en raison de certains événements de la plus haute importance qui, survenus depuis la délivrance de l'adresse présidentielle du 8 janvier dernier, ont nécessairement modifié l'attitude et la responsabilité du Gouvernement des États-Unis.

« Parmi les quatorze conditions de paix que le Président formulait à cette époque, se trouvait la suivante :

« Aux peuples de l'Autriche-Hongrie, dont nous désirons sauvegarder « la place parmi les nations, devrait être donnée la plus libre occasion d'un déve-« loppement autonome. »

« Depuis que cette phrase a été écrite et prononcée devant le Congrès des États-Unis, le Gouvernement des États-Unis a reconnu qu'un état de belligérance existe entre les Tchéco-Slovaques et les empires allemand et austro-hongrois, et que le Conseil national tchéco-slovaque est *de facto* un Gouvernement belligérant investi de l'autorité propre pour diriger les affaires politiques et militaires des Tchéco-Slovaques.

« Il a aussi reconnu de la façon la plus complète, la justice des aspirations nationalistes des Yougo-Slaves pour la liberté.

« Le Président n'est donc plus dorénavant libre d'accepter une simple « autonomie » de ces peuples comme une base de paix, mais est obligé d'insister sur le fait que ce sont eux, et non pas lui, qui devront juger en quelle manière une action du Gouvernement austro-hongrois pourra satisfaire leurs aspirations et leur conception de leurs droits et de leur destinée comme membres de la famille des nations.

Acceptez, monsieur, les assurances renouvelées de ma très haute considération.

Robert LANSING.

Malgré les précisions formulées par M. Robert Lansing, au nom du Président des États-Unis, dans sa dernière note à l'Allemagne, le Gouvernement de Berlin, s'essayait à ergoter tout en s'efforçant de ne pas donner au Président Wilson l'occasion de rompre la conversation.

Le 21 octobre, Solf faisait transmettre cette nouvelle note par l'agence Wolff :

Le Gouvernement allemand, en acceptant la proposition d'évacuation des territoires occupés, est parti de cette idée que le soin de déterminer la procédure à suivre pour cette évacuation et celui de fixer les conditions de l'armistice devaient être confiés à l'appréciation des conseillers militaires et que la relation existant actuellement entre les forces sur les fronts est la base des accords qui l'assurent et la garantissent. Le Gouvernement allemand s'en rapporte au Président des États-Unis pour faire naître une occasion de régler les détails.

Le Gouvernement allemand a confiance que le Président des États-Unis n'approuvera aucune exigence inconciliable avec l'honneur du peuple allemand et la préparation d'une paix de justice. Le Gouvernement allemand proteste contre les reproches pour actes illégaux et inhumains adressés aux troupes de terre et de mer allemandes, et ainsi au peuple allemand.

Des destructions seront toujours nécessaires pour couvrir une retraite. Elles sont dans cette mesure permises par le droit des gens. Les troupes allemandes ont reçu les instructions les plus sévères pour protéger la propriété privée et avoir soin de la population autant que possible. Là où, malgré cela, des excès se produisent, les coupables sont punis.

Le Gouvernement allemand conteste aussi que la marine allemande ait, en coulant des navires, intentionnellement détruit des canots de sauvetage avec leurs occupants. Le Gouvernement allemand propose dans tous ces points de faire éclaircir les faits par une commission neutre.

Pour éviter tout ce qui pourrait rendre plus difficile l'œuvre de paix, sur l'instigation du Gouvernement allemand, à tous les commandants des sous-marins des ordres ont été donnés qui excluent un torpillage de navires à passagers sans cependant, par suite de raisons techniques, qu'il puisse être garanti que ces ordres toucheront tous les sous-marins en mer avant leur retour.

Le Président a désigné comme une condition fondamentale de la paix la disparition de tout pouvoir fondé sur l'arbitraire qui, de lui-même, non contrôlé, peut de son propre gré troubler la paix du monde.

A cela le Gouvernement allemand a répondu.

Dans l'empire allemand, la représentation du peuple n'avait jusqu'ici pas d'influence sur la formation du Gouvernement allemand. La constitution ne prévoyait pas une collaboration de la représentation du peuple dans la décision sur la guerre et la paix. Un changement essentiel a été apporté à cette situation. Le Gouvernement actuel a été formé en complet accord avec les désirs de la représentation populaire, issue du scrutin égal, général, secret, direct. Les chefs des grands partis du Reichstag comptent parmi ces membres.

A l'avenir, aussi, aucun Gouvernement ne pourra entrer en fonctions et y rester sans avoir la confiance de la majorité du Reichstag. La responsabilité du Chancelier vis-à-vis de la représentation populaire est étendue et garantie d'une manière légale.

Le premier acte du nouveau Gouvernement fut de présenter au Reichstag une loi modifiant la Constitution de l'empire dans ce sens que la représentation populaire est nécessaire pour la décision sur la guerre et la paix.

Mais la garantie de la durée du nouveau système ne réside pas seulement dans les assurances légales, mais encore dans l'inébranlable volonté du peuple allemand, qui, dans une énorme majorité, appuie ces réformes et en demande l'énergique développement.

La question du Président de savoir avec qui lui et les Gouvernements alliés ont affaire, reçoit ainsi une réponse claire et sans équivoque, du fait que l'offre de paix et d'armistice vient d'un Gouvernement qui, libre de toute influence arbitraire irresponsable, est soutenu par l'assentiment d'une énorme majorité du peuple allemand.

Berlin, le 20 octobre.

Signé : SOLF.

La réponse américaine ne se fit pas attendre :

Département d'Etat, 23 octobre 1918.

Monsieur,

J'ai l'honneur de vous accuser réception de votre note du 22 courant, transmettant une communication du Gouvernement allemand en date du 21 octobre, et de vous informer que le Président m'a chargé de répondre à cette communication comme suit :

Ayant reçu les assurances solennelles et explicites du Gouvernement allemand, que celui-ci accepte sans réserves les termes de paix exposés dans son adresse au Congrès des Etats-Unis, en date du 8 janvier 1918, ainsi que les principes de règlement énoncés dans ses adresses subséquentes, particulièrement dans l'adresse du 27 septembre, qu'il désire discuter les détails de leur application, et que ce désir et cette intention émanent, non pas de ceux qui ont jusqu'ici dicté la politique allemande et conduit la présente guerre du côté de l'Allemagne, mais des ministres qui parlent pour la majorité du Reichstag et pour une majorité écrasante du peuple allemand ; ayant reçu aussi la promesse explicite du présent Gouvernement allemand que les règles humanitaires de la guerre civilisée seront observées et sur terre et sur mer par les forces allemandes armées, le Président des Etats-Unis estime qu'il ne peut pas refuser d'étudier avec les Gouvernements avec lesquels le Gouvernement des Etats-Unis est associé, la question d'un armistice.

Il considère qu'il est de son devoir de redire, cependant, que le seul armistice qu'il s'estimerait justifié à soumettre pour être pris en considération, serait un armistice qui laisserait les Etats-Unis et les peuples associés avec eux en position d'imposer tout arrangement qui pourrait être conclu et de rendre impossible un renouvellement d'hostilités de la part de l'Allemagne.

Le Président a donc transmis sa correspondance avec les présentes autorités allemandes aux Gouvernements avec lesquels le Gouvernement des Etats-Unis est associé comme belligérant, avec la suggestion que, si ces Gouvernements sont disposés à effectuer la paix aux conditions et suivant les principes déjà indiqués, il conviendrait de demander à leurs conseillers militaires, ainsi qu'aux conseillers militaires des Etats-Unis de soumettre aux Gouvernements associés contre l'Allemagne les conditions nécessaires d'un armistice tel qu'il puisse protéger d'une manière absolue les intérêts des peuples intéressés et assurer aux Gouvernements associés le pouvoir sans limites de sauvegarder et d'imposer les détails de la paix, à quoi le Gouvernement allemand a consenti, pourvu du moins qu'ils jugent un pareil armistice possible au point de vue militaire.

Si de semblables conditions d'armistice devaient être suggérées, leur acceptation de la part de l'Allemagne fournirait la preuve la meilleure et la plus concrète que celle-ci accepte d'une façon non équivoque les conditions et les principes de paix dont dérive toute l'action.

Le Président semblerait lui-même manquer de sincérité s'il ne faisait pas ressortir dans les termes les plus francs possibles la raison pour laquelle des garanties extraordinaires doivent être exigées. Quelque significatifs et importants que semblent être les changements constitutionnels dont parle le secrétaire allemand des Affaires étrangères dans la note du 20 octobre, il ne paraît pas que le principe d'un Gouvernement responsable vis-à-vis du peuple allemand ait été complètement réalisé, ni que des garanties existent ou soient envisagées permettant d'avoir l'assurance que les modifications de principe et de pratique, actuellement consenties en partie, soient permanentes.

D'ailleurs, il ne semble pas que l'on ait atteint le cœur de la difficulté actuelle.

Il se peut que les guerres futures aient été mises sous le contrôle du peuple allemand ; mais cette guerre-ci ne l'a pas été, et c'est avec cette guerre-ci que nous avons affaire.

Il est évident que le peuple allemand n'a pas les moyens de forcer les autorités militaires de l'Empire à se soumettre à la volonté populaire ; il est évident que le pouvoir qu'a le roi de Prusse de contrôler la politique de l'Empire n'est pas affaibli ; que l'initiative déterminante reste encore entre les mains de ceux qui ont jusqu'à présent été les maîtres de l'Allemagne.

Estimant que toute la paix du monde dépend maintenant de la franchise dans les paroles et de la loyauté dans les actions, le Président juge qu'il est de son devoir de dire, sans essayer en aucune manière d'adoucir des mots qui peuvent paraître durs, que les nations du monde ne se fient pas et ne peuvent pas se fier à la parole de ceux qui ont jusqu'à présent été les maîtres de la politique allemande et de faire remarquer une fois de plus qu'en concluant la paix et en faisant des tentatives pour redresser les torts infinis et les injustices de cette guerre, le Gouvernement des Etats-Unis ne saurait traiter qu'avec de véritables représentants du peuple allemand, investis d'une autorité sincèrement constitutionnelle qui fasse d'eux les véritables gouvernants de l'Allemagne.

S'il devait traiter maintenant, avec les maîtres militaires et les autocrates monarchiques de l'Allemagne, ou s'il devait éventuellement avoir à traiter avec eux plus tard pour ce qui concerne les obligations internationales de l'Empire allemand, il devrait exiger non pas des négociations de paix, mais une capitulation.

Il n'y a rien à gagner en taisant cette chose essentielle.

Acceptez, Monsieur, l'assurance renouvelée de ma plus haute considération.

Robert LANSING.

Quatre jours plus tard, l'Allemagne déclarait que les négociations étaient conduites par un véritable Gouvernement national auquel toutes les autorités militaires obéissaient.

Le Gouvernement allemand a pris connaissance de la réponse du Président des Etats-Unis. Le Président connaît les changements d'une grande portée qui ont été accomplis et sont encore en cours d'exécution dans le régime constitutionnel de l'Allemagne. Les négociations de paix sont conduites par un Gouvernement national qui a entre les mains l'autorité effective et constitutionnelle pour prendre une décision.

Les pouvoirs militaires sont également subordonnés à ce Gouvernement.

Le Gouvernement allemand attend maintenant les propositions d'armistice qui seront le premier pas vers une paix juste telle que le Président l'a décrite dans ses proclamations.

SOLF.

Ludendorf donne sa démission.
Le vieil Hindenburg, toutefois, reste dans la coulisse...
Parvenues aux abords de Guise, nos troupes continuent la série de leurs succès.

L'Autriche abandonne l'Allemagne

Le 28 octobre, on apprend coup sur coup que l'Autriche-Hongrie abandonnant son Alliée demande la paix séparée et un armistice immédiat, et que l'offensive italienne est commencée.

La Piave est franchie de vive force par nos Alliés qui font des milliers de prisonniers et s'emparent d'un matériel énorme.

COMMANDEMENT SUPRÊME ITALIEN

L'armée, avec le concours des contingents alliés qui, par une noble démonstration de solidarité, ont voulu une place d'honneur sur notre front de bataille, a passé de vive force la Piave et a remis le pied sur le territoire envahi, s'engageant dans une âpre bataille contre l'adversaire qui tente d'en maintenir la possession avec un acharnement désespéré.

Entre les hauteurs escarpées de Val-do-Biadène et l'embouchure du torrent Soligo, des troupes d'infanterie et d'assaut de la 8e et de la 12e armée, après avoir passé dans la nuit, sous un violent feu ennemi, sur la rive gauche du fleuve en pleine crue, se sont élancées, hier, à l'aube, sur les premières lignes ennemies adverses et les ont conquises. Ensuite, admirablement soutenues par le tir de l'artillerie placée sur la rive droite, elles ont gagné du terrain, repoussant tous les retours offensifs que des forces supérieures autrichiennes ont renouvelées pendant toute la journée.

Plus au sud, la 10e armée, profitant des avantages obtenus par les troupes britanniques au cours des jours précédents, à Grave de Papadapoli, a attaqué l'adversaire, l'obligeant à reculer, et repoussant nettement, après une lutte très vive, deux contre-attaques déclenchées dans l'après-midi par des forces nombreuses dans la direction de Borgo Malanotte et de Roncadella.

Les prisonniers dénombrés pendant la journée dépassent 9.000 ; 51 canons ont été pris.

Dans la région du mont Grappa, l'action a continué en combats locaux ; 150 prisonniers ont été capturés.

L'ennemi a attaqué à fond le mont Pertica, et avait réussi, au prix de grands sacrifices, à y prendre pied. Notre infanterie, après six heures de lutte acharnée, l'a repoussé, restant en possession de la position contestée.

COMMUNIQUÉ BRITANNIQUE D'ITALIE

28 OCTOBRE. — Cette nuit, la ligne occupée par la 10ᵉ armée passait par les points suivants : sud de Stabinzoo, San-Polodi-Piave, Borgo-Zanetti, Borgo-Malanotte, col Lasega et col du Tonon.

Le nombre des prisonniers dénombrés jusqu'à 18 heures 15 s'élève à 5.620, y compris 121 officiers. Parmi ces prisonniers, 3.520 ont été capturés par le 14ᵉ corps britannique.

Le nombre des canons dénombrés jusqu'à présent se monte à 29, parmi lesquels 6 mortiers de 9 pouces, capturés par la 23ᵉ division britannique.

Le rôle de l'Aviation dans la bataille

OFFICIEL ITALIEN

L'aviation nationale et alliée a apporté son précieux concours à la bataille avec une hardiesse extrême. Des actions très efficaces de bombardement ont été effectuées sur l'arrière de l'ennemi avec plus de 10.000 kilos d'explosifs. Des troupes ennemies ont été audacieusement mitraillées de faible hauteur. Onze appareils et trois ballons captifs ont été abattus en combats aériens.

Le lieutenant-colonel Piccio a gagné sa 24ᵉ victoire.

✸ ✸ ✸

Ce même jour, sur le front de Verdun, le bois Belleu tombe entièrement aux mains des Américains.

En une semaine, les Italiens aidés par des divisions françaises et anglaises et un contingent américain, infligent aux armées ennemies une défaite sanglante. Les Autrichiens sont en pleine déroute. Ils laissent plus de 50.000 prisonniers et 700 canons aux mains des armées royales.

✣ ✣ ✣

En Mésopotamie, les Anglais sont parvenus à couper les communications de l'armée turque.

✣ ✣ ✣

A la suite de la réception de la réponse américaine, le comte Andrassy expédie de Vienne ce télégramme à M. Robert Lansing :

> Immédiatement après avoir pris la direction du Ministère des Affaires étrangères, j'ai envoyé une réponse officielle à votre note du 18 octobre. Vous y verrez que nous acceptons, sur tous les points, le programme posé par le Président des Etats-Unis dans ses différentes déclarations. Nous nous associons entièrement aux efforts du Président tendant à empêcher de nouvelles guerres par l'organisation d'une famille des peuples. Nous avons pris des mesures pour que les peuples d'Autriche et de Hongrie puissent, en toute liberté et d'après leurs propres droits, décider de leur future organisation.
> Depuis que l'empereur et roi Charles a pris en mains le Gouvernement, il s'est toujours efforcé d'amener la fin de la guerre. Aujourd'hui, plus que jamais, c'est vers ce but que tendent les vœux du souverain et de tous les peuples d'Autriche et de Hongrie. Je suis persuadé qu'ils ne pourront se développer que dans une lutte pacifique, à l'abri de tous les ébranlements, de toutes les privations et de toutes les amertumes qu'engendre la guerre.
> Je m'adresse donc directement à vous, Monsieur le Secrétaire d'Etat, en vous priant de bien vouloir agir auprès de M. le Président des Etats-Unis pour que, dans l'intérêt de l'humanité aussi bien que dans celui de tous les habitants d'Autriche et de Hongrie, un armistice soit immédiatement accordé sur tous les fronts d'Autriche et de Hongrie, et qu'il soit suivi de l'ouverture de négociations de paix.

Le Gouvernement austro-hongrois, en même temps qu'il envoyait sa note au secrétaire d'Etat, M. Lansing, en communiquait le contenu aux Gouvernements français, anglais, japonais et italien, avec prière d'approuver, de leur côté, la proposition qu'elle contient et de l'appuyer auprès du Président Wilson.

✣ ✣ ✣

Le 30 octobre, simultanément, à la Chambre des Députés et à Londres, à la Chambre des Communes, M. Georges Leygues, Ministre de la Marine et M. Georges Cava, en l'absence de M. Bonar Law, faisaient la déclaration suivante concernant les conditions de l'armistice acceptées par la Turquie :

> M. le Président du Conseil, retenu au Conseil supérieur de guerre interallié de Versailles, m'a chargé de faire, au nom du Gouvernement, la communication suivante à la Chambre :
> Il y a quelques jours, le général Townshend a été mis

en liberté pour aller informer l'amiral anglais commandant dans la mer Egée que le Gouvernement turc demandait que des négociations fussent ouvertes immédiatement en vue de la conclusion d'un armistice entre la Turquie et les Alliés. Le vice-amiral Calthorpe a répondu que si le Gouvernement turc envoyait des plénipotentiaires régulièrement accrédités il avait, lui, les pouvoirs nécessaires pour les informer des conditions dans lesquelles les Alliés consentiraient à une cessation des hostilités et pour signer au nom des Alliés un armistice dans ces conditions.

Les plénipotentiaires turcs sont arrivés à Moudros au début de cette semaine ; un armistice a été signé la nuit dernière par le vice-amiral Calthorpe au nom des Gouvernements alliés, lequel est entré en vigueur aujourd'hui, à midi.

Il n'est pas encore possible de publier les termes complets de cet armistice, mais ils comportent le libre passage pour les flottes alliées jusqu'à la mer Noire, l'occupation des forts des Dardanelles et du Bosphore, nécessaire pour garantir la sécurité de ce passage, et le rapatriement immédiat de tous les prisonniers de guerre alliés.

✧ ✧ ✧

En Mésopotamie, le groupe d'armées ottomanes du Tigre, commandé par le général Ismaïl Hakki, se rend aux troupes anglaises.

✧ ✧ ✧

A Budapest, le comte Tisza, un des responsables de la guerre, est assassiné le 1ᵉʳ novembre.

✧ ✧ ✧

Les conditions des Alliés

Les clauses de l'armistice consenti à l'Empire ottoman sont :

I. — Ouverture des Dardanelles et du Bosphore et libre accès à la mer Noire. Occupation militaire par les Alliés des forts des Dardanelles et du Bosphore.

II. — Les positions de tous les champs de mines, des tubes lance-torpilles et de toute autre obstruction dans les eaux turques seront indiquées et toute l'aide nécessaire sera apportée pour draguer ou enlever ces obstacles.

III. — Communications de toutes les informations au sujet des mines qui sont dans la mer Noire.

IV. — Tous les prisonniers de guerre alliés, tous les Arméniens internés seront libérés et réunis à Constantinople pour y être remis sans condition aux Alliés.

V. — Démobilisation immédiate de l'armée turque, excepté les troupes nécessaires pour la surveillance des frontières et le maintien de l'ordre intérieur ; les effectifs et leur répartition seront déterminés ultérieurement par les Alliés après avoir pris l'avis du Gouvernement turc.

VI. — Reddition de tous les bâtiments de guerre actuellement dans les eaux turques ou dans les eaux occupées par les Turcs. Ces bâtiments seront internés dans le ou les ports turcs qui seront désignés, excepté les petits bâtiments qui seront nécessaires pour la police, ou dans les eaux territoriales turques.

VII. — Les Alliés auront le droit d'occuper tous les points stratégiques dans le cas où les choses deviendraient menaçantes pour la sécurité des Alliés.

VIII. — Libre usage pour les navires alliés de tous les ports et mouillages actuellement occupés par les Turcs et interdiction à l'ennemi de se servir de ces ports. Les mêmes conditions seront appliquées aux bâtiments de commerce turcs dans les eaux turques pour des buts commerciaux et pour la démobilisation de l'armée.

IX. — Usage de tous les moyens de réparations qui se trouvent dans les ports de Turquie et leurs arsenaux.

X. — Occupation militaire par les Alliés du système de tunnels du Taurus.

XI. — Le retrait immédiat des troupes turques du nord-ouest de la Perse jusque derrière la frontière d'avant-guerre a déjà été ordonné et sera continué.

Les troupes turques ont déjà reçu ordre d'évacuer une partie de la Transcaucasie, le reste sera retiré sur la demande des Alliés après étude de la situation locale.

XII. — Les stations de T. S. F. et les câbles seront sous le contrôle des Alliés, excepté en ce qui concerne les communications du Gouvernement turc.

XIII. — Défense de détruire aucun matériel naval militaire ou commercial.

XIV. — Des facilités devront être données aux Alliés pour l'achat de charbon, huiles, mazout, matériel naval que l'on peut obtenir de source turque après besoins du pays assurés. Aucune de ces matières ne pourra être exportée.

XV. — Des officiers alliés seront placés pour contrôler tous les chemins de fer, y compris édifices, portion du Transcaucasien actuellement sous le contrôle de la Turquie, qui devront être mis à la libre et entière disposition des autorités alliées, en prenant considération des besoins de la population. Il résulte de cette clause que les Alliés ont le droit d'occuper Batoum. La Turquie ne fera aucune objection à l'occupation de Bakou par les Alliés.

XVI. — Reddition de toutes les garnisons de l'Hedjaz, Assis Yemen, Syrie, Mésopotamie au commandement allié le plus rapproché, et retrait des troupes au point de débarquement de Cilicie, excepté celles qui sont nécessaires au maintien de l'ordre ainsi qu'il en sera décidé selon la clause V.

XVII. — Reddition de tous les forts occupés en Tripolitaine et en Cyrénaïque, y compris Misurata, à la garnison la plus proche.

Reddition de tous les officiers turcs en Tripolitaine et en Cyrénaïque à la garnison italienne la plus proche. La Turquie s'engage à arrêter tout envoi d'approvisionnements et à cesser toutes communications avec ces officiers, s'ils ne se soumettent pas à l'ordre de se rendre.

XVIII. — Tous les sujets allemands et autrichiens militaires ou civils seront évacués d'ici un mois de toutes les possessions turques (dans les districts trop éloignés, aussitôt que cela sera possible).

XIX. — Exécution de tous les ordres qui pourraient être donnés pour la mise à la disposition de l'équipement, armes, munitions, y compris les moyens de transport de la fraction de l'armée turque qui sera démobilisée conformément à la clause V.

XX. — Un représentant allié sera attaché au ministère turc du ravitaillement, de façon à sauvegarder les intérêts alliés. Ce représentant recevra tous renseignements nécessaires à ce sujet.

XXI. — Les prisonniers turcs seront gardés à la disposition des puissances alliées. L'élargissement des prisonniers civils turcs et des prisonniers ayant dépassé l'âge du service militaire sera pris en considération.

XXII. — Obligation pour la Turquie de cesser toutes relations avec les puissances centrales.

XXIII. — En cas de désordre dans un des vilayets arméniens, les Alliés se réservent le droit d'en occuper une partie.

XXIV. — Les hostilités entre les Alliés et la Turquie cesseront à partir de midi, temps local, jeudi 31 octobre 1918.

※ ※ ※

Tandis que sur le front de la Meuse, les Américains s'emparent de Buzancy, faisant plus de 4.000 prisonniers et capturant de nombreux canons, les Britanniques reprennent Valenciennes, Landrecies et Le Quesnoy. Des milliers de prisonniers et un matériel considérable restent entre leurs mains.

Les Italiens délivrent Trieste et Udine. Plus de 100.000 prisonniers et 2.200 canons, tel est le bilan du butin qu'ils ont pris aux armées autrichiennes complètement battues.

※ ※ ※

Le Conseil de Guerre interallié, siégeant à Versailles, fit connaître le 31 octobre, les conditions de l'armistice accordé à l'Autriche :

I. — CLAUSES MILITAIRES

1° Cessation immédiate des hostilités sur terre, sur mer et dans l'air ;

2° Démobilisation totale de l'armée austro-hongroise et retrait immédiat de toutes les unités qui opèrent sur le front de la mer du Nord à la Suisse ;

Il ne sera maintenu sur le territoire austro-hongrois, dans les limites ci-dessous indiquées au paragraphe 3, comme forces militaires austro-hongroises, qu'un maximum de vingt divisions réduites à l'effectif du pied de paix d'avant-guerre ;

La moitié du matériel total d'artillerie divisionnaire, d'artillerie de corps d'armée, ainsi que l'équipement correspondant, en commençant par tout ce qui se trouve sur les territoires à évacuer par l'armée austro-hongroise, devra être réuni entre des points à fixer par les Alliés et les Etats-Unis et pour leur être livré ;

3° Evacuation de tout territoire envahi par l'Autriche-Hongrie depuis le début de la guerre et retrait des forces austro-hongroises dans un délai à déterminer par les généraux commandant en chef les forces alliées sur les différents fronts au delà d'une ligne fixée comme suit :

Du Piz Umbrail jusqu'au nord du Stelvio, elle suivra la crête des Alpes Rétiennes jusqu'aux sources de l'Adige et de l'Eisach, passant alors par les monts Reschen et Brenner et sur les hauteurs de l'Oetz et du Ziller. La ligne, ensuite, se dirigera vers le sud, traversera le mont Toblach et rejoindra la frontière actuelle des Alpes Carniques. Elle suivra cette frontière jusqu'au mont Tarvis, et, après le mont Tarvis, la ligne de partage des eaux des Alpes Juliennes par le col Prédil, le mont Mangart, le Tricorne (Terglou) et la ligne de partage des eaux des cols de Podberdo, de Podlaniscam et d'Idria. A partir de ce point, la ligne suivra la direction du sud-est vers le Schneeberg, laissant en dehors d'elle tout le bassin de la Save et de ses tributaires ; du Schneeberg, la ligne descendra vers la côte, de manière à inclure Castua, Mattuglia et Volosca dans les territoires évacués. Elle suivra également les limites administratives actuelles de la province de Dalmatie, en y comprenant, au nord, Lisarica et Tridania, et, au sud, jusqu'à une ligne partant sur la côte du cap Planka et suivant vers l'est les sommets des hauteurs formant la ligne de partage des eaux, de manière à comprendre dans les territoires évacués toutes les vallées et cours d'eau descendant vers Sébénico, comme la Gicola, la Kerka, la Butisnica et leurs affluents. Elle enfermera aussi toutes les îles situées au nord et à l'ouest de la Dalmatie, depuis Prémuda, Selva, Ulbo, Scherda, Maon, Pago et Patadura au nord jusqu'à Méléda au sud, en y comprenant Sant'Andrea, Busi, Lissa, Lésina, Tercola, Cursola, Cazza et Lagosta, ainsi que les rochers et îlots environnants, et Pelagosa, à l'exception seulement des îles Grande et Petite Zirona, Bua, Solta et Brazza ;

Tous les territoires ainsi évacués seront occupés par les forces des Alliés et des Etats-Unis d'Amérique ;

Maintien sur place de tout le matériel militaire et de chemin de fer ennemi qui se trouve sur les territoires à évacuer ;

Livraison aux Alliés et aux États-Unis de tout ce matériel (approvisionnements de charbon et autres compris), suivant les instructions de détail données par les généraux commandant en chef les forces des puissances associées sur les différents fronts ;

Aucune destruction nouvelle, ni pillage, ni réquisition nouvelle par les troupes ennemies dans les territoires à évacuer par l'ennemi et à occuper par les forces des puissances associées ;

4º Possibilité pour les armées des puissances associées de se mouvoir librement par l'ensemble des routes, chemins de fer et voies fluviales des territoires austro-hongrois, avec emploi de tous les moyens de transport austro-hongrois nécessaires ;

Occupation par les armées des puissances associées de tous points stratégiques en Autriche-Hongrie et à tous moments jugés nécessaires par ces puissances, pour rendre possibles toutes opérations militaires ou pour maintenir l'ordre ;

Droit de réquisition contre paiement pour les armées des puissances associées dans tous les territoires où elles se trouveront ;

5º Complète évacuation, dans un délai de quinze jours, de toutes troupes allemandes, non seulement des fronts d'Italie et des Balkans, mais de tous territoires austro-hongrois ;

Internement de toutes troupes allemandes qui n'auraient pas quitté avant ce délai le territoire austro-hongrois ;

6º Les territoires austro-hongrois évacués seront provisoirement administrés par les autorités locales sous le contrôle des troupes alliées ou associées d'occupation ;

7º Rapatriement immédiat, sans réciprocité, de tous les prisonniers de guerre, sujets alliés internés et populations civiles évacuées, dans les conditions à fixer par les généraux commandant en chef les armées des puissances associées sur les différents fronts ;

8º Les malades et blessés inévacuables seront soignés par du personnel austro-hongrois, qui sera laissé sur place avec le matériel médical nécessaire.

II. — CLAUSES NAVALES

1º Cessation immédiate de toute hostilité sur mer et indications précises de l'emplacement et des mouvements de tous les bâtiments austro-hongrois. Avis sera donné aux neutres de la liberté concédée à la navigation des marines de guerre et de commerce des puissances alliées et associées dans toutes les eaux territoriales sans soulever des questions de neutralité ;

2º Livraison aux Alliés et aux États-Unis d'Amérique de quinze sous-marins austro-hongrois achevés de 1910 à 1918 et de tous les sous-marins allemands se trouvant ou pouvant pénétrer dans les eaux territoriales austro-hongroises. Désarmement complet et démobilisation de tous les autres sous-marins austro-hongrois qui devront rester sous la surveillance des Alliés et des États-Unis d'Amérique ;

3º Livraison aux Alliés et aux États-Unis d'Amérique, avec leur armement et leur équipement complets, de 3 cuirassés, 3 croiseurs légers, 9 destroyers, 12 torpilleurs du type le plus récent, 1 mouilleur de mines, 6 monitors du Danube à désigner par les Alliés et les États-Unis d'Amérique ;

Tous les autres bâtiments de guerre de surface (y compris ceux de rivière) devront être concentrés dans les bases navales austro-hongroises qui seront désignées par les Alliés et les États-Unis d'Amérique, et devront être démobilisés et complètement désarmés et placés sous la surveillance des Alliés et des États-Unis d'Amérique ;

4º Liberté de navigation de tous les bâtiments des marines de guerre et de commerce des puissances alliées et associées dans l'Adriatique, y compris les eaux territoriales, sur le Danube et ses affluents en territoire austro-hongrois ;

Les Alliés et les Puissances associées auront le droit de draguer tous les champs de mines et détruire les obstructions, dont l'emplacement devra leur être indiqué ;

Pour assurer la liberté de navigation sur le Danube, les Alliés et les États-Unis d'Amérique pourront occuper ou démanteler tous les ouvrages fortifiés et de défense ;

5º Maintien du blocus des Puissances alliées et associées dans les conditions actuelles, les navires austro-hongrois trouvés en mer restant sujets à capture, sauf les exceptions qui seront admises par une commission qui sera désignée par les Alliés et les États-Unis d'Amérique ;

6º Groupement et immobilisation dans les bases austro-hongroises désignées par les Alliés et les États-Unis d'Amérique de toutes les forces aériennes et navales ;

7º Évacuation de toute la côte italienne et de tous les ports occupés par l'Autriche-Hongrie en dehors de son territoire national, et abandon de tout le matériel flottant, matériel naval, équipement et matériel pour voies navigables de tout ordre ;

8º Occupation par les Alliés et les Etats-Unis d'Amérique des fortifications de terre et de mer et des îles constituant la défense de Pola, ainsi que des chantiers et de l'arsenal ;

9º Restitution de tous les navires de commerce des Puissances alliées et associées détenus par l'Autriche-Hongrie ;

10º Interdiction de toutes destructions des navires ou de matériel avant évacuation, livraison ou restitution ;

11º Restitution, sans réciprocité, de tous les prisonniers de guerre, des marines de guerre et de commerce des Puissances alliées et associées, au pouvoir des Austro-Hongrois.

CONCLUSIONS RELATIVES
A UN ARMISTICE AVEC L'AUTRICHE

Le Conseil supérieur de guerre décide :

A. — D'approuver les termes ci-joints d'un armistice avec l'Autriche-Hongrie ;

B. — Que le général Diaz, au nom des Gouvernements associés et à l'arrivée des représentants accrédités du commandement suprême autrichien, communiquera à ces derniers les termes approuvés d'un armistice ;

C. — Que le Gouvernement italien, au nom du Conseil supérieur de guerre, sera chargé de communiquer cette décision au général Diaz ;

D. — D'inviter le colonel House, au nom du Conseil supérieur de guerre, à communiquer cette décision au président Wilson ;

E. — Qu'un amiral sera adjoint au général Diaz dans les négociations.

Le Parlement reconnaît que Clemenceau fut le Sauveur du Pays

Les heures triomphales sonnaient enfin pour la France et pour ses Alliés.

Georges Clemenceau connut aussi à la Chambre un des plus beaux triomphes de sa longue existence parlementaire. Les députés de tous les partis, oubliant pour un instant leurs divergences passées, leurs jalousies et leurs haines, firent une ovation indescriptible au Sauveur de la Patrie et de la République.

(Extrait du *Journal Officiel*. Séance du 5 novembre 1918.)

M. LE PRÉSIDENT DE LA CHAMBRE. — Après la Bulgarie, la Turquie ; après la Turquie, l'Autriche.

Tandis que Français et Américains délivrent l'Argonne, tandis que Britanniques et Belges délivrent les Flandres, les Serbes et les Français sont maîtres de la Serbie, les Italiens sont à Trieste et à Trente. *(Applaudissements prolongés. — Les députés se lèvent et acclament l'ambassadeur d'Italie, qui se trouve dans la tribune diplomatique.)*

Les Serbes sont dans Belgrade ; toute la France est avec eux. *(Applaudissements prolongés. — Les députés se lèvent et acclament le ministre de Serbie, qui se trouve dans la tribune diplomatique.)*

L'attentat contre la Serbie a déchaîné la guerre. La Serbie a eu l'honneur de subir le premier coup. Elle n'avait pas encore assez souffert au cours des âges ! Elle avait défendu l'Europe contre l'Asie ; l'Asie l'avait écrasée pendant quatre siècles ; ceux qu'elle avait sauvés, pour lui montrer leur reconnaissance, voulaient l'anéantir. Ils croulent aujourd'hui sous le poids de leurs crimes ! *(Applaudissements prolongés.)*

Nous sommes fiers d'avoir été aux côtés de ces héros pendant leurs trois ans d'exil. Pas une heure ils n'ont douté, pas une heure ils n'ont fléchi ; ni le vénéré roi Pierre, notre saint-cyrien, notre combattant de 1870 *(Applaudissements prolongés)*, dont l'épopée restera dans la mémoire des générations à l'égal des poèmes les plus touchants de l'antiquité, ni le prince Alexandre, digne de sa vaillante armée *(Vifs applaudissements)*, ni cette armée elle-même, digne d'un si grand passé. *(Vifs applaudissements.)*

L'été dernier, aux heures sombres, alors que la fortune des armes semblait nous trahir, le prince régent dit à notre ministre : « Si cela est nécessaire, nous quittons les Balkans ; je m'embarque avec ce qui reste de l'armée serbe pour voler au secours de la France, car c'est la France qu'il faut sauver d'abord. » *(Applaudissements répétés et prolongés.)*

La France est victorieuse, la Serbie est libre. Après le martyre, voici le triomphe : le grand rêve des Yougo-Slaves

— comme celui des Polonais, des Tchèques, des Slovaques, des Roumains — se réalise ; la France les salue fraternellement et acclame, en leur vie renaissante, une gloire immortelle ! *(Applaudissements prolongés.)*

« Italie, a dit le poète, qu'ils accourent avec toi, pour la lutte suprême, les captifs épars sur la terre opprimée ! »

Français, nous partageons ta joie et ton enthousiasme. Nos drapeaux frissonnent d'une même gloire et d'un même amour, comme à Magenta et à Solférino. *(Vifs applaudissements.)*

Ce fut, au cours de cette guerre, une heure solennelle, celle où l'Italie, travaillée depuis tant d'années par les influences germaniques, secoua la perfide étreinte et se jeta, elle l'aïeule du monde latin, elle la mère du Droit, dans la noble et terrible épreuve. *(Applaudissements prolongés.)*

Et tandis que, sur les âpres cîmes et dans les glaces du Carso brûlait la flamme de Virgile et de Dante, les soldats italiens, sur les champs de bataille où tant de fois la France a sauvé la civilisation, avec nos légions indomptables, chassaient l'Allemand. *(Vifs applaudissements.)*

Les souvenirs sacrés de Reims se confondront désormais, à travers les siècles, avec ceux de Venise et d'Athènes.

Pendant que sonne la cloche du Capitole, nous crions au Roi, au Gouvernement, au Parlement, à l'armée, à la marine, couronnant les espoirs séculaires de notre sœur glorieuse :

O Rome, cité sainte des héros, des poètes et des dieux, à tous les prestiges, à toutes les splendeurs qui ravissent le cœur et l'imagination des hommes, tu ajoutes la beauté suprême : le triomphe de la liberté, la revanche de la justice ! *(Applaudissements prolongés. — Les députés se lèvent et acclament le Président.)*

La parole est à M. le Ministre des Affaires étrangères.

M. STEPHEN PICHON, *ministre des Affaires étrangères.* — Le Gouvernement partage sur les grands événements qui s'accomplissent le sentiment qui vient d'être si éloquemment exprimé par M. le Président de la Chambre.

Il salue, comme lui, la résurrection glorieuse de la Serbie. Au moment où les troupes italiennes entrent à Trente et à Trieste, il s'associe du fond du cœur à la joie qui se manifeste si justement en Italie.

La part prise par la Serbie à la capitulation bulgare, qui a été le point de départ de nos victoires décisives sur le front d'Orient, a été proclamée par le général Franchet d'Esperey, commandant en chef des armées alliées, dans les termes suivants : « L'armée serbe a participé à tous les combats, marchant sans arrêt, sans repos, toujours en contact étroit de l'ennemi qu'elle tenait à la gorge, très souvent sans ravitaillement, ne connaissant ni la fatigue ni la faim, poussée toujours en avant par sa volonté de vaincre à tout prix. »

Il n'y a rien à ajouter à ces éloges, sinon qu'ils confirment à l'issue de la guerre ceux que la même armée a mérités pendant toute la campagne à laquelle elle a pris part depuis l'origine des hostilités. *(Vifs applaudissements.)*

Elle a traversé sans défaillir toutes les épreuves de la mauvaise fortune, tour à tour victorieuse et écrasée par le nombre, aussi digne dans la défaite que forte dans la victoire, sauvant à grand peine par son héroïsme et ses sacrifices les débris d'une armée que l'ennemi avait crue détruite, la reformant dans un admirable élan de patriotisme et se retrouvant à nos côtés pour l'assaut final où elle a repris, en six semaines, tout ce qu'elle avait perdu en quatre ans. *(Nouveaux applaudissements.)*

Le peuple serbe avait été la première victime de la guerre, puisque c'est par une provocation directe, partie de Vienne et de Berlin à son adresse, que la guerre a commencé.

Il est le premier à reconquérir intégralement son territoire. *(Applaudissements.)* Ainsi le premier crime commis par les auteurs de la catastrophe qui va se terminer par leur déroute et leur châtiment est le premier à recevoir un commencement de réparation. *(Vifs applaudissements.)* L'heure de la justice complète approche. La Serbie, en ce qui la concerne, l'aura conquise et méritée par son courage, sa ténacité et sa foi. *(Applaudissements prolongés.)*

L'Italie voit se réaliser le rêve des fondateurs immortels de son unité. Elle commence et elle achèvera la conquête des terres irrédentes qu'elle arrache à la domination autrichienne. La France qui a été, qui est et qui restera son alliée fidèle *(Applaudissements répétés)*, applaudit autant qu'elle-même à cette satisfaction donnée à des aspirations qu'elle a toujours encouragées et au triomphe desquelles elle est heureuse et fière d'avoir collaboré. *(Vifs applaudissements.)*

Nous pourrons nous rendre le témoignage que, dans cette

guerre, où nous avons souffert de tant de blessures et payé si cher notre reconstitution nationale avec toutes les garanties qui doivent la sauvegarder dans l'avenir comme dans le présent *(Vifs applaudissements)*, nous aurons toujours et sans discontinuer servi la cause du droit et de la justice.

C'est ce que nous avons fait en travaillant les premiers à la renaissance de la Bohême par la proclamation des droits des Tchéco-Slovaques, la reconnaissance de leur Gouvernement provisoire établi sur notre territoire, la création et l'organisation de leur armée, l'appui donné à leurs revendications nationales auprès de nos alliés. *(Vifs applaudissements.)*

C'est ce que nous avons fait pour la Pologne en prenant pour elle et dans les mêmes conditions les mêmes initiatives, et en proposant pour l'établissement de leur futur Etat les formules d'affranchissement et d'indépendance qui ont été finalement adoptées. *(Vifs applaudissements.)*

C'est ce que nous avons fait encore avec tous nos alliés, en posant le principe de la création d'un Etat yougo-slave et en ouvrant ainsi les voies à une réorganisation de l'Europe, suivant le droit des peuples à disposer du sort de leur nationalité. *(Vifs applaudissements.)*

Il m'a semblé qu'à l'heure où nous célébrons ici de grandes victoires et où notre pays, si effroyablement éprouvé, s'apprête lui-même à recueillir le fruit de ses sacrifices, il ne serait pas sans intérêt de rappeler ce que nous avons fait, nos alliés et nous, pour les nations opprimées qui voient après des siècles de misères apparaître l'aurore de la liberté. *(Vifs applaudissements répétés.)*

M. LE PRÉSIDENT. — La parole est à M. le Président du Conseil, Ministre de la Guerre. *(Vifs applaudissements répétés. — Un grand nombre de députés se lèvent.)*

M. GEORGES CLEMENCEAU, *Président du Conseil, Ministre de la Guerre.* — Messieurs, je suis touché jusqu'au fond du cœur de cette manifestation. Mais, laissez-moi le dire, je ne vaux pas tant d'hommages. Ce que j'ai fait, c'est la France qui l'a fait. *(Applaudissements.)*

Elle l'a voulu par vous et, par vous, j'ai pu le faire. Voilà ce qu'il ne faut pas oublier.

M. LAUCHE. — Parlez-nous de l'armée de Salonique ! *(Vives protestations.)*

M. LE PRÉSIDENT. — Nous sommes à un moment où

tous les cœurs doivent battre à l'unisson. *(Applaudissements.)*

M. le Président du Conseil. — Si c'est un crime de m'être servi de mon mieux, et pour le bien de la France, des instruments d'action qui m'ont été remis, ce crime, je le reconnais hautement. *(Applaudissements.)*

M. Camille Reboul. — Vous avez commencé par critiquer. *(Nouvelles protestations et bruit.)*

M. le Président. — Ce n'est pas le moment d'interrompre, ni celui de discuter. *(Très bien ! très bien !)*

Je prie tous nos collègues de faire silence.

M. Raffin-Dugens. — Alors, dites tout de suite : « Vive le dictateur ! » *(Vives réclamations.)*

M. le Président. — C'est au nom de la liberté que je demande le silence pour celui qui est à la tribune.

M. le Président du Conseil. — Messieurs, je suis monté à cette tribune pour vous donner lecture du texte des conditions d'armistice qui ont été proposées à l'Autriche et acceptées par elle. *(Très bien ! très bien !)*

Le Président du Conseil lit le texte de l'armistice.

Tel est, mot à mot, le texte de l'armistice qui a été accepté sans y rien changer par ce qui subsiste du Gouvernement autrichien.

La conférence de Versailles a terminé ses travaux hier soir. Les Alliés avaient successivement établi les termes d'un armistice pour la Bulgarie, pour la Turquie, pour l'Autriche.

Ces trois armistices ont été acceptés par l'ennemi. Les trois appuis indispensables à l'empereur d'Allemagne pour continuer sa guerre lui font aujourd'hui défaut. *(Vifs applaudissements.)*

Le Conseil supérieur de Versailles a également arrêté les clauses d'un armistice demandé, réclamé par l'Allemagne. Les termes de cet armistice ont été expédiés hier soir au Président Wilson qui, s'il les approuve, fera savoir au Gouvernement impérial et démocratique *(Rires et applaudissements)* que, pour connaître nos conditions d'armistice, il lui suffira de s'adresser à M. le maréchal Foch. *(Applaudissements.)*

L'esprit dans lequel a été conçu et rédigé ce dernier document est identique à celui qui a inspiré les trois autres. *(Vifs applaudissements.)*

M. François-Fournier. — Nous l'espérons un peu plus accentué. *(Mouvements divers.)*

M. le Président du Conseil. — Nos directives sont celles de nos conseillers militaires et elles correspondent, d'ailleurs, aux idées du Président Wilson : *(Applaudissements.)* assurer la sécurité de nos troupes, maintenir notre suprématie militaire *(Très bien ! très bien !)* pour le cas où les hostilités viendraient à recommencer ; et, enfin, désarmer l'ennemi autant qu'il sera nécessaire pour empêcher, en cas de mauvaise volonté de sa part, ou de manque de parole, toute surprise. *(Vifs applaudissements.)*

M. Ringuier. — Et le rapatriement des civils qui sont dans les régions envahies?

Voix nombreuses. — Il est prévu.

M. le Président du Conseil. — Vous pouvez nous faire l'honneur de croire, Monsieur le député, que nous ne les avons pas oubliés ! *(Applaudissements.)*

Je descendrais de la tribune si je n'avais une parole à ajouter.

Il est impossible, après être entré dans la vie politique en 1871, à l'Assemblée de Bordeaux et avoir été — je suis le dernier survivant d'entre eux — l'un des signataires de la protestation contre le démembrement de l'Alsace-Lorraine. *(Vifs applaudissements prolongés)*...

M. Simyan. — C'est ce dernier survivant qui nous la rendra.

M. le Président du Conseil. — ...Il m'est impossible, à cette heure, où la paix n'est peut-être pas aussi prochaine que quelques-uns d'entre nous peuvent le croire, mais où, cependant, notre victoire est assurée, il m'est impossible à ce moment de descendre de cette tribune sans avoir rendu hommage à ceux qui ont été les initiateurs et les metteurs en œuvre de l'immense tâche nationale qui s'achève en ce moment.

Je veux parler de Gambetta. *(Vifs applaudissements prolongés. — MM. les députés se lèvent.)*

Je veux parler de celui qui a été le défenseur du territoire dans des conditions telles que la victoire était impossible et qui n'a jamais désespéré. *(Nouveaux applaudissements.)* Avec lui à Bordeaux, avec Chanzy, j'ai voté la continuation de la guerre. Et vraiment, quand je vois ce qui s'est passé pendant ce demi-siècle, je me demande si, après tout, pendant cinquante ans, la guerre n'a pas continué. *(Très bien ! très bien !)*

Je veux que, de cette tribune il soit entendu que le premier acte du Gouvernement a été de se retourner vers ceux de ces grands protestataires que vous avez applaudis tout à l'heure : Scheurer-Kestner, Küss, maire de Strasbourg, succombant à la peine, mourant à Bordeaux ; je veux que notre pensée se retourne vers eux et que, lorsque les terribles portes de fer que l'Allemagne a refermées sur nous vont s'ouvrir, nous leur disions : « Passez les premiers, vous avez montré le chemin. » *(Vifs applaudissements répétés.)*

Maintenant encore, si vous voulez me le permettre, je voudrais dire une parole que je crois utile.

Elle est déjà dans vos esprits, j'en suis sûr ; mais l'heure viendra pour nous à mesure que les problèmes de la guerre disparaîtront — le plus tôt possible, je l'espère — de comprendre que de nouveaux devoirs s'imposeront à nous. *(Applaudissements.)*

On nous a dit que nous voulions la guerre. Oui, nous la voulions depuis l'agression allemande ; mais nous la voulions pour la paix, nous la voulions pour une paix de justice et de droit avec les garanties nécessaires. *(Applaudissements.)*

Et ceux qui ont pu voir de leurs yeux l'œuvre des Allemands dans les pays envahis comprendront avec nous qu'après de tels crimes il est impossible que nous ne prenions pas les garanties nécessaires pour en empêcher le recommencement. *(Nouveaux applaudissements.)*

Messieurs, tous les problèmes, dans tous les domaines de l'activité nationale vont se poser à la fois.

Cette guerre est la plus formidable que le monde ait jamais vue.

Avec les progrès des armements, les progrès scientifiques, il faut bien dire le mot, et l'intérêt que les peuples tout entiers ont maintenant à se jeter dans la bataille pour assurer leurs droits, je me demande ce qu'ils deviendraient, ce que toute l'humanité deviendrait, si nous étions exposés plus tard à de nouvelles guerres dépassant toutes celles que nous avons vues. *(Vifs applaudissements unanimes.)*

Ceci, je ne le veux pas, et, je n'ai pas besoin de le dire ; il n'y a pas un homme qui le veuille. *(Nouveaux applaudissements.)* Seulement, les paroles sont belles, les actes sont difficiles, pénibles, cruels et douloureux parfois.

Je demande aux Assemblées de la République française de préparer déjà dans leurs pensées le travail qui, bientôt, s'imposera à elles et qui ne sera pas moins redoutable que celui de la guerre.

Il est beau pour un homme, en un jour de bataille, de rassembler toute son énergie dans un acte d'héroïsme incomparable et de se jeter au-devant de la mitraille. Cet homme est honoré par les générations futures. Mais il y a aussi le poilu de la paix *(Très bien! très bien!)*, il y a l'homme à qui les plus graves problèmes se posent et qui, s'il se trompe pendant une trop longue durée de temps, peut aboutir à déchaîner les catastrophes qu'il a voulu éviter.

Voilà ce qui nous importe. Nous commettrons des erreurs, nous en avons tous commis, mais il ne faut pas en commettre trop et pendant pas trop longtemps. *(Très bien! très bien!)*

Il faut nous affranchir des vieilles habitudes d'esprit qui ont fait de nous un peuple prompt aux querelles pour un idéal qui est beau, admirable, que l'on croit atteindre, vers lequel on tend les bras, mais qu'on n'atteint jamais, comme les astres qui éclairent le ciel. Il faut que nous soyons capables d'accomplir cette réforme de nous-mêmes si, après avoir été dignes de la guerre, nous voulons nous montrer dignes de la paix. *(Applaudissements.)*

Il faut bien le dire : si nous n'avions pas eu d'alliés dans cette guerre, nous n'aurions pas pu triompher. *(Applaudissements.)* Aucun des Alliés n'aurait pu triompher sans le secours des autres. *(Applaudissements.)* A quelques-uns cela paraîtra peut-être une diminution de gloire ; j'y vois, moi, une meilleure chance pour l'humanité. *(Vifs applaudissements sur tous les bancs.)*

Nous avons fait des amis de nos vieux ennemis séculaires, les Anglais *(Rires et applaudissements)*, et nous les aimons bien. *(Nouveaux applaudissements.)* Nous voyons les prodiges qu'ils accomplissent sur nos champs de bataille. *(Applaudissements.)*

M. le Ministre des Affaires étrangères et M. le Président de la Chambre ont rendu hommage à la glorieuse Belgique, à la noble Italie, à la Grèce, à la Serbie, ainsi qu'à tous ces jeunes peuples qui vont se trouver tirés du plus affreux joug séculaire et qui, grâce à nous et grâce à eux d'abord, vont revivre pour la vraie gloire, celle de la justice et de la liberté. *(Applaudissements prolongés.)*

Je ne parle pas des États-Unis d'Amérique, qui étaient de vieux amis : lorsqu'ils sont venus sur notre territoire, nous nous connaissions déjà, nous n'avons fait que nous retrouver. *(Nouveaux et vifs applaudissements.)*

Il faut que l'alliance dans la guerre soit suivie de l'indéfectible alliance dans la paix. *(Messieurs les députés se lèvent et applaudissent longuement.)*

Les peuples sont arrivés à comprendre qu'ils étaient tous solidaires.

Quelques voix à l'extrême gauche. — Oui, tous ! *(Bruit.)*

M. RAFFIN-DUGENS. — Comme les capitalistes étaient solidaires avant la guerre. *(Mouvements divers.)*

M. LE PRÉSIDENT DU CONSEIL. — Les égoïsmes nationaux pourront s'atténuer, ils demeureront toujours le fond de l'humanité que ni moi, ni aucun Parlement, ni aucun régime, ni personne ne pourra jamais changer.

Mais, permettez-moi de le dire, ce qu'il faudra, avant tout, désormais, c'est réaliser la solidarité française. *(Vifs applaudissements.)*

Comme nous nous sommes bien haïs, bien exécrés, querellés, injuriés les uns les autres ! Et comme nous avons été heureux de nous retrouver de vrais amis en ces jours terribles ! *(Applaudissements répétés.)*

C'est la grande consolation qui, à travers d'indicibles souffrances, nous a fait tout supporter pour la patrie commune ! A droite, à gauche, au centre, il n'y avait plus que des Français. *(Vifs applaudissements.)*

Messieurs, il faut que cela demeure. *(Applaudissements prolongés.)*

Sur divers bancs du parti socialiste. — Abandonnez-vous votre idéal?

M. LE PRÉSIDENT DU CONSEIL. — Quelle question ! Comment pouvez-vous en douter ! Croyez-vous que j'abandonnerais mon idéal? Et, si je ne l'abandonne pas, comment pourrais-je vous inviter à abandonner le vôtre? C'est votre gloire, c'est la nôtre à tous. C'est parce que nous sommes un pays d'idéal et que nous avons eu à payer de tant de souffrances nos querelles, que nous sommes arrivés quelquefois à obtenir ce titre de conducteurs de l'humanité. *(Applaudissements.)*

M. PIERRE RENAUDEL. — C'est pour cela que nous sommes tous les jours accablés sous les injures !

M. LE PRÉSIDENT DU CONSEIL. — Il ne faut pas que l'étranger, qui, avant la guerre, avait peut-être appris à nous estimer d'une façon insuffisante, arrive à penser qu'il nous avait bien jugés. Non ! il faut être nous-mêmes. *(Très bien ! très bien !)*

Tout ce que nous voulons, nous continuerons de le vouloir. Tout ce que nous cherchons, nous continuerons de le chercher.

Mais l'homme n'est pas infaillible et les partis, d'un côté ou de l'autre, qui s'arrogent le droit d'infaillibilité, conduiront les peuples qui les auront trop écoutés, à reconnaître un jour le danger d'avoir suivi aveuglément les pasteurs dont la connaissance universelle n'était pas à la hauteur de ce qu'ils ont pu croire. *(Applaudissements.)*

Il nous faut la solidarité nationale. Nous avons voulu faire la République et nous l'avons faite. *(Applaudissements.)* Nous l'avons faite dans la paix et nous l'avons gardée dans la guerre et elle nous a sauvés dans la guerre. *(Vifs applaudissements et acclamations.)*

Nous avons gagné la guerre. Nous attendrons peut-être la paix que nous voulons quelque temps encore. Mais la destinée a désormais fixé pour un temps indéfini non seulement la fortune de la France, mais la fortune des pays qui sont dignes de la liberté. *(Applaudissements.)*

Soyons unis ! Maintenons nos querelles d'idées, mais qu'elles s'arrêtent quand l'intérêt de la Patrie serait en danger. *(Vifs applaudissements.)*

Je ne vise aucun but politique et je ne veux défendre ici aucun intérêt personnel, j'aspire simplement au jour où, grâce aux circonstances, vous serez débarrassés de moi. *(Protestations et acclamations sur de nombreux bancs.)*

Laissez-moi le dire ici : vraiment il faut être humanitaire, mais il faut être Français d'abord. *(Vifs applaudissements.)* Il faut être Français, parce que la France représente une conception d'idéalisme, d'humanité qui est celle qui a prévalu dans le monde *(Applaudissements)* et parce qu'on ne peut pas servir l'humanité aux dépens de la France. *(Vifs applaudissements unanimes.)*

Je vous demande pardon d'être resté à cette tribune plus longtemps que je ne voulais. *(Parlez ! parlez !)* Le moment est venu où l'aurore de la grande et magnifique victoire se lève, le moment où nos pensées se tournent vers un but d'union et de fraternité. C'est bientôt fait d'écrire les noms sur les murs, mais il faut vivre ces beaux préceptes.

Voilà ce que je voudrais vous demander, et si l'on veut savoir qui l'a exigé de nous, vous direz que c'est la Patrie elle-même. En cette grande croisade humanitaire, vous ne serez pas seuls, car, tous, nous avons supporté notre part de combat. Aussi, à la fin de cette croisade, je voudrais que, modifiant un peu la formule de nos aïeux, nous nous promettions d'être frères, au sens véritable du mot, et que, si l'on nous demande qui nous a inspiré cette pensée, nous répondions : « La France le veut ! La France le veut ! » *(Applaudissements répétés et prolongés. — MM. les députés se lèvent. — En regagnant le banc des ministres, M. le Président du Conseil reçoit de nombreuses félicitations.)*

Dernière réponse du Gouvernement des Etats-Unis au Gouvernement allemand

Le secrétaire d'Etat a adressé à M. Sulzer, ministre suisse à Washington et représentant des intérêts allemands, la note suivante, en date du 5 novembre :

Monsieur,

J'ai l'honneur de vous prier de transmettre la communication suivante au Gouvernement allemand.

Dans ma note du 23 octobre 1918, je vous informais que le Président avait transmis sa correspondance avec les autorités allemandes aux Gouvernements avec lesquels le Gouvernement des Etats-Unis est associé comme belligérant, et que le Président avait joint à cette communication la suggestion que si ces Gouvernements étaient disposés à conclure la paix, suivant les conditions et les principes indiqués, leurs conseillers militaires et les conseillers militaires des Etats-Unis devraient être invités à soumettre aux Gouvernements associés contre l'Allemagne, les conditions nécessaires d'un armistice capable de protéger complètement les intérêts des peuples engagés et qui assurerait aux Gouvernements associés, le pouvoir sans restriction de sauvegarder et de faire exécuter les détails de la paix que le Gouvernement allemand accepte, pourvu qu'ils estimassent un tel armistice possible au point de vue militaire.

Le Président est maintenant en possession d'un mémorandum d'observations à lui adressé par les Gouvernements alliés au sujet de cette correspondance, et dont voici le texte :

« Les Gouvernements alliés ont examiné avec soin la correspondance échangée entre le Président des Etats-Unis et le Gouvernement allemand. Sous réserve des observations qui suivent, ils se déclarent disposés à conclure la paix avec le Gouvernement allemand aux conditions posées dans l'adresse du Président au Congrès le 8 janvier 1918, et selon les principes énoncés dans ses déclarations ultérieures.

« Ils doivent toutefois faire remarquer que l'article 2, relatif à ce que l'on appelle couramment la liberté des mers, se prête à diverses interprétations, dont certaines sont telles qu'ils ne pourraient pas les accepter. Ils doivent, en conséquence, se réserver une liberté d'action entière sur cette question, quand ils viendront siéger à la conférence de la paix.

« D'autre part, quand il a formulé les conditions de paix dans son adresse au Congrès du 8 janvier dernier, le Président a déclaré que les territoires envahis doivent être non seulement évacués et libérés, mais restaurés. Les Alliés pensent qu'il ne faudrait laisser subsister aucun doute sur ce qu'implique cette stipulation. Ils comprennent par là que l'Allemagne devra compenser tous les dommages subis par les populations civiles des nations alliées et par leurs propriétés, du fait des forces armées de l'Allemagne, soit sur terre, soit sur mer, soit en conséquence d'opérations aériennes. »

Je suis chargé par le Président de dire qu'il est en accord avec l'interprétation énoncée dans le dernier paragraphe du mémorandum cité ci-dessus.

Je suis aussi chargé par le Président de vous demander de notifier au Gouvernement allemand que le maréchal Foch a été autorisé par le Gouvernement des Etats-Unis et les Gouvernements alliés à recevoir les représentants dûment accrédités du Gouvernement allemand et à leur communiquer les conditions d'un armistice.

Agréez, Monsieur, les assurances renouvelées de ma plus haute considération.

Robert LANSING.

☙ ☙ ☙

Un télégramme officiel de Berlin, du 6 novembre, annonce le départ pour le front occidental de la délégation allemande chargée de conclure un armistice, et, — dit même cette dépêche, — d'entamer des négociations de paix.

L'Allemagne se résout à s'adresser à Foch

Reçu le 7 Novembre à 0 h. 30

Le Haut Commandement allemand, sur l'ordre du Gouvernement allemand, au maréchal Foch :

Le Gouvernement allemand ayant été informé par les soins du Président des Etats-Unis que le maréchal Foch a reçu les pouvoirs de recevoir les représentants accrédités du Gouvernement allemand, et de leur communiquer les conditions de l'armistice, les plénipotentiaires suivants ont été nommés par lui :

Secrétaire d'Etat ERZBERGER ;
Ambassadeur comte OBERNDORF ;
Général von WINTERFELD ;
Capitaine de vaisseau DANSELOW.

Les plénipotentaires demandent qu'on leur communique

par T.S.F. l'endroit où ils pourront se rencontrer avec le maréchal Foch.

Ils se rendront en automobile avec leur personnel subalterne au lieu ainsi fixé.

Le Gouvernement allemand se féliciterait, dans l'intérêt de l'humanité, si l'arrivée de la délégation allemande sur le front des Alliés pouvait amener une suspension d'armes provisoire.

Prière d'accuser réception.

7 Novembre, 7 h. 25

Le maréchal Foch au Commandement allemand :

Si les plénipotentiaires allemands désirent rencontrer le maréchal Foch pour lui demander un armistice, ils se présenteront aux avant-postes français par la route Chimay-Fourmies-La Capelle-Guise.

Des ordres sont donnés pour les recevoir et les conduire au lieu fixé pour la rencontre.

La délégation allemande conduite par le secrétaire d'Etat Erzberger se présenta, le 7 novembre, entre 20 et 22 heures, devant nos lignes, près de La Capelle.

Reçus le 8 au matin par le maréchal Foch, les délégués demandèrent formellement un armistice.

« On leur a lu le texte des conditions des Alliés et on le leur a remis.

« Ils ont demandé une suspension d'armes immédiate; elle leur a été refusée.

« L'ennemi a soixante-douze heures pour répondre. » *(Officiel.)*

Reconnaissance nationale

Sur la proposition de MM. Milliès-Lacroix, Chéron et de plusieurs de leurs collègues, le Sénat, dans sa séance du 7 novembre, adopta par un vote solennel émis à l'unanimité, le texte de loi qui immortalise Clemenceau et nos Armées victorieuses :

ARTICLE PREMIER

Les armées et leurs chefs,
Le Gouvernement de la République,

Le citoyen Georges Clemenceau, Président du Conseil, Ministre de la Guerre,
Le maréchal Foch, généralissime des armées alliées,
Ont bien mérité de la Patrie.

ARTICLE 2

Le texte de la présente loi sera gravé, pour demeurer permanent dans toutes les mairies et dans toutes les écoles de la République.

Ce texte fut, ultérieurement ratifié par la Chambre (11 novembre 1918.)

☙ ☙ ☙

Sedan est enlevé par les Américains le 7 novembre.

☙ ☙ ☙

Le 8, les socialistes majoritaires allemands somment le Kaiser d'abdiquer.

☙ ☙ ☙

En Bavière, les socialistes proclament la République.

☙ ☙ ☙

Le 9, le service allemand de propagande annonce que le Chancelier prince Max de Bade a lancé la proclamation suivante :

L'empereur et roi a décidé d'abdiquer. Le Chancelier restera en fonctions jusqu'à ce que les questions se rapportant à l'abdication de l'empereur, à la renonciation du kronprinz au trône de l'empire d'Allemagne et du royaume de Prusse, et à l'institution d'une régence, soient réglées.

Il a l'intention de proposer au régent la nomination du député Ebert comme Chancelier et le dépôt d'un projet de loi portant fixation immédiate d'élections générales en vue d'une Assemblée nationale allemande constituante, qui aurait pour tâche de déterminer définitivement la Constitution future du peuple allemand, y compris les éléments qui pourraient désirer, entrer dans le cadre de l'empire.

Berlin, 9 novembre 1918.

Le Chancelier :

MAX, PRINCE DE BADE.

La Roumanie sort de l'affreux cauchemar où l'avait plongée la trahison russe.

Le cabinet Marghiloman démissionne.

☙ ☙ ☙

Les princes allemands abdiquent tour à tour. Tel un vulgaire malfaiteur, Guillaume II de Hohenzollern, empereur d'Allemagne et roi de Prusse, redoutant le châtiment qui le menace s'enfuit en Hollande, où il trouvera provisoirement un asile contre l'Immanente Justice.

☙ ☙ ☙

Le leader socialiste Ebert, devenu chancelier à la place du prince Max de Bade, déclare que :

« Le nouveau Gouvernement allemand sera un Gouvernement populaire et qu'il devra s'efforcer de procurer le plus rapidement possible, la paix au peuple allemand. »

☙ ☙ ☙

Les derniers communiqués de la Grande Guerre

Au 52e mois d'une guerre sans précédent dans l'histoire, l'armée française, avec l'aide de ses alliés, a consommé la défaite de l'ennemi.

Nos troupes, animées du plus pur esprit de sacrifice, donnant pendant quatre années de combats ininterrompus, l'exemple d'une sublime endurance et d'un héroïsme quotidien, ont rempli la tâche que leur avait confiée la Patrie.

Tantôt supportant avec une énergie indomptable les assauts de l'ennemi, tantôt attaquant elles-mêmes et forçant la victoire, elles ont, après une offensive décisive de quatre mois, bousculé, battu et jeté hors de France la puissante armée allemande et l'ont contrainte à demander la paix.

Toutes les conditions exigées pour la suspension des hostilités ayant été acceptées par l'ennemi, l'armistice est entré en vigueur, aujourd'hui, à 11 heures. — *(Officiel français, 11 novembre, 23 heures.)*

BRITANNIQUE

11 NOVEMBRE. — Les hostilités ont été suspendues ce matin à 11 heures.

A cette heure nos troupes avaient atteint la ligne générale suivante : frontière franco-belge, est d'Avesnes, Jeumont, Jivry à 4 milles à l'est de Mons, Chièvres, Lessines, Grammont.

AMÉRICAIN

11 NOVEMBRE, *après-midi*. — En exécution des termes de l'armistice, les hostilités sur le front des armées américaines ont été suspendues à 11 heures ce matin.

❦ ❦ ❦

Les conditions de l'armistice imposées par l'Entente à l'Allemagne vaincue

Le texte de la Convention d'armistice, conclu entre le maréchal Foch, commandant en chef des Armées Alliées, stipulant au nom des puissances alliées et associées, assisté de l'amiral Weymiss « first sea lord » et les délégués allemands, fut publié le 12 novembre.

A. — Conditions de l'armistice conclu avec l'Allemagne sur le front d'Occident

1º Cessation des hostilités, sur terre et dans les airs, six heures après la signature de l'armistice ;

2º Evacuation immédiate des pays envahis : Belgique, France, Luxembourg — ainsi que l'Alsace-Lorraine, — réglée de manière à être réalisée dans un délai de quinze jours à dater de la signature de l'armistice. Les troupes allemandes qui n'auraient pas évacué les territoires prévus dans les délais fixés seront faites prisonnières de guerre. L'occupation par l'ensemble des troupes alliées et des Etats-Unis suivra dans ces pays la marche de l'évacuation ;

3º Rapatriement commençant immédiatement et devant être terminé dans un délai de quinze jours de tous les habitants des pays énumérés ci-dessus (y compris les otages et les prévenus ou condamnés) ;

4° Abandon par les armées allemandes du matériel de guerre suivant en bon état : 5.000 canons (dont 2.500 lourds et 2.500 de campagne) ; 25.000 mitrailleuses ; 3.000 minenwerfer ; 1.700 avions de chasse et de bombardement.

En premier lieu, tous les D.7 et tous les avions de bombardement de nuit à livrer sur place ;

5° Évacuation des pays de la rive gauche du Rhin par les armées allemandes. Les pays de la rive gauche du Rhin seront administrés par les autorités locales, sous le contrôle des troupes d'occupation des Alliés et des Etats-Unis. Les troupes des Alliés et des Etats-Unis assureront l'occupation de ces pays par des garnisons tenant les principaux points de passage du Rhin (Mayence, Coblentz, Cologne), avec en ces points des têtes de pont de 30 kilomètres de rayon, sur la rive droite — et des garnisons tenant également des points stratégiques de la région.

Une zone neutre sera réservée sur la rive droite du Rhin, entre le fleuve et une ligne tracée parallèlement aux têtes de pont et au fleuve, et à 10 kilomètres de distance depuis la frontière de Hollande jusqu'à la frontière de la Suisse. L'évacuation par l'ennemi des pays du Rhin (rive gauche et rive droite) sera réglée de façon à être réalisée dans un délai de seize nouveaux jours, soit trente et un jours après la signature de l'armistice ;

6° Dans tous les territoires évacués par l'ennemi, toute évacuation des habitants sera interdite ; il ne sera apporté aucun dommage ou préjudice à la personne ou à la propriété des habitants. Personne ne sera poursuivi pour délit de participation à des mesures de guerre antérieures à la signature de l'armistice. Il ne sera fait aucune destruction d'aucune sorte. Les installations militaires de toute nature seront livrées intactes ; de même les approvisionnements militaires, vivres, munitions, équipements, qui n'auront pas été emportés dans les délais d'évacuation fixés, les dépôts de vivres pour la population civile, bétail, etc., devront être laissés sur place. Il ne sera pris aucune mesure générale ou d'ordre officiel ayant pour conséquence une dépréciation des établissements industriels ou une réduction dans leur personnel ;

7° Les voies et moyens de communication de toute nature :

voies ferrées, voies navigables, routes, ponts, télégraphes, téléphones, ne devront être l'objet d'aucune détérioration. Tout le personnel civil et militaire actuellement utilisé y sera maintenu.

Il sera livré aux puissances associées : 5.000 machines montées et 150.000 wagons en bon état de roulement et pourvus de tous rechanges et agrès nécessaires, dans des délais dont le détail est fixé à l'annexe n° 2 et dont le total ne devra pas dépasser trente et un jours. Il sera également livré 5.000 camions automobiles en bon état, dans un délai de trente-six jours.

Les chemins de fer d'Alsace-Lorraine, dans un délai de trente et un jours, seront livrés, dotés de tout le personnel et matériel affectés organiquement à ce réseau. En outre, le matériel nécessaire à l'exploitation dans les pays de la rive gauche du Rhin sera laissé sur place.

Tous les approvisionnements en charbon et matières d'entretien, en matériel de voies, de signalisation et d'atelier seront laissés sur place ; les approvisionnements seront entretenus par l'Allemagne en ce qui concerne l'exploitation des voies de communication des pays de la rive gauche du Rhin.

8° Le commandement allemand sera tenu de signaler dans un délai de quarante-huit heures après la signature de l'armistice toutes les mines ou dispositifs à retard agencés sur les territoires évacués par les troupes allemandes et d'en faciliter la recherche et la destruction. Il signalera également toutes les dispositions nuisibles qui auraient pu être prises, telles qu'empoisonnement ou pollution de sources et de puits, etc. Le tout sous peine de représailles.

9° Le droit de réquisition sera exercé par les armées des Alliés et des Etats-Unis dans tous les territoires occupés, sauf règlement de comptes avec qui de droit ;

L'entretien des troupes d'occupation des pays du Rhin (non compris l'Alsace-Lorraine) sera à la charge du Gouvernement allemand ;

10° Rapatriement immédiat sans réciprocité, dans des conditions de détail à régler, de tous les prisonniers de guerre.

Cette condition annule les conventions antérieures au sujet de l'échange des prisonniers de guerre, y compris celle de juillet 1918 en cours de ratification.

B. — Dispositions relatives aux frontières orientales de l'Allemagne

12° Toutes les troupes allemandes qui se trouvent actuellement dans les territoires qui faisaient partie avant la guerre de l'Autriche-Hongrie, de la Roumanie, de la Turquie, doivent rentrer immédiatement dans les frontières de l'Allemagne telles qu'elles étaient au 1er août 1914.

Toutes les troupes allemandes qui se trouvent actuellement dans les territoires qui faisaient partie avant la guerre de la Russie devront également rentrer dans les frontières de l'Allemagne définies comme ci-dessus, dès que les Alliés jugeront le moment venu, compte tenu de la situation intérieure de ces territoires ;

13° Mise en train immédiate de l'évacuation par les troupes allemandes et du rappel de tous les instructeurs, prisonniers et agents civils et militaires allemands se trouvant sur les territoires de la Russie dans les limites du 1er août 1914.

14° Cessation immédiate par les troupes allemandes de toute réquisition, saisie ou mesures coercitives en vue de se procurer des ressources à destination de l'Allemagne, en Roumanie et en Russie (dans leurs limites du 1er août 1914).

15° Renonciation aux traités de Bucarest et de Brest-Litovsk et traités complémentaires ;

16° Les Alliés auront libre accès aux territoires évacués par les Allemands sur les frontières orientales soit par Dantzig, soit par la Vistule, afin de pouvoir ravitailler les populations et dans le but de maintenir l'ordre.

C. — Dans l'Afrique orientale

17° Évacuation de toutes les forces allemandes opérant dans l'Afrique orientale dans un délai réglé par les Alliés.

D. — Clauses générales

18° Rapatriement sans réciprocité, dans le délai maximum d'un mois, dans des conditions de détail à fixer, de tous internés civils, y compris les otages, les prévenus ou condamnés appartenant à des puissances alliées autres que celles énumérées à l'article 3.

E. — Clauses financières

19° Sous réserve de toute revendication et réclamation ultérieure de la part des Alliés et des États-Unis :

Réparation des dommages.

Pendant la durée de l'armistice, il ne sera rien distrait par l'ennemi des valeurs publiques pouvant servir aux Alliés de gage pour le recouvrement des réparations.

Restitution immédiate de l'encaisse de la Banque nationale de Belgique et, en général, remise immédiate de tous documents, espèces, valeurs (mobilières et fiduciaires avec le matériel d'émission), touchant aux intérêts publics et privés dans les pays envahis.

Restitution de l'or russe ou roumain pris par les Allemands ou remis par eux. Cet or sera pris en charge par les Alliés jusqu'à la signature de la paix.

F. — Clauses navales

20° Cessation immédiate de toute hostilité sur mer, et indication précise de l'emplacement et des mouvements des bâtiments allemands. Avis donné aux neutres de la liberté concédée à la navigation des marines de guerre et de commerce des puissances alliées et associées dans toutes les eaux territoriales sans soulever de question de neutralité ;

21° Restitution, sans réciprocité, de tous les prisonniers de guerre des marines de guerre et de commerce des puissances alliées ou associées au pouvoir des Allemands ;

22° Livraison aux Alliés et aux États-Unis de tous les sous-marins (y compris tous les croiseurs sous-marins et tous les mouilleurs de mines) actuellement existants avec leurs armement et équipement complets dans les ports désignés par les Alliés et les États-Unis. Ceux qui ne peuvent pas prendre la mer seront désarmés de personnel et de matériel, et ils devront rester sous la surveillance des Alliés et des États-Unis. Les sous-marins qui sont prêts pour la mer seront préparés à quitter les ports allemands aussitôt que des ordres seront reçus par T. S. F. pour leur voyage au port désigné de la livraison, et le reste le plus tôt possible. Les conditions de cet article seront réalisées dans un délai de quatorze jours après la signature de l'armistice ;

23º Les navires de guerre de surface allemands qui seront désignés par les Alliés et les Etats-Unis seront immédiatement désarmés puis internés dans des ports neutres, ou, à leur défaut, dans des ports alliés désignés par les Alliés et les Etats-Unis. Ils y demeureront sous la surveillance des Alliés et des Etats-Unis, des détachements de garde étant seuls laissés à bord. La désignation des Alliés portera sur :

6 croiseurs de bataille ;

10 cuirassés d'escadre (8 croiseurs légers dont 2 mouilleurs de mines) ;

50 destroyers des types les plus récents.

Tous les autres navires de guerre de surface (y compris ceux de rivière) devront être réunis et complètement désarmés dans les bases navales allemandes désignées par les Alliés et les Etats-Unis, et y être placés sous la surveillance des Alliés et des Etats-Unis. L'armement militaire de tous les navires de la flotte auxiliaire sera débarqué. Tous les vaisseaux désignés pour être internés seront prêts à quitter les ports allemands sept jours après la signature de l'armistice. On donnera par T. S. F. la direction pour le voyage ;

24º Droit pour les Alliés et les Etats-Unis, en dehors des eaux territoriales allemandes, de draguer tous les champs de mines et de détruire les obstructions placées par l'Allemagne dont l'emplacement devra leur être indiqué.

25º Libre entrée et sortie de la Baltique pour les marines de guerre et de commerce des puissances alliées et associées assurées par l'occupation de tous les ports, ouvrages, batteries et défenses de tout ordre allemands, dans toutes les passes allant du Cattégat à la Baltique, et par le dragage et la destruction de toutes mines ou obstructions dans et hors les eaux territoriales allemandes dont les plans et emplacements exacts seront fournis par l'Allemagne, qui ne pourra soulever aucune question de neutralité ;

26º Maintien du blocus des puissances alliées et associées dans les conditions actuelles — les navires de commerce allemands trouvés en mer restant sujets à capture. Les Alliés et les États-Unis envisagent le ravitaillement de l'Allemagne pendant l'armistice dans la mesure reconnue nécessaire ;

27° Groupement et immobilisation dans les bases allemandes désignées par les Alliés et les États-Unis de toutes les forces aériennes ;

28° Abandon par l'Allemagne, sur place et intacts, de tout le matériel de port et de navigation fluviale, de tous les navires de commerce, remorqueurs, chalands, de tous les appareils, matériel et approvisionnements d'aéronautique maritime, toutes armes, appareils, approvisionnements de toute nature en évacuant la côte et les ports belges ;

29° Évacuation de tous les ports de la mer Noire par l'Allemagne, et remise aux Alliés et aux États-Unis de tous les bâtiments de guerre russes saisis par les Allemands dans la mer Noire, — libération de tous les navires de commerce neutres saisis — remise de tout le matériel de guerre ou autre saisi dans ces ports — et abandon du matériel allemand énuméré à la clause 28.

30° Restitution, sans réciprocité, dans des ports désignés par les Alliés et les États-Unis, de tous les navires de commerce appartenant aux puissances alliées et associées, actuellement au pouvoir de l'Allemagne ;

31° Interdiction de toute destruction de navires ou de matériel avant évacuation, livraison ou restitution ;

32° Le Gouvernement allemand notifiera formellement à tous les Gouvernements neutres et en particulier aux Gouvernements de Norvège, de Suède, du Danemark et de la Hollande, que toutes les restrictions imposées au trafic de leurs bâtiments avec les puissances alliées ou associées soit par le Gouvernement allemand lui-même, soit par des entreprises allemandes privées, soit en retour de concessions définies comme l'exportation de matériaux, de constructions navales ou non, sont immédiatement annulées ;

33° Aucun transfert de navires marchands allemands de toute espèce sous un pavillon neutre quelconque ne pourra avoir lieu après la signature de l'armistice.

G. — Durée de l'armistice

34° La durée de l'armistice est fixée à trente-six jours avec faculté de prolongation. Au cours de cette durée l'armistice peut, si les clauses ne sont pas exécutées, être dénoncé par l'une des parties contractantes, qui devra en donner le préavis quarante-huit heures à l'avance. Il est entendu que l'exécution des articles 3 et 28 ne donnera lieu à dénonciation de l'armistice pour insuffisance d'exécution dans les délais voulus, que dans le cas d'une exécution mal intentionnée. Pour assurer dans les meilleures conditions l'exécution de la présente convention, le principe d'une commission d'armistice internationale permanente est admis. Cette commission fonctionnera sous la haute autorité du commandement en chef militaire et naval des armées alliées.

Le présent armistice a été signé le 11 novembre 1918 à 5 heures (cinq heures) heure française.

Signé : Foch, Weymiss, *amiral*.
Erzberger, Oberndorff, Winterfeldt, Danselow.

☙ ☙ ☙

Le Grand Jour

Le 11 novembre 1918 vers 15 heures de l'après-midi, lorsque Georges Clemenceau suivi de ses collaborateurs, ministres et sous-secrétaires d'Etat, pénétra dans l'hémicycle de la Chambre des Députés, il fut l'objet d'une ovation enthousiaste. Tous les députés se levèrent, frémissants, et le public des tribunes imita leur exemple.

Alors, devant cette manifestation spontanée de respect et d'admiration, le Chef du Gouvernement, en proie à une intense émotion, s'inclina longuement.

— La parole est à Monsieur le Président du Conseil, déclara le Président de la Chambre.

— Messieurs, dit Clemenceau, il n'y a qu'une manière de reconnaître de tels hommages, venant d'une Assemblée parlementaire, si exagérés qu'ils puissent être. C'est de nous faire les uns aux autres, à cette heure, la promesse de toujours travailler de toutes les forces de notre cœur au bien public !

Un tonnerre d'applaudissements se déchaîna. Lorsque le silence fut rétabli, sans autre préambule, le Président du Conseil, Ministre de la Guerre, donna lecture des conditions de l'armistice du 11 novembre.

Lorsqu'il acheva sa lecture en prononçant d'une voix forte : « Signé : FOCH », ce fut une nouvelle manifestation d'enthousiasme frénétique.

Après un instant de silence, Clemenceau put reprendre d'une voix que l'émotion faisait cette fois trembler :

Je cherche vainement ce qu'en un pareil moment, après cette lecture devant la Chambre des représentants de la France, je pourrais ajouter.

Je vous dirai seulement que dans un document allemand dont, par conséquent, je n'ai pas à donner lecture à cette tribune, et qui contient une protestation contre les rigueurs de l'armistice, les plénipotentiaires de l'Allemagne reconnaissent que la discussion a été conduite dans un grand esprit de conciliation.

Pour moi, cette lecture faite, je me reprocherais d'ajouter une parole, car dans cette grande heure, solennelle et terrible, mon devoir est accompli.

Un mot seulement.

Au nom du peuple français, au nom du Gouvernement de la République Française, le salut de la France une et indivisible à l'Alsace et à la Lorraine retrouvées. — *(MM. les députés se lèvent. — Applaudissements enthousiastes.)*

Et puis honneur à nos grands morts qui nous ont fait cette victoire ! *(Longs applaudissements unanimes.)*

Nous pouvons dire qu'avant tout armistice, la France a été libérée par la puissance de ses armes *(Applaudissements prolongés)*, et quand nos vivants, de retour sur nos boulevards, passeront devant nous, en marche vers l'Arc-de-Triomphe, nous les acclamerons.

Qu'ils soient salués d'avance pour la grande œuvre de reconstruction sociale. *(Vifs applaudissements.)*

Grâce à eux, la France, hier soldat de Dieu, aujourd'hui soldat de l'Humanité, sera toujours le soldat de l'Idéal.

Le Chef du Gouvernement fut l'objet de l'ovation la plus magnifique qui se soit jamais vue à la Chambre française.

Au dehors, la voix du canon chantait la Victoire !

Avant de clôturer la séance, M. Deschanel tint à prononcer ces belles paroles :

La voilà donc, enfin, l'heure bénie pour laquelle nous vivons, depuis quarante-sept ans — quarante-sept ans, pendant lesquels n'a cessé de retentir en nos âmes le cri de douleur et de révolte de Gambetta, de Jules Grosjean et des députés d'Alsace-Lorraine, celui de Victor Hugo, d'Edgar Quinet et de Georges Clemenceau, quarante-sept ans, pendant lesquels l'Alsace-Lorraine, bâillonnée, n'a cessé de crier : « Vive la France ! » Un demi-siècle ! et demain nous serons à Strasbourg et à Metz !

Nulle parole humaine ne peut égaler ce bonheur ! Provinces plus tendrement aimées, parce que vous fûtes plus misérables, chair de notre chair, grâce, force et honneur de notre Patrie, un barbare ennemi voulait faire de vous le signe de sa conquête. Non ! vous êtes le gage sacré de notre unité nationale et de notre unité morale, car toute notre histoire resplendit en vous ! Oui, c'est toute la France, la France de tous les temps, notre ancienne France comme celle de la Révolution et de la République triomphante qui, respectueuse de vos traditions et de vos coutumes, de vos libertés, de vos croyances, vous rapporte toute la gloire.

Et maintenant, Français, inclinons-nous pieusement devant les victimes magnifiques du grand devoir de justice. Ceux de 1870 sauvèrent, non l'honneur, certes, l'honneur était sauf, j'en atteste les mânes des héros de Reichshoffen, de Gravelotte, de Saint-Privat, de Beaumont, Beaumont où les fils des compagnons de Lafayette viennent de venger Sedan. Mais ils sauvèrent l'avenir. Leur résistance a préparé nos victoires. *(Tonnerre d'applaudissements.)*

Et vous, combattants sublimes de la Grande Guerre, votre courage surhumain a fait de l'Alsace-Lorraine, aux yeux de l'univers, la personnification même du droit : le retour de nos frères exilés, et pas seulement la revanche nationale, mais l'apaisement de la conscience humaine et la présence d'un ordre plus haut.

Dans l'atmosphère lourde du Palais-Bourbon un souffle d'air pur avait passé... A 16 heures, quand la séance fut levée, les députés se levèrent pour entonner en chœur *la Marseillaise* !

Au Sénat, une motion signée de MM. Ratier, Jonnart, Méline et d'un grand nombre de leurs collègues, fut votée d'enthousiasme :

Le Sénat décide que le buste de Georges Clemenceau sera placé au Palais du Luxembourg à côté des bustes des grands Français qui ont illustré la haute Assemblée.

☙ ☙ ☙

11 novembre 1918 ! Ce jour-là, tous les Français durent reconnaître que Georges Clemenceau avait sauvé la Patrie !
. . . .

Mais, sa tâche n'était pas finie...

Il lui restait, — il nous reste, — une France à refaire !

Henri RAINALDY.

QUELQUES TÉLÉGRAMMES, MESSAGES & ADRESSES DE FÉLICITATIONS AU PRÉSIDENT DU "MINISTÈRE DE LA VICTOIRE" ET AUX ARMÉES

VILLE DE DIJON

CONSEIL MUNICIPAL

Séance du 30 novembre 1917

Présidence de M. Charles DUMONT, maire

Le Conseil municipal de Dijon, réuni en session ordinaire, le 30 novembre 1917 :
Considérant que la déclaration ministérielle faite par M. Clemenceau, Président du Conseil des Ministres, à la tribune de la Chambre des Députés, dans sa séance du 20 novembre, et le développement qu'il lui a donné au cours de la discussion répondent entièrement aux sentiments de patriotisme, de justice et de probité qui animent la Nation et particulièrement la ville de Dijon ;
Qu'en effet, il est indéniable que par son union, sa conduite et son attitude depuis la guerre, la ville de Dijon a donné une nouvelle preuve de son ardent patriotisme ;
Que le défaitisme à Dijon y est généralement réprouvé et considéré comme une trahison envers la Patrie ;
Que les rares défaitistes connus y sont honnis et considérés comme de mauvais Français ;
Que le silence que nous ferions sur le vote de notre représentant à la Chambre des Députés, M. Barabant, vote contraire au Gouvernement, pourrait laisser supposer que la ville de Dijon, renonçant à sa vieille réputation d'honneur et de patriotisme, ne s'associe pas aux sentiments nobles et élevés exprimés par M. le Président du Conseil dans la séance du 20 novembre ;
Proclame hautement, au nom de la population dijonaise, que le Gouvernement présidé par M. G. Clemenceau lui donne une absolue confiance dans la victoire et la certitude du châtiment pour les traîtres, les vendus et les défaitistes ;
Le Conseil prie M. G. Clemenceau et tous les membres de son cabinet de croire à son respectueux dévouement et l'assure de sa profonde et patriotique sympathie.

LES VŒUX DE M. LLOYD GEORGE

1er Janvier 1918

A l'occasion du renouvellement de l'année, je tiens à adresser de la part du cabinet de la guerre, au Gouvernement du peuple français, un message de cordialité.

Chaque jour qui s'écoule doit nous faire comprendre plus clairement que les espoirs du genre humain reposent sur le triomphe de notre cause et chaque jour nous prouve que l'amitié et le respect que nous éprouvons les uns à l'égard des autres, sont de plus en plus comme le ciment d'une alliance qui est maintenant la gardienne de la justice et de la liberté à travers le monde.

Nous tenons particulièrement à remercier l'armée et la marine françaises, pour le courage déployé au cours de l'année dernière et pour leur détermination à continuer la lutte jusqu'à ce que justice soit faite et que le monde soit débarrassé de la domination de cette autocratie militaire, dont le discrédit et la défaite sont essentiels à une paix durable.

Aucune de mes paroles ne peut rendre exactement l'idée que nous nous faisons de ce que nous devons aux armées qui combattent et souffrent, afin que ceux qui sont derrière les lignes puissent jouir de la liberté et de la paix. Nous ne pouvons que les remercier du fond du cœur, fermement convaincus que la nouvelle année verra le fruit de leurs sacrifices, c'est-à-dire la victoire de la liberté.

LA RÉPONSE DE M. CLEMENCEAU A M. LLOYD GEORGE

Je remercie chaleureusement Votre Excellence pour le message si cordial qu'Elle a bien voulu m'envoyer au nom du cabinet de guerre britannique. Agissant côte à côte dans la lutte contre le militarisme prussien, et bientôt, je l'espère, associées dans la victoire, la Grande-Bretagne et la France sont unies par des liens toujours plus forts d'amicale confiance ; notre gratitude s'adresse particulièrement à l'armée et à la marine intrépides de votre pays ; leur conduite glorieuse fait notre admiration.

Au seuil de l'année qui marquera le triomphe du droit outragé, je suis heureux de saluer en toute amitié l'ardent ouvrier de l'œuvre de justice.

CLEMENCEAU

LE PRÉSIDENT WILSON FÉLICITE LE GÉNÉRAL FOCH

1er Avril 1918

Puis-je me permettre de vous adresser mes sincères félicitations pour votre nouveau commandement?

Une telle unité du commandement constitue un des plus heureux augures de notre succès final.

Nous suivons avec le plus profond intérêt les actions hardies et brillantes de vos forces.

TÉLÉGRAMME DE M. ORLANDO

2 Avril 1918

M. Orlando adressait à M. Clemenceau une dépêche dans laquelle il disait notamment :

L'Italie entière se tourne vers cette généreuse et grande terre de France avec la même passion anxieuse que si le combat était livré pour son existence, par ses enfants et sur son sol.

Mais égal à notre anxiété est notre espoir, ou plutôt notre foi, que le désespoir furieux de l'ennemi ne prévaudra pas contre le rempart que lui opposent les poitrines héroïques des fils de la France.

Après avoir rappelé les liens étroits qui unissent les deux pays, M. Orlando terminait ainsi :

Je vous adresse à vous, incitateur admirable des énergies et des actions, le salut ardent de l'Italie pour sa grande sœur. Je vous exprime toute l'admiration émue qui exalte notre esprit en présence de cet éclatant et inépuisable héroïsme latin.

UN TÉLÉGRAMME DE M. VENIZELOS A M. CLEMENCEAU

2 Avril 1918

C'est avec une profonde admiration et une émotion sincère que la nation grecque suit les phases de la lutte héroïque que mènent les armées franco-anglaises depuis plus de dix jours contre les hordes ennemies.

La résistance indomptable des troupes alliées, notamment le succès remporté dans la journée du 30 mars, pour lequel je vous prie d'agréer mes bien sincères félicitations, nous fortifient dans l'immuable confiance que nous avons toujours eue dans le triomphe d'une guerre pour laquelle les soldats de France et d'Angleterre donnent leur sang le plus généreux.

VENIZELOS.

L'HOMMAGE DE LA BELGIQUE

4 Avril 1918

TÉLÉGRAMME DE M. DE BROCQUEVILLE A M. CLEMENCEAU

L'armée française dépasse en ces jours d'héroïsme surhumain, tout ce que ses plus ardents admirateurs attendaient d'elle.

Elle enseigne magnifiquement à tous le devoir qui s'impose à chacun quand sont en cause le salut de la nation et l'indépendance des peuples.

Avec une émotion profonde, je vous présente l'hommage de notre admiration sans bornes.

L'HOMMAGE DU PORTUGAL

8 Avril 1918

En ces journées inoubliables où la résistance et les succès héroïques des armées française et anglaise devant les attaques de nos ennemis, font l'orgueil du monde civilisé, ayant déjà affirmé au Gouvernement de la République française la solidarité plus grande que jamais du peuple portugais avec ses alliés, je tiens aussi à cœur d'exprimer personnellement à Votre Excellence les sentiments de confiance inébranlable du Gouvernement portugais dans la cause du droit et de la justice et son admiration pour les glorieux soldats de la France.

SIDONIO PAES.

UN ORDRE DU JOUR A M. CLEMENCEAU

27 Mai 1918

La Colonisation française qui compte 80.000 sociétaires, a voté au cours de son assemblée générale, un ordre du jour exprimant son admiration pour notre armée et sa confiance en la victoire finale.

Les membres de la *Colonisation française*, étroitement unis comme au premier jour, autour du drapeau sacré de la Patrie, sans aucun souci de questions politiques ou religieuses, adressent à M. Clemenceau, Président du Conseil des Ministres, l'expression de leur respectueuse sympathie et de leur inaltérable confiance dans la lutte qu'il a entreprise, tant contre les ennemis de l'extérieur que contre ceux de l'intérieur. Ils le félicitent hautement de l'inlassable énergie dont il fait preuve pour mener la guerre à bonne fin.

Ils ont l'entière certitude que M. le Président du Conseil continuera son œuvre de salut, parce qu'ils le savent animé de l'invincible volonté

dans une victoire décisive, seule susceptible de rendre à la France ses chères provinces, de réparer toutes les ruines, tous les désastres causés et accumulés par un peuple dément, ivre d'orgueil, de domination et de sang.

Confiants dans la justice de la plus sainte des causes, dans les glorieuses armées françaises et alliées, dans leurs chefs et dans M. le Président du Conseil, qui représente si dignement et si fièrement la France, les membres de la Colonisation française prient leur co-sociétaire M. Jules Cels, sous-secrétaire d'Etat de la marine de guerre et président de la Fédération de la mutualité indépendante, de bien vouloir faire parvenir le présent ordre du jour à son adresse, et se séparent aux cris répétés de : « Vive la France immortelle ! »

VILLE D'AIX

CONSEIL MUNICIPAL

Séance du 30 mai 1918

Présidence de M. le Docteur BERTRAND, maire

Etaient présents : MM. le docteur Bertrand, maire ; Grill, adjoint ; Roche Henri, adjoint spécial ; Adoult, Latour, Bonnet, Boutière, A. Bernard, Frasse, Coueste, Roubin, Cristofin et Roche Léon.

M. Mille, mobilisé, assiste à la séance.

Excusé : M. Samat.

M. Bernard est élu secrétaire.

M. LE MAIRE,

A l'heure où chacun, hommes ou femmes, doit faire et fait son devoir, à l'heure où plus que jamais doit régner l'Union sacrée, formule qui en deux mots résume le faisceau de toutes les forces vives de la Nation, cette union sacrée, merveilleux exemple d'unité morale et d'énergie patriotique, qui se confond avec le culte même de la France,

Permettez-moi d'être votre interprète, Messieurs, en saluant respectueusement celui à qui le Président de la République et le Parlement ont confié la direction de la politique française, et nous pouvons le dire, le salut de notre cher pays, celui qui a su, malgré son âge et grâce à sa volonté, à son énergie, à la conscience qu'il a de sa responsabilité devant ses concitoyens et devant l'Histoire, tenir tête aux envahisseurs et aux ennemis encore plus dangereux de l'intérieur, et qui a si largement répondu à la confiance de tous et participé à la sauvegarde de la Patrie, au docteur

Georges Clemenceau, Ministre de la Guerre, dont l'action directrice incontestable a su imposer aux armées alliées un généralissime français.

Le Conseil municipal adopte les paroles que vient de prononcer le Chef de la Municipalité et les couvre d'applaudissements unanimes.

TÉLÉGRAMME DE M. COOREMAN, PRÉSIDENT DU CONSEIL DES MINISTRES DE BELGIQUE, A M. CLEMENCEAU

Le Havre, 6 juin 1918.

Monsieur le Président,

Appelé par Sa Majesté le Roi à la direction des affaires de la Belgique, je tiens à vous affirmer que le caractère si complètement et loyalement amical des relations du Gouvernement belge avec le Gouvernement de la République demeure inaltérable aujourd'hui comme hier.

Laissez-moi dire à Votre Excellence ma très haute admiration pour les magnifiques soldats de France, qui, depuis bientôt quatre années, soutiennent avec le même héroïsme les plus durs combats. Compagnons d'armes des nôtres, ils scellent chaque jour davantage les liens qui unissent fraternellement la France et la Belgique dans la lutte pour le droit et la liberté.

J'ajoute ici l'expression de mes sentiments personnels de profonde estime pour votre caractère, de vieille amitié pour votre glorieux et beau pays de France.

COOREMAN.

LE GÉNÉRAL PERSHING A M. CLEMENCEAU

8 Juillet 1918

Permettez-moi de vous dire combien je suis touché du télégramme cordial que vous m'avez envoyé. Je ne manquerai pas de le porter à la connaissance des troupes en question. Tous les officiers et hommes de troupe qui ont eu le privilège de participer à la cérémonie du 4 juillet à Paris, garderont un souvenir inoubliable de l'enthousiaste accueil qui leur a été fait. Fiers de la confiance que la France leur accorde, ils auront plus que jamais à cœur de faire tout leur devoir jusqu'à la victoire commune.

PERSHING.

AUTRE TÉLÉGRAMME DU GÉNÉRAL PERSHING

Quartier Général Américain, 13 juillet

Cher Monsieur le Président,

A l'occasion du 14 juillet, en ce jour qui symbolise la volonté et la détermination de la France, je tiens à vous renouveler l'expression de mon admiration pour le courage splendide de son peuple et la vaillance de ses soldats.

Nous, membres des forces expéditionnaires américaines, nous trouvons dans son héroïsme une source inépuisable d'inspiration et d'encouragement.

J.-J. PERSHING.

ADRESSES ET FÉLICITATIONS

14 Juillet 1918

Le Président de la République reçut un nombre considérable d'adresses de félicitations envoyées à l'occasion de la Fête Nationale.

De son côté, M. Clemenceau reçut, avec de multiples télégrammes exprimant l'admiration de nos amis et alliés pour l'effort magnifique des troupes françaises, les adresses de M. Luzzati, de la Société anglo-française de Londres, de l'Union des grandes associations françaises contre la propagande ennemie, de l'Association américaine des « Four minutes men », etc.

* *

Le maréchal chinois Tuan-Tchi-Jui adressa un télégramme de félicitations à M. Clemenceau, qui le remercia vivement.

* *

Des échanges de télégrammes ont également eu lieu entre le lieutenant général Kouchima, Ministre de la Guerre du Japon, et M. Clemenceau.

* *

FÉLICITATIONS ITALIENNES

4 août 1918

M. Orlando a adressé à M. Clemenceau le télégramme suivant :

L'Italie acclame avec une joie émue la victoire qui éclaire encore une fois de gloire la France et de foi nos cœurs. Toute la reconnaissance de tous les hommes libres s'adresse à l'armée libératrice qui, contre une menace formidable, sut saisir de ses mains robustes la victoire dont la rendaient bien digne la haute vertu des chefs et la bravoure inlassable des soldats.

La prise de Soissons est le couronnement mérité de toute une série de batailles admirables pour la ténacité et l'audace, mais elle est également la promesse éclatante de ces événements décisifs d'où nous attendons le triomphe de notre droit, et le monde une paix réparatrice.

Ce n'est pas l'heure d'un optimisme facile, mais tout en ayant conscience des preuves qui nous attendent encore nous avons bien le droit, aujourd'hui, de regarder avec une foi plus ardente et plus sûre l'avenir.

L'avenir est à nous.

Monsieur le Président, veuillez accueillir pour la France, pour sa glorieuse armée, pour les Alliés qui sont dignement à ses côtés, ces sentiments de souhait et de fraternité que l'Italie vous exprime.

VILLE DE NIORT

13 août 1918

Le Conseil municipal de la ville de Niort, réuni en session ordinaire, le 13 août 1918, envoie aux glorieux soldats des armées françaises et alliées, à leurs chefs éminents, l'hommage de son admiration et de sa reconnaissance. Il manifeste son entière confiance en l'illustre vendéen, M. Clemenceau, Président du Conseil, Ministre de la Guerre, qui dirige, avec une énergie sans égale, l'effort de la Patrie, en lutte pour le triomphe du droit et de la liberté.

LA SESSION D'AOUT DES CONSEILS GÉNÉRAUX

22 août 1918

Dans toute la France, les Conseils généraux, réunis pour la session d'août 1918, ont voté des félicitations au Président du Conseil, au Gouvernement et aux Armées.

C'est à la suite de ces manifestations, à peu près unanimes, que M. Clemenceau écrivit aux Présidents des Assemblées départementales la lettre reproduite à la page 164.

VILLE DE CHAMBÉRY

CONSEIL MUNICIPAL

Séance du 24 septembre 1918

Présidence de M. E. PAVÈSE, maire

Le Conseil municipal de Chambéry, après avoir rendu hommage à nos beaux régiments et bataillons de Savoie, cités à l'ordre de l'armée et décorés de la fourragère, se fait un patriotique devoir d'adresser à M. Georges Clemenceau, Président du Conseil, Ministre de la Guerre, l'expression de sa reconnaissance pour la ferme attitude qu'il observe avec tant de courage et de dignité, tantôt devant les arrogantes et insolentes prétentions d'une nation de proie, tantôt devant les perfides et hypocrites propositions de paix suggérées par un ennemi réduit aux abois.

A l'heure où, de concert avec nos fidèles alliés, nos combattants font l'admiration du monde civilisé par leur vaillance, leur ténacité, leur héroïsme, la population civile doit par ses efforts, ses sacrifices, sa foi dans le succès, faciliter l'achèvement de l'œuvre de libération si attendue.

Dans cet esprit, le Conseil municipal, animé par une pensée unanime d'ardent patriotisme, et certain de la victoire finale, acclame les chefs de nos armées et surtout le vénéré Président du Conseil, dont la voix, comme une vague d'espoir réconfortant nous crie : toute l'humanité pensante est avec nous !

8 Septembre 1918

Les membres constituant la *Section du Sud-Ouest de l'Union générale des Fonctionnaires et Employés civils retraités, de France et des Colonies*, réunis à Bordeaux :

I. — Adressent aux vaillants soldats qui défendent le sol de la Patrie et aux troupes-alliées, l'hommage de leur admiration.

. . . .

III. — Au Gouvernement de la République et à son incomparable chef, M. Clemenceau, l'assurance de leurs sentiments respectueux et toujours dévoués.

CHAMBRE DE COMMERCE DE RENNES

ADRESSE A M. CLEMENCEAU, PRÉSIDENT DU CONSEIL

28 Septembre 1918

Sur la proposition de son président, la Chambre décide l'envoi du télégramme ci-après :

*Président Chambre Commerce Rennes
à Monsieur Clemenceau, Président Conseil, Ministre Guerre, Paris.*

Chambre Commerce Rennes réunie aujourd'hui en séance adresse à Monsieur Clemenceau pour anniversaire sa naissance ses vœux les plus cordiaux, les plus chaleureux, lui souhaite encore longs jours pour jouir joie patriotique victoire si bien préparée.

Charles OBERTHUR.

VILLE DE DIJON

CONSEIL MUNICIPAL

Séance du 4 octobre 1918

Présidence de M. Charles DUMONT, maire

C'est avec le plus grand plaisir, vous le savez, Messieurs, que nous avons offert au 1er bataillon du 27e de ligne, comme nous l'avons fait précédemment au 2e bataillon de ce même régiment, dans lequel servent nos vaillants enfants de Dijon, un fanion brodé aux armes de la ville.

Ces emblèmes aux couleurs nationales leur rappelleront, lorsqu'ils marcheront au combat, le souvenir de leur cité reconnaissante qui, depuis quatre années, admire leur action dans toutes les batailles et qui les suit avec fierté.

Alors que chaque jour nous apporte le récit d'une nouvelle victoire de nos armées, lesquelles, refoulant sans répit les hordes allemandes, marchent à grands pas vers la libération prochaine de notre sol envahi, nous voudrions pouvoir offrir à tous les bataillons de l'armée française, aux bataillons des armées alliées, un même fanion comme un témoignage de notre admiration et de notre profonde gratitude.

Hélas ! nous ne pouvons qu'adresser à ces troupes sublimes l'expression de nos sentiments de joie, de fierté et de reconnaissance.

Elles partageront l'expression de ces sentiments avec la pléiade des grands généraux qui les conduisent si glorieusement à la victoire et à la tête desquels brille l'admirable chef, le maréchal Foch, devant la haute valeur militaire duquel s'inclinent la France et toutes les nations alliées.

Vous voudrez certainement, Messieurs, associer aux armées, dans votre estime et votre reconnaissance, les chefs du Gouvernement de la République et tout particulièrement M. le Président du Conseil, Georges Clemenceau.

Nous n'oublierons jamais que ce vieux républicain, cet ardent patriote, en barrant la route au défaitisme et à ses manœuvres criminelles, a su ramener la confiance à l'arrière comme au front, et sauver la France du démembrement, de l'asservissement et de la ruine.

Par son énergique volonté, par l'estime et le respect qu'il inspire, il est parvenu à obtenir des armées alliées l'unité de commandement grâce à laquelle nous volons vers la victoire finale qui nous permettra de dicter nos conditions de paix, d'anéantir à jamais le militarisme prussien, de punir les nations responsables de cette guerre barbare, de libérer les peuples opprimés et de préparer une nouvelle ère de paix et de prospérité basée sur les principes du droit et de la liberté.

Inclinons-nous, Messieurs, avec respect et reconnaissance, devant ce grand Français, M. Georges Clemenceau, dont la France a droit d'être fière.

Plusieurs conseillers demandent au Conseil de vouloir bien transformer en délibération la déclaration que vient de lire M. le Maire et de décider que copie de cette délibération sera adressée, au titre d'hommage respectueux et de reconnaissance, au Président du Conseil, M. Georges Clemenceau, et au maréchal Foch.

Cette motion est votée à l'unanimité et par acclamation, aux applaudissements de l'assemblée.

SOCIÉTÉ DES GENS DE LETTRES

ADRESSE AU PRÉSIDENT DU CONSEIL

Dans sa séance du 7 octobre 1918, le Comité de la Société des Gens de Lettres a voté l'ordre du jour suivant :

Réuni aujourd'hui, 7 octobre 1918, en séance de rentrée, le Comité de la Société des Gens de Lettres de France, fier de compter parmi les membres de l'Association le grand écrivain Georges Clemenceau, glorieux ministre de la Défense nationale et de la victoire, à la clairvoyante énergie duquel nous devons pour une bonne part le salut du pays, lui adresse, à l'occasion du récent anniversaire de sa naissance, ses souhaits affectueux et l'expression de sa gratitude.

Sûre que l'avenir de la pensée et de la langue françaises, comme tout le patrimoine moral et matériel de la France, ne peut être sauvegardé que si l'Allemagne est à jamais mise dans l'impossibilité de nuire, par un traité que lui dicteront les peuples libres complètement victorieux, la Société des Gens de Lettres, confiante en la sagesse résolue d'une Nation trop meurtrie pour ne pas savoir se préserver, est convaincue que personne en France n'acceptera d'entrer en pourparlers avec l'ennemi tant qu'il occupera la moindre parcelle de notre territoire, y compris l'Alsace-Lorraine, provinces françaises envahies depuis quarante-sept ans, et le moindre lambeau des territoires alliés.

Elle espère aussi qu'aucun Français ayant le sens des réalités et le souci d'une longue paix future, ne s'accommodera d'un traité qui ne nous assurerait pas, avec toutes les réparations, restitutions, indemnités et sanctions nécessaires, les garanties de sécurité auxquelles nous avons droit et dont la France, quatre fois envahie, piétinée, ensanglantée, en cent ans, et, de tous les pays en armes le seul toujours exposé à ces horreurs, doit être le seul juge.

LES ALSACIENS-LORRAINS D'AMÉRIQUE A M. CLEMENCEAU

Octobre 1918

Les deux associations générales d'Alsaciens-Lorrains d'Amérique ont prié notre ambassadeur aux États-Unis de transmettre le télégramme suivant à M. Clemenceau, président du conseil :

Les sociétés alsaciennes-lorraines d'Amérique, réunies en congrès à New-York et représentant trente groupements alsaciens-lorrains, saluent avec émotion la mère-patrie rayonnante de gloire et le chef du Gouvernement de la victoire, M. Clemenceau.

Elles lui renouvellent l'expression de leur indéfectible attachement à la France et déclarent que la seule solution de la question d'Alsace-Lorraine conforme au droit, à la justice, aux aspirations des Alsaciens-Lorrains, consiste dans le retour pur et simple à la France des territoires annexés par l'Allemagne.

Elles expriment leur ferme espoir de la proche évacuation de l'Alsace-Lorraine par les Allemands et du retour dans leurs foyers des Alsaciens-Lorrains déportés en Allemagne.

UNE RÉUNION DU CONSEIL MUNICIPAL DE COMPIÈGNE

1er novembre 1918

Au cours de la dernière réunion tenue à Compiègne par le Conseil municipal, M. Martin, adjoint, remplaçant le maire, a fait voter par l'Assemblée deux ordres du jour :

L'un, au maréchal Foch, au général Mangin et aux soldats sous leurs ordres, les assurant de la gratitude de la population compiégnoise, qui a échappé à la souillure d'une deuxième invasion ; l'autre, exprimant « au grand Français, Georges Clemenceau, Président du Conseil, Ministre de la Guerre, les sentiments de profonde reconnaissance des Compiégnois ».

COMMUNE D'AUGE (CREUSE)

20 Octobre 1918

Le Conseil municipal et les habitants de la commune d'Auge (Creuse), réunis en grand nombre à l'occasion de l'ouverture de l'Emprunt de la Libération du territoire,
A l'unanimité,
Saluent avec une joie patriotique l'aube de la victoire ;
Adressent à Monsieur le Président du Conseil, qui en a été l'âme civique ; au maréchal Foch, aux héroïques soldats de France, ainsi qu'à nos Alliés, qui en ont été l'instrument glorieux,
L'expression de leur confiance, de leur admiration et de leur reconnaissance.

ADRESSE VOTÉE PAR LE 8ᵉ CONGRÈS DES MAIRES
DES PRINCIPALES VILLES DE L'OUEST,
QUI S'EST TENU A SAINT-NAZAIRE

A M. Clemenceau.

Les maires des principales villes de l'Ouest, réunis à Saint-Nazaire-sur-Loire, en Congrès privé, pour étudier les questions économiques et de ravitaillement, ne veulent pas ouvrir leurs travaux sans vous adresser, tant en leur nom qu'au nom des populations qu'ils représentent, l'expression d'une respectueuse sympathie pour votre personne et l'assurance d'un entier dévouement au Gouvernement que vous présidez.
Ils envoient un témoignage d'admiration et de gratitude à nos vaillantes troupes de terre et de mer et aux troupes alliées qui luttent, en commun, pour le triomphe de la même cause.

Louis BRICHAUX,
Maire de Saint-Nazaire,
Président du Congrès.

LE CONSEIL MUNICIPAL DE MAMERS
TÉMOIGNE SON ADMIRATION A M. CLEMENCEAU

Le Conseil municipal, réuni le 9 novembre 1918, a voté une motion adressant le témoignage de son admiration aux soldats des armées alliées, au maréchal Foch et à M. Georges Clemenceau, Président du Conseil.

LE REMERCIEMENT DES FRANÇAISES

10 novembre 1918

A Monsieur Georges Clemenceau

Monsieur le Président,

Les femmes en deuil vous saluent.

Vous ne leur avez pas apporté l'impossible consolation, mais elles reçoivent de vous le seul prix digne de leur douleur. Ce que vous sauvez est égal à ce qu'elles ont perdu. Aussi, malheureuses, elles admettent la grandeur unique de cette confrontation. Elles vous remercient.

Nos petits morts, nous n'avons plus rien d'eux, ils n'ont plus rien de nous. Les fruits merveilleux de la délivrance et de la gloire ne les atteignent pas. Rien ne peut leur faire connaître le bonheur qu'ils auraient eu. Ils sont morts. Ils sont morts.

Mais vous faites tout ce qu'on peut pour eux. Vous mettez la palme de la Victoire sur leurs tombes insensibles et sacrées. C'est tout ce qu'on peut pour eux.

Ils sont morts. Mais leur volonté est accomplie, leur sacrifice est racheté, leur mort est immortelle dans l'immortalité de la France que vous libérez par la Foi et par la Sagesse.

Monsieur le Président, vous avez bien mérité des Morts pour la Patrie. Celles qui pleurent vous saluent. Elles vous disent merci.

Jane CATULLE-MENDÈS.

UNE LETTRE DE M. POINCARÉ A M. CLEMENCEAU

11 novembre 1918, 8 heures du matin

Mon cher Président,

Au moment où s'achève par la capitulation de l'ennemi la longue série de victoires auxquelles votre patriotique énergie a si largement contribué, laissez-moi vous adresser à vous-même et vous prier aussi de transmettre au maréchal Foch, commandant en chef des armées alliées, au général Pétain, commandant en chef de l'armée française, à tous les généraux, officiers, sous-officiers et soldats, l'expression de ma reconnaissance et de mon admiration.

Depuis le 15 juillet, la France a suivi avec une émotion haletante, les éclatants succès quotidiens qu'ont remportés les troupes alliées et qui ont précipité la retraite de l'armée allemande. Les populations captives ont été rendues à la liberté. L'ennemi déconcerté a laissé derrière lui une quantité énorme d'hommes et de matériel et le bilan des prisonniers dépasse les chiffres les plus élevés qu'ait jamais connus l'histoire.

Ce matin vient d'être signé un armistice qui délivre l'Alsace-Lorraine et qui permet aux armées alliées d'occuper, en garantie des droits à exercer, une vaste zone de territoire allemand.

En ces heures de joie et de fierté nationale, ma pensée se reporte successivement vers les héros qui, dans l'enthousiasme du départ, sont tombés sur les champs de bataille de Namur et de Charleroi, vers ceux qui, sur les rives de la Marne, ont victorieusement arrêté et refoulé l'invasion, vers ceux qui, dans les lentes et dures journées de la guerre de tranchées, ont montré une si confiante opiniâtreté, vers les intrépides défenseurs de Verdun, vers les soldats de l'Yser, de la Somme, de l'Aisne, de la Champagne, des Vosges, vers ceux qui ont donné leur vie à la Patrie, vers ceux que leurs blessures ont rendus invalides, vers tous ceux qui, aujourd'hui encore, sous les armes, sont maintenant récompensés de leurs infatigables efforts et de leur bravoure indomptée.

Ils ont tous été les ouvriers des victoires finales ; ils ont tous apporté leur pierre aux magnifiques arcs de triomphe sous lesquels passeront bientôt les vainqueurs. Rien ne s'est perdu de ce qu'a accompli leur courage, rien n'a été stérile du dévouement qu'ils ont mis au service du pays. La gloire de la France est faite de leur ardeur prolongée, de leur abnégation, de leurs souffrances et de leur sang.

J'envoie aux morts un souvenir respectueux et attendri. Je vous prie de vouloir bien communiquer aux vivants les félicitations qu'au nom de la France je leur adresse du fond du cœur.

Croyez, mon cher Président, à mes sentiments dévoués.

R. POINCARÉ.

M. Georges Clemenceau, Président du Conseil, Ministre de la Guerre, a transmis en ces termes, au maréchal Foch, la lettre du Président de la République :

11 *Novembre* 1918

Monsieur le Maréchal,

J'ai l'honneur de vous communiquer la lettre ci-jointe de M. le Président de la République. Je viens de l'adresser au général Pétain, en le priant de la transmettre aux armées sous ses ordres.

Veuillez agréer, Monsieur le Maréchal, l'assurance de ma haute considération.

G. CLEMENCEAU.

M. Georges Clemenceau, Président du Conseil, Ministre de la Guerre, a transmis en ces termes au général Pétain, commandant en chef les armées françaises, la lettre du Président de la République :

11 Novembre 1918

Mon cher Général,

J'ai l'honneur de vous transmettre la lettre ci-jointe de M. le Président de la République, qui est l'interprète autorisé des sentiments unanimes du pays. Je vous prie de la communiquer aux armées sous vos ordres.

Veuillez agréer, mon cher Général, l'assurance de ma haute considération.

Georges CLEMENCEAU.

L'affiche de Paris, du 11 novembre 1918

République Française. — CONSEIL MUNICIPAL DE PARIS

HABITANTS DE PARIS

C'est la Victoire, la Victoire triomphale ; sur tous les fronts l'ennemi vaincu a déposé les armes, le sang va cesser de couler.

Que Paris sorte de la fière réserve qui lui a valu l'admiration du monde.

Donnons un libre cours à notre joie, à notre enthousiasme et refoulons nos larmes.

Pour témoigner à nos grands Soldats et à leurs incomparables Chefs notre reconnaissance infinie, pavoisons toutes nos maisons aux couleurs françaises et à celles de nos chers alliés.

Nos morts peuvent dormir en paix ; le sublime sacrifice qu'ils ont fait de leur vie à l'avenir de la race et au salut de la Patrie ne sera pas stérile.

Pour eux comme pour nous « Le Jour de Gloire est arrivé ».

Vive la République !

Vive la France Immortelle !

Pour le Conseil municipal :

Le bureau : Adrien MITHOUARD, président ; CHAUSSE, CHASSAIGNE-GOYON, Adolphe CHÉRIOUX, Henri ROUSSELLE, vice-présidents ; Georges POINTEL, LE CORBEILLER, Georges LEMARCHAND, FIANCETTE, secrétaires ; André GENT, syndic.

L'HOMMAGE DE PARIS A M. CLEMENCEAU

Les bureaux du Conseil municipal et du Conseil général, conduits par leurs présidents, MM. Chassaigne-Goyon et Peuch, accompagnés du préfet de la Seine, ont été reçus, hier après-midi, par M. Clemenceau, Président du Conseil et Ministre de la Guerre.

M. Chassaigne-Goyon s'est fait l'interprète des deux assemblées pour déclarer qu'elles s'associaient de tout cœur à l'hommage solennel d'admiration et de reconnaissance qui lui a été rendu hier par le Sénat.

L'HOMMAGE DU BARREAU PARISIEN

A Monsieur Clemenceau, Président du Conseil,

Le barreau de Paris salue en vous le grand Français qui, par son inlassable énergie et son amour ardent de la Patrie, a contribué à nous donner la victoire.

HENRI-ROBERT,
*bâtonnier de l'ordre des avocats
à la Cour d'appel de Paris.*

A Monsieur le Maréchal Foch, grand quartier général

Le Barreau de Paris salue avec une douloureuse émotion les héros morts pour la Patrie, acclame les merveilleux soldats qui ont donné la victoire à la France immortelle et vous prie, Monsieur le Maréchal, d'accepter l'hommage de sa vive admiration.

HENRI-ROBERT,
bâtonnier.

LE SALUT DU CONSEIL MUNICIPAL DE PARIS.

Séance du 15 novembre 1918

Le Conseil municipal a salué la victoire des Alliés.

Le doyen d'âge, M. Lampué, a rendu à M. Clemenceau un hommage enthousiaste.

« M. Clemenceau, comme Président du Conseil municipal, avait, le 29 novembre, 1875, proclamé le courage de Paris « devant une catastrophe effroyable ». « Il ne lui manqua qu'un chef », avait dit alors M. Clemenceau. Ce chef, qui fit défaut à la France pendant la guerre de 1870, la France le possède aujourd'hui. Il se nomme Clemenceau, il est Ministre de la Guerre, et, par son indomptable énergie, il a conduit la France et nos vaillants alliés jusqu'à l'aboutissement des définitives victoires qui donneront au monde la paix, la justice et la liberté. Honneur au citoyen Clemenceau !... »

UN TÉLÉGRAMME DE M. ROBERT LANSING
A M. STEPHEN PICHON

11 Novembre 1918

Au suprême moment de l'histoire de votre pays, lorsqu'une complète victoire a été gagnée sur le plus formidable des ennemis, je désire exprimer à vous personnellement et au nom de mon Gouvernement, les félicitations les plus cordiales du peuple américain et l'expression sincère de la joie et de l'admiration que lui inspirent la valeur et la ténacité du peuple français.

LANSING.

M. Stephen Pichon répondit :

Je suis profondément touché de votre télégramme. La part de l'Amérique dans la victoire que vous célébrez est telle que jamais aucun Français ne l'oubliera dans le cours de l'Histoire.

L'antique alliance de nos deux pays a été scellée une fois de plus par la fraternité d'armes. Les Américains et les Français sont unis dans ces jours d'allégresse comme ils l'ont été dans les jours de combat.

Je vous prie de transmettre au Gouvernement fédéral les remerciements de la France et du Gouvernement de la République et d'agréer pour vous-même, qui avez toujours témoigné tant de sympathie à mon pays, mes sentiments de cordiale amitié.

S. PICHON.

LES FÉLICITATIONS DU MONTÉNÉGRO

11 Novembre 1918

Le Gouvernement monténégrin a fait transmettre, par M. Delaroche-Vernet, Ministre de France accrédité auprès de lui, les félicitations les plus sincères d'un allié de la première heure, au Gouvernement de la République à l'occasion de la victoire des Alliés.

LES FÉLICITATIONS DE LA GRÈCE

11 Novembre 1918

Le Ministre des Affaires étrangères de Grèce a adressé à M. Clemenceau, Président du Conseil et Ministre de la Guerre, une éloquente dépêche pour lui exprimer la reconnaissance et l'admiration de la Grèce pour les héroïques sacrifices de la France.

VILLE DU HAVRE

Le Conseil municipal, interprète de la population havraise tout entière, réuni en séance extraordinaire, le 11 novembre 1918, à l'occasion de la signature de l'armistice, acclame le triomphe de la Justice et du Droit.

Aux chefs et aux soldats des Armées françaises et des Armées alliées, au Gouvernement de la République, aux grands Français Clemenceau et Foch, il adresse l'hommage de sa reconnaissance.

S'inclinant devant les glorieux morts qui ont succombé dans leur tâche héroïque, il exprime à leurs familles ses sentiments d'affection et de gratitude patriotiques.

A l'Alsace et à la Lorraine, provinces fidèles qui, pendant quarante-sept ans, n'ont jamais désespéré de la Patrie, il envoie son salut enthousiaste pour leur retour prochain dans l'unité française.

VILLE DE MONTPELLIER

CONSEIL MUNICIPAL

Séance du 11 novembre 1918

Présidence de M. PEZET, maire

Etaient présents : MM. Gibert, Pezet, Valentin, Belugou, Fortuné, Bel, Coulet, Ferrier, Verdier, Bonijol, Le Colombel, Bellet, Fournel, Morin, Guiraud, Faucilhon, Riche, Fenouillet, Bertrand.

Absents excusés : MM. Broumet, Fezou, Cabannes, Tricou, Denjoy, Thoré, Hubac, Albigès, Arsaud.

M. le Maire donne lecture de l'adresse suivante :

Mes chers Collègues,

Depuis ce matin, nous sommes libérés du lourd cauchemar qui pesait sur nos cœurs et sur nos esprits. Le sang ne coule plus et la mort a terminé sa hideuse moisson sur les immenses champs de bataille qui virent depuis plus de quatre ans la plus formidable lutte qu'ait connue l'humanité.

A cette heure solennelle où le règne de la force finit et où celui du droit commence, je vous demande, mes chers Collègues, d'adresser une fois encore notre tribut d'admiration et d'infinie reconnaissance à ceux dont la vaillance héroïque et le sublime sacrifice ont sauvé la civilisation et le droit humains, aux « Poilus » de France, à leurs vaillants camarades des nations alliées et aux chefs qui les ont conduits à la victoire.

Je vous demande aussi de réunir dans un même et particulier hommage de gratitude, Clemenceau, l'énergique organisateur de notre supériorité militaire et le glorieux généralissime des armées de l'Entente, le maréchal Foch.

Je vous propose enfin d'exprimer notre respectueuse et reconnaissante admiration au Président Wilson qui, aux perfidies comme aux brutalités de nos ennemis, opposa toujours avec tant de noblesse le langage du droit, de la démocratie et de l'humanité.

Le Conseil s'associe, à l'unanimité, à la proposition de M. le Maire.

VILLE DE SAINT-ÉTIENNE

CONSEIL MUNICIPAL

Séance du 11 novembre 1918

Présidence de M. NEYRET, maire

Étaient présents : MM. Soulenc, Neyret (Blaise), Paulet, Peuvergne et Beraud, adjoints ; David, Porte, Rochette, Pichon, Colomb, Faure, Chassons, Leroux, Meurgey, Raffin, Lainé, Fargère, Martin, Duplaix, Montagny, Deville et Laudet, conseillers municipaux.

Absents avec excuses : MM. Menin et Roche, conseillers municipaux.

Appelés par la mobilisation : MM. Chorel, adjoint ; Malécot, Montmartin, Jean, Rivoire et Célarier, conseillers municipaux.

M. LE MAIRE,

Messieurs,

Jamais heure plus solennelle ne sonna pour la France et pour l'Humanité, délivrées enfin du tragique cauchemar que les barbares allemands ont fait peser sur le monde depuis plus de quatre années longues et cruelles.

Jamais, plus que dans ces jours sombres, la France — la France intégrale — ne vécut d'une vie plus intense, grandiose et unie, opposant toute son énergie à la ruée des sauvages d'outre-Rhin.

Après cinquante et un mois d'une lutte formidable, l'heure de l'expiation est venue pour le Kaiser prussien et sa race maudite, pour ce bandit couronné dont la vie tout entière fut un défi à la civilisation, un blasphème contre la liberté et la justice.

Mais il n'est pas de joie sans tristesse, notre triomphe s'assombrit à la pensée de l'hécatombe immense qui en a été le prix. Nos drapeaux flottent au vent de la victoire ; que leur ombre glorieuse s'étende sur les tombes de nos soldats tombés sur les champs de bataille, holocauste sublime à la Patrie ! Que nos cœurs reconnaissants et émus se penchent sur ces veuves, ces mères, ces pères, ces enfants qui pleurent et dont les larmes restent la rançon cruelle du droit rétabli !

Nos ennemis subiront la très lourde charge de réparer les dommages effroyables qu'ils ont causés dans les pays dévastés par leur sadisme et leur rapacité.

Faisons des vœux pour que leur mentalité, sous un régime libéral, évolue vers la lumière de la vérité.

Espérons que, pour la paix universelle, la civilisation finira par pénétrer dans leurs nations, délivrées des sinistres bergers, et leur apportera une conscience nouvelle en harmonie avec les lois du progrès.

Le passé doit rester la grande leçon où l'Humanité en marche puisera ses directions. La France, pour son œuvre de paix et de régénération, saura trouver dans son propre passé la voie qui la conduira à ses destinées ; en assurant à tous ses enfants la liberté dans leurs aspirations à des idéals toujours plus élevés, elle saura, dans l'action, continuer l'union si belle qui fut sa force invincible dans la défense de son territoire.

. . . .

En ce jour mémorable, je vous propose, Messieurs, de rendre un solennel hommage à nos braves poilus du 38e régiment d'infanterie en attendant de fêter leur retour dans notre Cité et d'adresser aux Armées françaises et alliées le témoignage de notre admiration et de notre patriotique reconnaissance, ainsi qu'à M. Georges Clemenceau, Ministre de la Guerre et au maréchal Foch, dont les noms ne peuvent être séparés de la victoire.

Le Conseil approuve à l'unanimité.

. . . .

Je vous propose de vous rendre avec moi auprès de M. Georges François, Préfet de la Loire, pour lui remettre le texte des délibérations que nous venons de prendre. Nous lui apporterons les remerciements de notre grande Cité au Gouvernement de la République, pour l'œuvre qu'il a accomplie, nos félicitations reconnaissantes à l'armée, à M. Georges Clemenceau, Ministre de la Guerre et au Maréchal Foch, les grands artisans de la magnifique victoire de la France et des Alliés, sur les barbares Allemands.

COMMUNE DE QUINSAC (GIRONDE)

CONSEIL MUNICIPAL

Séance du 11 novembre 1918

Présidence de M. MILLON DES MARQUETS maire

Présents : MM. Estansan, Castaigna, Linguin, Moreau, Abeilhé, Lacroix, Freylon, Faux, Lamote.

M. le Maire propose au Conseil, qui adopte à l'unanimité, d'envoyer à M. le Président du Conseil, l'adresse suivante :

Ce 11 novembre 1918, jour de la signature de l'armistice, les membres du Conseil municipal de Quinsac, réunis en session extraordinaire, sous la présidence de M. Millon des Marquets, maire, adressent à M. Georges Clemenceau, Président du Conseil des Ministres, et au maréchal Foch, généralissime des Armées alliées, tous deux à jamais inséparables dans l'histoire glorieuse de notre France libérée, l'hommage de leur admiration et de leur reconnaissance.

CHAMBRE DE COMMERCE DE BIZERTE

TÉLÉGRAMME

Bizerte, le 11 novembre 1918

Clemenceau, Président du Conseil, Ministre de la Guerre, Paris

Les membres de la Chambre de Commerce de Bizerte, enthousiasmés par la victoire française et le glorieux armistice qui en est le résultat, vous adressent l'hommage de leur admiration, ainsi qu'au maréchal Foch et à tous ses éminents et héroïques collaborateurs.

Grâce à votre énergie, à votre ténacité, à votre foi patriotique, vous avez rassemblé les forces de la France et fait surgir les chefs aptes à entraîner nos vaillantes troupes sur les routes de la victoire, en compagnie des armées alliées.

Veuillez agréer nos chaleureuses félicitations et l'immense plaisir que nous ressentons de saluer en vous l'ardent patriote, défenseur des droits de Bizerte, dès 1909, l'incomparable conducteur des événements héroïques qui ont abouti à l'heure glorieuse actuelle dont se réjouit la France.

Le Président Intérimaire,
CARRARÉSI.

La plupart des communes de France tinrent à exprimer par des messages et des adresses de félicitations, leur admiration et leur gratitude au Chef du Gouvernement qui fut l'artisan de la victoire et à nos armées glorieuses.

Ces adresses et messages n'ayant généralement pas été publiés et leur nombre étant d'ailleurs considérable, il n'est pas possible de les faire figurer parmi ceux dont copies ont été envoyées au Comité du *Livre d'Hommage à Clemenceau*.

Mais tous proclament la reconnaissance éternelle des Français.

11 Novembre 1918

M. G. Clemenceau, Président du Conseil, Ministre de la Guerre, Paris.

Après quatre ans de souffrances et d'angoisses, l'humanité meurtrie peut enfin, grâce à vous et aux champions de la Civilisation, saluer l'aurore glorieuse de la victoire.

Au nom de la Ligue Pernambucaine des Alliés, je vous prie, respectueusement, d'accepter nos plus profonds témoignages de gratitude éternelle et de croire que votre nom restera béni dans le cœur de tous les Brésiliens.

CORBINIANO D'AQUINO FONSECA.
Délégué de la Ligue Pernambucaine des Alliés

Madrid, 13 novembre

UNE ADRESSE A M. CLEMENCEAU
DE CENT DÉPUTÉS ESPAGNOLS

Une centaine de députés ont adressé à M. Clemenceau le télégramme suivant :

Les soussignés, membres du Parlement espagnol, qui, depuis le moment où la France subit l'attaque du caporalisme, assistèrent avec une profonde émotion à la lutte que vous avez soutenue pour la liberté et le droit et qui auraient ressenti comme personnelle la défaite de votre cause noble et humanitaire, offrent dans cette heure glorieuse, au peuple immortel français, leur témoignage d'enthousiasme et de reconnaissance.

Suivent les signatures de MM. Salvatella, Rodes, Moles, Morotte, Moya, Rahola, Pedregal, chef des réformistes ; Santa Cruz, chef des lerrougistes ; Azorin, cierviste ; Nougues, chef des républicains ; Marcelino Domingo, des libéraux, des membres du Parlement de toutes les nuances et de quelques conservateurs.

ADRESSES A M. CLEMENCEAU ET AU MARÉCHAL FOCH

13 novembre 1918

Les maires de Paris, réunis pour affaires courantes, à l'Hôtel de Ville, sous la présidence de M. Autrand, préfet de la Seine, ont, à l'issue de leur réunion, voté à l'unanimité, l'ordre du jour suivant :

Les maires de Paris adressent au grand patriote Georges Clemenceau, ancien maire de Paris, l'expression de leur admiration et l'hommage de leur profonde reconnaissance.

☙ ☙ ☙

Le Conseil d'Administration des Chemins de fer du Nord a adressé la lettre suivante à M. Clemenceau, Président du Conseil :

Monsieur le Président,

Au moment où les derniers soldats ennemis sont chassés des frontières de notre réseau, notre devoir est de joindre la Compagnie du Chemin de fer du Nord à la France entière pour vous adresser le témoignage de sa profonde reconnaissance, à vous qui avez relevé et soutenu le courage de tous, inspiré aux chefs le génie même qui nous a sauvés.

C'est au nom de tout le personnel de la Compagnie que le Conseil d'administration vous envoie ce respectueux hommage.

Le président du Conseil d'Administration.

Signé : Ed. de Rothschild.

Le Conseil a également adressé une lettre de félicitations au maréchal Foch.

CHAMBRE DE COMMERCE DE LIMOGES

Sur la proposition de son Président, la Chambre prend à l'unanimité la délibération suivante :

La Chambre de Commerce de Limoges prie M. Clemenceau d'agréer ses plus sincères et plus respectueuses félicitations pour l'œuvre de guerre accomplie par lui, en collaboration avec les membres du Gouvernement qu'il préside avec tant d'autorité et d'éclat.

Elle s'associe aux sentiments d'admiration et de gratitude qui de toutes parts s'élèvent vers le maréchal Foch, nos généraux, nos officiers et nos soldats, vaillants et magnifiques héros et artisans de la victoire, soutenus par nos braves et fidèles alliés.

Elle salue l'aurore d'une paix qui dissipera toutes les incertitudes, calmera toutes les angoisses, réalisera la plénitude des espérances.

Elle souhaite ardemment, pour le bien public, l'union de tous dans le pieux souvenir de ceux qui sont morts pour la Patrie et dans l'inébranlable foi aux immortelles destinées de la France.

La Chambre décide que copie de la présente délibération sera transmise à M. Clemenceau, Président du Conseil et Ministre de la Guerre et au maréchal Foch.

EMOUVANTE ADRESSE DU CONSEIL MUNICIPAL DE LILLE

Le Conseil municipal de Lille a voté l'ordre du jour suivant au cours de la première réunion qui a eu lieu après la libération de la ville :

Le Conseil municipal, réuni pour la première fois depuis le départ d'un ennemi exécré, salue avec une émotion profonde et une gratitude infinie les admirables soldats qui ont payé de leurs sacrifices leur noble adhésion à l'œuvre collective.

Il s'incline devant M. Raymond Poincaré, qui a présidé avec tant d'éclat, en des heures tragiques, aux destinées de la nation.

Devant M. Georges Clemenceau, qui sut opérer la mobilisation des énergies, la concentration des dévouements, et qui mérite le titre d'organisateur de la victoire.

Devant les chefs glorieux de notre armée, devant le maréchal Foch, stratège génial, qui utilisa avec tant d'opportunité et de bonheur l'esprit offensif de nos héroïques soldats.

Il adresse à tous ceux, grands et petits, militaires ou civils, qui se sont employés au salut de la Patrie et à la victoire de nos armes, l'expression de son enthousiaste reconnaissance.

CLEMENCEAU PRÉSIDENT CONSEIL PARIS

12 Novembre 1918

Suis honoré et fier être porte-paroles des Israélites algériens pour adresser au sauveur de la Patrie hommages reconnaissants et félicitations patriotiques à l'occasion victoire et triomphe de France sur barbares ennemis.

Tous Israélites Français dont fils, frères, époux ont combattu glorieusement sur champ de bataille affirment leur dévouement indéfectible au Gouvernement de la République et leur éternelle admiration au Ministère de la Victoire ainsi qu'au Généralissime des armées alliées, Maréchal Foch.

M. ATTALI, aîné,
Directeur de La Vérité à Constantine.

VILLE DE COULOMMIERS

CONSEIL MUNICIPAL

Séance du 13 novembre 1918

Présidence de M. DELSOL, maire

Etaient présents : MM. Delsol, Mathieu, Lorimy, Darriot, Brodard, Dessaint, Sevestre, Benoist, Bled, Chevalier, Delavacherie.

Le Conseil municipal a voté à l'unanimité, par acclamations, la motion suivante :

Honneur et gloire au Gouvernement de la République, à M. Clemenceau, Ministre de la Guerre, au Maréchal Foch, aux Généraux, à la magnanime Armée française, à tous nos vaillants Alliés, qui ont tous travaillé par leurs victoires éclatantes à ceindre le front de la Nation d'une auréole plus resplendissante.

Merci à eux, et souvenir respectueux et reconnaissant aux morts glorieux qui, par le sacrifice de leur vie, ont contribué à l'avènement de ce grand œuvre.

Vive la France ! Vive la République !

UN ÉLOGE ANGLAIS DE CLEMENCEAU ET FOCH

Extrait du leader du *Morning Post* du 14 novembre 1918 intitulé : « France. »

Le Sénat et la Chambre de la République française ont rendu à Clemenceau et à Foch l'hommage le plus élevé qu'il est en leur pouvoir de décerner, en votant la résolution traditionnelle déclarant que le Président du Conseil et le commandant en chef « ont bien mérité du pays ».

En France, ils font très bien ces choses, et ces mots dignes et simples resteront à la postérité comme le plus grand hommage que des serviteurs fidèles à leur pays puissent recevoir.

Au déclin de sa longue, honorable et combative existence, Clemenceau a été appelé à accomplir la tâche la plus formidable et la plus désespérée qu'il ait été jamais donné à un homme d'Etat français d'affronter. Avec quel courage indomptable, quel ardent feu de patriotisme il l'a accomplie, nous en savons quelque chose, mais tout ne nous est pas encore révélé.

Clemenceau a été en butte à une opposition très vive, mais celle-ci n'a nullement terrorisé l'homme dont le grand souci était le bien-être de la France et le grand « Premier » figure aujourd'hui comme le représentant acclamé de la nation entière.

Que dire de Foch qui se tient aux côtés du Premier sur le pinacle ? Dans cette tempête, dans cette baignade de sang, ces deux figures émergent et absolument sans peur ont conduit la France à la victoire. Comme soldat, le maréchal possède un génie achevé, une intelligence sagace, un jugement entraîné à l'école de Napoléon et chacun des commandants des armées alliées est fier d'être dirigé par le maréchal Foch.

VILLE DE NANTES

CONSEIL MUNICIPAL

Séance du 14 novembre 1918

Présidence de M. Paul BELLAMY, maire

M. le Maire donne lecture de l'exposé suivant :

Messieurs,

Le 4 août 1914, nous nous réunissions en cette salle, pleins de patriotique confiance, pour exprimer notre ferme résolution de remplir jusqu'au bout, avec tout notre cœur, les devoirs nouveaux qui nous incombaient en présence de la sauvage agression dont la France venait d'être la victime.

Depuis cette minute solennelle qui nous groupait autour du Drapeau, en même temps que nos vaillants soldats partaient dans un ordre et un élan admirables pour sa défense, nous avons assisté, en spectateurs frémissants et pleins d'admiration, à la plus grandiose épopée que le monde ait encore connue. Nous avons vécu des heures tragiques, mêlées de douloureuses angoisses et d'espoirs toujours vivaces depuis le moment où le général Joffre, tendant, dans un effort héroïque, toutes les forces de nos armées, arrêta la ruée allemande devant la Marne, depuis la défense sublime de nos marins devant l'Yser et de nos invincibles soldats devant Verdun, jusqu'aux derniers soubresauts du monstre épuisé par son effort du printemps dernier pour la reprise de sa marche vers Paris, ce mirage qu'il ne cessa d'avoir devant les yeux. Nous avons enfin respiré largement quand nous l'avons senti définitivement dompté par notre grand maréchal Foch, généralissime des Armées alliées, qui, sans cesse ni répit, dans une admirable campagne de quatre mois, refoula les armées adverses et nous donna la victoire.

Lorsque, lundi matin, fut expédiée dans toute la France la nouvelle de l'acceptation par l'Allemagne de l'intégralité de nos conditions, combien en est-il parmi nous qui ne se soient pas reportés par la pensée à la tragique journée du 1er août 1914? C'était, alors, l'ordre général de mobilisation que la voix des cloches apportait à tous jusqu'aux coins les plus retirés, des plus lointains villages. Lundi encore, nous avons eu recours à leur sonore appel ; mais, cette fois, c'était à l'allégresse universelle que leurs batteries à toute volée conviaient les populations enfin libérées de leur douloureuse obsession.

Le jour même, nous avons adressé à la population l'appel suivant :

Mes chers Concitoyens,

C'est la Victoire !

Accueillons-la avec la sagesse et le calme des forts.
Glorifions les Héros tombés pour la Patrie.
Honorons les Blessés de la Grande Guerre du Droit et de la Justice !
Fêtons nos Soldats triomphants, sauveurs de la Liberté !
Célébrons nos Alliés, grâce auxquels va resplendir enfin parmi les Hommes le bienfaisant soleil de la Paix.
Pour eux tous et pour notre France bien-aimée, si meurtrie, si vaillante et si belle,
Déployons nos Drapeaux! Pavoisons tous !
Le jour de Gloire est arrivé !

Vive la France ! Vivent les Alliés !

Puis, voulant manifester notre reconnaissance à nos morts qui ont été les premiers artisans de la victoire, nous avons porté des fleurs aux cimetières militaires français, anglais et américains, et décoré de guirlandes les tableaux d'honneur de notre personnel, contenant l'un les noms des morts pour la Patrie, l'autre les citations et distinctions dont un grand nombre de leurs camarades ont été l'objet ; nous devions, en effet, cet hommage particulier à ces braves qui font partie de la grande famille municipale.

C'est en votre nom que nous avons pris ces mesures. Elles sont inspirées de l'esprit dont vous avez témoigné pendant cette guerre où votre incessant labeur fut aussi fructueux qu'il fut silencieux.

Demain, d'autres et lourdes tâches vont nous incomber. La victoire de l'humanité et de l'idéal que nos soldats ont payée de leur sang, doit, chez les survivants, être une source d'énergie et décupler les forces qui sont en nous. Tous devront demain travailler à l'œuvre commune avec une ardeur renouvelée.

Nous-mêmes, vous proposerons le vote d'un emprunt pour travaux à entreprendre, dans lequel nous avons l'intention de comprendre pour deux millions, la construction d'habitations à bon marché. Il faut édifier la Maison de la Paix. Mais elle doit être moins dans un monument unique que dans les mille demeures accueillantes qui constitueront, chez nous, le Foyer de la Famille Nantaise.

Il faut étendre le bénéfice de la paix et faire régner entre tous la fraternité ; car la victoire serait vaine si nous devions substituer aux guerres de peuples à peuples, des luttes plus fratricides. Mais il ne faut pas que ce besoin de concorde soit exploité par des manœuvres perfides, tendant à nous faire accepter la main de nos ennemis avant qu'elle ne soit lavée du sang par eux répandu. C'est le peuple allemand lui-même qui a toujours acclamé comme un Dieu son empereur, jusqu'au jour où il n'a pu se dissimuler sa défaite; c'est le peuple allemand qui, en 1914, a failli lyncher les ambassadeurs alliés ; c'est le peuple allemand qui, sous l'uniforme de soldat ainsi déshonoré, a pillé, dévasté, ravagé nos plus riches provinces et détruit nos plus beaux monuments, nos superbes cathédrales, nos plus précieux joyaux d'art ; c'est le peuple allemand, ce sont les femmes allemandes qui ont voulu bénéficier de ces vols et de ces déprédations. Aucun artifice ne peut aujourd'hui s'opposer à l'application du principe de justice et de droit qui domine tout et qui est inscrit dans tous les codes, celui de la réparation du mal causé : le peuple allemand doit payer. Ni nos soldats, ni nos compatriotes des régions envahies ne permettraient que les allemands, auteurs de tant de ruines, puissent retourner dans leur patrie intacte, pendant que le travailleur de France peinerait pendant des générations pour les relever. Aussi nous vous demandons, Messieurs, d'émettre le vœu que l'Allemagne ne puisse, à la faveur d'aucun subterfuge constitutionnel, échapper à la réparation intégrale de tous les dommages publics et privés qu'elle a causés.

Mais tout ceci sera l'œuvre de demain. Aujourd'hui, soyons tout à l'allégresse. La population a fait entendre ses chants, ses cris de joie. Il nous appartient de donner à toutes ces voix éparses leur expression durable. Il faut que l'âme de la cité ait, par vous, le moyen de s'unir à la grande âme nationale.

C'est pourquoi nous vous demandons de réunir dans un même hommage, tous ceux qui ont été les artisans de la victoire.

Nous vous prions de voter des adresses de respectueuse et profonde reconnaissance :

Au Président de la République qui, sans vaine parade, avec un respect toujours profond de nos institutions, a représenté la France aux heures les plus tragiques, avec une grande dignité ;

Au Parlement et au Gouvernement de la République qui, pendant toute la durée de la lutte, ont toujours eu foi dans la victoire et ont travaillé infatigablement à nous l'assurer ;

Au grand citoyen Clemenceau, digne de Carnot et des grands ancêtres, à la fois organisateur de la victoire et libérateur du territoire avant même la signature de la paix, à ce robuste et magnifique survivant des députés de l'Assemblée nationale qui, ayant juré il y a quarante-sept ans, de rendre l'Alsace et la Lorraine à la France, mit hier toute son énergie à faire la guerre et nous apporte aujourd'hui les prémices d'une Paix libératrice, réparatrice et glorieuse ;

A l'illustre maréchal Foch qui, ayant enseigné la guerre aux meilleurs de nos officiers, eut la joie profonde de pouvoir, par l'expérience, montrer à nos ennemis si orgueilleux de leur science militaire, l'excellence de ses leçons et la valeur de ses élèves, qui libéra par la force des armées notre territoire national et accula l'ennemi à la nécessité de nous demander l'armistice ;

Au vénéré maréchal Joffre qui, par sa glorieuse victoire de la Marne, abattit la morgue de l'Allemagne et rendit possible le triomphe final.

Mais avec ces chefs et tous les généraux qui l'ont conduite dans la voie glorieuse, nous voulons aussi rendre hommage à l'immense foule des soldats, dont le plus humble montra des qualités héroïques.

Honneur et gloire à nos morts qui ont tout donné pour la France !

Honneur et gloire à nos mutilés, à nos blessés, à nos prisonniers qui, ayant fait d'avance le sacrifice de leur vie, n'ont survécu que pour de nouveaux devoirs !

Honneur et gloire à tous nos soldats et spécialement à nos régiments nantais, dont les nombreuses citations et distinctions obtenues attestent la particulière bravoure et auxquels nous préparons des arcs de triomphe.

Honneur, gloire et vénération aux mères et aux femmes de combattants qui, comme eux héroïques et torturées par la plus cruelle des angoisses, n'ont cessé d'apporter en offrande sur l'Autel de la Patrie leurs souffrances et leurs deuils dont est fait notre Salut !

Honneur et gloire à tous nos Alliés ; honneur et gloire à la Belgique martyre et à son Roi chevalier de l'Idée, Albert Ier ; à la Grande-Bretagne et à ses dominions, sans le secours de qui notre victoire était impossible et dont le sacrifice en hommes fut le plus lourd pendant ces deux dernières années ; à son grand Ministre, Lloyd George ; aux Etats-Unis et à leur Président Wilson, dont la noble figure domine la scène du monde à l'heure de la Justice ; à l'Italie triomphante qui a, elle aussi, retrouvé ses provinces perdues ; à la grande Serbie qui va se reconstituer.

Salut cordialement ému et tendrement fraternel à nos sœurs retrouvées, l'Alsace et la Lorraine, à qui nous devons d'autant plus d'amour qu'elles ont plus souffert pour nous !

Et vive à jamais heureuse et prospère la grande France unie dans la paix glorieuse et la fraternité !

Le Conseil approuve à l'unanimité et par acclamations.

VILLE DE ROANNE

CONSEIL MUNICIPAL

Séance du 14 novembre 1918

Présidence de M. BONNAUD, maire

Etaient présents : MM. Bonnaud, maire ; Reure et Perroquin, adjoints ; Collet, Terraillon, Allier, Moreau, Mayançon, Dupuy, Peillon, Manigaud, Gay, Dubet, Blanchardon, Charpenet, Bertrand, Passinge, Chuzeville, Daudenet, Peyrard et Jondet, conseillers, lesquels forment la majorité des membres en exercice.

Absents excusés : MM. Laurent, Desbat et Thimonier, conseillers.

Absents mobilisés : MM. Chanteret, adjoint ; Gaillard, conseiller. M. Dupuy est élu secrétaire.

M. le Maire propose au Conseil municipal la délibération suivante qui est votée au cri de « Vive la France ».

Réuni à l'Hôtel-de-Ville, en séance spéciale, le 14 novembre 1918, à 17 heures, le Conseil municipal, interprète fidèle des sentiments de toute la population, à l'unanimité et par acclamation :

Adresse un hommage ému à nos glorieux morts et nos plus vives sympathies aux familles roannaises qui mêlent aujourd'hui à leur joie patriotique la douleur de sublimes sacrifices ;

Assure de son affectueuse reconnaissance tous nos braves mutilés et blessés de guerre ;

Acclame les chefs éminents de tout grade et les merveilleux soldats qui, unis à nos fidèles Alliés, ont assuré, par tant de glorieux efforts, la victoire de la France immortelle ;

Adresse aux maréchaux Joffre et Foch, les vainqueurs de 1914 et de 1918, ses sentiments de profonde admiration.

Enfin, le Conseil municipal prie M. Georges Clemenceau, Président du Conseil, Ministre de la Guerre, organisateur de la victoire, de vouloir bien agréer l'hommage de ses félicitations enthousiastes pour son ardent amour de la Patrie et son inlassable énergie qui ont si largement contribué à la victoire définitive de la France, au triomphe du droit, de la civilisation et de la liberté.

Il décide que le maire et les adjoints se rendront de suite auprès de M. le sous-préfet, pour lui remettre l'adresse ci-dessus.

Il décide en outre, sur la proposition du maire, que, pour fêter le retour de nos frères d'Alsace-Lorraine dans la grande famille française, la rue de la Côte, à Roanne, portera, dès aujourd'hui, le nom de rue « d'Alsace-Lorraine ».

BRITISH CHAMBER OF COMMERCE PARIS

Résolution votée à l'unanimité, le 14 novembre 1918

Le Conseil d'administration de la Chambre de Commerce britannique à Paris adresse respectueusement le témoignage unanime de son admiration et de sa reconnaissance à M. Georges Clemenceau, Président du Conseil, Ministre de la Guerre, le grand artisan de la victoire du Droit et de la Justice contre le despotisme et la barbarie.

Il le prie d'être l'interprète de ses sentiments non moins chaleureux envers M. le maréchal Foch, chef des Armées alliées, dans les rangs desquels, côte à côte avec leurs glorieux camarades français, les soldats britanniques sont fiers d'avoir combattu.

Cette alliance d'armes est un sûr garant d'une amitié impérissable dans la paix.

CHAMBRE DE COMMERCE DE ROUEN

Séance du 14 novembre 1918

La Chambre de Commerce de Rouen, applaudissant à la magnifique victoire de la France, prie :

M. Georges Clemenceau, Président du Conseil,
MM. les maréchaux Joffre et Foch,
Les officiers et soldats des glorieuses armées françaises et alliées, qui en ont été les admirables artisans, d'agréer, l'expression de ses respectueuses félicitations et de son patriotique enthousiasme.

VILLE DE BEAUVAIS

CONSEIL MUNICIPAL

Séance du 15 novembre 1918

Présidence de M. DESGROUX, maire

Le Conseil municipal de Beauvais,

Acclame dans un même sentiment de reconnaissance et de gratitude nos merveilleux soldats qui ont donné la victoire à la France immortelle ; — les soldats de nos fidèles alliés qui, avec nous, ont lutté pour le Droit, pour la Justice et pour la Civilisation ; — et les chefs illustres de nos Armées et des Armées alliées qui ont conduit leurs troupes à un éclatant succès ;

Adresse l'hommage ému de patriotique sympathie à nos frères d'Alsace-Lorraine qui, par un retour du Droit contre la Force, réintègrent la Patrie dont ils étaient exilés depuis plus de quarante-sept ans ;

Salue avec une douloureuse émotion les héros qui ont donné leur vie pour la France ; — s'incline respectueusement devant leurs familles en deuil et leur exprime ses condoléances les plus vives ;

Témoigne sa reconnaissance au maréchal Joffre, le vainqueur de la Marne, et à ses lieutenants qui ont été les bons artisans de la victoire ;

Exprime toute son admiration au maréchal Foch, l'illustre généralissime qui, par sa science et son génie, a été le digne chef des Armées de la Liberté ;

Et salue en Georges Clemenceau, le Grand Français qui, par son inlassable énergie et son ardent amour de la Patrie, a contribué au triomphe final.

Vive la France !

Vive la République !

VILLE DE CAEN

CONSEIL MUNICIPAL
Séance du 15 novembre 1918

Présidence de M. PERROTTE, maire

Le Conseil municipal de Caen adresse au Président du Conseil, Ministre de la Guerre, Georges Clemenceau, l'expression de son admiration pour l'énergie inlassable qu'il a déployée dans la conduite de la guerre et grâce à laquelle nous tenons enfin la victoire.

Et, voulant lui exprimer sa reconnaissance, se souvenant, d'autre part, que le Nouvel Hôpital de Caen a été inauguré, en 1908, sous sa présidence, décide de donner à la route de Ouistreham, qui y conduit, le nom de : Avenue Georges-Clemenceau.

VILLE DU PUY

CONSEIL MUNICIPAL
Séance du 15 novembre 1918

Présidence de M. GIBELIN, maire

Présents : MM. Moulhiade, adjoint ; Giroud, Coudeyrette, Chazal, Barthélemy, Docteur Morel, Achard, Armand, Meynard, Therme, Cortial, Hanriot, Piroux, Terle, Cazès, Morin, Duranton.
Mobilisés : MM. le Docteur Kaeppelin, Gautheron, Fondere, Gerbier.

M. LE MAIRE : –

Pour consacrer à jamais les journées de joie populaire que nous venons de vivre, en attendant que soit parachevée l'œuvre de résurrection nationale, je vous propose d'envoyer aux armées, à leurs chefs et au Gouvernement de la République, l'adresse que voici :

HOMMAGE DU CONSEIL MUNICIPAL AUX SAUVEURS DE LA FRANCE

Considérant que la France doit son salut à l'héroïsme de ses armées, à la valeur de ses soldats et de leurs chefs ;

Que la victoire est due autant au merveilleux esprit de guerre du Gouvernement, à la fermeté, à l'ardent patriotisme de Georges Clemenceau, qu'à l'unité de commandement confiée au maréchal Foch ;

Que la France tout entière, grâce à l'Union Sacrée, s'est montrée digne de ses morts glorieux et de la suprême récompense qu'elle reçoit par le retour de l'Alsace-Lorraine à la mère-patrie ;

Décide à l'unanimité :

D'inscrire, dès aujourd'hui, sur le registre de ses délibérations, le texte de la loi votée par les Chambres en attendant qu'il soit gravé sur le marbre et qui est ainsi conçu :

« Les Armées et leurs Chefs,

« Le Gouvernement de la République,

« Le citoyen Georges Clemenceau, Président du Conseil, Ministre de la Guerre,

« Le Maréchal Foch, généralissime des Armées alliées,

« Ont bien mérité de la Patrie. »

Le Conseil municipal, à l'unanimité des membres présents et par acclamations, vote l'adresse proposée par M. le Maire.

LES VÉTÉRANS DES ARMÉES DE TERRE ET DE MER DE LA GUERRE DE 1870-1871

200ᵉ SECTION D'ALGER

17 novembre 1918

Motion de M. Camille Charvet, vétéran.

Les vétérans des Armées de terre et de mer de la guerre de 1870-1871, réunis fraternellement le 17 novembre 1918, à la Mairie d'Alger, sous la présidence du camarade M. Demange, pour fêter la plus grandiose victoire de l'humanité, du droit et de la justice sur la barbarie que nous a donnée la revanche de 1870-1871, attendue depuis quarante-huit ans, ainsi que le retour dans le giron de notre chère France, de nos provinces volées (l'Alsace et la Lorraine).

Les vétérans de l'Année Terrible adressent avec un sentiment de vénération et une vive émotion, une pensée pieuse et un souvenir affectueux de reconnaissance à nos chers disparus que nous n'oublierons jamais, ainsi qu'à tous les martyrs et les victimes des teutons exécrés. Ils acclament avec une joie patriotique, enthousiaste, les héros victorieux, les incomparables soldats français et alliés qui ont vaincu, écrasé les barbares orgueilleux, féroces, raffinés dans l'exécution du crime.

Dans leurs cœurs de patriotes français, ils unissent nos deux plus grands chefs vénérés, qui incarnent l'âme de notre chère Patrie, sans héroïsme de parade, sans discours. Ils ont été les artisans, les organisateurs, les auteurs de la victoire irradiante qui éblouit le monde entier.

M. Clemenceau, le vétéran de la guerre de 1870 et de la politique, le plus grand citoyen des temps modernes, le maréchal Foch, le stratège génial, unique qui galvanisa, utilisa avec opportunité et bonheur l'esprit offensif de nos héroïques soldats français et alliés.

Les vétérans désirent les voir glorifier par la plus haute de nos décorations mais, vu la loi qui interdit de décerner la Légion d'Honneur aux parlementaires.

Emettent le vœu que le Parlement veuille bien user de son initiative et décerner par une loi exceptionnelle et au titre de récompense nationale, le Grand Cordon de la Légion d'Honneur et la Croix de Guerre au grand patriote vétéran, M. Clemenceau, l'organisateur de la victoire, le sauveur de la Patrie.

Qu'il crée pour le plus illustre, le plus populaire des généraux, le maréchal Foch, une récompense nationale spéciale.

Cette motion a été acclamée par les vétérans d'Alger.

VILLE DE GRENOBLE

CONSEIL MUNICIPAL

Séance du 18 novembre 1918

Présidence de M. Victor CORNIER, maire

Le Conseil municipal de la ville de Grenoble salue, dans la victoire des armées françaises et alliées, le triomphe des idées de justice et de liberté.

Il envoie le témoignage de son admiration aux artisans de cette victoire, aux troupes qui l'ont achetée par leurs souffrances et leurs sacrifices, aux chefs et parmi eux, au maréchal Joffre, au général Galliéni, au maréchal Foch.

Il félicite, pour son action de guerre, le Gouvernement et son chef, Georges Clemenceau, qui en assurant l'unité de commandement a hâté le succès.

Il adresse l'expression de ses sentiments fraternels aux chères provinces qui font retour à la Patrie.

VILLE DE NIORT

CONSEIL MUNICIPAL

Séance du 18 novembre 1918

Présidence de M. CIBIEL, maire

M. le Maire s'exprime en ces termes :

Messieurs et chers Collègues,

Après cinquante mois de souffrances et d'héroïsme, nos incomparables soldats, avec l'aide de nos vaillants alliés, ont glorieusement gagné la guerre.

Il y a huit jours, l'orgueilleuse Allemagne, à l'exemple de ses comparses déjà réduits à se rendre à merci, s'avouait vaincue à son tour en acceptant sans réserves, par la signature de l'armistice, toutes les conditions qui lui étaient imposées par notre généralissime.

Aujourd'hui même, nos trois couleurs flottent à nouveau sur la grande citadelle lorraine ; demain, Strasbourg nous sera rendue ; l'Alsace-Lorraine, courbée depuis un demi-siècle sous le joug prussien mais demeurée quand même française, sera réunie à la mère-patrie.

Dans quelques jours enfin, nos cavaliers abreuveront leurs chevaux dans le Rhin allemand.

Le sanglant conflit voulu par le Hohenzollern maudit s'achève, pour la France, dans une apothéose qui resplendira dans l'histoire du monde, pour l'Allemagne et pour ses complices, dans la honte de la défaite et de l'abjection.

Sedan est effacé.

J'ai pensé, Messieurs, qu'il convenait de consigner dans nos archives municipales, les mémorables événements qui s'accomplissent..., d'adresser à tous les artisans de la victoire le témoignage de la reconnaissance et de l'admiration du Conseil municipal de Niort. C'est à cet effet que je vous ai réunis aujourd'hui pour vous proposer de prendre la délibération suivante :

« Le Conseil municipal de Niort, réuni en séance extraordinaire, le 18 novembre 1918, adresse le témoignage de sa vive reconnaissance et de son admiration ;

« Aux héroïques soldats de la France ;

« A leurs glorieux chefs et en particulier au généralissime Foch qui les a conduits à la victoire ;

« A M. Georges Clemenceau dont l'énergique intervention a mis fin aux agissements défaitistes, raffermi, tant sur le front qu'à l'arrière, la confiance dans le succès de nos armes et la volonté de vaincre ;

« Aux Alliés qui généreusement sont venus se ranger à nos côtés, pour la défense du Droit et de la Liberté ;

« A tous les héros glorieusement tombés au Champ d'Honneur,
« Le Conseil, dans un patriotique enthousiasme, salue avec une joyeuse émotion le retour à la mère-patrie des chères provinces d'Alsace-Lorraine restées indiciblement attachées à la France malgré un demi-siècle d'oppression. »

Cette délibération est votée à l'unanimité.

VILLE DE DIJON

CONSEIL MUNICIPAL

Séance du 20 novembre 1918

Présidence de M. Charles DUMONT, maire

Secrétaire : M. Naudin.
Membres présents : MM. Ruinet, Marchandon, Docteur Boursot, Rencker, Simonet, Roubot, Lamiable, Huchon, Sarrasin, Degoud, Ravrat, Dey, Mack, Barthélemy, Pafit-Bordot, Le Roy, Dèroche-Thevenin, Aubert.
Membres mobilisés : MM. Marchet, Pernot, Legras, Collette, Rémond.

M. le Maire expose :

Messieurs,

En septembre 1914, les armées allemandes envahissaient la France, poursuivaient l'armée française en retraite, menaçaient Paris, avec la furieuse volonté de démembrer er d'asservir notre pays.

Le commandant en chef de notre armée, le général Joffre, aujourd'hui le maréchal Joffre, avec une énergique et froide volonté, accomplit cette chose extraordinaire de battre en retraite poursuivi par l'ennemi, en regroupant et en réorganisant ses armées, jusqu'au jour où, se sentant maître de ses forces et confiant dans l'indomptable courage de ses soldats, il adressa à ceux-ci la brève et sublime proclamation que nous connaissons tous.

Et, à la suite d'un redressement unique dans l'histoire militaire, l'armée française s'arrête, fait face à l'ennemi, se jette furieusement sur les hordes allemandes ivres de leurs succès et aussi des vins de France, les bat, les oblige à leur tour à la retraite, les poursuit sur un parcours de plus de 100 kilomètres et ne s'arrête qu'après épuisement de ses munitions.

L'armée allemande, effrayée, s'arrête également, se terre et va commencer la guerre des tranchées ; mais, grâce à la grandiose, savante et courageuse manœuvre de Joffre, la France est sauvée, et avec elle la civilisation mondiale. Aussi le maréchal Joffre jouit-il, depuis cette époque, de l'admiration, du respect et de la reconnaissance de toutes les nations amies et alliées.

L'attaque de l'ennemi par le nord, malgré la violation de la Belgique, ayant ainsi piteusement échoué, celui-ci change ses batteries en renouvelant par l'est sa tentative d'envahissement de la France.

C'est au prétentieux kronprinz d'Allemagne qu'échoit l'honneur de briser notre front et de franchir nos frontières, mais sur sa route il trouve Verdun et, malgré qu'il ait concentré sous ses ordres l'armée et le matériel les plus formidables dont aucun chef dans l'histoire ait jamais disposé, son effort vint se briser sur les lignes du front français.

L'Histoire nous donnera plus tard le nom des admirables chefs qui commandaient à Verdun ; nous connaîtrons les troupes sublimes qui, pendant des mois, résistèrent avec un si stoïque courage à la ruée allemande, lui infligeant des pertes cruelles, brisant enfin son effort et l'obligeant, là aussi, à un recul, lequel, une seconde fois, sauva la France de l'invasion.

Nous ne pouvons les honorer tous, mais nous pouvons glorifier le nom de Verdun, qui, dans la suite des temps, rappellera aux générations futures le sublime courage des armées de France, résistant et brisant les plus formidables attaques que l'Histoire ait jamais enregistrées.

Il y a dix-huit mois, un souffle de défaitisme et de découragement passait sur la France pendant que l'ennemi, soudoyant des agents louches pour désorganiser la Russie, vaincue, redoublait ses coups sur tous nos fronts. L'angoisse étreignait le cœur de tous les vrais Français ; trois années d'une guerre impitoyable et d'énormes sacrifices auraient-ils été en pure perte? Allions-nous être vaincus et devenir Prussiens?

Heureusement non, un homme surgit au pouvoir : Clemenceau ! Par son énergique volonté, il arrête l'action des immondes perturbateurs qui tablaient sur la défaite ; il relève les courages, obtient des alliés rassurés l'unité de commandement, avec le général Foch à la tête de toutes les armées françaises et alliées.

La face des choses change immédiatement ; après un temps de recueillement, Foch attaque sur tous les fronts et, par une savante stratégie, bat et enfonce partout l'ennemi ; quelques mois de succès continus lui suffisent pour abattre la puissance allemande qui, usée et épuisée, se met à genoux le 11 novembre et capitule. C'est la victoire entière et complète des armées française et alliées, c'est la fin du cauchemar effroyable qui passa sur nous pendant cinquante et un mois.

Comment la France marquera-t-elle sa suprême reconnaissance à son armée, à ses glorieux chefs, à l'éminent homme d'État qui leur a préparé la victoire? Il faut que leur souvenir soit partout gravé, dans nos cœurs, dans nos rues, sur nos places publiques, afin qu'ils soient admirés et honorés dans tous les temps.

C'est pour accomplir ce devoir de reconnaissance que nous vous proposons, Messieurs, comme nous l'avions d'ailleurs déjà prévu dans une précédente délibération, de donner les noms de Clemenceau, Foch, Joffre et Verdun à certaines places ou rues de la ville.

Si vous êtes de cet avis, nous prierons la commission des vœux de vouloir bien nous présenter un rapport et des propositions pour une de nos prochaines séances.

Cette proposition est accueillie aux acclamations enthousiastes de l'Assemblée.

CHAMBRE DE COMMERCE DE VILLEFRANCHE (RHONE)

Séance du 21 novembre 1918

La Chambre de Commerce de Villefranche (Rhône), réunie pour la première fois depuis la signature de l'armistice, à l'unanimité de ses membres présents, décide d'envoyer l'adresse suivante à M. Georges Clemenceau, Président du Conseil, Ministre de la Guerre :

Au moment où réalisant un rêve national de près d'un demi-siècle, les troupes françaises reprennent possession de l'Alsace-Lorraine, la Chambre de Commerce de Villefranche (Rhône) prie M. le Président du Conseil d'agréer l'expression de ses sentiments d'admiration pour son indomptable énergie et sa foi patriotique qui nous ont valu la victoire dont chefs et soldats, vivants et morts, ont été les héroïques artisans.

VILLE D'AUCH

CONSEIL MUNICIPAL

Séance du 23 novembre 1918

Présidence de M. le docteur SAMALENS, maire

Le Conseil municipal de la commune d'Auch a l'honneur d'adresser une motion de félicitations enthousiastes et de reconnaissance émue à M. Clemenceau, qui, depuis longtemps, avec un sens clair et intuitif de l'avenir, avait dénoncé les périls qui nous menaçaient et qui, depuis son arrivée au pouvoir, a consacré son énergie infatigable et a adapté toutes les force vives de la Nation à la poursuite incessante d'un but unique : « la victoire » au maréchal Foch dont la stratégie impeccable, le commandement prestigieux n'ont connu que des succès et ont forcé la capitulation de l'ennemi ; à tous les vaillants officiers et soldats de l'Armée française, combattants de la Grande Guerre, sauveurs de la Patrie, champions de la liberté du monde, chevaliers sans peur et sans reproche de l'idéal français.

Le Conseil a décidé qu'un monument commémoratif serait élevé en l'honneur des Morts pour la Patrie, et il a voté à cet effet, une somme de 10.000 francs, à laquelle viendront s'ajouter les fonds d'une souscription publique, organisée par un Comité. Ce monument serait élevé sur la place Salinis, et des canons pris à l'ennemi seraient demandés au Gouvernement pour lui servir de cadre.

Le Conseil a décidé de donner les noms du maréchal Joffre, du Maréchal Foch, de Georges Clemenceau, de la Marne, de Verdun, à des avenues, à des rues et des places de la ville, qui seront ultérieurement désignées.

VILLE DE SAINT-ÉTIENNE

CONSEIL MUNICIPAL

Séance du 23 novembre 1918

Présidence de M. NEYRET, maire

Etaient présents : MM. Soulenc, Paulet, Peuvergne, Beraud, adjoints ; David, Porte, Rochette, Pichon, Colomb, Faure, Menin, Chassons, Leroux, Meurgey, Lainé, Martin, Roche, Duplaix, Montagny, Deville et Laudet, conseillers municipaux.

Absents avec excuses : MM. Neyret (Blaise), adjoint et Fargère, conseiller municipal.

Appelés par la mobilisation : MM. Chorel, adjoint ; Malécot, Raffin, Montmartin, Jean, Rivoire et Célarier, conseillers municipaux.

M. LE MAIRE :

Le Parlement a voté, après la signature de l'armistice, les lois suivantes, pour honorer ceux qui ont si bien mérité de la Patrie et de l'Humanité :

Loi ayant pour objet de rendre un hommage national aux Armées, au Président du Conseil, Georges Clemenceau, et au maréchal Foch.

(*Texte publié au frontispice de ce volume.*)

Je suis assuré, mes chers Collègues, d'être l'interprète de vos sentiments unanimes en associant le Conseil municipal de la ville de Saint-Etienne au Parlement, dans cette manifestation solennelle des remerciements de tous les Français envers ceux qui ont si hautement mérité de la Patrie..

CHAMBRE DE COMMERCE DE MARSEILLE

LA COMMÉMORATION DE LA VICTOIRE

Séance du 26 novembre 1918

Présidence de M. ARTAUD

Dans la séance du mardi 26 novembre 1918, présidée par *M. Adrien Artaud*, M. *Emile Lévy* a présenté le vœu suivant, concernant l'hommage solennellement rendu par le Parlement aux principaux artisans de la Victoire de l'Entente.

Messieurs,

Au lendemain de l'armistice, le Parlement, interprète de la Nation tout entière, a voté les deux lois suivantes :

(Loi promulguée à l'*Officiel* du 19 novembre 1918 :)

Les Armées et leurs Chefs,
Le Gouvernement de la République,
Le citoyen Georges Clemenceau, Président du Conseil, Ministre de la Guerre,
Le maréchal Foch, généralissime des Armées alliées,
Ont bien mérité de la Patrie.
Le texte de la présente loi sera gravé pour demeurer permanent dans toutes les mairies et dans toutes les écoles de la République.

(Loi promulguée à l'*Officiel* du 23-24 novembre 1918 :)

Le Président Wilson et la Nation américaine, les Nations alliées et les Chefs d'Etat, qui sont à leur tête,
Ont bien mérité de l'Humanité.

Le texte de la présente loi sera gravé pour demeurer permanent dans toutes les mairies et dans toutes les écoles de la République.
J'ai l'honneur de demander à la Chambre de Commerce que ces deux inscriptions soient gravées en lettres d'or sur des plaques de marbre, qui seront placées dans le grand vestibule de la Bourse.

Cette proposition a rencontré l'adhésion chaleureusement unanime de la Chambre, qui charge la Commission de la Bourse de faire d'urgence exécuter cette décision.

VILLE D'AIX (BOUCHES-DU-RHONE)

CONSEIL MUNICIPAL

Séance du 29 novembre 1918

Présidence de M. le Docteur BERTRAND, maire.

Etaient présents : MM. le docteur Bertrand, maire ; Grill, adjoint ; Roche, adjoint spécial ; Laurens, Adoult, Latour, Bonnet, Bernard, Frasse, Coueste, Roubin, Cristofini et Roche (Léon).
M. Mille, *mobilisé*, assiste à la séance.
Secrétaire : M. Bernard.

Avant d'aborder l'ordre du jour, *M. le Maire* prononce l'allocution suivante :

Messieurs,

Depuis notre dernière réunion de grands et glorieux événements se sont produits, et c'est pourquoi je me permets, en ouvrant la séance et avant d'aborder l'ordre du jour, de vous prier de bien vouloir m'accorder quelques instants.

. . . .

. . . .

Mais nous avons contracté, comme tous les Français, une dette d'honneur envers nos soldats et envers les organisateurs de la victoire et nos enfants et petits-enfants, pas plus que nous-mêmes, ne doivent et ne devront l'oublier.
Et que peut faire une ville pour perpétuer la mémoire des grands chefs qui nous ont conduit ? Que peut faire une ville pour honorer ses braves enfants partis pour défendre leur mère, la mère-patrie ?
Certes, nous pleurons et pleurerons toujours nos chers disparus, nos chers morts. Les 800 enfants d'Aix, morts pour la Patrie et qui mirent leur poitrine entre notre pays et les hordes allemandes, méritent bien un jour, un monument sur une de nos places, avec leurs noms en lettres d'or. Et nous penserons souvent à ces familles en deuil, dont la douleur aura fait notre victoire, nous penserons souvent à ces amis si cruellement affligés et j'en vois sur ces bancs vers qui va tout mon cœur, et nous leur dirons : Merci !
Nous nous réservons d'ailleurs d'écrire un jour et au nom de la ville, l'histoire de la guerre, à Aix, au point de vue administratif et anecdotique, et nous y joindrons la liste de ceux qui sont tombés, de ceux qui ont été blessés, ainsi que les citations de nos glorieux compatriotes, afin que leurs noms passent à la postérité. Ce sera un hommage rendu à leur courage, en

même temps qu'un souvenir le plus juste et le titre de noblesse le plus grand pour les familles de nos héros.

Mais actuellement, Messieurs, il me semble que nous pouvons dès aujourd'hui donner le nom des grands chefs de la guerre à certaines de nos rues dont les noms actuels, d'ailleurs, ne veulent plus dire grand'chose, et je me permets de vous proposer de donner :

Le nom de Clemenceau à la rue de la Miséricorde, de Clemenceau le grand Français, celui que l'histoire appellera certainement

Le Sauveur de la Patrie

Le nom de Foch, l'organisateur de la victoire définitive, de Foch, le Généralissime qui a l'honneur de commander aux armées de France, d'Angleterre, d'Amérique, de Belgique, de Serbie, de Grèce et de Monténégro, de donner, dis-je, le nom de Foch, à la rue des Orfèvres, qui deviendrait la rue

Maréchal Foch

Le nom de Joffre, le vainqueur de la Marne, qui avec ses illustres lieutenants réussit à arrêter l'invasion en 1914, à quelques lieues de Paris et qui s'acquitta si bien dans la suite, de sa mission en Amérique, que M. Walter Berry, Président de la Chambre de Commerce américaine, disait « que la plus belle conquête de l'an III de la guerre, était la conquête des Etats-Unis par le maréchal », à la rue du Louvre, dont le nom ne veut aujourd'hui plus rien dire, et qui deviendrait la rue

Maréchal Joffre

Et le nom de Wilson, le Président des Etats-Unis, l'homme juste et droit, digne descendant de Washington et de Lincoln, qui mit dans la balance et du côté du progrès et de la civilisation, les énormes ressources en hommes, en matériel et en argent, de toute l'Amérique, à la place de la Rotonde, qui deviendrait

La place Président Wilson

Et, Messieurs, il est enfin un mot que nous ne devons pas oublier, une appellation qui doit rester et restera certainement, dans l'histoire, dont je ne connais pas l'origine, mais qui a fait fortune pendant la guerre, un nom qui rappellera partout et toujours nos valeureux soldats, c'est le mot de « Poilu ».

Un groupe de femmes, tout dernièrement, rue Petite-Saint-Esprit, groupe formé de mères de famille et de jeunes filles, m'a demandé de ne pas oublier une rue pour les poilus.

Certes, Messieurs, on ne peut pas les oublier, nos braves poilus, jeunes ou vieux, nos poilus qui ont vaincu les hordes de Guillaume, qui ont écrasé la Garde prussienne, réputée invincible, les poilus de la Marne, de l'Yser, de Verdun, des Dardanelles, les poilus de toutes les grandes batailles, de toutes les grandes victoires qui ont amené la débâcle définitive des barbares.

Et je cherche avec vous à quelle rue nous pourrions donner le nom de rue des Poilus. La rue Petite-Saint-Esprit, me semble insuffisante comme importance, malgré le désir de ses habitantes, et j'ai l'honneur de vous

proposer le boulevard de l'Armée, voie très passagère, qui, je crois, serait acceptée volontiers par la population et satisferait nos... poilus, ce serait donc le boulevard
Des Poilus
Qu'en pensez-vous?

. . . .

. . . .

Les paroles du chef de la Municipalité sont couvertes d'applaudissements unanimes et prolongés.
Le Conseil municipal consulté, adopte l'exposé de M. le Maire et en convertit les conclusions en délibération.

CONSEIL D'ADMINISTRATION

LES GYMNASTES SAINT-EUGÉNOIS

Société de gymnastique, de tir et de préparation militaire à Saint-Eugène (Alger)

Séance du 30 novembre 1918

Présents : MM. Attané, président ; Roger, vice-président ; Monthus, trésorier ; Rey, secrétaire ; Guillaumot, directeur des exercices ; Pellegrini et Soler, assesseurs.

M. Vimal, maire, Président d'honneur, assiste à la séance.

La séance est ouverte à 20 h. 30 sous la présidence de M. Attané, président.

Le Président fait connaître à l'assistance la manifestation qui se prépare en l'honneur de M. Georges Clemenceau et de nos armées, par l'élaboration d'un livre d'hommage.

Après échange de vues sur la forme à donner pour participer à cet hommage, à l'unanimité, le Conseil, considérant le caractère patriotique du groupement qu'il a l'honneur de diriger depuis quinze années, est heureux de saisir l'occasion de témoigner sa reconnaissance aux Sauveurs de la Patrie, et charge son Président d'adresser au Comité du Livre d'Hommage, l'adhésion de la Société « Les Gymnastes Saint-Eugénois ».

CHAMBRE DE COMMERCE DE CARCASSONNE

Séance du 3 décembre 1918

Présidence de M. Paul DREVET, président

Le Président prononce les paroles suivantes :

Messieurs,

Depuis notre dernière séance, un immense événement s'est produit : la signature de l'armistice a consacré la victoire de la France et de ses Alliés ; après cinquante-deux mois d'horrible lutte, notre pays sort définitivement triomphant de cette épouvantable guerre dans laquelle nos ennemis ont accumulé toutes les manœuvres, toutes les dévastations susceptibles de ruiner à jamais notre grande Patrie.

Nous manquerions à notre devoir si nous n'adressions un souvenir ému, l'expression de toute notre reconnaissance, aux héros qui ont payé de leur sang et de leur vie la défense de ce que nous avons tous de plus sacré, la France ; aux armées, qui pendant si longtemps, ont mis leur fatigue et leur courage au service de la plus sainte des causes.

Je sais également, Messieurs, que je suis l'interprète de chacun de vous, en adressant nos sentiments d'admiration et de gratitude au maréchal Joffre, qui a pu arrêter une invasion, longuement préparée par un ennemi sans scrupule, alors que nous n'avions encore, ni toutes nos armées, ni toutes nos ressources ; au Président du Conseil, M. Clemenceau, au maréchal Foch, qui ont su, par un patriotisme admirable, par une foi entière dans le succès, par une énergie indomptable, par des manœuvres géniales, fixer la victoire à notre drapeau et assurer à jamais le triomphe des idées de justice et de liberté, qui furent toujours l'idéal de notre France immortelle.

CHAMBRE DE COMMERCE DE GRENOBLE

Séance du 5 décembre 1918

Présidence de M. CORNIER, maire

Etaient présents : MM. Cornier, président ; Contard et Sappey, vice-présidents ; Berthelot, Blachot, Blanchet, Bondat, Bonneton, Breillet, David, Keller, Neyret, et Gauthier, secrétaire.

Etaient absents et excusés : MM. E. Bouchayer, trésorier ; Charpenay et Gagneux.

En ouvrant la séance, le Président a fait connaître à l'Assemblée qu'il est heureux de profiter de l'occasion qui lui est offerte à la première réunion tenue par la Chambre de Commerce, depuis la signature de l'armistice, pour saluer, dans la glorieuse victoire des Armées alliées, le triomphe du Droit et de la Liberté sur la Force brutale.

Il ajoute qu'il est certain d'être l'interprète de toute la Compagnie, en envoyant aux artisans de cette victoire, à nos troupes héroïques tout d'abord, puis à tous leurs chefs et parmi eux, aux maréchaux de France : Joffre, Foch et Pétain, le témoignage de leur plus vive admiration.

Il félicite aussi le Gouvernement et particulièrement son chef, M. Georges Clemenceau, tant pour leur énergique action de guerre, que pour la volonté tenace qu'ils ont apportée, afin d'assurer l'unité de commandement qui a été l'un des principaux facteurs du succès.

Il tient aussi à associer à sa joie l'Alsace et la Lorraine, dont il salue le retour à la Patrie française et auxquelles il adresse l'expression émue des sentiments de la plus patriotique affection.

Il compte enfin que la France reprendra au moins ses anciennes frontières de 1814 et de 1789, avec le bassin minier de la Sarre, dont le charbon est indispensable à notre métallurgie par trop privée de combustible aujourd'hui, et que la Société des Nations, en endiguant la race germanique sur le Rhin, empêchera à l'avenir son invasion dans l'ancienne Gaule.

L'Assemblée donne acte à son Président de ses paroles, les approuve chaudement et décide à l'unanimité de les incrire au P. V. de sa séance du 5 décembre 1918.

ASSOCIATION FRATERNELLE ET DE SECOURS MUTUELS DU 88e RÉGIMENT DE MOBILES D'INDRE-ET-LOIRE

Séance du 8 décembre 1918

Les membres de l'Association fraternelle du 88e régiment de Mobiles, pour fêter la fin glorieuse des hostilités, à l'unanimité, adressent à M. le Président du Conseil, l'hommage respectueux de leur admiration.

Ils envoient la sincère expression de leur patriotique reconnaissance à M. le maréchal Foch, généralissime des Armées alliées, aux vaillantes troupes sous ses ordres, en un mot, à tous les artisans de la victoire.

Ils insistent pour que de légitimes compensations et réparations soient exigées de l'ennemi et espèrent que bientôt, dans une paix féconde, fruit de l'Union Sacrée, la France pourra préparer sa renaissance économique et reprendre sa place glorieuse à la tête des nations.

CHAMBRE DE COMMERCE D'ANGOULÊME

Séance du 11 décembre 1918

Présidence de M. Lucien LACROIX

Etaient présents en outre : MM. Chauveau, vice-président ; Alamigeon, secrétaire par intérim ; Rullier, trésorier ; Petit et Péraud, membres ; Salgues, membre correspondant.

Absents et excusés : MM. le Préfet de la Charente, Président d'honneur ; Cazaux et Emard-Lacroix, membres ; Goursat et Nouel, membres mobilisés.

La Chambre de Commerce d'Angoulême,
Considérant que M. Georges Clemenceau, Ministre de la Guerre et Président du Conseil,
A pris le pouvoir dans des circonstances exceptionnellement graves,
Qu'il a démasqué et traqué les traîtres,
Etouffé la propagande ennemie,
Relevé le moral des troupes et des populations civiles,
Réalisé l'unité de commandement, choisi comme généralissime des Armées alliées, l'homme le plus capable de les conduire à la victoire et d'écraser l'ennemi,
Veillé, comme un père, sur le soldat dont il est l'idole,
Bravé, à soixante-dix-sept ans, les fatigues, les privations et les dangers de la guerre,
Incarné, en un mot, l'âme de la France pendant un an,
Adresse au grand Français et au grand homme d'Etat, l'hommage de son admiration et de sa reconnaissance,
Proclame que M. Georges Clemenceau et ses collaborateurs ont bien mérité de la Patrie et de l'Humanité,
Envoie l'expression des mêmes sentiments au maréchal Foch, au maréchal Pétain, ainsi qu'aux Armées françaises et alliées et à tous leurs illustres chefs.

CHAMBRE DE COMMERCE D'ANNECY

Séance du 11 décembre 1918

La Chambre de Commerce de la Haute-Savoie est heureuse d'offrir ses respectueux hommages au grand patriote Georges Clemenceau, en lui demandant, à l'heure actuelle, de ne pas abandonner sa noble tâche.

CHAMBRE DE COMMERCE DE TOURS ET D'INDRE-ET-LOIRE

Séance du 11 décembre 1918

Présidence de M. Ch. Bossebœuf

Par délibération en date du 11 décembre 1918, la Chambre de Commerce de Tours a voté à l'unanimité, une adresse de félicitations, de patriotique admiration et d'inaltérable reconnaissance:

Au grand citoyen et éminent homme d'Etat, Georges Clemenceau, Président du Conseil et Ministre de la Guerre qui, par son autorité, sa haute intelligence et son indomptable énergie, a su aux heures les plus critiques de la guerre briser tous les obstacles, maintenir l'entière confiance de tous dans le succès final et réunir sous une direction unique et dans un effort commun, toutes les forces vives de la France et de ses alliés, assurant ainsi le triomphe du Droit, de la Justice et de la Civilisation contre la barbarie allemande.

A l'illustre généralissime, maréchal Foch, dont le merveilleux génie militaire, en parfaite union de patriotisme et d'action avec le Ministre de la Guerre, a su terrasser nos terribles ennemis et conduire les héroïques Armées françaises et alliées sur le chemin de la complète et glorieuse victoire.

La Chambre de Commerce de Tours, sur la proposition de son Président, M. Ch. Bossebœuf, a en outre, émis le vœu que les Chambres de Commerce soient autorisées officiellement à recevoir (à leurs frais), les plaques commémoratives de la loi, édictant que Georges Clemenceau et le maréchal Foch ont bien mérité de la Patrie.

CHAMBRE DE COMMERCE DE MENDE ET DE LA LOZÈRE

Séance du 19 décembre 1918

Présidence de M. Caussignac

Présents : MM. Pagès Augustin, secrétaire ; Bruguière, trésorier ; Fassou, Malaval, Melquion, Talansier, Troupel.

Pour marquer sa reconnaissance patriotique, la Chambre de Commerce de Mende et de la Lozère, vote l'adresse suivante :

La Chambre de Commerce de Mende et de la Lozère, dans sa première réunion tenue depuis la signature de l'armistice, adresse ses félicitations au Gouvernement et un hommage d'admiration et de reconnaissance à nos héroïques armées et à leurs chefs, et en particulier, au maréchal Foch et à M. Clemenceau, Président du Conseil, Ministre de la Guerre.

VILLE DE CASTRES

CONSEIL MUNICIPAL

Séance du 29 décembre 1918

Présidence de M. BALDY, adjoint, faisant fonctions de maire

Etaient présents : MM. Choussat, Goxe, Assémat, Bourges, Calvet, Cloup, Lacoste, Landes, Gautrand, Caussidéry, Tissié, Gros, Bonnet, Fournier, Viala, Gazel, Tarbagayre et Desplats, secrétaire.

M. Baldy fait au Conseil l'exposé ci-après :

Messieurs,

Depuis notre dernière réunion, une date nouvelle, celle du 11 novembre 1918, est venue s'inscrire dans l'Histoire. Ne nous leurrons point cependant, ce n'est pas encore la paix intégrale, telle que nous donnent le droit de l'exiger les sacrifices sans nombre qui nous furent imposés par les barbares. C'est tout au moins la cessation des hostilités, la fin du carnage et des souffrances de toute nature, que nos poilus ont supporté avec ce courage, cette grandeur d'âme à laquelle savent s'élever même les plus humbles, par la seule vertu de la grande voix intérieure, jamais muette chez un Français : « Le Patriotisme. »

La voilà bien cette voix miraculeuse qui nous a permis de suppléer patiemment, lentement, mais sûrement, à la désorganisation que des théories néfastes avaient méthodiquement pratiquée, malgré les avis contraires de patriotes ardents. Engourdis dans une léthargie dangereuse, de bons Français avaient facilement accepté ces conceptions pacifistes, mais suivant d'instinct leur patriotisme, ils venaient se serrer autour du Drapeau de la France qu'il fallait défendre.

S'il m'est agréable et doux de rendre hommage à tous ceux qui, sans arrière-pensée aucune, firent et font encore leur devoir, je ne puis oublier qu'à l'heure actuelle nous assistons, sous une forme nouvelle, à une manifestation de ces mêmes sentiments, à une glorification de ces mêmes théories, qui, sous le couvert d'un humanitarisme mondial, nous ramèneraient à cet état de faiblesse et de décomposition qui a failli permettre au boche de rayer la France de la carte du monde.

Et c'est pour cela que je dis que la date du 11 novembre n'est qu'une date transitoire, jusqu'au jour où le glorieux Français qui, depuis plus d'un an, dirige avec une incomparable maîtrise les efforts de la France entière, aura pu obtenir la consécration finale par la signature d'un traité de paix, de paix victorieuse ; s'il concrétisa en un mot lapidaire, sa réponse aux agités qui le harcelaient de questions en leur disant : « Je fais la guerre », espérons qu'il lui sera permis de se consacrer en entier à la tâche actuelle : « Faire la paix. »

Organiser la paix, travail laborieux dont les conséquences lointaines ont pour nous une importance capitale ; prévoir, coordonner les conditions multiples à imposer à un ennemi vaincu, mais non abattu, voilà certes une œuvre aussi difficile, aussi délicate, aussi nécessaire que l'organisation de la victoire elle-même.

Il faut à tout prix empêcher à jamais ces modernes barbares de déchaîner un fléau pareil à celui qui vient de désoler le monde entier.

Il faut à tout prix imposer à cet ennemi sans pudeur des conditions économiques qui nous permettent de réparer les dommages incalculables que froidement, scientifiquement, il a semés sur les régions les plus prospères de la France.

A cette seconde partie de la tâche qui incombe au Président Clemenceau, il ne faillira pas ; sa féconde activité nous en est un sûr garant. Aussi, suis-je convaincu que vous partagez comme moi les sentiments de reconnaissance qui ont dicté au législateur le texte de la loi du 11 novembre 1918, qui sera gravé dans notre salle des séances.

En face de ce marbre commémoratif de reconnaissance aux meilleurs des Français, nous en placerons un second, qui perpétuera d'une manière aussi durable l'union étroite qui nous lie à nos alliés, dont le concours nous permit d'assurer le triomphe du Droit et de la Justice.

Après cet hommage rendu aux vivants, je dois saluer nos morts. Nous ne connaîtrons que plus tard le nombre exact de nos pertes. A l'heure actuelle, près de 600 des nôtres ne viendront plus jamais s'asseoir au foyer familial, mais je suis certain que, dans chacune de ces familles, où manque un père, un époux, un frère, leur souvenir sera toujours vivant et leur ombre protectrice sera l'ange gardien de ce foyer glorieusement meurtri.

Ai-je besoin de vous rappeler le magnifique élan d'enthousiasme qui fit battre le cœur de tous les Castrais le jour de l'armistice? Avec un calme et une dignité parfaite, cette journée fut célébrée en union complète avec les pouvoirs publics et l'armée. Cette union, qui ne fut jamais en défaut aux moments les plus critiques, s'affirma aussi dans les jours de joie.

Le 17 novembre, le Colonel commandant d'armes de la place de Castres réunissait au cercle les officiers de la garnison et voulant associer les Castrais à cette manifestation de joie victorieuse, invitait la municipalité.

M. Choussat et moi, vous avons représentés, ce dont j'ai remercié, en adressant les quelques mots suivants :

« Fêter aujourd'hui au cercle des officiers de la garnison de Castres, la victoire, qui, après plus de 1.500 jours de guerre, vient de couronner nos efforts, de clore cette glorieuse veillée d'armes, commencée le 2 août 1914, est une joie profonde qui m'est donnée et dont je remercie le Colonel Wisse.

Ce m'est une satisfaction bien vive comme administrateur de la ville, que d'avoir été convié par le Commandant d'armes, à cette fête de famille. J'y trouve en effet la consécration publique de l'heureuse entente, de l'harmonie chaque jour plus parfaite, qui, depuis le jour de la mobilisation jusqu'aujourd'hui, nous a permis de solutionner des problèmes souvent difficiles et compliqués.

Chaque fois qu'il nous fut nécessaire, le concours du commandement nous a été prêté avec une amabilité et une bonne grâce qui doublent la valeur du service rendu. Cela, nous ne l'oublierons pas, pas plus que nos concitoyens n'oublieront, mon Colonel, que c'est grâce au calme et au sang-froid dont vous avez su donner l'exemple, le 18 juillet dernier, que put être heureusement circonscrit et limité le désastre qui nous menaçait.

Mais, en plus, vous êtes artilleur, et les Castrais considèrent tous les artilleurs comme ayant droit de cité chez eux, et, de la gloire dont ils se sont couverts sur le champ de bataille, ils sont très légitimement fiers.

Tout cela est aujourd'hui du passé, parlons simplement de cette magnifique soirée du 11 novembre. J'ai été moi-même ému jusqu'aux larmes, en voyant sur notre grande place nationale ce concours immense de Castrais accourus des quartiers les plus éloignés de la ville, pour témoigner et affirmer leur joie qui nous animait tous. Ceux qui, pris au dépourvu par une victoire, tellement rapide, et tellement complète à la fois, que certains esprits chagrins se refusaient même à l'espérer, n'avaient pu parer leur maison pour ce jour de fête, étaient tous là, silencieux et recueillis. Aussi dès que la musique fit entendre les brillants accords de *La Marseillaise*, on sentit vibrer cette foule dont les bravos enthousiastes servirent d'écho à notre hymne national. Même enthousiasme après chacun des airs nationaux pour affirmer notre gratitude envers les Alliés qui se sont unis à nous pour obliger l'Allemagne à reconnaître devant le monde que « le Droit prime la Force ».

A mes concitoyens aussi je dois dire merci, pour la façon si digne dont ils ont célébré cette victoire immortelle. Ils se sont souvenus qu'elle fut achetée au prix du sang et de la vie des meilleurs d'entre nous ; ils se sont souvenus que beaucoup de ceux qui communiaient avec nous dans la joie de l'heure présente pensaient à un père, à un fils, à un époux. Mais ces morts sont aujourd'hui vengés, et leurs familles ont pu s'associer fièrement à notre joie à tous.

A ceux dont la vie sauva la nôtre, à leurs familles, j'adresse un souvenir ému, et l'assurance que dans nos cœurs vivra éternellement leur mémoire.

En terminant, je lève mon verre : à la France éternelle toujours plus grande et plus belle, à celui que, dans un sentiment de patriotique reconnaissance, nous considérons comme l'incarnation de la France elle-même. Au Président Clemenceau, à son collaborateur le maréchal Foch, qui lui, symbolise l'armée nationale et je crie : Vive la France et vive l'armée.

Si dans notre salle de séances, les deux marbres commémoratifs, dont je vous ai déjà parlé, marquent d'une façon durable notre reconnaissance aux auteurs de la victoire, je suis certain de répondre aux désirs non seulement du Conseil municipal, mais encore de notre population entière, en donnant à ces mêmes hommes, un témoignage public, en donnant leur nom à certaines de nos avenues.

A Clemenceau dont l'ardent patriotisme a soutenu le moral du pays et réchauffé l'ardeur des combattants.

A Joffre, le vainqueur de la Marne.

A Foch qui s'est montré l'égal des plus grands capitaines.

A Castelnau, dont le courage indomptable aux heures doublement douloureuses pour le général et le père fut récompensé au grand couronné de Nancy en donnant à nos armées la possibilité de vaincre.

Ces trois noms glorifient non seulement avec eux toute l'armée, du simple soldat au grand chef, mais aussi notre beau Midi, car ils sont tous trois, presque nos compatriotes.

Dans quelques jours encore, nous aurons à vous proposer d'élever un monument à nos Morts pour la Patrie, afin que les générations futures trouvent dans ce monument du Souvenir, la vivante leçon de choses qui élèvera leur âme, en leur rappelant ceux de nos compatriotes tombés pour la défense de nos foyers et de nos libertés, et dont les noms sont inscrits sur le livre d'or de la ville.

Mais, pour donner suite à cette idée, comme pour fixer l'emplacement du monument, il est nécessaire que nous ayons un projet.

Nous sommes certains qu'après le traité de paix, nos jeunes artistes feront de leur mieux pour nous présenter un projet où l'inspiration artistique disputera le pas au sentiment patriotique.

Quant aux voies et moyens de l'élever, il est persuadé que tous les Castrais voudront s'y associer. Il a déjà la promesse de souscriptions importantes, mais comme on ne peut prévoir d'avance quelle sera la dépense, la ville devra s'engager à pourvoir à la différence.

Le Conseil municipal n'hésitera pas à le faire.

Pour le moment donc, afin de perpétuer la renommée de nos grands chefs, de leurs glorieuses armées, et reconnaître l'effort de nos Alliés, M. le Maire propose de donner le nom de :

PLACE DE LA VICTOIRE, à la Place Nationale.

COURS CLEMENCEAU, à nos grands boulevards, depuis le jardin de l'Evêché jusqu'à l'avenue d'Albi.

BOULEVARD FOCH, à l'Allée Corbière.

BOULEVARD JOFFRE, au boulevard Patte-d'Oie.

BOULEVARD DE CASTELNAU, au boulevard Mire-Dames.

AVENUE DES ALLIÉS, à l'Avenue de Navès.

Cette proposition est adoptée par le Conseil municipal.

VILLE DE NANTES

CONSEIL MUNICIPAL
Séance du 30 décembre 1918

M. LE MAIRE :

Messieurs,

Dès le lendemain de l'armistice qui consacrait la victoire des Armées alliées, nous avons adressé un public hommage de reconnaissance et d'admiration à ceux qui en ont été les plus glorieux artisans. Mais l'expression de ces sentiments de notre cité, dont nous nous sommes faits les interprètes, doit prendre aujourd'hui une forme plus durable qui en perpétue le souvenir.

C'est pourquoi nous avons l'honneur de vous proposer de donner à d'importantes voies publiques les noms désormais glorieux à jamais, du maréchal Joffre qui a arrêté l'ennemi sur la Marne, du maréchal Foch, à la science militaire de qui nous devons la victoire définitive, de Clemenceau, dont l'ardente volonté a su réunir tous les efforts pour gagner la guerre, d'Aristide Briand, notre compatriote, qui, en créant le front d'Orient à Salonique, a rendu possible le succès final et qui a tant fait pour assurer l'unité de commandement et la libération de nos provinces envahies.

Bien d'autres héros de la guerre seront sans aucun doute à célébrer, mais nous n'avons pas voulu tarder à payer notre humble tribut aux plus illustres d'entre eux.

Nous vous proposons donc aujourd'hui de modifier ainsi qu'il suit les dénominations de voies, dont les appellations actuelles constituent des doubles emplois ou ne présentent aucun intérêt au point de vue de l'histoire générale ou locale et de donner :

A la rue du Lycée, le nom de CLEMENCEAU.
A la place Lafayette, celui de place ARISTIDE-BRIAND.
A la rue Saint-Clément, celui de la rue MARÉCHAL-JOFFRE.
A la rue de Paris, celui de rue MARÉCHAL-FOCH.

CHAMBRE DE COMMERCE DE MOSTAGANEM

Séance du 30 décembre 1918

Présidence de M. JOBERT

Etaient présents : MM. G. Jobert, président ; H. Negrel, trésorier ; A. Denis, A. Hagdricourt, B. Benkritly, membres.

Absents excusés : MM. L. Brousse, vice-président ; C. Cosman, D. Mornier, membres.

Mobilisé : M. A. Gautier, membre.

Avant d'aborder l'Ordre du Jour, M. J. G. Jobert, Président, prononce l'allocution suivante :

Au moment de nos dernières réunions, la brillante offensive des Alliés venait de commencer ; nos vaillants et héroïques soldats remportaient victoires sur victoires sur nos barbares ennemis.

Aujourd'hui, la terrible guerre est finie ; elle s'est terminée par l'écrasement des armées allemandes, par la victoire la plus éclatante de la plus terrible des guerres, que l'histoire ait enregistrées.

En renouvelant aux armées françaises et à nos valeureux alliés, notre admiration, nous adressons au grand patriote français, Georges Clemenceau et au grand chef des Armées alliées, le maréchal Foch, les deux principaux artisans de cette grande victoire, qui nous vaut la restitution de l'Alsace-Lorraine, l'hommage de notre profonde reconnaissance, que nous joignons à celle du Pays tout entier.

La Chambre, à l'unanimité, s'associe aux paroles de son Président.

CHAMBRE DE COMMERCE DE MILLAU

24 Janvier 1919

La Chambre de Commerce de Millau, dans sa séance du 24 janvier 1919, après avoir pris connaissance de l'heureuse initiative prise par le Comité du *Livre d'Hommage à Georges Clemenceau*, a décidé, à l'unanimité des membres présents soussignés, de s'associer de grand cœur à cette manifestation nationale de reconnaissance.

L'Assemblée estime que l'on ne saura jamais assez glorifier le Grand Français qui a su, à l'heure la plus critique de notre histoire, faire taire ses rancunes, imposer l'Union Sacrée, stimuler les énergies, choisir les grands chefs les plus qualifiés, pour les mettre à la tête de nos valeureuses troupes, méritant ainsi, mieux peut-être que ses illustres devanciers, le double titre de « Grand Organisateur de la Victoire » et de « Libérateur du Territoire ».

MM. Brouillet Albert, président ; Balsan Charles, vice-président ; Boyer Paul, vice-président ; Driesler Albert secrétaire ; Lambert Léon, trésorier ; Caldier Victor, Rachou E., Artieres Maurice, Aigouy Paul, Maraval Louis, membres.

10 Novembre 1918.

Le Conseil d'administration de la Conférence Molé-Tocqueville a voté à l'unanimité l'ordre du jour suivant :

Le Conseil d'administration de la Conférence Molé-Tocqueville, rempli de la plus profonde admiration pour le courage et l'endurance de nos vaillants soldats, pour le génie déployé par le Maréchal Foch dans la conception et la conduite d'opérations militaires si merveilleusement exécutées par tous nos grands généraux.

Pénétré de respect pour le grand citoyen Georges Clemenceau, sous l'impulsion énergique et efficace duquel ces gigantesques efforts dont nous saluons aujourd'hui la sublime réalisation, ont été poursuivis.

Adresse l'expression la plus vive de son éternelle reconnaissance, tout d'abord à ceux qui sont tombés glorieusement dans la grande lutte pour le triomphe de la liberté du monde ; — à tous nos soldats, — à leurs chefs et, au premier d'entre eux, l'immortel Maréchal Foch, ainsi qu'à Monsieur le Président du Conseil des ministres, le citoyen Georges Clemenceau.

☯ ☯ ☯

10 Novembre 1918.

L'Alliance républicaine démocratique adresse aux chefs et aux soldats des armées françaises et des armées alliées de terre et de mer, au Gouvernement de la République, à M. Clemenceau, Président du Conseil et Ministre de la Guerre, aux Maréchaux Joffre et Foch et au généralissime Pétain, l'hommage de sa gratitude patriotique.

TÉLÉGRAMME DE M. W.-A. WATTE,

Premier Ministre par intérim d'Australie, à M. Clemenceau

---

12 Novembre 1918.

J'ai l'honneur de vous accuser réception de votre message cordial, qui m'a été remis par le général Pau, chef de la mission militaire française.

L'Australie est fière de recevoir les félicitations de votre brave et noble nation. L'admiration et la gratitude que vous avez la générosité d'exprimer à l'Australie pour la valeur de ses troupes combattant actuellement sur le sol français pour la cause de la liberté et de la justice, seront reçues avec plaisir par toutes les classes de notre communauté. Nos soldats à leur retour ici sont pleins d'éloges pour le peuple français et pour ses grands sacrifices, et pleins d'admiration pour leurs compagnons d'armes français, pour leur héroïsme et pour leur intrépide courage. Les Australiens ont le sentiment que les siècles ne sauraient payer la dette que le monde doit à la France stoïque.

C'est avec un plaisir particulier que nous avons reçu votre information que les peuples de France et d'Australie sont animés des mêmes idéals, des mêmes aspirations et de la même sympathie fraternelle.

Puis-je exprimer l'espoir que ce sentiment se développera en union indissoluble des nations libres, contribuant au maintien de la paix et de la civilisation.

M. Clemenceau a répondu :

Votre éloquent message ira au cœur de tous les Français. Je suis heureux d'y répondre au jour de la victoire. Je veux vous remercier pour tout ce qu'ont fait pour notre grande cause, les soldats et les citoyens d'Australie. Ils ont bien mérité de l'humanité. Notre amitié, fortifiée par les sacrifices subis d'un même cœur, continuera à s'affirmer dans la paix pour le bien du monde.

Le Président de la République a adressé à M. Georges Leygues, Ministre de la Marine, la lettre suivante :

Mon cher Ministre,

Pendant plus de cinquante longs mois, la marine française vient de donner l'exemple constant du dévouement héroïque et silencieux au devoir et à la patrie.

Avec le concours des marines alliées, elle a procuré au pays le moyen de se ravitailler en blé, en charbon, en acier, elle lui a permis de vivre et de s'armer ; elle a protégé les arrivées en France des troupes américaines et de nos contingents coloniaux, algériens, tunisiens, marocains, sénégalais, soudanais ; elle a transporté, outillé, nourri cette vaillante armée d'Orient dont les succès ont tant contribué à la déroute générale de nos ennemis.

Pour remplir cette grande tâche, elle a bravé des dangers de tous les instants et accompli des prodiges de valeur et de désintéressement.

A l'heure où la victoire illumine et couronne le front de la France libérée, la marine a droit à une large part de la reconnaissance nationale.

Je vous prie, mon cher Ministre, de vouloir bien transmettre mes affectueuses salutations aux amiraux, aux officiers et aux équipages de tous les bâtiments français.

Croyez à mes sentiments dévoués.

Signé : R. POINCARÉ.

☙ ☙ ☙

M. Georges Leygues, Ministre de la Marine, a transmis en ces termes la lettre du Président de la République aux commandants en chef des forces navales à la mer et à terre :

Mon cher Amiral.

J'ai l'honneur de vous transmettre la lettre que M. le Président de la République vient de m'adresser. Vous y trouverez l'expression des sentiments unanimes du pays pour la marine. Je vous prie de la communiquer aux officiers et aux équipages placés sous vos ordres.

Lettre pastorale du Cardinal Amette, archevêque de Paris
aux fidèles du diocèse

12 Novembre 1918

. . . .

A cette annonce, que nos cloches ont portée dès la première heure à tous les échos, nos cœurs débordent d'enthousiasme et de joie.

Ceux mêmes que les deuils de la guerre ont brisés, — et ils sont une multitude, — se sentent consolés par le fruit du sacrifice de leurs bien-aimés.

Et notre joie a besoin de s'exhaler en reconnaissance.

Elle va d'abord, notre reconnaissance, à nos admirables soldats, dont nulle louange humaine ne saurait exalter dignement l'héroïsme.

Elle va à leurs chefs éminents, et principalement au grand homme de guerre dont la foi égale le génie et aux mains duquel la Providence avait remis en ces derniers mois le sort de la patrie.

Elle s'adresse aussi, notre gratitude, à l'homme d'État, qui, depuis une année, grâce à son patriotisme intrépide et à son indomptable énergie, a su mettre en œuvre toutes les forces vives du pays et soutenir le courage de l'armée et de la nation.

. . . .

Nous prierons pour qu'une paix solide et durable, dont le glorieux armistice de ce jour est le prélude et le gage, soit bientôt conclue par le commun accord de toutes les puissances alliées. Nous prierons aussi pour que selon le vœu exprimé naguère par le chef du Gouvernement, l'Union sacrée, qui a permis à la France de vaincre ses ennemis du dehors, continue de régner au dedans entre ses enfants, par le respect des droits de tous et par une fraternelle concorde.

Adresse du Conseil Général du Var,
réuni en session extraordinaire

13 Novembre 1918.

A l'heure où la plus grande guerre de l'histoire, imposée à l'humanité par les criminelles et orgueilleuses ambitions des pangermanistes allemands s'achève par la défaite des empires centraux, la victoire de la France et de ses nobles alliés et le retour de l'Alsace-Lorraine dans le foyer de la mère-patrie, le Conseil général du Var adresse ses plus chaleureuses félicitations à tous les artisans de cette grande œuvre qui a délivré le monde de la menace d'asservissement germanique, libéré les peuples opprimés, reconstitué les nationalités et renversé les trônes d'absolutisme au souffle vivifiant de la liberté.

Il réunit dans un même sentiment d'admiration et de gratitude, tous les officiers et soldats des armées françaises et alliées, le Maréchal Joffre, qui, avec Gallieni, amorça la victoire, le Maréchal Foch qui l'acheva, le Parlement et le Gouvernement de la République tout entier et, plus spécialement, le Président du Conseil, le citoyen Georges Clemenceau que le département du Var s'honore d'avoir comme représentant, celui qui, aux heures les plus sombres de la lutte, incarna si magnifiquement l'âme de la patrie et dont l'impulsion énergique sut imprimer à la direction de la guerre l'unité de commandement et l'esprit de cohésion qui furent les facteurs décisifs du succès de nos armes.

Adresse de la Ligue Maritime Française
à Monsieur le Président du Conseil.

La *Ligue Maritime Française* présente à Monsieur le Président du Conseil l'expression de ses chaleureuses félicitations pour les admirables résultats de sa politique. Elle assure Monsieur le Président de son respectueux dévouement. Elle exprime l'espoir que les tractations qui vont s'ouvrir confirmeront la renaissance de notre pavillon dans le Levant, en ces régions de la Méditerranée Orientale, où le souci de notre avenir nous fait un impérieux devoir de développer nos intérêts économiques, politiques et navals.

..... ET L'ON ÉCRIVAIT
DANS LA PRESSE :

Après la constitution du Ministère Clemenceau

D'une façon générale, la combinaison nouvelle est accueillie très favorablement, et, à constater la rapidité avec laquelle M. Georges Clemenceau a su surmonter les obstacles et réduire les difficultés de la première heure, on a l'impression que les Chambres lui feront le meilleur accueil. |

D'ailleurs, le nouveau président du Conseil, dès qu'il eut arrêté la liste définitive de ses collaborateurs, s'est mis au travail. Il compte présenter au Parlement une déclaration qui ne laissera place à aucune ambiguité et qui pourra dégager dès le premier contact une majorité.

Novembre 1917.
Le Matin.

L'opinion publique se félicitera de la rapidité avec laquelle a été dénouée la crise. Chacun se rend compte que, dans les circonstances actuelles la France a plus que jamais besoin d'un Gouvernement qui, prenant en mains, fermement, la conduite de la guerre, assure avec énergie la répression des crimes contre la patrie et puisse représenter le pays avec autorité dans la prochaine conférence des Alliés.

Le Journal.

Ce serait se placer à un mauvais point de vue que de juger uniquement le ministère Clemenceau sur le détail des personnalités et des portefeuilles, quoique les personnages éminents ne manquent point dans le nouveau cabinet ni les hommes compétents à leur vraie place. Mais le pays tout entier aura l'impression que la force gouvernementale est désormais intégrée en un homme, M. Clemenceau, que les circonstances et son tempérament ont désigné comme un chef et qui est accepté pour tel. Un chef, dans ces conditions-là, est le contraire d'un dictateur, par la raison très simple, que tout le monde est d'accord avec lui sur les limites de son autorité et sur les besognes à accomplir.

Le Figaro.

A qui lui parlerait de dictature, M. Clemenceau ne manquerait pas d'opposer, j'imagine, la plus vigoureuse et la plus sincère des protestations. Quoi qu'il en puisse penser, cependant, c'est un dictateur qu'appellent en sa personne les vœux du pays, et c'est comme tel que, porté par les événements, il entre, aujourd'hui, dans l'histoire.

Le Gaulois. Georges FOUCHER.

On était curieux de savoir ce que les socialistes — s'ils ont sincèrement oublié les polémiques d'avant-guerre — pouvaient bien reprocher à M. Clemenceau. M. Sembat nous l'a dit hier : il a l'air de craindre sérieusement que le ministère Clemenceau n'empêche les Russes de se battre comme il faut.

Vraiment? C'est la faute à Clemenceau, si les Cosaques ne sont pas encore à cinq étapes de Berlin? Non, pas précisément, mais ce sera la faute à Clemenceau.

L'Œuvre. Gustave TÉRY.

Le ministère Clemenceau — quelle que soit la valeur de tels ou tels de ses membres — c'est M. Clemenceau. Son programme, c'est celui que M. Clemenceau a, ces derniers mois, par ses écrits, par ses actes, par son discours au Sénat, soumis à l'opinion publique.

L'Echo de Paris. GARAPON.

C'est un Gouvernement qui ne vaut que par son chef. Son chef se montrera-t-il contraire à tout ce qu'on a connu de lui? C'est la question. L'enjeu est le salut du pays. C'est aussi parce qu'il connaissait la valeur de cet enjeu que le Parti socialiste s'est tenu ferme à ses décisions. Le sort maintenant en est jeté. Ce sont les événements qui diront où fut la raison, d'appeler M. Clemenceau au pouvoir ou d'avoir essayé de l'en écarter comme un danger.

L'Humanité.   Pierre RENAUDEL.

On éprouvera dans le public une petite déception en lisant ce matin la liste officielle et complète des membres du cabinet Clemenceau.

Il est vrai que M. Clemenceau pourrait nous répondre que son ministère eût été plus reluisant et mieux composé si mes frères en socialisme n'avaient pas voté contre lui « l'exclusive », cette forme moderne et parlementaire de l'excommunication majeure.

Mon cher parti n'en fait jamais d'autres.

Il est bien avancé de nous laisser entendre que Clemenceau au pouvoir, c'est avant trois mois la révolution à Paris. D'abord, il n'y aura pas de révolution, ni à Paris ni ailleurs Celle de la Russie suffit à la gloire du socialisme international. Ensuite, s'il y avait quelque effervescence dans les usines, ce ne sera pas de la faute de Clemenceau s'il ne fait rien pour les provoquer : ce serait de la faute de ceux des socialistes qui jetteraient de l'huile sur le feu et qui monteraient la tête de leurs camarades ouvriers en ressassant les vieilles histoires de Narbonne, de Draveil et de Villeneuve-Saint-Georges.

La Victoire.   Gustave HERVÉ.

La tâche du Gouvernement est vaste et ses responsabilités sont lourdes. Il hâtera l'œuvre de la justice à l'égard des trahisons et des crimes contre la patrie ; pour cette besogne, nous serons derrière lui avec le pays tout entier.

La Petite République.

Si les adversaires politiques de M. Clemenceau craignent ses attaques et ses nerfs, tous reconnaissent sa jeunesse et sa vigueur d'esprit, comme sa décision implacable. Enfin, l'opinion publique voit en lui le chirurgien qui débridera l'abcès. Elle voulait de la poigne, elle en aura. Qui sait même si elle ne trouvera pas, à droite aussi bien qu'à gauche, qu'elle en a trop !

Le Pays.

M. Clemenceau aura-t-il l'habileté suprême d'instituer, demain, cette union complète des gauches, qu'il n'a pu réaliser en créant son cabinet ? Accomplira-t-il ce tour de force d'obtenir que cette union républicaine soit le résultat — et non plus la condition — de succès prochains de l'Entente, de l'organisation de ses forces militaires et de sa puissance économique ?

Le Radical.   J. PERCHOT.

La déclaration ministérielle ?... Elle est contenue dans un millier d'articles quotidiens de M. Clemenceau.

Au pouvoir, évitera-t-il les critiques qu'il adressait aux autres ?

Ses actes le jugeront.

L'Eveil.

A tort ou à raison, M. Clemenceau arrive au pouvoir avec la réputation de justicier de l'homme à poigne. En assumant le portefeuille de la Guerre avec la présidence du Conseil, il prend toutes les charges et toutes les responsabilités, il devient le grand maître de la justice militaire de même qu'il acquiert le droit de donner l'impulsion à tous les rouages de la défense nationale.

La Libre Parole.

Bref, nous voilà en présence d'un ministère Clemenceau. M. Clemenceau est une trop grande figure de la République pour ne pas lui permettre, devant le fait légalement acquis, de donner sa mesure. Il serait maladroit de ne pas lui faire crédit, de le buter pour qu'à son tour il fonce, comme le taureau dans l'arène, sur le morceau de drap rouge à sa phobie tendu.

Cet homme a eu le courage, à soixante-dix-sept ans, de charger ses épaules d'un poids écrasant.

Ce geste ne manque pas de crânerie.

Le Journal du Peuple.   Henri FABRE.

Hier, le président de la République a pris ses responsabilités devant l'Histoire ; aujourd'hui, c'est aux socialistes de prendre la leur ; demain à M. Clemenceau.

Mais malédiction sur ceux — quels qu'ils soient — qui oseraient désormais entraver le vol de la Victoire en faisant flotter sur la tombe de nos morts les deux haillons de nos dissensions civiles.

Le Rappel.

M. Clemenceau vient de former son cabinet. On peut être l'ami ou l'adversaire de cet homme d'Etat qui a toujours marqué d'une forte empreinte personnelle son passage aux affaires publiques ou sa carrière de journaliste ; mais amis et adversaires s'accorderont à dire que sa présence à la présidence du Conseil répond cette fois aux désirs de l'opinion publique.

La France de Bordeaux.

Jamais peut-être homme d'Etat n'aura assumé responsabilités plus lourdes que celles qui vont peser sur M. Clemenceau.

C'est un devoir national de faire confiance à M. Clemenceau et à ses collaborateurs.

La Petite Gironde.

Soixante-seize ans !... Combien de ceux qui parviennent à cet âge avancé se sont déjà volontairement retirés de la vie active ! Maladies, infirmités les contraignent la plupart du temps à garder le coin du feu et à ne plus vivre que de souvenirs.

Pour M. Clemenceau, au contraire, les journées ne seraient pas assez longues s'il n'avait su, d'avance, les régler avec une méthode admirable, qui, d'un bout à l'autre de l'année, ne varie jamais.

Debout chaque matin à 3 heures, au plus tard, le nouveau président du Conseil se rend immédiatement dans son cabinet de travail et rédige l'article qui devra être imprimé le soir même dans son journal. Il écrit jusqu'à 6 heures. On lui sert alors un petit déjeuner ; après quoi il se livre pendant une demi-heure à des exercices de gymnastique suédoise, prend une douche froide, se réconforte très légèrement, et se remet à écrire jusqu'à 10 heures.

C'est alors seulement que son secrétaire particulier arrive pour l'aider à dépouiller sa correspondance et recevoir ses instructions.

Le temps de s'entretenir rapidement — M. Clemenceau a horreur des longues conversations — avec les personnes auxquelles il a fixé rendez-vous, et à midi tapant il passe dans sa salle à manger.

Il est très rare qu'il ait des invités à sa table, qui est toujours très modestement servie. Comme boisson, de l'eau pure. Depuis sa naissance M. Clemenceau n'a jamais bu de vin.

Jadis il était fumeur ; mais depuis plus de vingt ans il s'est interdit tout tabac.

Parfois, après son déjeuner, il fait une courte sieste. Le plus souvent il passe dans son jardin. Car M. Clemenceau a un jardin, ou plutôt un jardinet, dont les arbres ont été plantés avec un tel souci de la perspective qu'il semble beaucoup plus profond qu'il n'est en réalité.

Il y a là des arbres à fruits, des pommiers qui donnent de vraies pommes : la Normandie rue Franklin. Il y a même, tout au fond, un poulailler borné dans son horizon par la tour Eiffel et la Grande Roue et qui abrite de vraies poules. M. Clemenceau y a même élevé des paons. Au dessus du poulailler, un pigeonnier contient de vrais pigeons.

M. Clemenceau mange donc, à Paris, des fruits de son jardin et des œufs de ses poules. Combien peu pourraient en dire autant !

Les œufs constituent, d'ailleurs, tout son repas du soir, malgré l'appétit que doivent lui donner sa promenade quotidienne au Sénat, où il a l'habitude de se rendre à pied ; les travaux auxquels il y prend part soit en séance, soit en commission, et l'apparition qu'il fait le soir, à partir de 5 h. 30, dans son bureau de l'*Homme enchaîné*, afin de relire et corriger lui-même son article écrit le matin.

A 8 heures, M. Clemenceau réintègre sa chambre et se met au lit.

Mais au moindre appel téléphonique, il se précipite à l'appareil, sans maugréer, et, s'il y a lieu, dicte quelques lignes de post-scriptum à son article.

Il est très rare — il faut pour cela des événements extraordinaires — qu'il apporte une modification quelconque à cette manière de vivre. Il attribue d'ailleurs à une existence aussi méthodique l'excellente santé dont il jouit, et qui lui permet, à soixante-seize ans, d'accepter, dans des circonstances aussi difficiles, les lourdes responsabilités du pouvoir.

Excelsior.   E. C.

Après la Victoire

M. CLEMENCEAU, L'ÉLU DE L'ALSACE-LORRAINE

Celui qui, en 1871, refusa d'admettre le démembrement de l'Alsace-Lorraine et vota pour « la guerre à outrance » ne saurait accepter au nom du Gouvernement, dont il est aujourd'hui le chef, une paix qui ne rendrait pas l'Alsace-Lorraine à la France.

L'Alsace-Lorraine se devra à elle-même, pour affirmer solennellement à la fois, son immense joie de redevenir française et sa profonde reconnaissance pour l'homme d'Etat qui sut si bien incarner en des heures difficiles « la revendication éternelle », de faire du dernier survivant des protestataires de l'Assemblée de Bordeaux, qui aura été aussi son libérateur, le premier de ses élus à la Chambre française !

9 novembre 1918,   Florent MATTER.
L'Alsacien-Lorrain de Paris.

En attendant les nouvelles

UNE FOULE ÉNORME A CIRCULÉ HIER TRÈS CALME SUR LES BOULEVARDS

Un beau dimanche d'automne, du soleil, un soupçon de brouillard et un léger froid qui commence à pincer. Sur les boulevards, les trottoirs et la chaussée sont envahis par une foule énorme qui se promène, paisible.

La joie de tous n'attend, pour éclater, que la nouvelle, la grande nouvelle. Les enfants ont de petits drapeaux français ou alliés. Des groupes de jeunes femmes, avec des cocardes tricolores au corsage, chantent à mi-voix. Les poilus qui croisent des soldats anglais ou américains les interpellent : « On les a ! Vieux ! Ça se tire ! » Tommies ou Yanks répondent : « *All right !* » et poussent des hourras.

Les camelots et les chanteurs des rues sont très entourés. On chante déjà : « *L'enterrement du kaiser* ».

L'animation a été grande dans tout Paris. La place de

la Concorde est noire d'une foule qu'attirent les trophées. Les souscripteurs à l'emprunt furent nombreux toute la journée au sous-marin *Montgolfier*.

Quand, l'après-midi, à 16 heures, la musique du 230e territorial vint exécuter la *Marche lorraine* et divers vieux chants d'Alsace devant la statue de Strasbourg, puis la *Marseillaise* devant la statue de Lille, elle fut applaudie avec délire.

Déjà les fenêtres se garnissent de drapeaux et même de lampions.

Quelques cafés ont allumé à leurs terrasses les gros globes depuis si longtemps inactifs. L'éclairage public est, d'ailleurs, moins parcimonieux sur certains points. A ce sujet, la préfecture de la Seine communique la note suivante :

« A la suite d'instructions qui viennent d'être données par l'autorité militaire, le débleutage des becs de gaz commence aujourd'hui même dans tous les quartiers de Paris et sera continué avec toute l'activité et la diligence possibles. »

D'après les ordres transmis, il est probable que, dès ce soir, tous les réverbères de Paris seront définitivement « débleutés ».

Comment sera annoncée au public la nouvelle de la signature de l'armistice? Une telle nouvelle, si ardemment attendue, demande à être annoncée, comme le fut la déclaration de guerre, aussitôt connue.

Elle le sera probablement par des salves de coups de canon et les cloches sonnant à toute volée. Certains demandent que des musiques militaires parcourent les boulevards en jouant ; d'autres que les pompiers sonnent une définitive « berloque ».

Si le Parlement siège ou est en état d'être immédiatement réuni, c'est à l'une ou l'autre Chambre que, vraisemblablement, sera d'abord annoncé l'événement, suivant la procédure qu'aura adoptée M. Clemenceau, d'accord avec le Gouvernement britannique.

MANIFESTATIONS D'ENTHOUSIASME PATRIOTIQUE A TRAVERS LA FRANCE

Nos correspondants particuliers nous signalent que dans toute la France de nombreuses manifestations d'enthousiasme patriotique ont eu lieu, provoquées par les nouvelles des derniers événements.

Des cortèges se sont formés dans la plupart des grandes villes et c'est au chant de la *Marseillaise* que la foule a acclamé l'annonce de l'abdication du kaiser et le renversement de la dynastie des Hohenzollern.

A Saint-Etienne, à Lyon, à Toulon, à Marseille, l'animation a été très grande, mais très digne. La foule se presse dans les bazars et les magasins en quête de drapeaux à acheter pour les prochains pavoisements et stationne devant les bureaux des journaux où sont affichées les dernières dépêches.

11 novembre,
Le Matin.

A la présidence du Conseil

Du Palais-Bourbon, M. Clemenceau est rentré au ministère de la Guerre.

Au moment où il arrivait rue Saint-Dominique, il a été l'objet d'une manifestation très chaleureuse de la part d'un grand nombre de personnes groupées à la porte de l'hôtel du ministère. Les manifestants sont entrés dans la cour du ministère, acclamant M. Clemenceau.

Le président du Conseil, ouvrant la fenêtre de son cabinet, s'est avancé, et les acclamations ayant redoublé, s'est borné à dire :

— Mes amis, criez avec moi : « Vive la France ! »

La foule a répété ce cri avec enthousiasme.

Quelques instants après, M. Clemenceau a reçu tous les ministres et sous-secrétaires d'Etat, venus individuellement lui apporter leurs félicitations.

Les ambassadeurs d'Angleterre, d'Italie, et plusieurs autres représentants des nations alliées sont également venus féliciter le président du Conseil.

Des parlementaires sont venus en grand nombre dans le même but, notamment M. Louis Barthou.

DÉCLARATIONS DU PRÉSIDENT DU CONSEIL

Encore très ému par ces manifestations, M. Clemenceau a reçu quelques minutes après les représentants de la presse et les informateurs du ministère de la Guerre. Après avoir serré la main de chacun des journalistes présents, le président du Conseil fit la déclaration suivante :

« Je vous remercie de votre visite. Je puis vous dire que l'armistice a été signé, cette nuit, à 5 heures du matin, après une longue discussion qui n'a porté, cependant, que sur des questions secondaires. Quelques modifications peu importantes ont été apportées au texte primitif. Les Allemands reconnaissent eux-mêmes le grand esprit de conciliation que nous avons apporté dans la disscusion relative à l'armistice et ils se proposent de publier un manifeste rendant hommage à la France et à ses Alliés. Je ne lirai pas ce document à la Chambre, car la tribune française n'est pas faite pour qu'on lui communique des documents allemands. On connaîtra, cependant, bientôt, la teneur de ce manifeste.

« Je possède entre les mains le document authentique de l'armistice signé par tous les plénipotentiaires. On est en train, maintenant, de taper à la machine plusieurs copies de ce document. Les plénipotentiaires allemands ont insisté surtout sur la question du ravitaillement. Nous maintenons, bien entendu, le blocus pendant toute la durée de l'armistice. Cependant, comme la situation de l'Allemagne et de l'Autriche est désespérée, nous ferons notre possible pour les ravitailler dans la mesure où cela ne nous gênera point nous-mêmes.

. . . .

12 novembre 1918,
Le Temps.

Les timbres " Clemenceau ".

M. Artaud, président de la Chambre de Commerce de Marseille, a proposé comme suprême hommage à rendre au président du Conseil, M. Georges Clemenceau, de remplacer sur les timbres-poste l'effigie actuelle de la Semeuse par « la haute et belle figure du chef du Gouvernement. »

Ce serait là, a déclaré M. Artaud, *un témoignage magnifique de la reconnaissance nationale, comme du reste les Etats-Unis en ont déjà donné l'exemple à l'égard de leurs grands hommes : Washington, Lincoln, Jefferson.*

11 novembre 1918,
Le Matin.

Le Triomphe de Foch

Jamais homme ne rencontra aussi tard le moment opportun et jamais non plus homme ne sut mieux employer le temps et les moyens à sa disposition, quand il les eut sous la main.

Lui et les armées des Alliés et des Etats-Unis font périr par l'épée ceux qui se servirent de l'épée.

10 novembre 1918,
L'Observer de Londres.

G. Clemenceau

Il y a quelque dix ans décédait, dans un bourg de la Corrèze, un brave homme de médecin, le docteur Morely. Les soirées sont souvent longues à la campagne, et, au retour de ses tournées de visite, le bon docteur s'amusait à jeter sur le papier quelques souvenirs et quelques impressions d'autrefois. Un nom vint tout naturellement sous sa plume. C'est que, peu d'années avant l'autre guerre, il avait été, à l'hospice de Bicêtre, le camarade d'internat d'un certain Georges Clemenceau qui, depuis, a fait quelque bruit dans le monde. Les jeunes gens s'étaient liés d'une amitié cordiale, bien qu'à vrai dire ils s'entendissent assez mal sur la plupart des sujets ; en politique, notamment, ils étaient aux antipodes. Mais, se contredire n'empêche pas de se comprendre et de s'apprécier. Un jour vint cependant où les deux amis durent se séparer, chacun allant à ses destinées. Se revirent-ils? L'histoire ne le dit pas, mais Morely garda de ses longues causeries avec son compagnon de salle de garde, de la ténacité résolue de celui-ci, de ses ironies éloquentes, amères, désordonnées parfois, de ses mots à l'emporte-pièce, de son courage à toute épreuve, un souvenir qui le remuait encore après quarante ans. « Je n'aime aucune de ses opinions, écrivait-il sur son carnet, dont un journal limousin a publié quelques pages. Mais, croyez-moi, cet homme fera un jour parler de lui. » Quand, en 1906, se constitua le cabinet Clemenceau, Morely, qui jugea de loin son ami d'autrefois, le jugea sans excès d'indulgence. « Il n'a pas encore donné sa mesure, dit-il.

L'expérience n'a été ni concluante ni complète. Attendons. »
Mais il ajouta : « Son heure n'a pas encore sonné. Cependant, entendez-moi bien, un jour viendra où la patrie sera en danger. Ce jour-là, Clemenceau reparaîtra et il sauvera la France. »

La prophétie est vieille de dix ans. On sait de quelle façon magnifique elle s'est réalisée.

Qui se doutait alors qu'à l'heure où se jouerait notre destin, Clemenceau serait appelé, presque octogénaire, à tenir le rôle suprême au dernier acte d'une tragédie sans exemple dans l'histoire des siècles? Rude avait été le chemin foulé sous ses pas. Tourmentée sa longue vie, toute de pensée et de lutte. Que d'erreurs, souvent ! Que de contradictions ! Que de violences inutiles, et, disons le mot, que d'injustices parfois ! Au moment du péril extrême, la purification n'en fut que plus noble et plus belle, et le grand vieillard qui, il y a huit jours, adressait du haut de la tribune un hommage réparateur à Gambetta eût certes mis sa main dans celle de Déroulède, son loyal et implacable ennemi d'autrefois.

Son heure fut longue à venir. Dans les premiers mois de la guerre, à Bordeaux, où il avait suivi le Gouvernement, il se sentait las, découragé, incompris. Il s'en ouvrit souvent à ses intimes. Son inaction lui pesait lourdement et aussi son impuissance à modifier ce qui lui apparaissait défectueux dans la conduite de la guerre. Quelques beaux articles et c'était tout. Il avait trop vécu. Plus tard — tel le vieux roi Lear sur la lande au fort de la tempête — il erra plus d'une fois sur la ligne de feu, sous la mitraille. Désespérant de jamais servir son pays comme il aurait voulu le servir, il défia les balles, attendant peut-être que l'une d'elles vînt faire la nuit dans un des plus impétueux cerveaux qui aient jamais pensé. Témérité inutile. Le sort avait attendu soixante-dix-huit ans pour le réserver à un autre destin — à son destin.

On sait la suite. C'est maintenant l'apothéose écrite en lettres géantes sur le marbre de l'histoire. Mais cet homme si grand ne l'a jamais été plus peut-être que dans les jours tragiques. Il fut, en effet, une heure où les plus confiants sentirent leur foi chanceler. Paris sous le canon allemand, au tir mal réglé encore, mais que toute nouvelle avance pouvait rendre méthodiquement et irréparablement destructeur. Le Chemin-des-Dames forcé en un instant. L'Aisne franchie. Château-Thierry occupé. Le cercle de fer se resserrant autour de Paris. Il n'y avait plus un kilomètre à perdre. Il fallait vaincre ou mourir. On vit alors se dresser de toute sa hauteur, à la tribune de la Chambre, ce vieillard qui revenait du champ de bataille. Les plus lourdes responsabilités qu'un homme ait jamais connues pesaient sur ses épaules. Il avait vu l'autre guerre, mais ce vaincu de 1870 n'avait pas une âme de vaincu. Entendez-le : « Nos hommes ne peuvent que donner leur vie ; mais vous, par votre attitude patiente, ferme, résolue, vous pouvez leur donner ce qu'ils méritent d'avoir : la victoire. Croyez-vous donc possible de faire une guerre dans laquelle on ne doive jamais reculer ? Il n'y a qu'une chose qui importe. C'est l'issue victorieuse. C'est le succès final. Aussi longtemps que vous nous garderez, quoi qu'il arrive, vous pouvez être sûrs que la patrie sera défendue à outrance... Nous ne consentirons qu'à une paix de victoire. Voilà le mot d'ordre de votre Gouvernement. »

Dans une formule plus brève, il avait dit, déjà : « Je fais la guerre. » Et la victoire répondit à son appel. L'âme de la France s'incarna en lui. L'esprit de guerre le posséda tout entier. Plus de fautes. Nulle erreur dans le choix des hommes. Rien que des inspirations de génie, avec, dans ce corps déjà glacé par l'âge, le souffle du patriotisme le plus pur et le plus ardent.

Tout cela est déjà de l'histoire, mais au moment où, à chaque fenêtre, les drapeaux de la victoire vont claquer au vent, n'était-il pas intéressant de rappeler que jadis, au fond d'un bourg lointain, un docteur Benassis, seul avec ses méditations et ses souvenirs, sut, par une sorte de prescience, deviner l'homme de génie sous l'étudiant de Bicêtre et le sacrer sauveur de la France ?

12 novembre 1918,
Oui.

Ayant rendu hommage à ceux qui ne sont plus, il faut aussi donner toute la reconnaissance de nos cœurs à ceux qui, ce matin encore, combattaient avec la même énergie que le premier jour. On les a vus, les joues amaigries et les yeux flamboyants, repousser sur les chemins de Belgique les ennemis débandés. Qui pourrait dire d'une voix assez haute les fatigues, les douleurs, les faims et les soifs, et la sublime ardeur de ces guerriers plus grands que ceux de tous les âges ! C'est eux qui nous donnent ce jour triomphant que nous vivons. C'est eux qui font tomber de leur trône les rois allemands, et qui, du Bosphore au Rhin, ont semé la terreur dans les âmes ennemies. Les voici pourtant, doux, modestes et presque timides, prêts à reprendre au foyer leur place accoutumée et à vivre sans éclat dans le pays qu'ils nous ont gardé. A nous de savoir ce que nous leur devons. A nous surtout de ne pas l'oublier trop vite, dans les jours heureux qu'ils nous auront procurés.

12 novembre 1918, Louis LATZARUS.
Oui.

Jour de Gloire

Hier, la France a brisé d'un geste enthousiaste et libérateur, les lisières de la réserve silencieuse, pleine de tact et de dignité, qui fut son impressionnante attitude aux bons comme aux mauvais jours de cette guerre.

Mais hier, c'était la journée qui marquait la fête de la guerre par la Victoire libératrice et réparatrice ! Et que la France était belle dans sa joie patriotique à laquelle se mêlait fraternellement la joie de nos Alliés présents à Paris. Américains, Anglais, Italiens, Belges tous, ne faisaient qu'un avec nous qui n'étions aussi qu'un seul peuple, heureux et fier.

Puisse cette journée glorieuse être le symbole de l'avenir. Que ce symbole soit comme il apparaît dans l'ivresse de la victoire : Fraternité impérissable entre les peuples ayant combattu ensemble au nom de l'Humanité ; fraternité persistante au sein de la grande race des Français qui donne la mesure de tout son génie et de toute sa puissance dans l'élan profond de ses éléments unis.

Tel est le conseil suprême qu'a donné Clemenceau, au cours de l'inoubliable séance de la Chambre d'hier, de la séance qui a été son triomphe, avec celui de Foch, de Joffre et de toute l'armée des vivants et des morts !

12 novembre 1918,
Paris-Midi.

Une séance historique

A 4 heures, la salle se remplit. C'est le moment. Tout à coup, des applaudissements s'élèvent, grandissent, se propagent, frénétiques, et l'on voit s'avancer, très entouré, un vieillard, la tête nue et un peu courbé, ganté de gris, les bras tombant, comme lassés — l'impression d'un homme, brisé par l'émotion qui l'étreint, accablé par tous les honneurs et les vivats dont on le charge et qui se sent dépassé et emporté par des événements qui ne sont pas à la pointure humaine. Il a lu les clauses de l'armistice d'une voix nette et ferme, puis il n'a eu la force que d'ajouter quelques mots. A ce moment, quand il a dit que « la France, hier soldat de Dieu, aujourd'hui soldat de l'humanité, a toujours été le soldat de l'idéal », des coups de canon ont scandé ses paroles. Ces coups retentissaient dans nos poitrines. Rien ne saurait décrire l'enthousiasme et le frisson sacrés qui ont secoué toute l'Assemblée, hémicycle et tribunes, quand les députés debout, ont entonné la *Marseillaise*. C'était d'une puissance, d'un élan magnifiques. Oh ! la minute unique ! Ces voix mâles chantaient avec une foi ardente. Jamais la *Marseillaise* n'a été chantée si juste, et toujours l'accompagnement du canon, du canon qui faisait vibrer à la fois la voûte prochaine des Invalides et l'airain plus lointain de la place Vendôme, du canon qui ponctuait aussi au dehors les acclamations et les chants de la foule.

12 novembre 1918,
Le Temps.

Le premier jour de la paix

Nous assistons à un des plus beaux spectacles de l'histoire, au triomphe et à la revanche du droit, la seule forme de revanche que doive concevoir l'humanité civilisée. Ce spectacle est trop rare dans le cours de l'histoire, car s'il est vrai que « la justice immanente » finit tôt ou tard par trouver son heure, il est également vrai que la guerre donne trop souvent la preuve que la raison du plus fort est sur le champ de bataille la meilleure. Cette fois, ce qui a triomphé, c'est bien la raison de ceux qui avaient raison, et, même en Allemagne, on n'en trouverait plus beaucoup parmi les 93 intellectuels pour affirmer le contraire. De là le sentiment de satisfaction morale qui donne à la joie des Alliés ce je ne sais quoi d'auguste et de bienfaisant, qui n'a rien de commun avec l'enivrement de la force brutale, et dont il est difficile de n'être pas frappé. Nous ne gâterons pas la légitimité de notre victoire par des rodomontades et des appels de pied. Pas plus dans la rue que dans les assemblées ou dans la presse on n'entend de ces propos agressifs qui traînaient il y a trois mois à peine dans toutes les feuilles germaniques.

Le Journal des Débats.   A.-Albert PETIT.

La joie, une joie puissante et douce, a poussé dans les rues les foules délivrées de l'angoisse. Des drapeaux, des cortèges, des chants et des rires ! Spectacle inoubliable ! Paris, qui fut si calme et si grand dans les revers, salue la victoire d'une noble et fière allégresse !

Allégresse pleine et entière, mais voilée de deuil ! Les morts sont au milieu de nous, dans la célébration de cette délivrance. Leur chère pensée prend part à notre fête et lui donne sa haute signification.

L'Heure.   Paul AUBRIOT.

La France révolutionnaire avait proclamé la liberté de l'homme ;

La France républicaine réalise la liberté des nations ;

La France socialiste, dans la paix définitive et organisée, affranchira le monde des servitudes sociales, et fera, de la prophétie de Michelet, une réalité vivante : « Au vingtième siècle, la France déclarera la paix au monde. »

12 novembre 1918,
La France Libre.

Ce jour est le plus grand de l'histoire de France pour deux raisons : l'une est que nous avons joué l'existence de notre pays dans cette guerre que nous ne pouvions perdre, sans qu'il en sortit notre disparition totale ; l'autre est que ce cataclysme horriblement destructif ouvre une ère de reconstruction qui va transformer magnifiquement notre pays, au milieu de quels obstacles, à travers quelles vicissitudes, ce n'est pas le lieu d'en parler, parce qu'il y a des moments pour se réjouir, comme il y en a pour s'inquiéter, et que, quoi qu'il advienne, la victoire crée les conditions qui permettent à la France de reprendre le cours de ses glorieuses destinées...

Aujourd'hui que l'allégresse emplisse nos cœurs et que pieusement nous posions le genou devant l'autel de la patrie, notre divinité, qui nous est d'autant plus chère qu'elle nous a coûté plus de sacrifices !

12 novembre 1918,   LYSIS.
La Démocratie Nouvelle.

La Gloire de la France

Je n'essayerai pas de donner une idée des sentiments de vénération avec lesquels, nous tous Français, après avoir vécu cette suite de miracles, nous vivons cette journée de pure gloire qui les termine et les couronne. Je n'y parviendrais pas plus qu'à saisir l'Océan dans le creux de mes deux mains.

A 11 h. 5, ce matin, 11 novembre, tout Paris, toute la France ont compris et se sont levés, le cœur battant, l'esprit plein d'un religieux respect pour les morts et les vivants, à qui nous devons le salut de la victoire. Les cloches sonnaient, le canon tonnait. Et dans le monde entier, hors la Germanie, les peuples, debout et tête nue, ont glorifié ceux qui tombèrent pour la Liberté et qui, jamais, ne furent devant l'Esprit plus vivants qu'aujourd'hui.

Salut à la Paix, pleine de gloire que nous amènent les combattants. Gratitude éternelle aux chefs et aux soldats !

Sur les côtés de cette immense armée de 1914-1918, la France reconnaît quelques ombres illustres à qui le destin n'a pas permis de durer jusqu'à cette guerre dont ils préparèrent les vertus. Dans ce groupe mélancolique de ceux qui n'ont pas touché le rivage éclatant, mais qui tenaient le gouvernail, et dont le regard prophétique, au milieu des brouillards, découvrait le chenal et annonçait le soleil dont ils ne reçurent pas le rayon, notre appel et notre amitié s'élancent vers le tribun du peuple dont l'action fut toujours créatrice d'âme, vers le sonneur de clairon, vers le mainteneur et le réveilleur. Paul Déroulède, aujourd'hui, trouve pour les siècles son profond repos, car son œuvre est parachevée.

Parachevée par qui ? Par la nation et par celui-là qu'au

côté de Foch, au milieu des poilus, l'univers et l'histoire acclament, par le grand et l'heureux Clemenceau. Clemenceau ! Déroulède ! Quelle leçon dans le rapprochement de ces noms. Par quelles voies mystérieuses la France fait ses destinées ! Deux hommes qui croyaient se combattre collaboraient.

Porté sur les acclamations, Clemenceau fut à la tribune, et pendant vingt-cinq minutes, si pleines qu'elles nous parurent des heures, il a lu, dans ses détails, l'arrêt de mort de la puissance militaire allemande.

Le monde est délivré, la justice satisfaite ; les Français et leurs Alliés, dans cette journée sublime, ressentent quelque chose d'inouï, la plénitude de l'âme. Ce soir, nul de nous ne désire plus rien qu'être digne à jamais de la France victorieuse.

Nous sommes rassasiés, nous ne désirons plus que le bonheur des combattants d'hier. Nous voyons atteint par cette victoire le but que s'était proposé toute notre activité publique. Effacement de la défaite, reconquête de Metz et de Strasbourg, voilà ce que les gens de notre âge et qui avaient vu 1870 attendaient et voulaient ; développement de notre influence sur le Rhin, beau mariage de la pensée celto-rhénane avec la pensée française, voilà ce que nous désirions et n'osions pas préparer. L'œuvre pour laquelle tant de nous, selon leurs forces, s'étaient associés à Paul Déroulède, et qu'ici, d'une voix inoubliable qui se brisa dans l'effort, Albert de Mun enseignait, elle est accomplie. Elle est même dépassée. La revendication de l'Alsace-Lorraine a reçu glorieuse satisfaction, et la pensée éternelle des rois de France et des chefs de la République et de nos grands intellectuels reçoit un commencement d'exécution.

Le mot d'ordre, maintenant ? Que chacun de nous agisse de manière que sa pensée, sa parole, son action soient accordés avec ce que la France vient d'accomplir chaque jour durant cinq années. Comme ils ont souffert, nos soldats ! Comme ils ont mis haut la France au milieu des nations ! Monter encore ? Impossible. Chacun de nous, jusqu'à sa mort, voudra se conduire, en toute circonstance grave, de telle manière qu'il soit assuré de ne rien contredire de ce qu'étaient dans la France en péril ses sauveurs. Que chacun de nous se propose de n'être pas indigne de la gloire française.

12 novembre 1918,
Echo de Paris.

MAURICE BARRÈS,
de l'Académie Française.

Le Triomphe de la France

Elle a lavé l'opprobre. Elle a refait son unité. C'est de la fierté de cette réparation qu'est faite l'allégresse qui déborde de tous les cœurs. Fierté d'autant plus légitime que ce triomphe est vraiment notre œuvre. Nous avons le droit de le dire sans être taxés d'ingratitude envers tous nos compagnons de lutte. Leurs efforts ne seront jamais oubliés. Tous furent indispensables, nous le savons. Ils ont été le levier qui a renversé l'idole. Mais, en vérité, qu'aurait pu ce levier s'il n'avait pas trouvé pour s'appuyer le roc inébranlable de la vaillance française? Ce sont les soldats français qui ont arrêté la première ruée allemande sur la Marne. Ce sont les soldats français qui ont conjuré le second péril, à Verdun.

. . . .

De combien les yeux se sont fermés sur une vision d'angoisse sans que leur cœur indomptable ait fléchi! A eux le principal honneur du triomphe. J'imagine que la première des cérémonies qui fêteront la victoire sera pour apprendre aux mânes de ces martyrs que leur sacrifice n'a pas été vain. Ne sera-ce pas la plus belle récompense de leurs grands compagnons d'armes de communier encore une fois avec eux dans le souvenir de leurs exploits? Heureux ceux-là qui ont vu luire l'aube de la revanche! Depuis les chefs à jamais illustres jusqu'aux héros ignorés, ils seront certains du respect et de la gratitude de la nation sauvée par leur valeur.

12 novembre 1918.
Le Journal.

Rien n'est plus grand dans l'histoire des hommes.
Nos morts, nous n'avons pas démérité de vous : c'est bien la victoire du Droit et de la Beauté que vous nous avez donnée.

12 novembre 1918, René WERTHEIMER.
L'Éclair.

A la Chambre

Quelle émotion étreignait tous les cœurs ! Dans cette salle où, le 4 août 1914, M. Viviani avait annoncé la déclaration de guerre de l'Allemagne. M. Clemenceau venait annoncer la victoire de la France

Quel enthousiasme, digne et complet ! La joie du triomphe dans le souvenir des morts ! ici même, la trace du deuil est marquée. Voici des crêpes qui attestent la mort au champ d'honneur de représentants de la nation.

Mais vos morts, et tous les morts, sont vengés et pour eux tous la joie de tous est légitime. Leur sacrifice n'a pas été inutile.

12 novembre 1918.
Le Petit Parisien,

L'injuste défaite de 1870 vengée. Le retour à la Patrie de l'Alsace-Lorraine séparée par la violence, la Justice triomphant de la force, la France latine de la Germanie barbare, voilà ce que signifie la victoire.

Telle est l'œuvre de quatre ans d'attente patiente et de quatre mois d'offensive vigoureuse menée à la française par un chef dont la stratégie souple, hardie, intelligente, porte la marque du génie français. Le Parlement a rendu un solennel hommage à Georges Clemenceau et au maréchal Foch, associant les noms des deux hommes qui partageront devant l'Histoire la gloire d'avoir libéré le territoire et conquis la paix au monde.

12 novembre 1918.
Le Pays,

Notre récompense

La France est récompensée de son superbe effort par l'admiration que le monde lui prodigue sans compter. Son prestige a grandi aux yeux de l'univers, de toutes les vertus dont elle a révélé en elle le trésor intact. Pour notre part, nous n'avons jamais douté d'elle. Nous savions que, nécessaire à l'harmonie du monde, elle ne pouvait pas périr. Nous nous souvenions que Dieu a toujours fait d'elle, comme il en fera toujours, son grand soldat. Une fois, c'est à Domrémy, dans un village obscur, que la Providence va chercher une humble bergère pour sauver la France en péril. A une autre date, c'est d'une petite île, à peine entrée dans la communauté française, qu'elle fait surgir un petit officier corse pour promener la gloire de nos armes à travers l'Europe. Et maintenant, voici qu'elle a tiré de la Vendée, pays de l'héroïsme légendaire, l'homme dont elle avait besoin pour reprendre dans le monde le cours de ses destinées triomphales.

12 novembre 1918,   Arthur MEYER.
Le Gaulois.

Vive Clemenceau !
Vive Foch !
Gloire aux armées de la République !
Et merci au président Wilson.

12 novembre 1918,
L'Œuvre.

ADRESSE A M. RAYMOND POINCARÉ
Président de la République
AU NOM DE TOUS LES FRANÇAIS
Nous demandons
POUR M. GEORGES CLEMENCEAU
Organisateur de la Victoire
La Médaille militaire

12 novembre 1918,
La Démocratie Nouvelle.

Le soleil s'est levé sur Paris en même temps que la victoire. A travers le fin brouillard de novembre, il s'irradie comme une « gloire » prodigieuse. Cette journée d'automne nous a paru plus douce que le plus bel avril. Dehors, c'est la foule des grandes réjouissances publiques ; le décor guerrier de la place de la Concorde donne un air martial à cette fête. Le public sait maintenant que ces armes captives nous promettent qu'on va lire à la Chambre des conditions de victoire. Cette fois, il y a foule non seulement à l'intérieur du Palais-Bourbon, mais la rue n'est pas déserte ni tranquille. Les cortèges s'organisent ou plutôt s'improvisent ; les drapeaux précèdent les manifestants ; les chants retentissent. Quelle admirable journée au dehors et au dedans de l'enceinte du Parlement !... Aujourd'hui, le piquet d'honneur n'est pas fait par des zouaves. Où sont-ils les zouaves du 4 août 1914? Ils ne sont pas là, mais ils ont tenu parole. Le pays pouvait compter sur eux. On ne voit plus le rouge abondant de leurs glorieux uniformes — comme si tout ce sang avait été versé. Maintenant, c'est le bleu horizon, le bleu de la guerre. Des territoriaux forment la haie, restant solides dans la carrière quand leurs cadets n'y sont plus et témoignant que la France de demain peut en toute confiance se reposer sur la France d'aujourd'hui et d'hier. Ces vétérans armés étaient venus, dirait-on, présenter les armes à cet autre vétéran de la démocratie, à ce vieux poilu en qui le destin a voulu incarner l'esprit et l'énergie de la juste revanche. Hier, Clemenceau a eu tout son succès parce qu'il représentait la République libératrice et triomphante.

13 novembre 1918,
Le Temps.

Proscription et apothéose

Dans cette bibliothèque de deux kilomètres de long que Rémy de Gourmont appelait la première du monde, dans une des boîtes du quai, nous avons découvert une petite brochure politique, très désuète, très chiffonnée, intitulée *Les Suspects en* 1858.

Et voici qu'on lit, page 161 :

« ... Quelques jours après l'attentat d'Orsini, le bruit se répandait à Nantes que des ordres envoyés de Paris enjoignaient d'arrêter un certain nombre de citoyens honorables, connus, comme républicains dont les noms suivent : Clemenceau, docteur-médecin ; Masselin, typographe ; Even, couvreur ; Pageot, tanneur ; Leseux, ouvrier....

« Le docteur Clemenceau n'avait rien d'un conspirateur ; mais, esprit fin, délicat, il avait, plus d'une fois, couvert de ses sarcasmes certains personnages qui le haïssaient à cause de ses bons mots, incisifs et mordants. Il allait être embarqué pour l'Afrique, lorsqu'un événement grave, qui avait profondément agité l'opinion publique à Nantes, força, en quelque sorte, l'autorité à le relaxer. Au moment de son enlèvement, en effet, sa jeune fille, jeune personne d'une grande distinction, avait été subitement frappée d'une attaque de catalepsie, à la suite de laquelle elle perdit la parole. Elle resta plusieurs mois entre la vie et la mort. La ville de Nantes tout entière s'associa aux malheurs de cette infortunée famille, et la réprobation se manifesta d'une façon si énergique que le pouvoir n'hésita pas à faire revenir le docteur Clemenceau. »

Ce docteur-médecin si fin, si incisif dans ses bons mots, et si aimé des Nantais était le père du docteur Georges Clemenceau, qui se tint si providentiellement au chevet de la France, pendant la fièvre. Le fils du proscrit goûte aujourd'hui les joies de l'apothéose.

Excelsior.

" Le plus grand ministre de la guerre qu'ait vu l'histoire "

La tribune française — le plus haut observatoire du monde et qui connut les puisssants éclats de la grande voix des Mirabeau, des Danton et des Gambetta — retentissait mardi, des plus surhumaines, des plus formidables paroles qui aient jamais été dites à un Parlement, à un Peuple.

Et ces accents inouïs, prodigieux qui, dans le fracas des acclamations, jetaient à terre tout ce qu'il y eut de mauvais dans le passé pour reconstruire l'idéale cité française d'harmonie, de fraternité et d'amour — ces accents partaient de la poitrine d'un vieillard de soixante-dix-huit ans.

Ce vieillard, en la plus effroyable tempête qui nous ait jamais assaillis, s'était révélé le plus grand conducteur de peuples qu'ait connu l'humanité.

Chef du Gouvernement aux heures sans conteste les plus critiques, il sut, il voulut, il osa. Ministre de la Guerre, dans le conseil comme dans l'action, il fut l'organisateur, le Père de la Victoire que remporta Foch, que remportèrent les soldats de l'an 18.

Et ce fut un instant vaste comme un siècle.

C'était plus que Carnot, plus que Gambetta, c'était plus que l'épopée révolutionnaire, plus que l'épopée napoléonienne.

Et cet homme qui nous ouvrait, hier, Constantinople et Vienne, qui, demain, nous ouvrira Berlin, nous rendra le Rhin, Metz et Strasbourg, et en prenait à témoin l'ombre de Gambetta — cet homme dont aucun Panthéon ne sera assez vaste pour garder la gloire immense, légendaire et pure — cet homme, qui remuait, qui secouait des émotions inconnues, brisé lui-même par l'émotion, déclarait : « Ce que j'ai fait, c'est la France qui l'a fait » et — parole sans précédent dans l'histoire des ambitions humaines — il ajoutait : « Je ne vise aucun but politique et j'aspire au jour où vous serez débarrassé de moi. »

De tels caractères, de si magnifiques exemples de désintéressement et d'abnégation personnels sont plus que l'honneur d'un pays : ils sont son éternelle force.

En pleine Chambre française — il n'y a pas encore dix ans de cela — Jaurès, le grand orateur Jaurès, montait à la tribune et prenait prétexte d'un article consacré à M. Clemenceau par une revue anglaise pour lui décocher une de ces fléchettes qu'il espérait mortelle pour le président du Conseil.

« — Il y a, dit M. Jaurès, une revue anglaise, *The Fornightly Review*, que M. le président du Conseil connaît bien, où il a beaucoup d'amis et, en tout cas, beaucoup d'admirateurs. Cette revue, l'autre jour, dans un article important, examinant les chances respectives de la France et de l'Allemagne dans un conflit éventuel, disait : « L'Allemagne a 60 millions d'habitants, la France n'en a que 40 ; mais elle a Clemenceau *(rires)*, et elle ajoutait :

« Il sera, dans un conflit possible, un des plus grands ministres de la Guerre qu'ait vus l'histoire. »

Cette prophétie s'avère, en ce mois de novembre 1918, singulièrement éclairée par la fulgurante lueur des événements mondiaux.

Le Petit Dauphinois.

DES NOMS

DES NOMS

Ici sont inscrits les Noms des Français et des Alliés, (municipalités, compagnies, groupes, sociétés, personnalités des plus humbles aux plus glorieuses), qui ont tenu a manifester leur reconnaissance a Georges Clemenceau et à nos Armées Victorieuses, en s'inscrivant au LIVRE D'HOMMAGE *et d'Admiration.*

Mais, tous les Français et les Alliés et les amis de la France, ne s'y trouvent pas qui eussent voulu y figurer.

Pour inscrire tous les noms de la Gratitude Universelle, il faudrait d'innombrables volumes.

Ces listes symbolisent néanmoins la France entière et les Pays libres du Monde, comme la liste des collaborateurs du LIVRE D'HOMMAGE *représente la gamme des valeurs morales de l'univers.*

PREMIÈRE LISTE

A

MM.

Alphonse Abadie, industriel, 273, rue des Pyrénées à Paris.
Abeilhé, conseiller municipal à Quinsac (Gironde).
Léonce Abeille, capitaine de frégate en retraite, 121, boulevard Excelmans à Paris.
Commune d'Ablis (Seine-et-Oise).
J. Abraham, instituteur en retraite à Luzy (Haute-Marne).
Marius Acquié, 1, rue Léon-Cladel à Paris.
Société anonyme de photogravure « Acriter », 76, boulevard Montparnasse à Paris.
Auguste Adam à Thil (Meurthe-et-Moselle).
Emile Adam, 21, rue de Clichy à Paris.
Félix Adam, 1, boulevard Mariette à Boulogne-sur-Mer (Pas-de-Calais).
Mme Adam, institutrice à Mairy-Mainville (Meurthe-et-Moselle).
Société « Les Affréteurs réunis », 15, rue Scribe à Paris.
Augustin Agogué, maire d'Aubigny-sur-Nère (Cher).
Aimé Aillaud, maire de Solliès-Pont (Var).
Charles Aimé à Saint-Remimont (Vosges).
René Aimetti, comptable à Sidi-bel-Abbès (Algérie).
F. Aiventi, 4, rue Troyon à Paris.
Ville d'Aix (Bouches-du-Rhône).
Emile Akar, 15, rue Berlioz à Paris.
Benjamin Aknin, secrétaire-greffier au Tribunal de 1re Instance à Oudjda (Maroc).
Henri Alais, instituteur à Mesnil-Mauger (Seine-Inférieure).
Emile Alamagny à La Favière (Var).
Alamigeon, secrétaire intérimaire de la Chambre de Commerce à Augoulême.
Michel Alaux, architecte, 17, rue Victoire-Américaine à Bordeaux.
Mlle Alb. Marya, institutrice à Vihiers (Maine-et-Loire).
L'Abbé Alberteau, curé de Persac (Vienne).
Georges Albisson, dessinateur, Hauts-Fourneaux de Tarascon-sur-Ariège (Ariège).

Michel Albisson, directeur d'École Normale en retraite à Foix.
L'abbé H. Alexandre, curé de Barbonne (Marne).
Docteur Paul Alglave, 241, boulevard Saint-Germain à Paris.
François Alicot, publiciste ? Tarbes.
Louis Allain, tailleur de pierres à Lannion (Côtes-du-Nord).
Paul Allain, marchand de chevaux à Bosguérard (Eure).
Allain, bijoutier, 8, rue des Coutures-Saint-Gervais à Paris.
Gabriel Allard, de la Maison G. Moreau et Cie à Podensac (Gironde).
Mme Allavène d'Erlon, infirmière bénévole, hôpital 4 bis, 7, rue du Colisée à Paris.
Adrien Allègre, journaliste à Dakar (Sénégal).
Théodore Allifat, secrétaire général de la Société amicale des voyageurs de commerce à Orléans.
Allouch Diss Oued-Amizour (Constantine).
Simon Allouch, négociant à Oued-Amizour (Constantine).
R. Alvarez de Tolédo, avocat à Buenos-Ayres (République Argentine).
Amady-Abdoul, service de la navigation à Koulikoro (Haut-Sénégal).
Amigues, instituteur à Camplong (Aude).
Albert Amillac, pharmacien-chimiste à Oran.
Amirault, courtier, membre corr. de la Chambre de Commerce de Tours à l'Ile-Bouchard (Indre-et-Loire).
Emile Amrein, sous-intendant militaire à Paris.
Alfred Anbrun, Eaubonne (Seine-et-Oise).
Commune d'Ancey (Côte-d'Or).
Anderouin, négociant en vins à Larçay (Indre-et-Loire).
François André, maire de Lamamellière-sur-Vère (Manche).
Dominique Andréani, maire à Solaro (Corse).
Charles Anfray, professeur de Lettres, 34, rue Laugier à Paris.
Maurice Angel, 22, rue de Tocqueville à Paris.
Amédée Anger, minotier à Bully (Calvados).
François Angibaud, maire à La Taillée (Vendée).
M. et Mme Jean Anglade, 149, rue Lafayette à Paris.
Commune d'Anoux (Meurthe-et-Moselle).
Raymond Anquetil, meunier à Veules-les-Roses (Seine-Inférieure).
Joseph Antona, maire à Coti-Chiavari (Corse).
Dominique Antoni, capitaine au long cours en retraite, à Piétracorbara (Corse).
Antoine Antoniotti, conseiller municipal à Pietraserena (Corse).
Désiré Anty, maire à Noirémont (Oise).
Commune d'Aouste (Drôme).
Commune d'Apchat (Puy-de-Dôme).
Corbiniano d'Aquino-Fonséca, 11, rue Chernoviz à Paris.
Commune d'Arancou (Basses-Pyrénées).
Henri d'Arbigny, maire à Corgirnon (Haute-Marne).
Commune d'Arc-lès-Gray (Haute-Saône).
Commune d'Arçais (Deux-Sèvres).
Commune d'Arc-sur-Tille (Côte-d'Or).
Docteur Fabien Arcelin à Mâcon (Saône-et-Loire).
Jean Archien, à Thil (Meurthe-et-Moselle).
Docteur Ardoin, 15, rue Alphonse-Karr à Nice (Alpes-Maritimes).

Jules Ardon, maire à Dienné (Vienne).
Argentéy Laurent, percepteur retraité à La Seyne (Var).
Ariste, maire à Lescar (Basses-Pyrénées).
François Armagnin, chef de bureau principal à la mairie de Toulon.
Adrien Armaing, manufacture Job à Alger.
Mme José Armand, 81, boulevard de Courcelles à Paris.
Docteur Armet, maire à Sallèles-d'Aude (Aude).
Maurice Arnaud, notaire à La Chataigneraie (Vendée).
Adolphe Arnaud, propriétaire à La Chataigneraie (Vendée).
Pierre Arnaud, maire à Fontvieille (Bouche-du-Rhône).
Armand Arnaudeau, maire à Thorigny (Vendée).
Mme Edmond Aron, 76, avenue de Wagram à Paris.
Mme Gabrielle Arquetout, secrétaire de mairie à Rempnat (Haute-Vienne).
Commune des Arrantès-de-Corcieux (Vosges).
Docteur Arsac à Chabeuil (Drôme).
J. M. Arsac, 17, avenue d'Aygu à Montélimar.
Commune d'Asnois (Nièvre).
Association des Dames Charitoises (P^{te} Mme Chauvain) à La Charité (Nièvre).
Pierre Athias, maire à Cléry (Côte-d'Or).
Athan-Simah, facteur des P. T. T. à Oued-Amizour (Constantine).
Markouf Attali, aîné, directeur de *La Vérité*, 29, rue de France à Constantine.
A. Attané, architecte à Saint-Eugène (Alger).
Docteur Paul Attimont, 16, rue de Versailles à Nantes.
Gabriel Aubergy, propriétaire à Remilly (Nièvre).
Aubert, maire à Trets (Bouches-du-Rhône).
Eugène Aubert à Mairy-Mainville (Meurthe-et-Moselle).
Gustave Aubert, comptable, 66, rue Chevreul à Lyon.
Numa Aubry à Saint-Remimont (Vosges).
Ville d'Auch.
M. et Mme A.-B. Aucher, 2, rue Turbigo à Paris.
Aimé Audefroy, maire de Crèvecœur-le-Petit (Oise).
Commune d'Audenge (Gironde).
Ferdinand Audoin, conseiller municipal à Saint-Claud-sur-le-Son (Charente).
Mlle Suzanne Audoin à Vieux Cérier (Charente).
Marius Audouard à Culoz (Ain).
Timoléon Audry, conseiller général, maire à Saint Christophe (Charente).
Joseph Auger, maire à Saint Valérien (Vendée).
Eloi Augier, professeur à l'Ecole Navale en retraite à Uzès (Gard).
Commune d'Aulnizeux (Marne).
Fernand d'Aunay, agent de change, 15, rue du 4-Septembre à Paris.
Henry Aune, conservateur des Hypothèques à Tlemcen (Algérie).
Paul Auran, maire de Noves (Bouches-du-Rhône).
Aurand, propriétaire à Chaumont (Puy-de-Dôme).
Louis Auriol, instituteur à Tourouzelle (Aude).
Louis Authelain à Mâcon.
Commune des Authieux-sur-Calonne (Calvados).
Louis Autuly, professeur d'Ecole Normale à Foix.

Commune d'Auvers (Manche).
Commune d'Auzainvilliers (Vosges).
A. Auzeneau, négociant-importateur, 28, rue du Collège à La Rochelle.
Commune d'Auzits (Aveyron).
Commune d'Avèze (Puy-de-Dôme).
Ville d'Ax-les-Thermes (Ariège).
Pierre Aymard, adjudant d'administration du Service de Santé, 36, boulevard Saint-Michel à Paris.
Gustave Ayme, maire de Roussas (Drôme).
Gustave Aynié, employé des Contributions Directes à Foix.

B

MM.
Eugène Babon à Saint-Remimont (Vosges).
Jean Baby, secrétaire du Conseil général à Foix.
Hermann Back de Surany, 2, avenue Velasquez à Paris.
Mme A. Bacqué, institutrice à l'E. P. S. à Lannemezan (Hautes-Pyrénées).
Léopold Badie, professeur, 33, boulevard Lannes à Paris.
François Badourès, maire à Montamel (Lot).
J. Bagnérès, greffier du Tribunal de 1re instance à Moissac (Tarn-et-Garonne).
J. Baguenard, propriétaire-éleveur à Soulac-sur-Mer (Gironde).
Le comte Gustave Baguenault de Puchesse, maire à Sandillon (Loiret).
H. Baguenier-Désormeaux, vendéen, publiciste, 21, rue Duchesne à Paris.
Commune de Bailleau-le-Pin (Eure-et-Loir).
Capitaine Bailly-Masson, 21e régiment de chasseurs à cheval, S. Postal 88.
M. et Mme Jules Bailly, industriels, et Pierre Bailly à Cadillac-sur-Garonne (Gironde).
Louis Bailly, directeur des Contributions directes de l'Ain à Bourg.
Balandier, maire au Val d'Ajol (Vosges).
Commune de Balanzac (Charente-Inférieure).
Camille Balazet, maire à Charmoy (Haute-Marne).
Commune de Balbigny (Loire).
Baldy, adjoint au maire de Castres (Tarn).
Gustave Balleroy, père, 35, faubourg d'Angoulême à Limoges.
René Ballière, propriétaire-éleveur, Château d'Estimauvilles, par Touques (Calvados).
Balty Charles à Mairy-Mainville (Meurthe-et-Moselle).
Emile Bancilhon à Thil (Meurthe-et-Moselle).
Tran van Bang, sergent-major interprète, Hôpital mixte à Arles.
de Rosière, directeur général de la Banque Privée, 30, rue Laffitte à Paris.
Adrien Banquet, employé de commerce à Bayonne.
Lucien Bapst, 19, rue Général-Hoche à Nancy.
Henri Baquier, régisseur à Moux (Aude).
Henri Barat, commissionnaire en vins, 10, rue de Normandie à Alger.
Ernest Barbier, maire à Gripport (Meurthe-et-Moselle).

Théodore Barbullée, membre de la Chambre de Commerce à Dieppe.
Ville de Barcelonnette (Basses-Alpes).
M. et Mme J. Barchain, 22, rue Belgrand à Paris.
Mme Vve Bardat à Saint-Remimont (Vosges).
Marcel Bardonne, entrepreneur à Saint-Claude (Jura).
Mme J. Barge-Laroye, receveuse des P.T.T. à Celles (Puy-de-Dome).
Antonin Bargoin, industriel à Clermont-Ferrand.
Georges Baril, chirurgien-dentiste, 8, place Saint-Projet à Bordeaux.
A.-J. Barillot, vice-président de la Chambre de Commerce à Annecy.
Commune de Barjac (Gard).
J.-P. Barneix à Bayonne (Basses-Pyrénées).
Mme Barra, concierge, 7, rue Pastourelle à Paris.
Pierre Barral, agriculteur à Meuvielle-lès-Béziers (Hérault).
Ernest Barrau, 9, rue de Bagneux à Paris.
Barrau E.-J., adjudant au 1er Régiment de Spahis à Laghouat (Algérie).
Edouard Barrault, employé, 8, boulevard Richard-Lenoir à Paris.
Paulin Barre, instituteur à Chaptelat (Haute-Vienne).
Pierre Barreau, propriétaire, Les Chênes-Capian (Gironde).
Benjamin Barrelier, négociant, 5, rue de la Bastille à Oran.
Emile Barrière, maire de Saint-Pardoux-la-Croisille (Corrèze).
François Barrois, maire de Cheminon (Marne).
Léon Barrois, industriel à Stainville (Meuse).
Pascal Bartoli, maire de Ciamannaccé (Corse).
Mme L. Barucchi, Cercle Militaire à Bizerte.
Jules Barut, membre de la Chambre de Commerce à Annecy.
M. et Mme Bary, 27, boulevard Diderot à Paris.
M. et Mme Théodore Bascou, représentant de commerce à Béziers.
A. de Basly, propriétaire éleveur, 18, rue des Carrières à Saint Julien (Caen).
Commune de Basse-Goulaine (Loire-Inférieure).
Achille Bastardy, maire à Moux (Aude).
Antoine Bastet, juge au Tribunal de Commerce, 87, chemin des Pins à Lyon.
Charles Bastien, maire à Grandvillers (Vosges).
Paul Bastit à Foix.
Henry Bataille, receveur des Contributions indirectes à Boulogne-sur-Mer.
G.-E. Bates, armateur, 84, rue de Rennes à Paris.
Paul Bathelier, 82, faubourg Saint-Martin à Paris.
J.-B. Bathelier à Saint-Sauveur (Côte-d'Or).
Claude Bauchet, maire à Saint-Eloi (Nièvre).
Mlle Georgette Baudin, 135, rue Saint-Dominique à Paris.
A. Bauer, 3, rue de Strasbourg à Maisons-Alfort (Seine).
Georges Baufine, notaire, boulevard de la Meilleraye à Parthenay.
Mlle E. Bayssat, à Royat (Puy-de-Dôme).
Docteur Paul Bazil à Nieul-le-Dolent (Vendée).
Jules Béal, rentier, villa Valérie à Saint-Sylvestre (Nice).
Ville de Beaucaire.
A. Beauchamp, propriétaire, château de Vaumas (Allier).
Henri de Beaudrap, conseiller général, maire à Sotteville (Manche).

Pierre Beaufeu, artiste peintre, 11, rue d'Alsace à Saint-Germain-en-Laye (Seine-et-Oise).
Henri Beaufort, 1er régiment d'artillerie de montagne, 15e batterie, Secteur 509 (Orient).
Commune de Beaumont-Laferrière (Nièvre).
Léon Beaupoil, maire à Nully (Haute-Marne).
Henri Beaupuy, Président de la Chambre de Commerce d'Oran.
Ville de Beauvais.
Louis Béchet, publiciste à Valréas (Vaucluse).
Alfred Bechmann, 3, avenue Velasquez à Paris.
Beck, membre de la Chambre de Commerce de Dunkerque.
Amant Becq, instituteur à Saint-Paul-de-Jarrat (Ariège).
Osmin Becq, instituteur à Ax-les-Thermes (Ariège).
Mme Alice Bedognier à Mairy-Mainville (Meurthe-et-Moselle).
D. Begin à Saint-Remimont (Vosges).
Mme Vve Bégué, rentière à Foix.
Béguet, directeur du Crédit Loynnais à Bayonne.
Michel Beignatborde, secrétaire de mairie à Urrugne (Basses-Pyrénées).
Henri Bel, bibliothécaire de l'Université de Montpellier.
Le capitaine H. de Belcastel, ancien député, à Belcastel par Lavaur (Tarn).
Jean Belin, négociant à Champlitte (Haute-Saône).
Bibliothèque Municipale de Belfort.
Polycarpe Benel, maire à Ramatuelle (Var).
Beliard-Crighton et Cie, ingénieurs-constructeurs, 50, rue Taitbout à Paris.
Paul Bellamy, maire de Nantes (Loire-Inférieure).
Yves Bellec à Lannion.
Henri Bellemer, conseiller municipal à Bors-de-Baignes (Charente).
Paul Belleville, chef de bataillon en retraite, 43, rue de Reverdy à Chartres.
Jean Bellot, maire de Colayrac-Saint-Cirq (Lot-et-Garonne).
Mlle Lucienne Bellot, 28, rue Latour d'Auvergne à Clermont-Ferrand.
Docteur François Belous à Miribel (Ain).
M. et Mme Ernest Bély à Chantonnay (Vendée)
Mme Alice Bénac, institutrice à Saint-Cernin (Lot).
Abdalah-Mohammed Benchenni, propriétaire à Aïn-Sidi-Chérif (Algérie).
Commune de Benest (Charente).
Charles Benezul à Alger.
Mme Marie Bengloan, secrétaire, 5, boulevard de l'Estacade à Lorient.
Commune de Beni-Mered (Algérie).
L. Beninguier, maire d'Escatalens (Tarn-et-Garonne).
Commune de Benney (Meurthe-et-Moselle).
Amédée Benoît, 194, avenue de Versailles à Paris.
Jacques Benoît, négociant en vins à Foix.
E. Benoît-Lévy, secrétaire général de la Ligue « Souvenez-vous ! » 167, rue Montmartre à Paris.
Louis, Jean et Félix Benoît à Allanche (Cantal).
Marie-Charles Benoît à Lesclauzades (Aveyron).
Docteur Jeannin Benoît à Saint-Claude (Jura).

Bentayon, membre de la Chambre de Commerce d'Oran.
P. Bérard, professeur au collège à Cendrillon (Landes).
R. de Bercegol, banquier à Angoulême.
Pierre Berdie, maire à La Resie-Saint-Martin (Haute-Saône).
Berendorff, président du Syndicat des Vins et Spiritueux à Tours.
Joseph Bérepion, pharmacien à Saint-Florent-des-Bois (Vendée).
Raphaël Beretta, 59, rue de Clichy à Paris.
André Bergeon, maire à Saint-Didier-en-Rollat (Allier).
H. Georges Berger, avocat à Paris, maire de Saint-Raphaël (Var).
Pierre Berger, maître d'hôtel à Saint-Nectaire (Puy-de-Dôme).
Docteur Gustave Bergeret, 12, place Jean-Macé à Lyon.
Jean Bergerot, maire de Chariez (Haute-Saône).
Docteur Jean Berguin, à Castelmoron-sur-Lot (Lot-et-Garonne)
Alexis Bermond, maire de Valbonne (Alpes-Maritimes).
André Bernard, assureur, 12, rue de la Victoire à Paris.
Eugène Bernard, receveur buraliste à Mugron (Landes).
Mme Catherine Bernard, Ernest Bernard à Mugron (Landes).
Mlle Hortense Bernard, institutrice à Estancarbon (Haute-Garonne).
Bernard, vice-président de la Chambre de Commerce de Dunkerque.
Bernardaud, membre de la Chambre de Commerce de Limoges.
Mme Jeanne de Bernardi, mercière à Aix les Bains (Savoie).
Félix Bernauer, membre de la Chambre de Commerce d'Oran.
H. Berneron, directeur des Galeries de Jaude à Clermont-Ferrand.
Antoine Bert, maire du Coteau (Loire).
Général M. Bertaux, villa Darbouet à Saint Léon (Bayonne).
J. Berthé, 26, avenue du Trocadéro à Paris.
E. Berthelat, maire à Beuste (Basses-Pyrénées).
Berthelin, maire à Maisoncelles-en-Brie (Seine-et-Marne).
Emile Berthou, polisseur sur granit à Lannion.
Paul Bertin à Mairy-Mainville (Meurthe-et-Moselle).
Louis Bertoux, maire à Saint-Germain-Chassenay (Nièvre).
Maurice Bertoye, caporal, 358e d'infanterie à Villeurbanne (Rhône).
Alexandre Bertrand, cultivateur à Labry (Meurthe-et-Moselle).
Achille Bertrand, maire de Monbéqui (Tarn-et-Garonne).
Emile Bertrand, villa Preynat à Saint-Etienne.
Mme Hélène Bertrand, institutrice à Saint-Didier-en-Devoluy (Hautes-Alpes).
Jacques Bertrand, maire à Crozet (Loire).
Joseph Bertrand, pharmacien à Fontenay-le-Comte (Vendée).
Docteur David Bertrand-Lauze à Alais (Gard).
Docteur Bertrand, maire d'Aix (Bouches-du-Rhône).
M. Victor Bertrand (et Mme), chef de bureau aux Chemins de fer de Saône-et-Loire, Mâcon.
Bertrand, orfèvre, 18, rue Corbeau à Paris.
Joseph Bertrou, employé à la Cie des Chemins de fer du Nord, 77, boulevard Ornano à Paris.
François Bertuel, propriétaire, 2 *ter*, boulevard de Strasbourg à Béziers.
F. Besnier, artiste peintre, 14, rue des Fossés-Saint-Jacques à Paris
Clément Besse à Berriac (Aude).
Jean Besses, maire à Auzits (Aveyron).

Pierre Betboy, lieutenant colonel en retraite, organisateur en 1914 du régiment garibaldien au camp des Garrigues, Nîmes, propriétaire à Pontacq (Basses-Pyrénées).

B. Beth, 10, rue Richard XII à Saint-Etienne.

A. de Bettencourt-Rodrigues, ministre plénipotentiaire du Portugal, 51, avenue Marceau à Paris.

Paul Beulaygue, directeur d'école à Foix.

Commune de Beuste (Basses-Pyrénées).

Gendarme de Bévotte, professeur au lycée Louis-le-Grand, 83, boulevard Saint-Michel à Paris.

Alphonse Bey, maire de Sainte-Anne (Doubs).

Sicaire Beylot, secrétaire de la mairie à Beni-Mered (Algérie).

Marcel Bezian, chemisier, 62, rue d'Isly à Alger.

Ville de Béziers.

Marie-Antoinette Bia à Paris.

Michel Bibal, conseiller général, maire de Masseube (Gers).

Joseph Biclet, ingénieur à Auzat (Ariège).

Jean Biégnon, adjoint au maire à Cérilly (Allier).

Eugène Biette, maire à Sambin (Loir-et-Cher).

Arthur Bigot, négociant à Tours.

Ernest Bigot, négociant à Saint-Cyr-sur-Loire (Indre-et-Loire).

Les fils de Bigot-Billard, industriels, 90, rue des Docks à Tours.

Adolphe Billaut, vigneron à Fontenay (Yonne).

Isidore Billiet, maire, Les Attafs (Alger).

G. Bingen, 9, rue Pillet-Will à Paris.

Pierre Bioy, pharmacien à Oloron-Sainte-Marie (Basses-Pyrénées).

Commune de Birkadem (Alger).

Docteur Eugène Birotheau à Saint-Florent-des-Bois (Vendée).

Ernest Birou, maire à Massaguel (Tarn).

E. Bize, secrétaire de la Chambre de Commerce française de Madrid.

Bizet à Paris.

Edouard Bizos, 44, rue de Châteaudun à Paris.

L. Blanc, 9, rue Poussin à Paris.

Mme Blanchard, directrice d'Ecole à Fontaine-lès-Chalon (Saône-et-Loire), et Mlle Marie Blanchard, institutrice adjointe.

Blanchard, conseiller municipal à Marnac (Dordogne).

Emile Blanchard, propriétaire à Rupt-aux-Nonains (Meuse).

Gustave Blanchard, entreposeur spécial des tabacs et poudres à Grenoble.

Clément Blanchet, pharmacien à Secondigny (Deux-Sèvres).

C. Blanchet, 33, rue Godot-de-Mauroi à Paris.

Louis Blanchet, secrétaire de la Rédaction de *La Charente* à Angoulême.

Martial Blanchet, 1, rue Larua à Orsay (Seine-et-Oise).

Pascal Blanchet, négociant, 1 bis, rue Neuve-du-Théâtre à Paris.

Blanchet, 5, rue de l'Ecole-de-Médecine à Paris.

Léon Blanchetête, employé à la Cie de l'Est à Labry (Meurthe-et-Moselle)

J. Blanell, commis des P. T. T. à Narbonne.

Gabriel Bled, propriétaire à Thenay (Loir-et-Cher).

Blet, représentant de commerce, 48, rue Victor-Hugo à Tours.

Albert Bloch, ingénieur-chimiste, 41, rue de Trévise à Paris.
Marc Blondet-Desbordes, maire à Nérignac (Vienne).
J.-B. Blottiaux, employé de mairie à Auchel (Pas-de-Calais).
Félix Bobin, instituteur en retraite, Le Beugnon (Deux-Sèvres).
Marc Boccard, directeur du *Petit Gessien* à Gex.
Jean Bochot, maire à Cussy-le-Châtel (Côte-d'Or).
A. Bodin à Paris.
Lucien Bodin, 10, rue Lacépède à Paris.
Mme Alice Body, institutrice à Contigné (Meurthe-et-Moselle).
Alphonse Bouglin, 22, rue Carle-Hébert à Courbevoie.
Henri Bœuf, maire à Damoix (Vendée).
Paul Bœufve, architecte-vérificateur, 59, faubourg Saint-Antoine à Paris.
Victor Boillon, secrétaire de mairie à Vautrey (Doubs).
Docteur François Boirin à Champlitte (Haute-Saône).
Docteur Ch. Bois, conseiller d'arrondissement, maire de Saint-Laurent-de-Chamousset (Rhône).
Gustave Boisseau, instituteur public à Châtel-Censoir (Yonne).
Ernest Boisseau, receveur municipal à Privas.
Mme Emma Boissier, institutrice à Drigas (Lozère).
Ernest Boiteau, curé de Fleury (Vienne).
P. Boivin-Champeaux, sénateur, 13, quai d'Orsay à Paris.
Marcel Bon, 14, rue Montesquieu à Asnières (Seine).
Bonafoux, secrétaire de la mairie à Labastide-de-Lévis (Tarn).
Antonin Bondieu, maire de Malzéville (Meurthe-et-Moselle).
Commune de Bonnac (Ariège).
Docteur La Bonnardière, médecin chef de l'hôpital civil à Hyères (Var).
Bonnaud, maire de Roanne.
Abel Bonnaud, adjoint au maire de Saint-Martin-de-Juillers (Charente-Inférieure).
Georges Bonneau, propriétaire à Marans (Charente-Inférieure).
Maurice Bonneau, distillateur, membre de la Chambre de Commerce de Tours à Amboise (Indre-et-Loire).
Mme Anita de Bonnefère, château de Méracq-Arzacq (Basses-Pyrénées).
Charles Bonnefond, conseiller municipal à Bonnet (Meuse).
Claude Bonnefoux, conseiller général, maire de Saint-Paulien (Haute-Loire).
Gabriel Bonnefoux, conseiller de préfecture, Le Puy (Haute-Loire).
Paul Bonnemaison, conseiller général, 46, boulevard de Strasbourg à Toulouse.
Joseph Bonnet, maire de Limeil-Brévannes (Seine-et-Oise).
Commune de Bonnet (Meuse).
Le général Constant Bonnet, 17, rue d'Orléans à Pau.
Victor Bonnet, conseiller d'arrondissement, maire d'Azay-le-Brûlé (Deux-Sèvres).
Gustave Bonnette, industriel, 33, rue Grange-aux-Belles à Paris.
Gabriel Bonnichon, maire de Cosne-d'Allier (Allier).
Paul Bonniot (Mme et Mlle), directeur de l'École Saint-André à Oran.
Mme Emilie Bonny-Jougla, antiquaire, 102, faubourg Saint-Honoré, Paris.
Bontemps, conseiller municipal à Javerlhac (Dordogne).

René Bony, directeur du « Film d'Art », 14, rue Chauveau à Neuilly (Seine).
P. Boqué, banquier à Ambert (Puy-de-Dôme).
Elie Bord, instituteur, Berbiguières (Dordogne).
Mme Albert Bordeaux, 14, avenue Henri-Martin à Paris.
Borderon, conseiller municipal à Javerlhac (Dordogne).
Dominique Bordes, maire d'Arancou (Basses-Pyrénées).
Louis Borel, négociant en bestiaux à Oran.
Michel Borg, Strada Mercato Floriana à Malte.
Maurice Borie, 19, rue de la Trémoille à Paris.
Modeste Bornarel, marbrier, membre de la Chambre de Commerce à Villefranche-sur-Saône.
A. Borrelly, astronome, 18, rue Monte-Cristo à Marseille.
Antoine Bos, maire de Brive (Corrèze).
Charles Bossebœuf, industriel, président de la Chambre de Commerce de Tours et d'Indre-et-Loire à Tours.
Mlle M. Bost, 24, rue Georges-Clemenceau à Clermont-Ferrand.
Eugène Botreau, adjoint au maire de Saint-Siblon (Mayenne).
Jean Botté, conseiller municipal, Les Grandes Ventes (Seine-Inférieure).
J.-M. Bouchage, 20, rue du Château-d'Eau à Paris.
Joseph Bouchaux, maire de Paulx (Loire-Inférieure).
Germain Bouché (Mmes Claire et Madeleine), principal clerc de notaire à Loury (Loiret).
Commune de Bouchemaine (Maine-et-Loire).
Arnaud Bouchet, négociant à Licq-Atherey (Basses-Pyrénées).
Constant Bouchet, maire de Mertrud (Haute-Marne).
Lucien Bouchy, 53, rue Louis-Blanc à Paris.
Gaston Boudan, publiciste, 19, rue de Montreuil à Versailles.
Boudet, vice-président de la Chambre de Commerce de Limoges.
Pierre Boudou, instituteur à Mourjou (Cantal).
Victor Boué, 145, rue Sadi-Carnot à Alger.
Pierre Bougenot à Maillys (Côte-d'Or).
Charles Bouillot, industriel à Villefranche-sur-Saône.
Docteur Prosper Bouis, « La Calade », route du Cap-Brun à Toulon.
Ernest Boulangeot, maire de Valleroy-le-Sec (Vosges).
Boulay, courtier assermenté, membre correspondant de la Chambre de Commerce de Tours.
Edmond Boulay, négociant, 4, rue Gaillard à Paris.
Boulenger, 4, rue Drouot à Paris.
Commune de Bouleurs (Seine-et-Marne).
Léon Boullay à Mâcon.
H. Boullez, maire de Chepy (Marne).
Louis Bourassin, chef de gare à Escrennes (Loiret).
Bourdareau, instituteur en retraite à Saint-Claud (Charente).
Mme Bourdareau, directrice d'école publique à Saint-Claud (Charente).
Commune de Bourdons (Haute-Marne).
Ch. Bourdot, capitaine d'artillerie en retraite, 7, rue de Tanger à Alger.
Commune de Bourg-Beaudouin (Eure).
Adrien Bourgeat, conseiller de commerce extérieur, maire de La Magistère (Tarn-et-Garonne).

Bourgeault, 15, rue Pastourelle à Paris.
Georges Bourgeois, à Mars (Ardèche).
Bourgès, conseiller municipal à Marnac (Dordogne).
Joseph Bourgoing, maréchal-ferrant à Billy-Chevannes (Nièvre).
Docteur Etienne Bourgoix, à Bacqueville-en-Caux (Seine-Inférieure).
Bourgue, 8, rue Pastourelle à Paris.
Emile Bourguin, maire de Chavannes-les-Grands (Territoire de Belfort).
Bourin, négociant, rue Léon-Boyer à Tours.
Bourquin, 10, rue des Francs-Bourgeois à Paris.
Le comte Dieudonné de Bourmont, maire de Freigné (Maine-et-Loire).
Adalbert Bourrel, membre de la Chambre de Commerce de Carcassonne.
Mathieu Bourrin, maire de Saint-Just-Malmont (Haute-Loire).
Julien Boursier, maire de Villiers-le-Bel (Seine-et-Oise).
René Boursy, avoué honoraire, château de Lamare par Pont-Audemer (Eure).
Laurent Boussange à Viersat (Creuse).
Marcel Boutelleau, maire de Mesnac (Charente).
Mme l'Amirale Marie Boutet, villa « Marie Stella » à Hyères (Var).
Charles Boutet, cultivateur à Nossais (Deux-Sèvres).
L'abbé Joseph Bouteyre, professeur de philosophie, 15, rue des Saints-Pères à Paris.
Albert Bouvet, instituteur à Réalcamp (Seine-Inférieure).
Le baron O. Bouwens van der Boyen, bibliothécaire honoraire de l'Arsenal, 53, rue Pierre-Charron à Paris.
Albert Bouzique, président de la Société des Voyageurs de Commerce d'Orléans et du Loiret, 42, rue d'Illiers à Orléans.
Jean de Bovet, directeur de *La Bonneterie Française*, 2, rue Bochart-de-Saron à Paris.
Jean Boyer, maire de Vèze (Cantal).
Paul Boyer, place Delille à Cette.
Jacques Boyre à Arlanc (Puy-de-Dôme).
Docteur Paul Bozonet, ancien député à Montrevel (Ain).
M. (et Mme) Brachet, retraité des postes à Toulignan (Drôme).
Vincent Branger, notaire à Talmont (Vendée).
Claude Brandon, maire de Mazoires (Puy-de-Dôme).
Lieutenant Hilaire Brandy, 9e régiment de tirailleurs, Secteur 183.
Pierre Braud, entrepreneur, 11, rue Bernard-Palissy, Tours.
Capitaine Roger Braun (et Mme), 12, avenue Emile-Zola Parc Saint-Maur (Seine).
Joseph Bravard, négociant à Thiers (Puy-de-Dôme).
Auguste Bréant, maire de Corbie-Tilly (Meuse).
Armand Brébion, maire de Saint-Martin-du-Vieux-Bellême (Ain).
Docteur Charles Bréchoteau, médecin-major de 2e classe à Coix (Vendée).
Brédif, négociant en vins à Rochecorbon (Indre-et-Loire).
L.-Eugène Breininger, ingénieur, 45, boulevard Victor-Hugo à Paris.
Eug.-Jean de Bremacker, artiste statuaire, représentant de l'armée belge à la Commission interalliée de Camouflage à Fontainebleau.
René Bres, 1er régiment de spahis à Médéa (Algérie).
Mlle Clémence Bres, 11, rue du Théâtre à Clermont-Ferrand.
Etienne Brès, caviste, domaine des Sources à Oued-el-Alleug (Algérie).

Hubert Bresson, industriel à Fougerolles (Haute-Saône)
Commune de Bretagnolles (Eure).
Commune de Bretteville (Manche).
Gabriel Breuilh, retraité, 15, rue de Bordeaux à Périgueux.
A. Breux, huissier, 16, rue Joinville à Laval.
Commune de Brévands (Manche).
Joseph Briand, graveur sur granit à Lannion.
Armand Briançon, 5 bis, rue Basse-de-la-Terrasse à Bellevue (Seine-et-Oise).
Commune de Brianny (Côte-d'Or).
Louis Brichaux, président de la Chambre de Commerce, maire de Saint-Nazaire.
Victor Bringuier à Fraissé-des-Corbières (Aude).
Lucien Brionne, cultivateur à Atton (Meurthe-et-Moselle).
Louis Brisset, curé de Bressolles (Allier).
Théophile Brisson, maire de Houlettes (Charente).
The British Chamber of Commerce, 6, rue Halévy à Paris.
Joseph Brix, employé des Chemins de fer de l'Etat à Launay (Eure).
Mlle Suzanne Broc, 52, rue de la Barre à Dieppe.
Henry Brochard, instituteur public à Margency (Seine-et-Oise).
L. Brognard, pharmacien à Lillebonne (Seine-Inférieure).
J. Broqua, percepteur à Saint-Laurent-du-Médoc (Gironde).
Auguste Brossard, à Dore-l'Eglise (Puy-de-Dôme).
Laurent Brossard, pharmacien, 39, place du Peuple à Saint-Etienne.
Fernand Brosset, libraire-imprimeur à Moulins.
F. Brossette, conseiller général, maire de Givors (Rhône).
Alphonse Brouard, maire de Saint-Victor-de-Reno (Orne).
Mme Vve Brouet à Mairy-Mainville (Meurthe-et-Moselle).
Albert Brouillac, industriel, conseiller général à Maugé-Mignon (Deux-Sèvres).
Docteur Brouillet, vice-président du Conseil général de la Nièvre, maire de Dornes (Nièvre).
André Broussard, conseiller d'arrondissement, maire de Baignes-Ste-Radegonde (Charente).
Eugène Broussard, maire de Bunzac (Charente)
Commune de Brouvelieures (Vosges).
Mme Victorine Broux, 3, rue Roquette à Lyon.
Maxime Broyer à Mâcon.
M. et Mme Brubach, 46, rue Saint-Antoine à Paris.
Docteur Bruch (et Mme), médecin-major de 1re classe, 7, rue du Colisée à Paris.
Louis Bruel, conseiller municipal à Auzits (Aveyron).
Alexandre Brun, photograveur, 21, rue de l'Estrapade à Paris.
Henri Brun, adjoint au maire de Port-des-Barques (Charente-Inférieure).
Mlle Marie-Louise Brun à Estancarbon (Haute-Garonne).
Eugène Brunel à Arlanc (Puy-de-Dôme).
Mme Marie Bruneric, secrétaire de mairie à Estivals (Corrèze).
Brunet aîné, représentant de commerce, 2, rue de Belleville à Oran.
Charles Brunet, entrepreneur de couverture-plomberie, 260, rue Saint-Jacques à Paris.

Léon Brunet, directeur d'Ecole primaire supérieure à Dôle.
Félix Brunet, forgeron à Monségur (Lot-et-Garonne).
Alphonse Brunette, maire de Saint-Utin (Marne).
Henry Bucan-Devos, industriel, 6,, boulevard de Sébastopol à Paris.
Bucchini, préposé des douanes à Koulikoro (Haut-Sénégal).
Mme Constance Bulle, institutrice à Sainte-Colombe (Doubs).
Commune de Bulles (Oise).
Le Bulletin des Halles à Paris.
Paul Buquet, homme de lettres, villa du Genêt à Beaune.
Bûr à Saint-Remimont (Vosges).
Charles Buradino, entrepreneur de menuiserie, 115, rue de Flandre à Paris.
G. Burel-Tranchard, conseiller général, maire des Grandes-Ventes (Seine-Inférieure).
Buret, membre de la Chambre de Commerce de Limoges.
E. Buseine, membre de la Chambre de Commerce de Dunkerque.
Commune de Busloup (Loir-et-Cher).
Georges Bussac, industriel, villa Monplaisir à Saint-Cloud (Seine-et-Oise).
G.-A. Bussac, ingénieur, 17, rue de Rome à Paris.
Commune de Bussières (Côte-d'Or).
Commune de Busy (Doubs).
Octave Butin, député, 62, rue d'Hauteville à Paris.

C

MM.

Jean Caban, négociant, 175, boulevard Carnot à Agen.
Louis Cabet, conseiller général à Maxilly-sur-Saône (Côte-d'Or).
Léopold Cabret, maire de Mont-le-Vignoble (Meurthe-et-Moselle).
Mme Cacaud et ses enfants, propriétaires, Le-Poiré-sur-Vic (Vendée).
Alexandre Cadet, 75, rue Ney à Lyon.
Docteur Paul Cadilhac à Saint-Valérien (Yonne).
Ville de Caen.
Paul Cailhat, maire de Fumel (Lot-et-Garonne).
Paul Caillat, maire de Gap.
Cailler, secrétaire de la mairie de Quinsac (Gironde).
Léon Caillon, maire de Saint-Savin-sur-Gartempe (Vienne).
Ville de Calais.
Emmanuel Caldéro, comptable agricole à Chéragas (Algérie).
Jules Calemard, industriel, Les Cabannes (Ariège).
Yves Calvez à Lannion.
Zéphirin Cambeléran, trésorier de la Chambre de Commerce de Carcassonne.
Mlle Campiche, 4, rue Pastourelle à Paris.
Commune de Camplong (Aude).
Commune de Campneuseville (Seine-Inférieure).
C. Canel (et Mme), principal du collège de Péronne.

Mlle Jeanne Canet, de Péronne.
Canet, conseiller municipal à Marnac (Dordogne).
Commune de Canly (Oise).
Ville de Cannes.
Cappelle, trésorier de la Chambre de Commerce de Dunkerque.
Commune du Carbon-Blanc (Gironde).
Vicomte Georges de Carcouët, maire de La Merlatière (Vendée).
Commune de Cardesse (Basses-Pyrénées).
Paul Cardi, administrateur du *Petit Courrier* à Angers.
Pierre Cardinal à Thil (Meurthe-et-Moselle).
Antonin Carlès, 98, boulevard des Batignolles à Paris.
Emile Carluer à Lannion.
Paul Caron, quincailler, membre de la Chambre de Commerce de Saint-Nazaire
Pierre Carou, polisseur à Lannion
Mme Louise Carra, receveuse des postes à Polliat (Ain).
Richard Carraresi, entrepreneur de travaux publics, membre de la Chambre de Commerce de Bizerte.
Alfred Carraz, architecte, 1, rue Géricault à Alger.
Auguste Carré à Cercottes (Loiret).
Eugène Carré, cultivateur à Fontenay (Yonne).
Gustave Carrez, banquier à Mouthe (Doubs).
Joseph Carrié, directeur de *L'Avenir Agricole*, 9, quai Valin à La Rochelle.
A. Carriol à Cahors.
Docteur Jean Carron à Artemare (Ain).
Mme Louise Carru à Polliat (Ain).
Docteur Carry, 54, rue de l'Hôtel-de-Ville à Lyon.
Joseph Cart, maire de Mouthe (Doubs).
Xavier de Carvalho, 45, rue de l'Echiquier à Paris.
Commune de Casabianca (Corse).
Le commandant Casanova (M. Martin Casanova, Mlle Marcelle, Mme Pierre) à Blesle (Haute-Loire).
Mme Casimir Madeleine (Mme Hélène) à La Roche-sur-le-Buis (Drôme).
Germain Cassaigne, négociant à Foix.
Constant Cassard, négociant en vins, membre de la Chambre de Commerce de Saint-Nazaire à La Baule (Loire-Inférieure).
C. Cassin, 15, rue Samson à Bourges.
Castaigna, adjoint au maire à Quinsac (Gironde).
Castaings, maire de Cardesse (Basses-Pyrénées).
André Castel, retraité de la marine, 18, rue Isnard à La Seyne (Var).
Ville de Castelsarrasin (Tarn-et-Garonne).
A. Castinel, maire de Nans (Var).
Ville de Castres.
Camille Cathelinais, commis des postes, 20, rue Refembre à Moulins.
Jacques Cauchebrais, maire de Pierreville (Manche).
Joseph Cauchi à Strada-Levante, Valette, Ile de Malte.
Joseph Cauderlier, négociant à Rimbert-lès-Auchel (Pas-de-Calais).
A. Caufmant, notaire, 24, rue Carnot à Commercy.
Commune de Cauvicourt (Calvados).

E. Cavalier, 12, passage Ruelle à Paris.
Cavey aîné, propriétaire-éleveur à Nonant-le-Pin (Orne).
Eugène Cavillier, adjoint au maire de Lumigny (Seine-et-Marne).
Jean Faustin Cayrou, conseiller général, maire de Castelsarrasin (Tarn-et-Garonne).
Hippolyte Cazard, conseiller municipal de Bannes (Lot).
Louis Cazaux, membre de la Chambre de Commerce d'Angoulême.
Jean Cazenave, maire de Besingrand (Basses-Pyrénées).
Cazeneuve à Bouillac (Tarn-et-Garonne).
Commune de Ceaux-en-Loudun (Vienne).
Toussaint Ceccaldi, maire de Partinello (Corse).
Commune de Cenne-Monestiès (Aude).
Le Président du Cercle des Officiers à Médéa (Algérie).
Commune de Cercy-la-Tour (Nièvre).
Commune de Cérilly (Allier).
Le baron Cerise, directeur de la Cie d'Assurances « L'Union-Incendie », 9, place Vendôme à Paris.
Docteur Maurice César, médecin-major à Bellegarde (Ain).
Commune de Ceyssac (Haute-Loire).
Docteur Joseph Cézilly à Saint-Raphaël (Var).
Maurice Chabas, artiste peintre, château de Chambourcy (Seine-et-Oise).
Henri Chabert, maire de Lamanon (Bouches-du-Rhône).
Chabert et Tourrette, à Saint-Privat (Ardèche).
Aimé Chabod, conseiller d'arrondissement, maire de La Chaux (Doubs).
Mme Marie Chabrier-Bravard, fabrique de dentelles à Arlanc (Puy-de-Dôme).
Mme Louise Ulysse Chabrol, propriétaire, cité Chabrol à Clermont-Ferrand.
Docteur Octave Chadefaux, villa Lœtitia à La Bourboule (Puy-de-Dôme).
Aimé Chaigneau, pharmacien à Saint-Michel-en-l'Herm (Vendée).
Victor Chailliey, employé de banque, 10, rue Boucher à Paris.
M. et Mme Henri Chailly.
Charles Chaize, délégué cantonal, administrateur des Hospices à Roanne.
Jules Challard, maire de Marault (Haute-Marne).
Chalot et Cie, banquiers, 7, rue de la Paix, Le Havre.
Ville de Chambéry.
Commune de Champnétery (Haute-Vienne).
Le Président de la Chambre de Commerce d'Annecy.
Chambre de Commerce d'Angoulême.
Chambre de Commerce d'Avignon.
Chambre de Commerce de Bizerte.
Chambre de Commerce britannique à Paris.
Chambre de Commerce de Cahors.
Chambre de Commerce de Carcassonne.
Chambre de Commerce de Châlon-sur-Saône, Autun et Loubans.
Chambre de Commerce de Dieppe.
Chambre de Commerce de Dunkerque.
Chambre de Commerce de Grenoble.

Chambre de Commerce de Laval et de la Mayenne.
Chambre de Commerce de Limoges.
Chambre de Commerce française de Londres.
Chambre de Commerce française de Madrid.
Chambre de Commerce du Mans.
Chambre de Commerce de Marseille.
Chambre de Commerce de Millau.
Chambre de Commerce de Montluçon.
Chambre de Commerce d'Oran.
Chambre de Commerce de Rouen.
Chambre de Commerce de Saint-Nazaire.
Chambre de Commerce de Tours et d'Indre-et-Loire.
Chambre de Commerce de Villefranche-sur-Saône.
Antoine Chambrette, conseiller municipal de Naves (Corrèze).
Jean Chaminade, instituteur en retraite à Saint-Jean-d'Eyraud (Dordogne).
Commune de Champagne-Mouton (Charente).
Commune de Champaubert-aux-Bois (Marne).
Commune de Champeaux-en-Auge (Orne).
Camille Champenois, industriel à Cousances-aux-Forges (Meuse).
Léon Champenois, industriel à Cousances-aux-Forges (Meuse).
Docteur Champion, 12, passage Louis-Levesque à Nantes.
Commune de Champ-Saint-Père (Vendée).
Commune de Champs-sur-Marne (Seine-et-Marne).
Commune de Chandeyrolles (Haute-Loire).
Commune de Changis-sur-Marne (Seine-et-Marne).
Sylvain Chansel, maire de Sainte-Eulalie (Cantal).
Charles Chantel, directeur de *L'Art et la Mode*, 35, rue Boissy-d'Anglas à Paris.
Mme la comtesse de La Chapelle, 33, rue Pierre-Charron à Paris.
Emile Charbonnier, aumônier, Le Plessis (Ille-et-Vilaine).
M. et Mme Maurice Charil de Ruillé, 31, rue Cotta à Nice.
Mme Charles, institutrice à La Valla (Loire).
Charletty, 69, faubourg Saint-Martin à Paris.
Ville de Charmes (Vosges).
G. Charpentier, instituteur, rue Rochambeau à Alger.
Gustave Charpentier, membre de l'Institut, 66, boulevard Rochechouart à Paris.
Charpentier, maire de Saint-Remy (Vosges).
Gaston Charrier, maire de Plassay (Charente-Inférieure).
Commune de Charron (Creuse).
Docteur Gaston Charroppin, médecin-major en retraite, 30, boulevard Grignon à Toulon.
Bibliothèque municipale de Chartres (Eure-et-Loir).
Camille Charvet, propriétaire, vétéran médaillé de 1870, membre de la Chambre d'Agriculture d'Alger, conseiller municipal de Meurad, 36, rue Michelet à Alger.
Vincent Charvet, comptable, 21, rue d'Alsace-Lorraine à Lyon.
Commune de Chassagne-Montrachet (Côte-d'Or).
Chassaigne-Flouvat à Arlanc (Puy-de-Dôme).

Raoul Chassain de la Plasse, ancien bâtonnier de l'Ordre des Avocats, 11, rue Bourgneuf à Roanne.

Fernand Chassot, maire de Saint-Dizant-du-Gua (Charente-Inférieure).

Commune de Châtain (Vienne).

Commune de Chatel-Censoir (Yonne).

Charles Chatellier, entrepreneur de plomberie, 41, rue de Richelieu à Paris.

Louis Chaucesse, négociant, 52, rue du Petit-Bourg à Paris.

Joseph Chaud, secrétaire en chef, mairie de Lézignan (Aude).

Mme Rose Chaumont, 7, rue Pastourelle à Paris.

Théodore Chaussinaud, canonnier conducteur, 417e d'artillerie lourde, Secteur 17.

Louis Chautemps, vice-président de la Chambre de Commerce d'Annecy.

Maurice Chauveau, vice-président de la Chambre de Commerce d'Angoulême.

René Chauvel, maire de Sautchevreuil-du-Tronchet (Manche).

C. Chauvergne, directeur des domaines L. Brossette, boulevard Malakoff à Blida (Algérie).

Emile Chauvet, directeur d'école honoraire à Signes (Var).

Roger Chauvet, 25e section d'infirmiers militaires à Camp-Servière (Tunisie).

Antonin Chauvin, propriétaire à Victor-Hugo (Algérie).

Mme Marguerite Chauvin à Lourmarin (Vaucluse).

Louis Chaval, maire d'Issigeac (Dordogne).

André Chavanon, conseiller municipal à Thizy (Rhône).

Camille Chavanon-Déal, maire de Belmont (Loire).

Commune de Chavenon (Allier).

Docteur Pierre Chazal, médecin-major, G. B. D. 16, Secteur 513.

Georges Chellé, adjoint au maire de Sainte-Croix-V. (Ariège).

Chély, chef charpentier aux mines de Tucquegnieux (Meurthe-et-Moselle).

Commune de Chenevières (Meurthe-et-Moselle).

Julien Cherbero, industriel à Mauléon (Basses-Pyrénées).

Jacques Chère à Montfort (Côte-d'Or).

Louis Chesneau, curé de Saint-Gervais (Loir-et-Cher).

Chevalier-Thibault, cultivateur à Vaudelnay-Rillé (Maine-et-Loire).

R. Chevalier, commerçant à Arlanc (Puy-de-Dôme).

Chevalier Bœuf à Arlanc (Puy-de-Dôme).

M. et Mme Chevallier, 52, rue de la Barre à Dieppe.

Docteur François Chevelu à Sathonay-Camp (Ain).

Charles Chevillard, secrétaire en chef de la mairie à Niort.

Félix Chevillet, libraire-éditeur, 22, rue de la Banque à Paris.

Commune du Cheylard (Drôme).

Louis Cheylard, chef de bataillon en retraite à Mustapha (Alger).

Ant. Cheyssac, conseiller municipal à Saint-Bonnet-le-Château (Loire).

Denis Chicorp, maire à Ance (Basses-Pyrénées).

Charles Chicotteau, receveur municipal.

Mlle Jeanne Chirent à Chamalières (Puy-de-Dôme).

Commune de Chitry (Yonne).

Alfred Choime, notaire, maire de Nanteuil-en-Vallée (Charente).

Commune de Choisy-en-Brie (Seine-et-Marne).

Mlle Charlotte Chopin à Rumesnil (Calvados).
Eugène Choque, 79, rue de Rivoli à Paris.
Docteur Chneerson, 3, rue Paul-Bert à Nogent-sur-Marne (Seine).
Henri Chossefin, 9, rue de la Villa à Sèvres (Seine-et-Oise).
Commune de Ciamannaccé (Corse).
Noël Cipollina, contrôleur militaire S. F. A., 209, boulevard Raspail à Paris.
Clamou, instituteur en retraite à Fa (Aude).
Auguste Clarel, conseiller municipal à Auzits (Aveyron).
Emile Chausse à Thil (Meurthe-et-Moselle).
Sylvain Claustre, agent-voyer en chef de l'Ariège à Foix.
M. et Mme Octave Clémençon, 170, faubourg Saint-Vincent à Orléans.
Clément, 8, rue Amelot à Paris.
Auguste Clément, maire de Gevoncourt (Meurthe-et-Moselle).
Joseph Clément, maire de Toulon-la-Montagne (Marne).
Clément, trésorier de la Chambre de Commerce de Limoges.
Mme Clément à Paris.
Mlle Noély Clerc à Ornaisons (Aude).
Elisée Clerjaud, maire de Libourne.
Ville de Clermont-Ferrand.
Ville de Clermont-l'Hérault.
Commune de Clinchamp (Haute-Marne).
Louis Clopasse, notaire à Pont-de-Vaux (Ain).
Mme Clostre, directrice d'Ecole libre à Meymac (Corrèze).
Gaston Clouet (et Albert, Lucienne et Alice) à Gémozac (Charente-Inférieure).
Pierre Cluzeau, conseiller municipal à Coulaures (Dordogne).
Mme R. Coadic, institutrice (et M. Georges) à Marcellus (Lot-et-Garonne).
L. Cocagne, président de la Chambre de Commerce française de Madrid.
Jules Cochin, maire de Jumeauville (Seine-et-Oise).
Marcel Coget, professeur à Oyonnax (Ain).
Maurice Cohen, comptable, 124, avenue de Villiers à Paris.
Félix Cohen-Boulakia, sténographe, 14, rue Es-Sadikia à Tunis.
André Coillard, membre de la Chambre de Commerce de Villefranche-sur-Saône).
Ernest Col, garde des Eaux et Forêts à Chissy-lès-Mâcon (Saône-et-Loire).
Auguste Colas, adjoint au maire de Saint-Junien-la-Brégère (Creuse).
Commune de Colayrac-Saint-Cirq (Lot-et-Garonne).
Alexandre Colcombet, fabricant de rubans, 19, rue de la Bourse à Saint-Etienne.
Théodore Colibert, maire de Tessé-Froulai (Orne).
Yves Colin, graveur à Lannion.
Alexandre Collange, maire de Malintrat (Puy-de-Dôme).
Désiré Colleau, maire de Fromont (Seine-et-Marne).
François Collet, officier d'Administration principal du Génie, 6, rue Trolard à Alger.
Antonin Collier, industriel, président du Conseil d'arrondissement de Clermont-Ferrand à Chamalières (Puy-de-Dôme).
Collignon à Mairy-Mainville (Meurthe-et-Moselle).

Collin, maire de Gircourt-la-Viéville (Vosges).
A. Collon, major-adjoint d'Etat-Major, 22, rue Berteaux-Dumas à Neuilly (Seine).
Mme Marthe Collon, cultivatrice à Friauville (Meurthe-et-Moselle).
Colon-Cherry, négociant en vins à Saint-Avertin (Indre-et-Loire).
Mlle A. Colye, cartoucherie de la Pradelle à Clermont-Ferrand.
Etienne Combaud à Mâcon.
Mme Vve Combeau (et Paul et Joseph), à Saint-Remimont (Vosges).
Zéphirin Combéléran, trésorier de la Chambre de Commerce de Carcassonne.
Comité républicain du Commerce, de l'Industrie et de l'Agriculture, 1, place de Valois à Paris.
Mme Commandeur, 2, boulevard Malakoff à Oran.
A. Couchaudon, agent général d'assurances, 17, rue du Général-Auger à Nevers.
Commune de Condat-lès-Montboissier (Puy-de-Dôme).
Jean Condemine, conseiller municipal à La Genêtouze (Charente-Inférieure).
Ville de Conflans-sur-Seine (Marne).
Camille Conrard à Saint-Remimont (Vosges).
Mlle Anna Constant, 7, rue du Château à Chamalières (Puy-de-Dôme).
G. Constant à Oran.
Ville de Constantine.
Edouard Contou, huissier, 2, allée Fénelon à Cahors.
Alfred Contrestin, ingénieur, vice-président de la Chambre de Commerce de Saint-Nazaire.
Agathange Convert, minotier à Polliat (Ain).
M. et Mme Jean Coppin, 42, avenue Bouchaud à Nantes.
Commune de Corbarieu (Tarn-et-Garonne).
E. Cordier, pharmacien à Parthenay (Deux-Sèvres).
Henri Cordier, statuaire, 7, rue Pierre-Nicole prolongée à Paris.
Léon Cormureau, agriculteur à Capestang (Hérault).
M. et Mme A. Corne (et Georges), 6, rue Chaptal à Nantes.
Léon Cornier, maréchal à Houville (Eure).
Commune de Cornimont (Vosges).
Docteur Fidèle Cornudet, maire de La Roche-Bernard (Morbihan).
Le marquis de Cornulier, propriétaire-éleveur, château de Fontaine-Henri (Calvados).
Pierre Corot, maire de Montfermeil (Seine-et-Oise).
Jean Corriéras, directeur de l'Ecole Magnan à Oran.
Pierre Corsel, maire de Plassac (Charente-Inférieure).
Grégoire Corteggiani, capitaine en retraite, 147, rue Blomet à Paris.
Commune de Cosne-d'Allier (Allier).
Eugène Cossais, curé de Pont-de-Bresnes (Indre-et-Loire).
Le comte Gonzague Costa de Beauregard à Chissay (Loir-et-Cher).
Mme M.-L. Costard, institutrice à Houville (Eure).
Hippolyte Costerizant, maire de Champagnac-le-Vieux (Haute-Loire).
François Cottau, cultivateur à Fontenay (Yonne).
François Cotte, secrétaire de mairie à Blaudeix (Creuse).
Commune du Coteau (Loire).

Armand Couaillet, membre de la Chambre de Commerce de Dieppe.
Henri Couchemann, cirque de Troyes.
Henri Couderc, conseiller général, maire de Cénevières (Lot).
Claudius Couderchet, négociant, 23, rue Héricault-Destouches à Tours.
Xavier Coudert, maire de Condat-lès-Montboissier (Puy-de-Dôme).
Édouard Coudy, secrétaire de mairie à Ruines (Cantal).
J. Couillard, 68, boulevard de Strasbourg à Nogent-sur-Marne (Seine).
Commune de Coulaures (Dordogne).
Ville de Coulommiers (Seine-et-Marne).
J.-B. Coupat, notaire honoraire à Saint-Jean-des-Ollières (Puy-de-Dôme).
Henri Court, maire à Ailhon (Ardèche).
Alphonse Courtade, instituteur à Moux (Aude).
Henri de Courteville à Mâcon.
Georges Courtin, Conserves alimentaires à Concarneau (Finistère).
Courtois, maire de Domptail (Vosges).
A. Courtois, 3, rue des Haies à Paris.
Commune de Courville (Eure-et-Loir).
A. Cousin, 68, rue du Quinconce à Angers.
Jean Cousinier, cultivateur à Saint-Vivien (Dordogne).
Jules Coutant, inspecteur de la Cie P.-L.-M., en retraite, à Alma (Algérie).
Benjamin Cramaussel, maire de Durfort (Tarn).
Louis Craponne, ingénieur à Marles-les-Mines (Pas-de-Calais).
Crédit Foncier d'Algérie et de Tunisie, 8, boulevard de la République à Alger.
Commune de Crenay (Haute-Marne).
Commune de Crépey (Meurthe-et-Moselle).
Jules Crescitz, employé de banque à Brienon-sur-Armançon (Yonne).
Commune de Crest (Drôme).
Alphonse Creusot, adjoint au maire de Raon-aux-Bois (Vosges).
Commune de Creuzier-le-Vieux (Allier).
Commune de Crévic (Meurthe-et-Moselle).
Le marquis de Croizier, membre du Conseil supérieur des Colonies, château Jouandin, côte Saint-Étienne à Bayonne.
Géo Crombac, directeur commercial des Papeteries Bergès, 10, rue Commines à Paris.
Émile Cronier, 3, rue Cavallotti à Paris.
Hyacinthe Croquet, maire de Chitry (Yonne).
Joseph Cros, maire de Rieux-Minervois (Aude).
Arsène Cruchant, maire de Raville (Meurthe-et-Moselle).
René de Cuers, villa Dupleix à Joué-les-Tours (Indre-et-Loire).
Pierre Cunisset-Carnot, premier président de la Cour d'appel, 19, cours du Parc à Dijon.
Commune de Curçay (Vienne).
L'abbé Henri Curé à Mâcon.
Sébastien Curillon, conseiller municipal à Chissey-lès-Mâcon (Saône-et-Loire).
Jacques Curral, membre de la Chambre de Commerce d'Annecy.
A. Curtès, mécanicien-chef de la Cie P.-L.M. en retraite, villa Marie-Antoinette à El-Biar (Algérie).
François Custot, 4, avenue de La Bourdonnais à Paris.

D

MM.

Clément Dabrigeon, maire de Mayres (Ardèche)
Léon Daclin à Mâcon.
Ernest Dagniac, directeur des Services Thermaux de l'Etablissement thermal de Royat (Puy-de-Dôme).
Alphonse Dagouy, commissionnaire, 13, boulevard Saint-Denis à Paris.
Docteur Maurice Dalle, 29, rue de Maubeuge à Paris.
Albert Dalleré, négociant, 24, rue d'Hauteville à Paris.
Mlle Alice Dalmas, 66, rue Saint-Genès à Clermont-Ferrand.
Pierre Damestoy, 32, rue Vital-Carles à Paris.
Mme Vve Paul Damez, 21, rue du Théâtre à Beauvais.
Commune de Damoix (Vendée).
A. Damon et fils, 3, rue Nicolaï à Lyon.
Firmin Damour, La Richerie (Vendée).
Mme Edouard Damourette (et M. Jacques Damourette), 1, rue Richebourg à Sarcelles (Seine-et-Oise).
Pierre Dandine, maire de Saleix (Ariège).
Alfred-Daniel Brunet, industriel, 8, rue de la Source à Paris.
Marc Daniel, forgeron à Lannion.
Vital Daniel, entrepreneur de travaux publics, 15, rue des Plantes, Le Krémlin-Bicêtre (Seine).
Joseph Danon, banquier-importateur, 9, rue Pillet-Will à Paris.
Eugène Danthon, maire de Champdor (Ain).
Dantony, membre correspondant de la Chambre de Commerce de Limoges.
Paul et H. Daragon, libraires, 10, rue Fromentin à Paris.
Mme Paul Darche, professeur de Lettres au Lycée de Casablanca (Maroc).
G. Dard, 6, rue Delaporte, à Maisons-Alfort (Seine).
Dardarin, mécanicien, 2, rue Pastourelle à Paris.
Mme Léonie Daret à Labry (Meurthe-et-Moselle).
Maurice Darfeuille, secrétaire général de la Banque Continentale de Paris, 73, boulevard Haussmann à Paris.
Docteur Armand Darier, oculiste, 9, rue Buffault à Paris.
Mlle Jeanne Darrot, 1, rue Cadène à Clermont-Ferrand.
Docteur Louis Dartigues, chirurgien, 85, rue de la Pompe à Paris.
Jean Darvaud, instituteur à Donzillac (Dordogne).
Dascher, cafetier, membre de la Chambre de Commerce de Tours.
Claude Dassot, brigadier de gendarmerie à Olliergues (Puy-de-Dôme).
Edouard Daudon, à Dun-le-Palleteau (Creuse).
Albert Dauge, 120, rue de Rivoli à Paris.
Docteur Henri Daum à Saint-Claude (Jura).
Marius Daumas, notaire à Reillanne (Basses-Alpes).
A. Dauphin, maire de Rosay (Marne).
Albert Dauvissat, cultivateur à Fontenay (Yonne).
Gustave Davan, maire de Quincé (Maine-et-Loire).

Docteur Emile Davenière, médecin du Ministère des Affaires étrangères et du Ministère du Travail, 36, boulevard Latour-Maubourg à Paris.
Benjamin Daviau, propriétaire-agronome à Apremont (Vendée).
Antoine David, agence générale cinématographique, 27, rue Ferrandière à Lyon.
Victor David, adjoint au maire de Malleville-lès-Grès (Seine-Inférieure).
Henri David, industriel à Chaux-des-Crotenay (Jura).
Louis Davillé à Mairy-Mainville (Meurthe-et-Moselle).
Davoux, élève à l'Ecole Normale de Grenoble.
Le maire de Dax.
J. Daymard, ingénieur à Cahors.
Louis Déal, rédacteur à l'Agence Havas, 4, rue Mazagran à Paris.
Emile Debaize, curé à Équemauville (Seine-Inférieure).
Arthur Debaylle, prospecteur, 35, rue de Chartres à Alger.
Guillaume Debeau, ingénieur, 16, avenue Trudaine à Paris.
Joseph Debect, maire de Chenaud (Dordogne).
Médéric Debetz, conseiller municipal à Saint-Amand-Montmoreau (Charente).
François Debizé, adjoint au maire de Charnat (Puy-de-Dôme).
Docteur Aristide Debout, 33, rue Etoupée à Rouen.
Adolphe Debrabandière, négociant, 1, square Clignancourt à Paris.
Joseph Debray, 65, rue du Bois à Clichy (Seine).
Marcel Debry, maire de Fourquebrune (Charente).
Arthur Decaris, négociant, 7 bis, rue Rosenwald à Paris.
Ed. Déchaud, secrétaire-archiviste de la Chambre de Commerce d'Oran.
Mme Vve Hélène Dècle, industrielle, 1, rue de Liège à Paris.
Eugène Decorchemont, maire à Houville (Eure).
Alcide Decrécy à Villemaur-sur-Vanne (Aube).
Georges Decuivre, 36, rue Bonaparte à Paris.
V. Decuivre, régisseur à Boufarik (Algérie).
Dédreux, maire de Puy-la-Vallée (Oise).
Léon Dedyn, 3, square de l'Opéra à Paris.
Henri Defanti, entrepreneur de fumisterie, 68, avenue du Général-Michel-Bizot à Paris.
René Defer, 49, avenue de Neuilly à Neuilly (Seine).
Albert Defontenay, agriculteur à Houville (Eure).
Mlle Defonteney, hospice de Saint-Lô (Manche).
Defouilhoux-Lagier, horticulteur à Arlanc (Puy-de-Dôme).
Charles Defrénoy, avocat à la Cour, 278, boulevard Raspail à Paris.
A. Defresne, directeur d'Ecole, 11, rue Saint-Simon à Versailles.
Alfred Degombert, négociant, 6, rue Danton à Paris.
L'abbé A. Degré, curé de Villebichot, par Nuits-Saint-Georges (Côte-d'Or).
Henry Deicke, courtier assermenté, 10, rue Colbert à Alger.
Gaston Dejoux, 15, rue Monge à Paris.
André Delacourt, industriel, 39, rue Fouquet à Levallois-Perret (Seine).
Marcel Delafontaine, membre de la Chambre de Commerce de Dieppe.
François Delafoulhouze, conseiller municipal à Courpière (Puy-de-Dôme).
Société des Automobiles Delahaye, 10, rue du Banquier à Paris.

Dominique Delahaye, sénateur, 129, rue Saumuroise à Angers.
René Delaine, maire de Frignicourt (Marne).
D. Delamarre, Société Cotonnière à Koulikoro (Haut-Sénégal).
Pascal Delamare, fab. de confections pour dames, 15, rue d'Aboukir à Paris.
Emmanuel Delannoy, directeur de la Coopérative à Auchel (Pas-de-Calais).
Docteur Léon Delarbre à Vernoux (Ardèche).
R. Delarue (et Mlle), étudiant, 29, rue Denfert-Rochereau à Alger.
Mme A. Delarue à Port-Mort (Eure).
Pierre Delassus, maire de Castéra-Bouzet (Tarn-et-Garonne).
Louis Delatre, joaillier, 33, rue Croix-des-Petits-Champs à Paris.
Marcelin Delaurie, conseiller municipal, Les Bannes (Lot).
Capitaine Louis Delavenne, 2e tirailleurs indigènes à Taza (Maroc).
Raoul Deldicque, banquier, 135, avenue Mozart à Paris.
Mme Lucie Delebart-Pech, propriétaire, 20 bis, rue Boissière à Paris.
A. Delagrange, armateur, 84, rue de Rennes à Paris.
Félix Deleplanque, chevillard à Auchel (Pas-de-Calais).
Louis Delesaux, hôpital C 38 à Sainte-Feyre (Creuse).
Florentin Delesque, conseiller municipal à Notre-Dame-de-Franqueville (Seine-Inférieure).
Jean Delestre, maire de Marigné-Penton (Mayenne).
Mme Paul Delestrée, 77, rue des Martyrs à Paris.
Mme Léonie Deleube, cultivatrice à Sainte-Anne (Doubs).
Louis Delevaque, directeur du Bureau de Paris de la Foire de Lyon, 4, avenue de l'Opéra à Paris.
Olivier Delève, propriétaire à Sossay (Vienne).
Fortuné Delfieux, entrepreneur de déménagements, 18, rue Saint-Amand à Paris.
Jules Delinotte, constructeur-mécanicien, 8, rue des Ardennes à Paris.
André Dellery, négociant, 3, rue Ledru-Rollin à Agen (Lot-et-Garonne).
Fernand Delmas, ingénieur, architecte du Gouvernement, 4 bis, rue de Lota à Paris.
Delmas, 48, rue de Créteil à Maisons-Alfort (Seine).
Ernest Delmotte, industriel et commerçant, 73, rue de Richelieu à Paris.
M. et Mme Delmouly, propriétaires à Meymac (Corrèze).
Henri Delord, propriétaire à Félix-Faure (Algérie).
Mlle Germaine Delory, institutrice à Saint-Gourgon (Loir-et-Cher).
Louis Deloume, avocat à Foix.
Jean Delpech, maire de Bannes (Lot).
Xavier Delpech, maire de Saint-Vincent-Rive-d'Olt (Lot).
Joseph Delporte, Saint-Remimont (Vosges).
Lucien Delvail, banquier, 73, rue du Loup à Bordeaux.
Docteur Charles Demahis à Cérilly (Allier).
Emile Demaizière à Mâcon.
Mme Christiane Demangeat, aux Landes-Genusson (Vendée).
Raphaël Demangeat, aux Landes-Genusson (Vendée).
Demangel, entrepreneur de couverture, 3, rue Crozatier à Paris.
Paul Demengeot, assureur, 12, rue de la Victoire à Paris.
Amédée Demetz, maire de Dampierre-en-Bray (Seine-Inférieure).

Gaston Démonté, conseiller municipal à Rosières-aux-Salines (Meurthe-et-Moselle).
Mme Demmler, 24, rue Desbordes-Valmore à Paris.
Mme Vve Demoor, 28, avenue Gambetta à Paris.
Fulgrand Demoreuil, avoué honoraire, 56, rue de Monceau à Paris.
Professeur A. Démosthen, doyen de la Faculté de Médecine de Bucarest. 34, rue Lamartine à Nice.
Gabriel Denée, bibliothécaire municipal à Commercy.
Pierre Denepoux, instituteur à Nanclars (Charente).
Ch. Denest, maire de Rosnay-l'Hôpital (Aube).
A. Deneux (Mme et Mlles Marthe, Georgette, M. Alfred), huissier, 35, rue de Pétrograd à Paris.
Aristide Denfert-Rochereau, chef de bataillon du génie territorial 114, avenue des Champs-Elysées à Paris.
E. Denis, représentant de fabriques, 12, rue Saint-Joseph à Paris.
M. et Mme Jean Denis à Grand-Breuil (Loire).
E. Deniset, maire de Pontarlier.
Depelley, membre de la Chambre de Commerce de Limoges.
Jules Depoilly, minotier à Crillon (Oise).
Frédéric Depoutot, maire d'Arbouans (Doubs).
Victor Depreux, industriel, 11, rue Michel-Chasles à Paris.
Déprez, maire de Laigneville (Oise).
Jean Derdinger, maître-fondeur, 86, avenue de la République à Paris.
Joseph Derest, instituteur à Canly (Oise).
Georges Derivry, Bronzes d'éclairage, 87, boulevard Beaumarchais à Paris.
Alphonse Derode, maire de Goupillières (Seine-Inférieure).
Deros, secrétaire de la Chambre de Commerce d'Oran.
Germain Desbazeille, fabricant bijoutier, 6, rue Monsigny à Paris.
Albert Desbleumortiers, administrateur judiciaire, 14, rue Monsieur-le-Prince à Paris.
Jean Desbre, maire de Montpensier (Puy-de-Dôme).
Lambert Desbuttes, receveur particulier des finances honoraire à Rambouillet.
Descarpentier-Petit, industriel, 85, rue de Maubeuge à Paris.
Descazeaud, membre de la Chambre de Commerce de Limoges.
Adolphe Deschamps, 5, rue Scribe à Paris.
Georges Deschamps, avoué, 17, rue de l'Université à Paris.
Georges Deschamps, secrétaire-archiviste de la Chambre de Commerce de Tours.
Emile Deschazeaux, maire de Bayecourt (Vosges).
Deschères, négociant en fers et charbons, membre de la Chambre de Commerce de Tours à Chinon.
Firmin Deschiron, entrepreneur de travaux publics, 5, route d'Orléans à Montrouge (Seine).
Marie Désenclus, 14, rue de la République à Rouen.
Gustave Desforges, adjoint au maire de Ramoulu (Loiret).
Mme Deshay, 7, rue Berthelot à Alger.
Deshayes frères, industriels, 114, quai de Jemmapes à Paris.
Jean Desmarty, Serres et Monguyard (Dordogne).

Edmond Desnoës, maire de Chemiré-sur-Sarthe (Maine-et-Loire).
Georges Desolneux, 17, rue Louis-Besquel à Vincennes.
Mme Despeaux, 2, rue de la Baume à Paris.
Auguste Desprats, château de Lenclos à Foy-la-Grande (Gironde).
Commune de Destord (Vosges).
Louis Desvaux, 15, rue du Chemin-de-fer à Courbevoie (Seine).
Desvignes, industriel, 58, place de la Mairie à Villeurbanne (Rhône).
Commune de Détrie (Oran).
Charles Dettelbach, 21, boulevard Beauséjour à Paris.
Raymond Deumié, pharmacien à Mirepoix (Ariège).
Commune de Deux-Évailles (Mayenne).
Mlle M. Devaux, rue de la Lièye, Clermond-Ferrand.
Jules Devaux, maire de Pithiviers (Loiret).
Léonard Devaux, maire de Coulaures (Dordogne).
Maurice Devaux, ingénieur-conseil, 55, rue de Rome à Paris.
René Devergne, maire de Sossay (Vienne).
Pierre Deville, conseiller municipal de Moux (Aude).
Docteur Victor Deville, 5, rue Emile-Zola à Toulon.
Mme Suzanne Devoyod, de la Comédie-Française, 6, rue Lechâtelier à Paris.
Commune de Deycimont (Vosges).
Mme Vve Emile Dezaunay, rentière, villa « Le Gui », boulevard de Cordouan à Royan (Charente-Inférieure).
Jean Dhiry, entrepreneur de plomberie, 71, rue Rochechouart à Paris.
Jules Didier, maire de Saint-André (Aube).
Jean Didierlaurent, maire de La Bresse (Vosges).
Mme Diez à Oran.
Henri Diffiné, entrepreneur de peinture, 72, rue Rochechouart à Paris.
Docteur Joseph Dimoyat, 16, rue Fontgiève à Clermont-Ferrand.
Georges Dinago, avocat publiciste, 62, rue de la Faisanderie à Paris.
Marcel Dion, 46, boulevard Blossac à Châtellerault.
Raoul Diot à Ecriennes (Marne).
A. Diziain, négociant, 40, rue de l'Echiquier à Paris.
Mme Roger Dogreau à Jarzé (Maine-et-Loire).
Docteur Jacques Doléris, de l'Académie de Médecine, conseiller général des Basses-Pyrénées, 7, rue Logelbach à Paris.
Mme Edmond Dollfus, née Vergé du Taillis, propriétaire, 2, rue de Presbourg à Paris.
E. Dollin du Fresnel, consul de la République du Honduras, 7, rue Dentert-Rochereau à Alger.
Commune de Domptail (Vosges).
F.-R. Donis à Ambès (Gironde).
Edmond Dorgel à Saint-Remimont (Vosges).
Aimé Dorget à Saint-Remimont (Vosges).
Ch. Dorget à Saint-Remimont (Vosges).
Le comte Doria, maire d'Orrouy (Oise).
Claude Dorlet, adjoint au maire de Moraches (Nièvre).
Gaston Douat, commis d'inspection académique à Foix.
Raoul Douat, négociant, conseiller municipal, 80, cours Balguerie à Bordeaux.

Henri Douat, industriel à Massaguel (Tarn).
Mme C. Doucerain à Port-Mort (Eure).
Marcel Douel, maire de Rupt-aux-Nonains (Meuse).
J. Douet, conseiller municipal de Valognes (Manche).
Joseph Douillard, architecte, 6, rue Saulnier à Paris.
Doussinaud, maire de Folles (Haute-Vienne).
Étienne Doze, notaire à Sauveterre de-Béarn (Basses-Pyrénées).
Augustin Dragon, notaire à Poucieux (Var).
Drevault, maire de La Celle-sur-Morin (Seine-et-Marne).
Paul Drevet, Président de la Chambre de Commerce de Carcassonne.
Édouard Dreyfus, manufacturier, 125, avenue de Villiers à Paris.
Mme Gaston Dreyfus, 5, avenue Montaigne à Paris.
Georges Dreyfus, maison d'achats, 49, rue de la Victoire à Paris.
M. et Mme E. Drivière, 1, place de l'Hôtel-de-Ville à Chartres.
Constant Drosso, industriel, 94, avenue Malakoff à Paris.
Georges Drouard, négociant, 8, rue du Sentier à Paris.
Jean Drouet, 2, rue d'Alexandrie à Paris.
Émile Drouet, capitaine honoraire, 20, rue d'Angoulême à Paris.
Drouin, maire de Faulx (Meurthe-et-Moselle).
Mme Léon Druhen à Voray-sur-l'Oignon (Haute-Saône).
Pierre Druilhe, couturier, 8, rue de Hanôvre à Paris.
François Druon, à Cers (Hérault).
Émile Drye, marchand de couleurs, 55, rue de Lévis à Paris.
Commandant Pierre Dubec (et Mme), 70, rue Lemercier à Saintes.
Gaston Dubet, maire de Vaunac (Dordogne).
Albert Dubois, ingénieur, 9, rue Saint-Amand à Paris.
H. Dubois, 7, rue Jadin à Paris.
J.-B. Dubois, maire d'Ancey (Côte-d'Or).
J.-B. Dubois à Mairy-Mainville (Meurthe-et-Moselle).
Mme Marie Dubois, couturière à Marville (Meuse).
Maurice Dubois, comptable, 5, rue Sainte-Croix de-la-Bretonnerie à Paris.
René Dubois, industriel chimiste, 37, rue de Bassano à Paris.
M. et Mme A. Dubois, 3, rue du Grenier-à-Sel à Orléans.
Léon Dubord, instituteur à Savenès (Tarn-et-Garonne).
Maurice Dubost, industriel, à Condrieu (Rhône).
Gilbert Dubost, officier d'administration de 1re classe du génie, 14, rue Eugène-Robe à Alger.
Dubouloy, maire de Veneux-Nadon (Seine-et-Marne).
Albert Dubray, maire de Boissy-l'Aillerie (Seine-et-Oise).
André Ducamp, maire de Coudray-Macouard (Maine-et-Loire).
Anselme Ducas, économe de l'École professionnelle Émile-Loubet à Tunis.
Paul Ducasse à Bouillac (Tarn-et-Garonne).
Maurice Ducastel, directeur d'Entreprise, 385, rue de Vaugirard à Paris
Henri Duchaine, maire de Moutiers-lès-Maufaits (Vendée).
Raphaël Duchange, 17, rue Burdeau à Alger.
Duchateau, membre correspondant de la Chambre de Commerce de Limoges.
Duchateau, vice-président de la Chambre de Commerce de Dunkerque.

Duché, président de la Chambre de Commerce française de Londres.
Paul Duché, rédacteur en chef de *La Liberté du Sud-Ouest* à Bordeaux.
Mme Francine Duchêne, institutrice, 2, rue Jangot à Lyon.
Agile Duchet, cultivateur à Sainte-Anne (Doubs).
Victor Duclos, homme de lettres, rédacteur à la sous-préfecture de Toulon.
Célestin Duclos à Arlanc (Puy-de-Dôme).
Gabriel Ducoudert, membre de la Chambre de Commerce de Dieppe.
Mme Ducreux, 70, rue des Archives, à Paris.
M. et Mme Ducrocq, logis de Beauregard, La Baumette, Angers.
Célestin Duday, peintre à Restigné (Indre-et-Loire).
Eug. Duffaud, directeur de *Justice, Vérité*, 4, rue Alsace-Lorraine à Oran.
Dufour, conseiller municipal à Javerlhac (Dordogne).
Henri Dudon, chirurgien-dentiste, 1, square du Roule à Paris.
Georges Duhain à Mâcon.
Henri Duhem, entrepreneur de plomberie à Morannes (Maine-et-Loire).
Pierre Duigo, surveillant des Ponts et Chaussées à Ghardimaou (Tunisie).
Claude Dujon, maire de Besson (Allier).
Docteur Dumarest, Sanatorium de Belligneux (Ain).
Francisque Dumas, négociant en vins, membre de la Chambre de Commerce de Villefranche-sur-Saône.
Victor Dumas, interprète judiciaire à Larba (Alger).
Paul Dumez, prisonnier des régions envahies.
Gaston Dumon, Hôtel moderne à Auchel (Pas-de-Calais).
Marcel Dumoncel, trésorier-payeur, général honoraire, château de Mauriac, par Donzillac (Dordogne).
Albert Dumonchy, maire de Fouilloy (Oise).
Dumont, directeur de *L'Avenir du Puy-de-Dôme* à Clermont-Ferrand.
César Dumontier, brigadier des Eaux et Forêts à El-Hannser (Constantine).
Claude Dumoulin, propriétaire à Azé (Saône-et-Loire).
Docteur Pierre Dupiellet à Carlux (Dordogne).
Louis Dupin, adjoint au maire de Montbrison.
Octave Dupond, secrétaire de l'Ecole de Médecine de Nantes.
Charles Dupont, conseiller général, maire d'Auchel (Pas-de-Calais).
Emile Dupont, instituteur à Serrouville (Meurthe-et-Moselle).
Eutrope Dupont, 6, rue Fontaine-Bleue à Alger.
Valentin Dupont, notaire à Sainte-Hermine (Vendée).
Edouard Duprey, négociant en vins à Libourne.
Romain Dupuis, maire, Le Petit-Couronne (Seine-Inférieure).
Dupuy, membre de la Chambre de Commerce d'Oran.
Albert Dupuy, 5, rue Thomas-Bouchard à Dieppe.
Maurice Dur, ingénieur, 3, rue Edouard-Cat à Alger.
Emile Durafour, maire de Chevillard (Ain).
Albert Durand, membre de la Chambre de Commerce de Carcassonne.
Auguste Durand, ancien conseiller général, 14, cours Bosquet à Pau.
Auguste Durand, propriétaire agriculteur à Bourgaber par Lescar (Basses-Pyrénées).
Mme L. Durand-Wybrecht, chef de district à Montsecret (Orne).
Jacques Durand, maire suppléant de Saint-Hilaire-le-Vouhis (Vendée).

Durand frères, industriels à Molinges (Jura).
Et. Duranton, curé de Cressy (Saône-et-Loire).
Louis Durdilly, auteur dramatique, 30, avenue de Neuilly à Neuilly (Seine).
Armand Duréault à Mâcon.
Joseph Dussaud, aumônier, asile des vieillards à Bouzaréa (Algérie).
Capitaine Dutertre, 2e Cie de remonte à Oudjda (Maroc).
Alphonse Dutour, entrepreneur de couverture, 5 et 7, rue Falguière à Paris.
Charles Dutron, maire de Lamastre (Ardèche).
Jules Duval, homme de loi à Saint-Georges-du-Vièvre (Eure).
Docteur Edouard Duvernoy, 76, faubourg des Vosges à Belfort.
Armand Duvigneau, négociant industriel à Audenge (Gironde).

E

MM.
Henri Ebrard, ingénieur à Saint-Paul-en-Cornillon (Loire).
L'Echo d'Oran à Oran.
Commune d'Ecouché (Orne).
Les Elèves de l'Ecole de la rue de la Liberté à Alger.
Les Elèves de l'Ecole annexe de l'Ecole Normale d'Instituteurs d'Evreux.
Commune d'Emagny (Doubs).
Emard-Lacroix, membre de la Chambre de Commerce d'Angoulême.
Docteur Paul Emonet (médecin-major, division coloniale de l'armée d'Orient) à Foix.
Joachim Emtrade, membre de la Chambre de Commerce de Carcassonne.
Le commandant Paul Enjalbert.
Mlle Marguerite Epinoux, institutrice libre à Benon (Charente-Inférieure)
Gustave Epron, ancien percepteur, 2, place Bisson à Lorient.
Docteur Gabriel Epron, Hermenault (Vendée).
Jean Ernoul, employé de commerce, 210, cours d'Espagne à Bordeaux.
Raymond Ernoul, commerçant à Saint-Georges-de-Didonne (Charente-Inférieure).
Hippolyte Escalle, notaire à Briançon (Hautes-Alpes).
Commune d'Escatalens (Tarn-et-Garonne).
Pierre Escourrou, conseiller d'arrondissement à Cenne-Monestiès (Aude).
Le vicomte Ph. d'Espons de Paul, 6, passage Laujon à Montpellier.
Gabriel Esquerré, inspecteur de la Sûreté départementale, 1, rue Fontanilles à Constantine.
J. Estaque, agent des Ponts et Chaussées, rue des Salanques à Foix.
Estansan, conseiller municipal à Quinsac (Gironde).
Dominique Esteguy, entrepreneur de travaux publics, 50, boulevard d'Alsace-Lorraine à Pau.
Docteur Estrabaut, 22, avenue de Friedland à Paris.
Joachim Estrade, membre de la Chambre de Commerce de Carcassonne.
Georges Etève, vice-président de l'Association des Secrétaires Généraux des Chambres de Commerce à Poitiers.

G. Etienne, Aciers et outillage, 13, rue Le Châtelier à Paris.
Désiré Etienne, instituteur à Moriville (Vosges).
Ch. Etienne, secrétaire général du Syndicat de l'Epicerie française, 32, rue du Renard à Paris.
Commune d'Etival (Vosges).
F. Eude, propriétaire-éleveur à Vire.
Félix Exalty, vérificateur à l'Arsenal, 6, quai Perrache à Lyon.
Eychevin, comptable, villa Eugénie à Orange.
J.-B. Eyraud, directeur d'Ecole à Sainte-Florine (Haute Loire).

F

MM.

Mme Edmond Fabas, 7, rue Deville à Toulouse.
Marguerite Fabiani, 59 bis, cours Vitton à Lyon.
Ernest Fabre à Fraissé-des-Corbières (Aude).
Théophile Fabre, maire du Tholonet (Bouches-du-Rhône).
Eugène Facq, industriel à Douarnenez (Finistère).
Louis Fafournoux, professeur, 9, place du Pont-de-Grenelle à Paris.
Fagard et Leuba, 6, rue Monsigny à Paris.
Eugène Fagot, maire de Louppy-le-Château (Meuse).
Léon Fallion, membre de la Chambre de Commerce d'Annecy.
Mme Mireille Fallot, cultivatrice à Marcouville (Eure).
Mme Fallot-Matter, présidente de l'Union des Françaises contre l'alcool, 15, rue de Bellechasse, à Paris.
F. Farge, vice-président de la Chambre de Commerce française de Madrid.
Gabriel Fargeaud, négociant à Nantiat (Haute-Vienne).
Joseph Farisy, conseiller général, maire de Mauprevoir (Vienne).
Commune de Faulx (Meurthe-et-Moselle).
Faure, membre correspondant de la Chambre de Commerce de Limoges.
Faure, maire de Chandeyrolles (Haute-Loire).
Joseph Fauré, sous-ingénieur des Ponts et Chaussées en retraite, Plateau du Tribunal à Foix.
Mme Faurie à Oran.
Favier, maire de La Bégude-de-Mazenc (Drôme).
Eugène Favre, receveur de l'Enregistrement, en retraite à Annecy.
François Favre-Félix, conducteur des Ponts et Chaussées à Annecy.
Favre-Félix, président du Tribunal à Annecy.
Fernand Favry à Mairy-Mainville (Meurthe-et-Moselle).
Fayolle, maire de Crest (Drôme).
Alfred et Aimé Fayon, Mme Marie Fayon à Saint-Remimont (Vosges).
Adrien Fayt, ancien maire de Bannes (Lot).
J. Febvre, ingénieur-constructeur, 9, place Saint-Clair à Lyon.
Ville de Fécamp.
Louis Fénin, secrétaire en chef de la mairie à Auchel (Pas-de-Calais).
Capitaine Albert Féral, de l'infanterie coloniale.
M. et Mme Marcel Féret (et Pierre), 56, rue Lamartine à Paris.
Julien Féron, maire, Le Houlme (Seine-Inférieure).

A. Féron, ancien député, 32, route Stratégique à Suresnes (Seine).
Marius Ferrero, président de la Chambre de Commerce d'Annecy.
Louis Fétis, maire de Saint-Ciers-sur-Bonnieure (Charente).
C.-J. Feuillet, photographe à Benon (Charente-Inférieure)
Maxime Fèvre, cultivateur, Zéphire Fèvre, cultivateur à Fontenay près Chablis (Yonne).
Armand Février, directeur d'Ecole en retraite à Beauchamps (Manche).
François Ficher, instituteur public à Mespaul (Finistère).
Fichter Marcel, ingénieur civil à Foix.
Louis Féron, maire à Ecouché (Orne).
Fity Pierre, maire de Prémery (Nièvre).
J. Flachier, chef de bataillon honoraire, 32, rue Balay à Saint-Etienne (Loire).
Auguste Flamand, cultivateur, maire de Veuvey-sur-Ouche (Côte-d'Or).
Commune de Flavigny-sur-Ozerain (Côte-d'Or).
M. et Mme A. Fleig, 18 bis, rue du Marché à Neuilly (Seine).
M. Alfred Fleur de Lys, artiste violoniste ; Mme Vve Marie Fleur de Lys, rentière ; Mlle Hélène Fleur de Lys, artiste peintre, avenue Marie-Thérèse à Orsay (Seine-et-Oise).
Eugène Fleurisson, notaire à Nieul-sur-l'Autise (Vendée).
René Fleury, négociant en grains à Saint-Sever (Calvados).
Docteur Maurice Fleury à Chaillé-les-Marais (Vendée).
Charles Florens, ex-aumônier militaire, Hôpital russe de Nice.
Florentin, chef électricien aux mines de Tucquegnieux (Meurthe-et-Moselle).
Etienne Flori, sous-directeur d'usine, 10, avenue de la Gare à Chantilly (Oise).
Flouvat-Tardivel à Arlanc-bourg (Puy-de-Dôme).
Félix Foby, employé d'octroi, 4, rue Saint-Thomas à Nîmes.
Fochoi, service de la navigation à Koulikoro (Haut-Sénégal).
Fongauffier, conseil municipal à Marnac (Dordogne).
V. Fonna-Barthet, professeur de français au Lycée royal de Malte.
L'abbé Jules Fontaine, aumônier de l'Hospice à Gaillac (Tarn).
Paul Fontaine, instituteur à La Canche (Calvados).
A. de Fontaine, ingénieur, 125, boulevard Lefebvre à Paris.
François Fonteilles, ingénieur à Auzits (Aveyron).
Commune de Fontenoy (Yonne).
Commune de Fontenoy-la-Joûte (Meurthe-et-Moselle).
Le baron Léopold de Fontguyon, aux Picards, par Angoulême.
Mme Marie Fontvieille, institutrice, 35, rue de la Paix à Saint-Etienne.
Alfred Forest, 4, place Dancourt, à Paris.
Louis Forestier, tailleur de pierres à Lannion.
Mlle C. Forestier, 74, rue d'Hauteville à Paris.
Edouard Fort, maire de Maronne (Seine-Inférieure).
Commune de Fos-sur-Mer (Bouches-du-Rhône).
Pierre Fossey, maire d'Auvers (Manche).
Commune de Foucaucourt (Meuse).
Docteur et Mme R. Foucaud, 15 bis, quai de Richebourg à Nantes.
Rémy Foucher, industriel, membre de la Chambre de Commerce de Tours à Chateaurenault (Indre-et-Loire).

Fouet, greffier de la Justice de Paix à Saverdun (Ariège).
Jean Fougère, agriculteur-éleveur, château de Seynies par Fayet (Puy-de-Dôme).
Maurice Fougère à Cercottes (Loiret).
Norbert Fouilleul, avocat à la Cour, 9, rue des Arènes à Paris.
Fernand Foulhouze, membre de la Chambre de Commerce de Casablanca (Maroc).
Albert Fouquet, instituteur à Meulles (Calvados).
Samson Fourcade, professeur de gymnastique au Lycée de Foix.
Henri Fouré, maire de Gueutteville-les-Grès (Seine-Inférieure).
Docteur L. Fournaud, villa André, boulevard Beauprêtre à Blida (Algérie).
Pierre Fourniau, conseiller municipal de Céaux-en-Loudun (Vienne).
Fournier-Obert, brasserie-malterie à Wizernes (Pas-de-Calais).
Paul Fourtanier, maire de Mas-Grenier (Tarn-et-Garonne).
Alfred Fourton, pharmacien, 38, rue Neuve à Clermont-Ferrand.
Stanislas Fraisse, notaire à Arzacq (Basses-Pyrénées).
Adolphe Franc, boulanger à Friauville (Meurthe-et-Moselle).
Honoré Franc, ancien conseiller général à Salernes (Var).
Frenette, 16, rue des Filles-du-Calvaire à Paris.
J. Francès, conseiller municipal de La Chapelle-Auzac (Lot).
Mme Rose Francion-Pic, Palace-Théâtre-Cinéma à Montélimar (Drôme).
M. et Mme Roger de Francmesnil.
Capitaine Charles Franck, ingénieur, 18 bis, rue Denfert-Rochereau à Paris.
François, maire de Longeault (Côte-d'Or).
François J. Dupré, 4, rue Chalgrin à Paris.
François Georges, maire de Segré (Maine-et-Loire).
Léon François, notaire honoraire, conseiller d'arrondissement du canton de Thiaucourt (Meurthe-et-Moselle), 4, rue Barye à Paris.
Jules François, sculpteur à Labry (Meurthe-et-Moselle).
André Frébault, chef de bureau à la Cie P.-L.-M., 5, rue de Constantine à Lyon.
Commune de Freigné (Maine-et-Loire).
Commune de Frenelle-la-Petite (Vosges).
Commune de Fresne-l'Eguillon (Oise).
Frette, vice-président de la Chambre de Commerce d'Oran.
Charles Freund-Deschamps, industriel, censeur de la Banque de France, maire de l'Isle-en-Rigault (Meuse), 20, avenue Niel à Paris.
Charles Frey, secrétaire-trésorier de la Chambre de Commerce d'Annecy.
J.-B. Freygefond, Commission, 60, rue Caumartin à Paris.
Commune de Friauville (Meurthe-et-Moselle).
Maxime Frilley, maire de Longlaville (Meurthe-et-Moselle).
Frison, 22, rue des Mignottes à Paris.
Adolphe Fritschi, ingénieur à Plassac (Charente-Inférieure).
Mlle Désirée Fromentin, 14, rue Royale à Clermont-Ferrand.
Commune de Fronches (Haute-Marne).
Emile Froschard, cafetier à Labry (Meurthe-et-Moselle).
M. et Mme Henri Frouin, Mlle Marie Frouin à Bergerac (Dordogne).
Augustin Fulbert, maire de Saint-Bonnet (Charente-Inférieure).

G

MM.

Camille Gabiat, maire de Saint-Sulpice-les-Feuilles (Haute-Vienne).
Louis Gaborit, boucher à Mouchamps (Vendée).
Docteur Henri Hache, à Villefranche-Saint-Phal (Yonne).
Le commandant Marcellin Gachet à Carpentras.
Mme Gabrielle Gadaut à Saint Remimont (Vosges).
Gadenne-Gruhier, industriel à Bar-sur-Aube.
Louis Gaffic, tailleur de pierres à Lannion.
Louis Gage (et Mme), négociant, 40, rue Scheffer à Paris.
Le lieutenant Etienne Gailhac, 12, rue Alexandre-Cabanel à Paris.
Jules Gailhac, rentier, 84, rue de Courcelles à Paris.
M. et Mme Pierre Gailhac, Mmes B.-J. Edouard et Etienne Gailhac ; Docteur Raymond Gailhac, Hôtel de la Poste à Pau.
Gustave Gaizard, pharmacien, 2, rue Michelet à Alger.
Maurice Gallais, maire de Dourdan (Seine-et-Oise).
Albert Gaillard, conseiller municipal de Bourg-Beaudoin (Eure).
Joseph Gaillard, maire de Montaigu (Vendée).
Mlle Gaillard, directrice d'Ecole, Le Vésinet (Seine-et-Oise).
Fernand Gaillardon, maire de Saint-Chély-d'Apcher (Lozère).
F. Gaillat, 6, passage Imberdis à Maisons-Alfort (Seine).
François Galifer, maire de Montréal (Ain).
Ferdinand Gallé, pharmacien, 30, place des Capucins à Bordeaux.
Charles Gallet, commerçant, 73, rue de Richelieu à Paris.
Philéas Galmard, maire de Mondeville (Seine-et-Oise).
A. Gambert, 2, place Salençon à Maisons-Alfort (Seine).
Joseph Gan, agent-voyer d'arrondissement à Foix.
Henri et Léon Gang, 16, rue Tronchet à Paris.
Isidore Garat, maire d'Amendarits (Basses-Pyrénées).
Auguste Garaud, rue d'Alsace-Lorraine à Foix.
A. Garcerie, propriétaire, ancien maire de Saint-Laurent-de-Cerdans (Pyrénées-Orientales).
Garcin, élève à l'Ecole Normale de Grenoble.
Elie Gard, conseiller municipal à Sidi-bel-Abbès (Oran).
Henry Garda, 68, rue Réaumur à Paris.
Michel Garde, maire de Lisseuil (Puy-de-Dôme).
Félix Garéneaux, ajusteur-mécanicien à Auchel (Pas-de-Calais).
A. Garillon à Saint-Remimont (Vosges).
Francisque Garnier, trésorier de la Chambre de Commerce à Châlon-sur-Saône.
A. Garnier-Vesvrotte, maire de Bussières (Côte-d'Or)
— Eug. Garnier, 78, rue de la République à Saint-Mandé (Seine).
André Garnier, étudiant au Lycée d'Orléans.
Paul Garnier-Lestamy, 8, rue de la Source à Nancy.
Louis Garros, vétérinaire à Mauvezin (Gers).
Mme Gasquet-Bonnet à Bayonne.

Gastambide, maire de Courville (Eure-et-Loire).
Jules Gastinne-Renette, arquebusier, 39, avenue Victor-Emmanuel III à Paris.
Louis Gathumel, courtier en laines à Mazamet (Tarn).
Mme Gatie, bijoutière, 11, rue Pastourelle à Paris.
Henry Gaubert, avocat-avoué à Foix (Ariège).
Ernest Gauchon, secrétaire de mairie à Champagne-Mouton (Charente).
Jean Gauniche, avocat à la Cour d'appel, 30, rue Marbeuf à Paris.
E. Gautheron à Ben'n-Choud (Alger).
Jules Gautheron, maréchal à Fontenay près Chablis (Yonne).
Mlle Marthe Gautheron, 7, rue Berthelot à Alger.
Joseph Gautheron à Mâcon.
Alphonse Gauthier, maire de Pressigny (Haute-Marne).
A. Gauthier, 68, rue Cuvier à Lyon.
Frédéric Gauthier, adjoint au maire de Brianny (Côte-d'Or).
Gautier, adjoint à l'Intendance, 3, rue Valentin-Hauy à Paris.
Mme Vve Suzanne Gautier à Oran.
Mlle Jeanne Gauvin, employée à la Banque Chalus, 7, rue de la Cartoucherie à Clermont-Ferrand.
Amédée Gauvrit-Bergeret, château du Plessis-Bergeret par La Ferrière (Vendée).
Albert Gay, maire du Vigan (Gard).
Mlle Marthe Gay, 7, rue Domas à Clermont-Ferrand.
Mlle E. Gay, libraire, place N.-D.-de-Liesse à Annecy.
Jean Gay, négociant, 16, rue Fontainebleau à Saint-Etienne.
Mme Irma Gazagnes à Chazelles-sur-Lyon (Loire).
Philippe Gazet, conseiller d'arrondissement à Randan (Puy-de-Dôme).
Henri Geispitz, secrétaire de la Chambre de Commerce de Rouen.
Emile Gelis, vice-président de la Chambre de Commerce de Carcassonne.
Eugène Gelot, propriétaire à Perregaux (Oran).
Abel Gendarme de Bévotte, professeur de rhétorique supérieure au Lycée Louis-le-Grand, 83, boulevard Saint-Michel à Paris.
Gendraud, membre correspondant de la Chambre de Commerce de Limoges.
Antonin Genet maire de Velle-sur-Moselle (Meurthe-et-Moselle).
Louis Genetet, avoué à Beaune (Côte-d'Or).
Victor Genevey, président de Chambre à la Cour d'appel, 135, avenue de Saxe à Lyon.
Firmin Genot, conseiller municipal de Bannes (Lot).
Damien Gens, membre de la Chambre de Commerce de Dieppe.
Raymond Gentils, instituteur à Neuvy (Loir-et-Cher).
Arsène Gentil, maire de Gomené (Côtes-du-Nord).
G. Gentil, maire d'Aulnay-aux-Planches (Marne).
P. Geoffroy, maire de Taillancourt (Meuse).
G.-Georgesco Ratchivanu, 40, rue de Seine à Paris.
Michel Georgesco, professeur à l'Université de Bucarest, 24, rue Verdi à Nice.
Gérald, membre correspondant de la Chambre de Commerce de Limoges.
Le baron Gérard, député, 85, faubourg Saint-Honoré à Paris.
Auguste Gérard, maire de Bras (Var).

Mlles Alice et Jeanne Gérard, 35, cours Gambetta à Lyon.
Mme Elisabeth-Lucile Gérard à Paris.
Gérardin, maire de Chenevières (Meurthe-et-Moselle).
Joseph Gérardot, Corderie parisienne, 34, rue de la Verrerie à Paris.
Ulysse Géraud, 45, cours d'Alsace-Lorraine à Bordeaux.
Maximin Gerçon, clerc de notaire, La Châtaigneraie (Vendée).
Ant. Gerfaux, 74, rue des Archives à Paris.
Xavier Germain, maire de Bou-Medfa (Algérie).
Germain, graveur sur acier, 81, rue Fontaine-au-Roi à Paris.
M. et Mme Louis Germain, professeurs à l'Ecole Franklin à Orléans.
Louis Gestre, maire de Champignelles (Yonne).
Commune de Gevoncourt (Meurthe-et-Moselle).
Félix Gey, sergent au 49e d'infanterie.
Maurice de Gheest, propriétaire-éleveur, 67, rue des Belles-Feuilles à Paris.
Antoine Gibert, maire de Chidrac (Puy-de-Dôme).
Jean Giletto, entrepreneur à Evian-les-Bains (Haute-Savoie).
Léon Gillaizeau à Avrillé (Vendée).
Henri Gillet, 5, place de la Bastille à Paris.
Joseph Gillet, 10, quai de Serin à Lyon.
Maurice Gillet, notaire, 17, rue Jaillant-Deschainets à Troyes.
Mlle Marie Gillet, rentière à Saint-Claude (Jura).
Estève Gillier, maire d'Assencières (Aube).
Commune de Gilly-lès-Vougeot (Côte-d'Or).
Charles Gilson, maire de Pleurs (Marne).
Paul Giudicelli, maire de San-Damiano (Corse).
Thimothée Gineste, adjoint au maire d'Auriac (Corrèze).
Alexandre Ginet, receveur buraliste à Fougerolles-Eglise (Haute-Saône).
Le lieutenant Fernand Girardez à Badevel (Doubs).
Girardin, ancien agent commercial de la Cie P.-L.-M. à Couches-les-Mines (Saône-et-Loire).
Aimé Giraud, instituteur à Ivors (Oise).
Giraudon, maire de Charost (Cher).
Commune de Gircourt-la-Viéville (Vosges).
Victor Girin, négociant à Tarare (Rhône).
Jean Girma, libraire à Cahors.
Pierre Girod, receveur buraliste à Chazelles-sur-Lyon (Loire).
Henri Girod, membre de la Chambre de Commerce d'Annecy.
Girot, maire d'Arc-sur-Tille (Côte-d'Or).
Antoine Giry, ingénieur à Ugine (Savoie).
Commune de Giverny (Eure).
Glatron, Baschet et Cie, Papiers en gros, 3, impasse Reille à Paris.
Paul Gleize, directeur de la Banque de France à Quimper.
Commune de Glos-sur-Lisieux (Calvados).
Docteur Louis Gobillot à La Trémouille (Vienne).
Le général de division Léon Godart, ancien commandant de corps d'armée, château de Lenoncourt (Meurthe-et-Moselle).
Mme Godillot-Renard, villa Michel à Hyères (Var).
J.-B. Godon, maire de Subligny (Cher).
Mme Vve Gœury à Mairy-Mainville (Meurthe-et-Moselle).

L. Gœury à Saint-Remimont (Vosges).
François Gogorze, sous-officier maréchal-ferrant à Oran.
Ferdinand Gombert, instituteur à Villette (Meurthe-et-Moselle).
G. Gombert, membre de la Chambre de Commerce de Dunkerque.
M. Gonard, 2, rue Michel-Chasles à Paris.
M. et Mme Jules Gondran (et leurs enfants) à Alma (Algérie).
Commune de Gonneville-la-Mallet (Seine-Inférieure).
M. et Mme E. Gontier, château de Larmandie (Dordogne).
Auguste Gontran, industriel, 25, rue de la Terrasse à Paris.
A. Goré, maire de Fresne-l'Eguillon (Oise).
Mme Gosse, libraire à Lorient.
Emile Gosselin, notaire, 21, rue Jules-Lecesne, Le Havre.
Mlle Odette Goubeau à Ecueillé (Indre).
A. Goudot à Saint-Remimont (Vosges).
Docteur Alfred Gouin à Montaigu-Vendée (Vendée).
Raymond Goujard, cultivateur à Juvigny (Marne).
Goujon, industriel éleveur, membre correspondant de la Chambre de Commerce de Tours à Langeais (Indre-et-Loire).
Désiré Goulet, agriculteur à Troisgots (Manche).
Mme E. Goumain, Croix-Rouge, Comité de Jarnac (Charente).
Paul Gourdon, industriel à Montjean (Maine-et-Loire).
Louis Goursat, secrétaire de la Chambre de Commerce d'Angoulême.
Paul Gout, maire de Saint-Rémy-lès-Chevreuse (Seine-et-Oise).
Jacques Goutal, négociant, 30, rue des Roses à Paris.
Edmond et Marthe Gouvion, publicistes, en mission (Afrique du Nord).
Eugène Goux, maire à Etobont par Héricourt (Haute-Saône).
M., Mme et Mlle Gouyat, 21, boulevard du Général-Farre à Alger.
Docteur Louis Gouzot, maire de Paleyrac (Dordogne).
Louis Graffet, maire de Pont-Ecrepin (Orne).
Jean Gramont, maire de l'Isle-en-Dodon (Haute-Garonne).
Commune de Grand-Castang (Dordogne).
Commune des Grandes-Ventes (Seine-Inférieure).
J. Grandjean, percepteur à Nantiat (Haute-Vienne).
Ch. Grandmer à Saint-Remimont (Vosges).
Commune de Grandvillers (Vosges).
Granger, maire de Lavanande (Alger).
Jules Grangez, maire de Cheniers (Marne).
Grangier-Moulin, Automobiles, à Arlanc (Puy-de-Dôme).
Commune de Grans (Bouches-du-Rhône).
Arthur Gras, 21, boulevard Bon-Accueil à Alger.
P. Graterolle, ingénieur, directeur de *L'Hôtellerie Française*, 22, rue Taitbout à Paris.
Joseph Grech, Banco di Roma Valette (Ile-de-Malte).
Commune de Grèges (Seine-Inférieure).
Léon Grégoire à Saint-Remimont (Vosges).
Paul Grégorio, secrétaire général de la Rédaction de *L'Homme Libre* à Paris.
Alexandre Gremelle à Maurecourt (Seine-et-Oise).
Grenier, cuirs, à Arlanc (Puy-de-Dôme).

Camille Grenier, président de la Société de Secours mutuels de Monprimblanc (Gironde).
Ville de Grenoble.
Jacques Grignon, maire des Pins (Charente).
Grillet et Féau, Papiers couchés, 9, rue Bergère à Paris.
Mme Amédée Grisey à Mélisey (Haute-Saône).
Charles Grison, négociant à Tardets-Sorholus (Basses-Pyrénées).
René Grosdidier, sénateur, maire de Commercy (Meuse).
Commune de Groslée (Ain).
René Grouas, propriétaire à Origny-le-Roux (Orne).
H. Gruin, juge suppléant au Tribunal de Commerce de la Seine, 50, avenue Parmentier à Paris.
Ch. Grundrich, 5, rue Le Royer à Lyon.
Alexandre Guay, propriétaire, 32, rue d'Alsace-Lorraine à Oran.
Camille Guay, propriétaire à Saint-Cloud (Seine-et-Oise).
Gudin, maire à Attray (Loiret).
Etienne Guelfucci, pasteur à Gajan (Gard).
Victor Guéniot, maire de Saint-Ouen-lès-Parey (Vosges).
Lucien Guénoun, 2, boulevard Amiral-Pierre à Alger.
Guéranger, notaire (Mme et Mlle), 42, rue d'Avesnières à Laval.
Mlle Geneviève Guérin, institutrice libre à Benon (Charente-Inférieure).
Mlle M. Guérin, institutrice et secrétaire de mairie à Rumesnil (Calvados).
Mme Vve Marcelle Guérin, Les Jouanneaux à Saint-Aubin-d'Eymet (Dordogne).
Pierre Guérin, maire de Thevray (Eure).
Léon Guérin à Argences (Calvados).
Léon Guérin à Thil (Meurthe-et-Moselle).
Mme A. Guéroult, institutrice, 9, rue Dulong à Rouen.
Mme Guesnot, 11, rue Pastourelle à Paris.
Mme Vve Guettard, 11, rue du Ha, à Bordeaux.
Mlle Guétault, receveuse des P. T. T. à Bouzaréah (Algérie).
Mme Vve Camille Guettard, 27, avenue de la Gare à Berck-Plage (Pas-de-Calais).
Commune de Gueutteville-lès-Grès (Seine-Inférieure).
Jules Guézennec, tailleur de pierres à Lannion.
Guibaire, membre de la Chambre de Commerce de Tours.
Edouard Guiblet, maire de Cercottes (Loiret).
Guichard-Potheret, vins, à Châlon-sur-Saône.
Albert Guichard, président de la Chambre de Commerce de Châlon-sur-Saône.
Camille Guichard, représentant de commerce à Olliergues (Puy-de-Dôme).
Numa Guidon, maire de Repel (Vosges).
Joseph Guiel, sculpteur à Lannion.
E. Guiet à Oran.
Emile Guignard, propriétaire à Montignac-Charente (Charente).
Aimé Guignard, vice-président de la Chambre de Commerce de Tours.
Pierre Guigné, maire de Dissais (Vendée).
Mlle Simonne Guigue, étudiante en Sciences, 5, rue du Docteur-Trolard à Alger.

Louis Guihot, vice-président de la Chambre de Commerce de Saint-Nazaire, conseiller général, maire de Bouvron (Loire-Inférieure).
Gaston Guilbert, industriel, 72, avenue Mozart à Paris.
Jean Guillaery à Lannion.
René Guillain, receveur buraliste à Stainville (Meuse).
Alexis Guillaume, conseiller d'arrondissement, maire d'Avèze (Puy-de-Dôme).
Mme Anna Guillaume à Mairy-Mainville (Meurthe-et-Moselle).
Léonce Guillaume, greffier en chef de la Cour d'appel, 86, rue d'Illiers à Orléans.
J. Guillemin, inspecteur de l'enseignement primaire, directeur de l'Ecole Normale d'Instituteurs à Bouzaréah (Alger).
Etienne Guillemaud, instituteur en retraite à Malay (Saône-et-Loire).
Alphonse Guillot, maire de Tucquegnieux (Meurthe-et-Moselle).
Jean Guilloud, adjudant d'administration principal du génie au Camp de Sathonay (Ain).
Auguste Guillouet, banquier, trésorier de la Chambre de Commerce de Saint-Nazaire.
Léon Guillouet, conseiller municipal de Céaux-en-Loudun (Vienne).
Auguste Guisnier, membre de la Chambre de Commerce de Tours à Richelieu (Indre-et-Loire).
Paul Guinet, ancien entrepreneur, 17, rue Pont-Joubert à Poitiers.
Maurice Guingat, cultivateur à Treigny (Yonne).
Emile Guiot, conseiller municipal à Friauville (Meurthe-et-Moselle).
Jean Guiraud, cultivateur à Capian (Gironde).
Martin Guiraud, secrétaire de la Chambre de Commerce de Carcassonne.
Victor Guiraud, maire de Clermont-l'Hérault (Hérault).
Commune de Guitalens (Tarn).
Commune de Guizengeard (Charente).
Docteur Gustin à Noirmoutier (Vendée).
Guy-Thébault, Nouveautés, à Aubigny-sur-Nère (Cher).
Alfred Guy, juge de paix à Meung-sur-Loire et Cléry (Loiret).
Docteur Camille Guyard à Bléneau (Yonne).
Lieutenant-colonel Paul Guynet, maire de Barjac (Gard).
William Guynet, délégué de l'Afrique équatoriale française au Conseil supérieur des Colonies, 12, rue de Pomereu à Paris.
Maurice Guyomard, polisseur à Lannion.
Henri Gy, ingénieur-électricien (et Mme), 5, rue du Marché à Elbeuf.
Commune de Gyé-sur-Seine (Aube).
Les Gymnastes Saint-Eugénois, Société de Gymnastique, de tir et de préparation militaire à Saint-Eugène (Alger).

H

MM.
Georges Haardt, 48, rue du Théâtre à Paris.
Jean Haize, maire de Saint-Symphorien (Manche).
Commune de Hammeville (Meurthe-et-Moselle).

Mme Marthe Hanin, secrétaire générale de l'Œuvre des Livres pour les Soldats, 53, rue Lafayette à Paris.
Commune d'Hannaches (Oise).
Jules Hannezo à Mâcon.
Arthur Hanon, directeur d'école à Auchel (Pas-de-Calais).
Jean Haon, secrétaire de mairie à Saint-Martial (Ardèche).
Albert Haramboure, sous-directeur du Crédit Lyonnais à Bayonne.
Gaetan Haran, maire d'Ainhoa (Basses-Pyrénées).
J.-B. Harang, maire de Savigniès (Oise).
Camille Harang, maire de Maizières-lès-Toul (Meurthe-et-Moselle).
Ernest Hardy, avoué à Fontainebleau.
Le lieutenant-colonel H.-H. Harjes (U. S.), banquier, 31, boulevard Haussmann à Paris.
Léon Harmel, Le Val-des-Bois (Marne).
Docteur René Hartemann à Fraize (Vosges).
Alfred Hattat, commis de quincaillerie à Blida (Alger).
Lionel Hauser, banquier, 92, rue de la Victoire à Paris.
Henri Haustgen, négociant, 62, rue Tiquetonne à Paris.
Louis Havet, membre de l'Institut, 18, quai d'Orléans à Paris.
Gaston Hayat, négociant, 24, rue de Metz à Tunis.
Jean Hayaux du Tailly, agent de change, 83, rue de Richelieu à Paris.
Georges Hazard, 54, rue Jacob à Paris.
P. Hébert, maire à Chrétienville (Eure).
Eugène Heck, président de l'Amicale des Agents-Voyers du Département d'Alger (Mme et Mlle), 3, rue Feuillet (Alger).
Albert Hédou, conseiller municipal, Les Grandes-Ventes (Seine-Inférieure).
Georges Helminger, maire à Montreux-Château (Territoire de Belfort).
A. Hémard, conseiller général de la Seine, 78, rue de Paris à Montreuil-sous-Bois (Seine).
Mme la vicomtesse d'Hennezel à Marault (Haute-Marne).
Mme Héron, institutrice à Coupéville (Marne).
Mme Vve Heuquinet à Mairy-Mainville (Meurthe-et-Moselle).
Paul Henrivaux ; Mme Jules Henrivaux, 82, rue de Varenne à Paris.
Docteur Henry à Saulx (Haute-Saône).
Adrien Henry, membre de la Chambre de Commerce de Saint-Nazaire
Jules Henry, secrétaire de mairie à Plivot (Marne).
Charles Henry, 10, rue du Loing à Paris.
Stéfan-C. Hépites, membre de l'Académie Roumaine, 16, rue de la Paix à Nice.
Herbeaud, conseiller municipal à Puyeau (Charente).
M. et Mme Herblin, 56, rue Lamartine à Paris.
G. Hérelle, professeur honoraire, 25, rue Vieille-Boucherie à Bayonne.
Maurice Hériard, maire de Rudeau (Dordogne).
J. Hérisson, directeur de l'*Industriel Savoisien* à Annecy.
Yves Hernot, architecte, conseiller municipal ; Paul et Léon Hernot, rue de Tréguier à Lannion.
Jules Héron, secrétaire de la Chambre de Commerce de Tours.
Herrig, marchand de vins, 13, rue Pastourelle à Paris.
Mme Félicie Hersant, Hôtel de la Poste, 6, rue de Gage à Nantes.

Jules Hervé, membre correspondant de la Chambre de Commerce de Tours à Châteaurenault (Indre-et-Loire).
Auguste Hess, industriel, 109, rue Tête-d'Or à Lyon.
A.-René Heurtin, professeur, à La Chapelle (Allier).
Georges Heyberger, facteur des P. T. T. à Courbet (Alger).
H. Héwitt, directeur gérant des Papeteries du Pont-de-Claix, 60, rue Mazarine à Paris.
H. Higgins, 9, rue Pillet-Will à Paris.
Paul Hirzel, 68, rue Réaumur à Paris.
Jacques Hofer, sous-chef de service à la Banque de Paris et des Pays-Bas, 16, rue Gérando à Paris.
Eugène Hoffmann, maire de Beni-Mered (Algérie).
Auguste Honnorat, notaire à Saint-André-des-Alpes (Basses-Alpes).
Rose Honnorat, institutrice publique à Bourkika (Alger).
Octave Honoré, maire à Saint-Georges-sur-Eure (Eure-et-Loir).
Commune du Houlme (Seine-Inférieure).
Léon Houot, avenue de la Gare à Varangéville (Meurthe-et-Moselle).
Privat Hours, prospecteur à Djidjelli (Constantine).
M. (et Mme) Huard, négociant en produits chimiques, 15, rue Louis-Braille à Paris.
Paulin Hubert, maire de Cernon (Marne).
Charles Hude, agent maritime, villa Germaine, chemin Edith-Cavell à Alger.
Docteur E. Hugon ; Mme Pierre Hugon, 39, avenue Victor-Hugo à Paris.
Hugonneau-Lesart, membre correspondant de la Chambre de Commerce de Limoges.
Docteur Alexandre Hugues, maire des Arcs (Var).
Claudius Huguet, notaire à Cusset (Allier).
Commune d'Humbécourt (Haute-Marne).
Alfred et Louis Hureaux ; Amélie et Léa Hureaux à Saint-Remimont (Vosges).
Emile Hurlaux, commandant en retraite, 60, rue de Paris à Vanves (Seine).
F. Husson fils, aîné, Fabrique de toiles cirées, 66, rue Notre-Dame-de-Nazareth à Paris.
Hutter, président de la Chambre de Commerce de Dunkerque.

I

MM.

Marius Icardent, maire de Fos-sur-Mer (Bouches-du-Rhône).
Le comte d'Ideville, pavillon de Navarre à Evreux.
Commune d'Igney (Vosges).
Ivan Imbert, maire de Ramonchamp (Vosges).
Dominique Iribarne, ingénieur à Tardets-Sorhulus (Basses-Pyrénées).
Le marquis de l'Islé-du-Drémeuc, propriétaire-agriculteur à Pen-Château, Le Pouliguen (Loire-Inférieure).
Henri Issanchou, rédacteur en chef de *La Revue des Ambulants P. T. T.* à Paris.

J

MM.

Frédéric Jacquet, membre de la Chambre de Commerce de Villefranche-sur-Saône.
Louis Jacquet, ingénieur, 7, rue Mirabeau à Limoges.
Charles Jacquier à Mâcon.
C. Jacotin, 30, avenue de Neuilly à Neuilly (Seine).
Eugène Jacq, industriel à Douarnenez (Finistère).
Georges Jacquemon, 59, rue César-Bertholon à Saint-Etienne.
Camille Jacquinet, instituteur à Vaubécourt (Meuse).
Docteur Jagu, médecin chef de l'Hôpital à Gisors (Eure).
Commune de Jalogny (Saône-et-Loire).
François Jamart, maire de Choisy-en-Brie (Seine-et-Marne).
Cyprien Jammès, secrétaire de mairie aux Bannes (Lot).
François Janot, conseiller municipal aux Bannes (Lot).
Victor Jany (Jules, Bataille), Causses et Veyran (Hérault).
Léon Jarlaud, négociant en vins, 4, rue de Lyon à Paris.
L. Jarriau du Tablet Saint-Hilaire-des-Loges (Vendée).
Docteur Édouard Jaubert, 1, rue Carnot à Blida (Alger).
B. Jaudon, (Mme et Mlle), pharmacien à Frendah (Oran).
Charles Jault, maire à Cercy-la-Tour (Nièvre).
Léon Jaupître, maire de Rogny (Yonne).
H. Jayot, 80, rue des Archives à Paris.
E. Jeanneau, 5, rue des Deux-Gares à Paris.
Lucien Jeannet, adjudant de gendarmerie à Alençon.
Pierre Jeannin neveu, membre de la Chambre de Commerce de Châlon-sur-Saône.
Dominique Jeannin, commissaire-priseur à Mascara (Algérie).
Maurice Jeantet, industriel, 23, rue du Pré à Saint-Claude (Jura).
Gabriel Jeanton à Mâcon.
Édouard Jehel, expert, 8, boulevard des Chasseurs à Oran.
Georges Gehel, curateur aux successions vacantes, 19, rue de Tanger à Alger.
Édouard Jehn, agent de change, 16, rue Vivienne à Paris.
H. Jénin, maire de Crépey (Meurthe-et-Moselle).
Jennequin, secrétaire de mairie à Tillé (Oise).
M., Mme et Mlle Jérôme, 186, rue de Crimée à Paris.
Jéry, élève à l'Ecole Normale de l'Isère.
Jules Jeunet, maire de Lancieux (Côtes-du-Nord).
Mme Jézéquel, vice-présidente de l'Union des Françaises contre l'alcool, 15, rue de Bellechasse à Paris.
Gustave Jobert, président de la Chambre de Commerce de Mostaganem (1).

---

(1) Les noms des membres de la Chambre de Commerce de Mostaganem figurent sur la Liste supplémentaire.

Docteur Dominique Jolieu, médecin-major à Larroque-d'Olmes (Ariège).
Jean Joly, entrepreneur, 28, rue du 4-Août à Villeurbanne (Rhône).
Le lieutenant-colonel Jonescu-Munte, attaché militaire de Roumanie, 122, rue La Boetie.
Sylvain Joseph, 42, boulevard Sébastopol à Paris.
Alfred Joseph, secrétaire de mairie, Le Givre (Vendée).
Paul Josseaume, maire de Lavol-d'Aix (Drôme).
Alfred Joubert, président du Syndicat d'Elevage de l'Oule à Sainte-Marie-de-Rosans (Hautes-Alpes).
Louis Joubert, conseiller d'arrondissement, membre de la Chambre de Commerce de Saint-Nazaire.
Alphonse Joubert, membre de la Chambre de Commerce de Tours.
François Jougla, conseiller général, maire de Trèbes (Aude).
Berthe Jourdier, receveuse des postes à Azé (Saône-et-Loire).
H. Jouve à Paris.
Edgar Joyeux, 52, boulevard Antoine-Gautier à Bordeaux.
Juge, membre correspondant de la Chambre de Commerce de Limoges.
Emile Juillard-Girod, employé de commerce à Beaulieu Valentigney (Doubs).
Henri Julia, armateur à Bayonne.
Honoré Julien, conseiller municipal à La Seyne (Var).
Mme Eléonore Jullian, institutrice à l'Ecole Georges-Sand à Béziers.
Commune de Jumeauville (Seine-et-Oise).

K

MM.
Lucien Kahn, industriel, 35, rue de Paris à Courbevoie.
Raoul Kalb, membre de la Chambre de Commerce de la Vienne à Loudun (Vienne).
Henri Karcher, 105, rue de Bagnolet à Paris.
Le comte de Kersaint, conseiller général de l'Oise, 1, boulevard de Latour-Maubourg à Paris.
Docteur Paul Kiéner à Thaon-lès-Vosges (Vosges).
J. Kohler, 73, rue de Passy à Paris.

L

MM.
Commune de Labastide-de-Lévis (Tarn).
M. et Mme Henri Labatut, Banque de France à Paris.
Emile Labatut, instituteur à Mirepoix (Ariège).
Auguste Labatut (et Mme), agent-voyer d'arrondissement à Pamiers-Labé, 5, rue du Calvaire à Nantes.
Commune de La Bégude-de-Mazenc (Drôme).

Docteur Léon La Bonnardière à Hyère.-les-Palmiers (Var).
Henri Labonne, 20, rue Colbert à Marseille.
Charles Laborde-Porte à Gardesse (Basses-Pyrénées).
De Laborde-Noguez à Rosendal (Seine-Inférieure).
Laborde, maire d'Arc-lès-Gray (Haute-Saône).
Lafontaine, suppléant du juge de paix à Noirmoutier (Vendée).
Docteur F. Laborde, 52, rue Gambetta à Biarritz.
Edmond Labour, maire de Saint-Pathus (Oise).
Jean Labracherie, adjoint au maire à Saint-Quentin (Charente).
Commune de La Bresse (Vosges).
Labrunie, maire de Marnac (Dordogne).
Commune de Labry (Meurthe-et-Moselle).
Commune de Saint-Quentin par Chabanais (Charente).
Commune de La Cambe (Calvados).
Honoré Lacasse, cultivateur à Atton (Meurthe-et-Moselle).
Commune de La Celle-s/-Morin (Seine-et-Marne).
Jules Lachard à Bourg.
Commune de La Chapelle (Charente).
Jean Lachaume, rue Charles-Goguel à Eaubonne (Seine-et-Oise).
Louis Lachaume, ingénieur civil des Mines, 5, rue Gérando à Paris.
Jean Lachaussé, maire du Mayet-d'Ecole (Allier).
Mme B. Laclau-Lacrouts, 56, rue de la Barre à Dieppe.
Mlle Alice Laclau-Lacrouts, 25, rue de Famatina à Bordeaux.
M. et Mme Laclau-Lacrouts à Oraux (Basses-Pyrénées).
Joseph Lacombe à Auzas (Haute-Garonne).
Auguste Lacombe, capitaine au 23e d'infanterie à Ecully (Rhône).
Docteur Louis Lacome, maire de Samatan (Gers).
Louis Lacombe, maire de Fornex (Ariège).
Emile Lacoste, maire de Tercillat (Creuse).
Lacourly, maire de Benest (Charente).
François Lacoustène, notaire à Lavelanet (Ariège).
Lacroix, conseiller municipal à Quinsac (Gironde).
Lucien Lacroix, président de la Chambre de Commerce à Angoulême.
Paul Ladoubart, secrétaire de mairie à Fouilloy (Oise).
Mlle Eulalie Lafarge, directrice de l'Ecole laïque à Olliergues (Puy-de-Dôme).
F. Lafarge, instituteur en retraite à Carlux (Dordogne).
Gilbert Lafay à Mâcon.
Commune de La Feuillie (Seine-Inférieure).
Séverien Laffitte, propriétaire à Aigues-Vives (Ariège).
Commune de La Flotte à l'Ile de Ré (Charente-Inférieure).
Philippe Lafon, ingénieur-constructeur, rue L.-David à Tours.
Lafon, membre correspondant de la Chambre de Commerce de Limoges.
Jean Lafond, adjoint au maire de Chissey-lès-Mâcon (Saône-et-Loire).
Commune de La Forestière (Marne).
Mlle Geneviève Laforge, étudiante, 5 *bis* place du Panthéon à Paris.
Arthur Laforge, vice-président de la Société amicale des Voyageurs de commerce, 88, avenue Dauphine à Orléans.
Commune de Lafraye (Oise).
Commune de La Garde-Freinet (Var).

Jean Lageat, tailleur de pierres à Lannion.
Th. Laget, ingénieur, 6, rue Thiers à Grenoble.
Lagrange, 48, rue Charlot à Paris.
Edmond Lagrange, pharmacien à l'Isle-sur-Serein (Yonne).
Alphonse Lagriffol, maire de Le Fau (Cantal).
Valentin Lagriffolle, à Arlanc-bourg (Puy-de-Dôme).
Mme Lagrot à Blida (Alger).
André Laguerre, directeur de la Société Générale à Alger.
Mme Vve Laguille à Bouillac (Tarn-et-Garonne).
Commune de Labeycourt (Meuse).
Commune de Laigneville (Oise).
A. Laisné, bibliothécaire de la ville de Vannes.
Mme Mathilde Lajus, professeur au collège Saint-Joseph à Nay (Basses-Pyrénées).
Commune de Lamanon (Bouches-du-Rhône).
Spéra Lamant, Tissus-Confections, Grande-Rue à Auchel (Pas-de-Calais).
Jules Lamaze, pharmacien à Fraize (Vosges).
Lambert, négociant en vins à Port-de-Piles (Indre-et-Loire).
— E. Lambert, maire de Pompogne (Lot-et-Garonne).
Mme Valentine Lambert.
Stéphane Lambru, directeur du Crédit Urbain de Bucarest, Hôtel Stanislas, boulevard Victor-Hugo à Nice.
Lamole, conseiller municipal à Quinsac (Gironde).
Jean Lamouche, instituteur à Courban (Côte-d'Or).
Antoine Lamur, maire de Jalogny (Saône-et-Loire).
Charles Lamy, président de la Chambre de Commerce de Limoges.
M. et Mme Lanceau, 74, rue du Temple à Paris.
Ernest Landau, 27, cours Gambetta à Lyon.
Mme Séraphine Landre-Commandeur, propriétaire, 20, boulevard Malakoff à Oran.
A. Landron, membre de la Chambre de Commerce de Dunkerque.
De Lanessan (et Mme, Mlle), percepteur à Moisselles (Seine-et-Oise).
Jean Laneyrie, notaire à Montluel (Ain).
Louis Langlois, conseiller municipal, 17, avenue de la Providence à Antony (Seine).
Victor Langlois, cultivateur à Fontenay près Chablis (Yonne).
Victor Languillat, maire de Soligny-les-Étangs (Aube).
Camille Lanher à Mairy-Mainville (Meurthe-et-Moselle).
Louis Laniel, président du Comité de la Croix-Rouge à Vernon (Eure).
Jean Lanier, Le Prieuré-Lantan (Cher).
Jean Lannes, ingénieur, 8, rue des Prêtres à Lyon.
Gaston Lannessans, représentant de commerce à Saint-Laurent-de-Cerdans (Pyrénées-Orientales).
Le commandant Lanon, en retraite, à Annecy.
Julien Lanore, négociant en vins à Lépaud (Creuse).
Lanternier, membre de la Chambre de Commerce de Limoges.
Léon Lapayrobrie à Libourne.
Léon Lapeyre, 46, rue des Abbesses à Paris.
Pierre Laplace, secrétaire de mairie à Cuqueron (Basses-Pyrénées).

Docteur Claude Larcher, 3, quai Saint-Pierre à Cannes.
Mme Mathilde Larenchet de Montjamont, 49, rue Vannerie à Dijon.
Léon Larfdernier, membre de la Chambre de Commerce d'Annecy.
Pierre Large, propriétaire, 57, avenue Leclerc à Lyon.
Henri Laroche, cultivateur à Fontenay près Chablis (Yonne).
Gaston de Larousserie, receveur de l'Enregistrement, en retraite, 33, avenue Philippe-Auguste à Paris.
Henri Larpin, maire de Trois-Fonds (Creuse).
Henry Lartigue, 17, rue Leroux à Paris.
M. et Mme Paul Lascourrèges.
Antoine Lasgrèzas, conseiller municipal à Coulaures (Dordogne).
Mme Vve Berthe Lasnier, cultivatrice à Fontenay près Chablis (Yonne).
Urbain Lasjunies, forgeron-mécanicien à Touzac (Lot).
Constantin Lassalle, maire de Saint-Christophe (Cantal).
Jean Lassalle, rue Amiral-Courbet à Casablanca (Maroc).
Pierre Lasserre, agriculteur, maire de Lahontan (Basses-Pyrénées).
Cécile Lasserre, artiste-peintre, 79, rue Michelet à Alger.
Auguste Lassur, jardinier-maraîcher, rue du Parc à Pithiviers (Loiret).
Le marquis de Lasteyrie, maire de Courpalay (Seine-et-Marne).
Maximilien Laterrade, vérificateur des Douanes à Livry (Seine-et-Oise).
Sylvain Latger, prêtre-soldat, 117e d'infanterie, Secteur 69.
Guillaume Lathoumétie, maire de Chourgnac-d'Ans (Dordogne).
Commune de Latillé (Vienne).
Augustin Latour, architecte, expert près le Conseil de Préfecture de la Seine, 13, rue de la Cerisaie à Paris.
Frédéric Latournerie, maire de Tournemire (Cantal).
Roger de Lattre de Tassigny, maire de Mouilleron-en-Pareds (Vendée).
J.-B. Latxague (et Mlle), Automobiles, à Saint-Jean-de-Luz (Basses-Pyrénées).
L'abbé Lauderault, curé de Saint-Martin à Etampes.
Ch. Laugenie, 19, rue Thérésia-Cabarrus à Bordeaux.
Adrien Laulhère, industriel à Oloron-Sainte-Marie (Basses-Pyrénées).
Laurain-Labut, adjoint au maire à Bonnet (Meuse).
Amand Laurent, maire de Roumare (Seine-Inférieure).
Charles Laurent, maire de Haillainville (Vosges).
Eugène Laurent, épicier, 82, rue de Tocqueville à Paris.
Paul Laurent, manufacturier à Planches-les-Mines (Haute-Saône).
Marcel Laurent, propriétaire-éleveur, château de La Ferté-Vidame (Eure-et-Loir).
Mlle Fochline-Elisabeth Laurent à Pleurs (Marne).
Laurent-Richard, président de l' « Association des Commerçants et Industriels français », « Les Camélias », à Garches (Seine-et-Oise).
Eugène Laurès, fonctionnaire en retraite, 24, rue Dupuch à Alger.
Docteur Etienne Lausiès, 11 bis, avenue de Suffren à Paris.
M. et Mme Lauth-Scheurer à Thann (Haut-Rhin).
Mme Marguerite Laval, institutrice à Marnac (Dordogne).
Commune de Lavanande (Alger).
René Lavandier à Masselibre (Puy-de-Dôme).
Eugène Laveau, instituteur à Saint-Martin-d'Ordon (Yonne).
Commune de Lavergne (Lot-et-Garonne).

M. et Mme Henri de Lavergne à Segré.
Jules Lebarbanchon, maire de Saint-Cyr (Manche).
Le Bars, service de la Navigation du Niger à Koulikoro (Sénégal).
Joseph Lebas, 24, rue Victor-Hugo à Paris.
Ad. Lebaudy, propriétaire-éleveur à Cagny (Calvados).
René Lebeau, conseiller municipal à Céaux-en-Loudun (Vienne).
Mlle Th. Le Bellec, 80, rue de Wurtemberg à Bordeaux.
Émile Leblanc-Barbedienne, fabricant de bronzes, maire de Villeneuve-le-Roi (Seine-et-Oise), 30, boulevard Poissonnière à Paris.
Edouard Leblanc, maire de Bassuet (Marne).
J. Leblanc, juge de paix à Saint-Laurent-de-Chamousset (Rhône).
Edouard Leblond, conseiller municipal, 61, rue de Maubeuge à Paris.
Docteur Achille Lebrou, au Mayet-de-Montagne (Allier).
Albert Lebrun, maire d'Anglesqueville-l'Esneval (Seine-Inférieure).
P. Leca et Mme M. Leca à Oran.
Emile Leca, publiciste à Mouzaïaville (Alger).
Georges Lecœuf, maire de Litteau (Calvados).
François Lechevalier, conseiller municipal, Les Grandes-Ventes (Seine-Inférieure).
H. Leclerc, 24, rue Fournier à Eaubonne (Seine-et-Oise).
Jos. Leclercq, photographe, 2, rue Saint-Fiacre à Ancenis (Loire-Inférieure).
Gustave Lecomte, constructeur-mécanicien, rue de Châteaudun à Chartres.
Louis Lecomte, conseiller municipal à Ceaux-en-Loudun (Vienne).
Lecomte, secrétaire de la Chambre de Commerce à Dunkerque.
Albert Leconte, receveur buraliste, Le Mesle-sur-Sarthe (Orne).
Commune du Cordonnet (Haute-Saône).
Docteur Lecourt à Joux-la-Ville (Yonne).
Arthur Lecourt, maire de Veinars (Seine-et-Oise).
Ernest Lecuyer à Carentan (Manche).
Armand Lederlin, industriel à Thaon-lès-Vosges (Vosges).
Commune du Fau (Cantal).
Gilbert Lefebvre, publiciste à Orcines (Puy-de-Dôme).
Georges Lefer à Saint-Remimont (Vosges).
Mlle Simone Lefranc, 74, avenue de la République à Clermont-Ferrand.
Lieutenant Charles Le Fraper, directeur du *Courrier Cinématographique*, 28, boulevard Saint-Denis à Paris.
Jean Legasse, maire de Bidart (Basses-Pyrénées).
Mme Valentine Legendre, « Les Bourgognes » à Chantilly (Oise).
Léger, instituteur à Sancergues (Cher).
Commune du Givre (Vendée).
Le comte Jean Le Gonidec, propriétaire-éleveur, 28, avenue Bosquet à Paris.
Daniel Legrand, propriétaire à Sossay (Vienne).
Charles Le Gros, membre de la Chambre de Commerce à Dieppe.
F. Leguay, maire de Giverny (Eure).
Ville du Havre.
Commune du Houlme (Seine-Inférieure).
Louis Lehoux, instituteur à Morannes (Maine-et-Loire).

Lehuen, père et fils, agents généraux de la Cie « Le Soleil » à Bernay (Eure).
Eugène Le Jannou, maire de Perros-Guirec (Côtes-du-Nord).
Albert Lejeune, directeur de La Gazette de Seine-et-Oise.
Lelièvre, imprimeur, membre correspondant de la Chambre de Commerce à Tours.
Mlle Yvonne Lelli, employée d'assurances, 12, rue de la Victoire à Paris.
Edmond Le Magnen, membre de la Chambre de Commerce de Dieppe.
Gabriel Lemaire, comptable, 18, rue du Général-Lassalle à Paris.
Lemaître, 187, avenue Michel-Bizot à Paris.
G. Lemapan à Saint-Remimont (Vosges).
P. Lemassu, curé à Saint-Remimont (Vosges).
A.-F. Leméhauté à Paris.
A. Lemercier, La Turbie à Thorigny (Seine-et-Marne).
Charles Lemoine, membre correspondant de la Chambre de Commerce de Saint-Nazaire.
Louis Lemoine (et ses fils), agent général d'assurance de la Cie « La France » à Mostaganem.
Louis Lemonnier, adjoint au maire, Les Grandes-Ventes (Seine-Inférieure).
Paul Lemonnier, conseiller municipal, Les Grandes-Ventes (Seine-Inférieure).
Joseph Lemonnier, adjoint au maire à Plurien (Côtes-du-Nord).
Ville du Mont-Dore (Puy-de-Dôme).
Lenay, membre de la Chambre de Commerce de Tours.
Jacques Leneveu, vétérinaire à La Cambe (Calvados).
Henri Lengellé, publiciste, 93, boulevard de Port-Royal à Paris.
Jules Lengrand, 65, rue des Aubépines à Bois-Colombes (Seine).
Léonce Lenormand à Mâcon.
Henri Le Normand de la Fosse, directeur des Etablissements Bergougnan, 5, rue de Lyon à Oran.
Commune du Noyer-en-Ouche (Eure).
Mlle E. Léonard, 24, rue Victor-Hugo à Clermont-Ferrand.
Henri Léorat, fabricant-mégissier, Le Cheylard (Ardèche).
J.-B. Lepaulmier, propriétaire-éleveur à Saint-Côme-du-Mont (Manche).
Lépine, conseiller municipal à Javerlhac (Dordogne).
Commune du Plessis-Bouchard (Seine-et-Oise).
Le Pot, maire de Nieul-le-Dolent (Vendée).
Alfred Lépouze, maire de Fains (Eure).
René Leprêtre, conseiller municipal à Glos-sur-Lisieux (Calvados).
Ville du Puy.
Ernest Lerebour, agent commercial, 18, rue Saint-Augustin à Alger.
Eugène Leroux, maire de Saint-Denis-sur-Loire (Loir-et-Cher).
Fernand Leroy, maire de Saint-Germain-lès-Corbeil (Seine-et-Oise).
Leroy-Moulin, maire de Ferrières (Seine-Inférieure).
Pierre Lervat, notaire, à Dompaire (Vosges).
Georges Lesage, conseiller d'arrondissement, maire de Douvres-la-Délivrande (Calvados).
Auguste Lesage, propriétaire à Sossay (Vienne).
Edmond Lesaing, à Mâcon.

Commune des Attafs (Alger).
Commune de Lescar (Basses-Pyrénées).
Mme Juana Richard-Lesclide, 152, rue de Montreuil à Vincennes.
Jules Leseigle, maire de Bretteville (Manche).
Commune des Herbiers (Vendée).
Mlle Aimée Lesieur, directrice du Cours secondaire du XIVe arrondissement, 29, rue Boulard à Paris.
François Lespagnol, 13, rue des Messageries à Paris.
Casimir Lespinasse, instituteur public, chemin Pouyanne à Alger.
Commune des Poulières (Vosges).
Charles de Lesseps, vice-président honoraire du Conseil d'administration du Canal de Suez, 53, avenue Victor-Hugo à Paris.
Le comte de Lestang d'Hust, maire, château de Vaugoubert, par Quinsac (Dordogne).
Jean Lestel, instituteur en retraite à Foix.
Léon Lestel, commerce de bois à Foix.
Gaston Letonnelier (et famille), Le Havre.
Yves Letourneau à Lannion.
Paul Leuba, 6, rue Monsigny à Paris.
Maurice Leudet, rédacteur au *Figaro* à Paris.
Lieutenant-colonel Levasnier, 32, rue de Vaugirard à Paris.
Théophile Lévêque, maire d'Ardilleux (Deux-Sèvres).
Edmond Leverbe, négociant à Montigny (Oise).
Louis Lévesque, 69, Grande-Rue, Le Pré Saint-Gervais (Seine).
Docteur Marcel Lévy, médecin de colonisation à Aumale (Alger).
Léonce Lex à Mâcon.
Elie Leymarie, conseiller municipal de Coulaures (Dordogne).
Anatole Lhériteau, cultivateur à Plassac (Charente-Inférieure).
C. Lheureux, maire d'Haussimont (Marne).
Paul Lhonoré, président de la Délégation cantonale, 9, avenue Gambetta à Fécamp.
Joseph L'Hôpital, maire d'Angerville-la-Campagne (Eure).
Charles L'Huillier, 26, rue de Trévise à Paris.
Firmin Libaude, facteur des postes à Rouïba (Alger).
Mlle Victoire Libeyre, 24, rue des Jacobins à Clermont-Ferrand.
Ville de Libourne.
Lignel, Service de la navigation du Niger à Koulikoro (Sénégal).
Louis Lignères, propriétaire à Moux (Aude).
Ligue Maritime française, Section du Lycée Armand-Fallières à Tunis.
Ligue Maritime française, Section du Lycée Carnot à Tunis.
Ligue Maritime française, Section Tunisienne à Tunis.
Commune de Limendous (Basses-Pyrénées).
Linguin, conseiller municipal à Quinsac (Gironde).
Le comte Jacques de Liniers, maire, château de Pontjarnù, par Champdeniers (Deux-Sèvres).
Abel Liquard, propriétaire à Saint-Germain-d'Esteuil (Gironde).
Fernand R. de Lisle, R. A. Consul d'Italie, à Amiens.
Commune de Lisseuil (Puy-de-Dôme).
Commune de Litteau (Calvados).

Georges Lochardet-Coppenet, propriétaire-négociant à Chassagne-Montrachet (Côte-d'Or).
Mme Lombardi, 7, rue Berthelot à Alger.
Commune de Longeault (Côte-d'Or).
M. et Mme Longet à Saint-Patrice (Indre-et-Loire)..
Commune de Longvilliers (Seine-et-Oise).
Mme Lorenchet de Montjamont à Malfontaine (Saône-et-Loire).
Commune de Lorey (Meurthe-et-Moselle).
Casimir Lorin ,« Les Tournelles », à Chelles (Seine-et-Marne).
Baron de Lormais, 8, rue de Liége à Paris.
Le marquis Michel de Loubens de Verdalle, maire d'Auge (Creuse).
Mme Vve Ernest Loubet, 9, rue Réréol à Oloron (Basses-Pyrénées).
Commune de Louppy-le-Château (Meuse).
Charles Loutz, maire d'Etival (Vosges).
Michel Lovéra, conseiller municipal, 31, rue Michelet à Alger.
M. et Mme Georges Loyre ; M. et Mme Emile Loyre ; M. Albert Loy.e, 11, rue Paul-Baudry à Paris.
Mme Crescence Lucas ; Mlle Alice Lucas, 135, rue Saint-Dominique à Paris.
Ernest Lucazeau, maire de Balanzac (Charente-Inférieure).
M. Jean Luccioni (et Mme), ex-quartier-maître de la marine ; M , Mme et Mlle Luccioni, Achille et Marcel Luccioni, à Hussein-Dey (Alger).
Mme Ludwig, repasseuse, 11, rue Pastourelle à Paris.
Abel Luguet, professeur de mécanique, expert près les tribunaux à Larba (Ager).
Louis Lumière, 262, cours Gambetta à Lyon.
Commune de Lux (Côte-d'Or).
Mme Lux, 49, faubourg du Temple à Paris.
A. Lyon, vice-président de la Chambre de Commerce française à Madrid.

M

MM.
James Madden de Relingue, british vice-consul, Azvew et Mostaganem.
Mme A.-G. Madonne, directrice de l'Ecole primaire supérieure à Lannemezan (Hautes-Pyrénées).
F. Maës, 11, rue Pastourelle à Paris.
Toussaint Maëstracci, Splendid Cinema, 20, boulevard Paoli à Bastia.
Camille Madier, adjoint au maire à Bourg-Saint-Andéol (Ardèche).
Magadoux, membre correspondant de la Chambre de Commerce à Limoges.
Gaston Magalon, sous-ingénieur des Mines, officier d'administration principal d'artillerie à Vincennes.
P. Mage, officier d'administration, parc d'artillerie à Cherbourg.
Mme Albéric Magnard à Paris.
Commune de Magnières (Meurthe-et-Moselle).
Augustin Maguitot, maire de Montjustin (Haute-Saône).
Jules Mahaut, employé à la Cie de l'Est à Labry (Meurthe-et-Moselle).

Mme Maheu, 18, rue J.-J. Rousseau à Asnières.
Léon Maillard, conseiller municipal, Les Grandes-Ventes (Seine-Inférieure).
Ch. Maillard, peintre, 42, rue Fontaine à Paris.
Jean Maillet à Marsac (Puy-de-Dôme).
Achille Mailliard, maire de Pierre-Morains (Marne).
Commune de Maillys (Côte-d'Or).
Demêtre-Maimarolu, architecte, Hôtel Scribe à Nice.
F. Mainie, avocat à la Cour, 2, rue de Pétrograd à Paris.
Louis Maire, maire d'Hénaménil (Meurthe-et-Moselle).
Commune de Mairy-Mainville (Meurthe-et-Moselle).
Antoine Maisenty à Mairy-Mainville (Meurthe-et-Moselle).
Jules Maisière, 5, boulevard de l'Alliance à Lillebonne (Seine-Inférieure).
Commune de Maisoncelles-en-Brie (Seine-et-Marne).
Mme Vve Charles Maistre, rue du Château à Brest.
Simon Maître, maire de Sauvessanges (Puy-de-Dôme).
M. et Mme Claude Majorel à Bouillac (Tarn-et-Garonne).
Louis Malardé, secrétaire de mairie à Melrand (Morbihan).
Commune de Malaunay (Seine-Inférieure).
Louis Malaval, proviseur au Lycée à Foix.
Charles Maldan, avocat à la Cour à Paris.
Edouard Malgouyat, propriétaire, La Canéda (Dordogne).
Joseph Malgouyres, instituteur à Auzits (Aveyron).
Félix Malgras, industriel, 13, rue Buffon, à Dijon.
Commune de Malintrat (Puy-de-Dôme).
Jacques Mallet, 6, rue Lapeyrère à Paris.
Théodore Malosse, professeur à la Faculté de Médecine d'Alger (et Mme) ;
M. et Mme Henri Malosse (et Marcel), 64, rue Michelet à Alger.
Commune de Malzéville (Meurthe-et-Moselle).
Anatole Manceau père, propriétaire au Plessis (Vendée), 3, rue Travot à Cholet.
Pierre Mandelier, 11, rue Villeroy à Lyon.
Antoine Mandy, membre de la Chambre de Commerce de Villefranche-sur-Saône à Saint-Julien (Rhône).
M. et Mme Raphaël Mangiapianelli, gérant du Cercle Militaire à Bizerte.
Félix Mangin, secrétaire de la mairie à Neuviller-sur-Moselle (Meurthe-et-Moselle).
Pédro Manigold, officier d'administration principal d'artillerie, Grand Parc n° 16, 10e Armée.
M. et Mme Manouk-Manoukian, 140, rue Lafayette à Paris.
Vicomte de Maquillé, propriétaire, 60, boulevard du Roi-René à Angers.
Commune de Marainville (Vosges).
Lucien Marais, maire de Neung-sur-Beuvron (Loir-et-Cher).
Eugène Maranant à Saint-Remimont (Vosges).
Jean Marandel, maire de Mercus-Garrabet (Ariège).
Henry de Maransange, ancien conseiller général, Le-Châtelet-en-Bary (Cher).
Mme Maraval à Paris.
Augustin Marc, propriétaire à Villiers-aux-Corneilles (Marne).
Marcelot, propriétaire, Café du Commerce à Tours (Indre-et-Loire).

Marchal frères, cultivateurs à Labry (Meurthe-et-Moselle).
M. Marchand, membre de la Chambre de Commerce à Dunkerque.
Célestin Marchand, membre de la Chambre de Commerce à Dieppe.
Marchenoir, maire de Villeporcher (Loir-et-Cher).
L. Marcel, directeur d'Ecole à Saint-Jean-du-Var à Toulon.
Edouard Marchand, chef de district à la Cie du Nord, 2, rue de Jessaint à Paris.
Jean Maréchal, rue du Palais à Thiers (Puy-de-Dôme).
Colonel Michel Margaritesco, 34, rue Lamartine à Nice.
M. et Mme Marguet, pharmacien à Vouziers (Ardennes).
Bonaventure Mariani, vice-consul de France à Sassari (Sardaigne).
Paul Marin, compositeur de musique à Paris.
Commandant Mariolle à Paris.
Commune de Marnac (Dordogne).
Commune de Maromme (Seine-Inférieure).
Mlle Blanche Marot, de l'Opéra-Comique, 26, rue d'Offémont à Paris.
Eugène Marquet, 7, rue Claude-Chahu, Paris.
Eugène Marquis, 11, rue de l'Amodion, Les Lilas (Seine).
Ernest Marassé, Atelier de Constructions Navales de La Ciotat (Bouches-du-Rhône).
Eugène Marre, chef d'institution à Corbeil (Seine-et-Oise).
Marcel Marre, ingénieur-électricien à Corbeil (Seine-et-Oise).
Charles Marret, maire d'Eaubonne (Seine-et-Oise).
Commune de Marsac (Puy-de-Dôme).
Joseph Martel, maire de Palestro (Alger).
Ambroise Martin, au Souillard, commune de Plassac (Charente-Inférieure).
Emile Martin, ingénieur à Tardets-Sorholus (Basses-Pyrénées).
E. Martin, maire de Clinchamp (Haute-Marne).
Louis Martin, pharmacien à Saint-Maximin (Var).
Albert Martin, 1, rue du Chemin-Vert à Maisons-Alfort (Seine).
Docteur Jean Martin à Neufchâteau (Vosges).
Jean Martin à Mâcon.
Docteur Raymond Martin (Mme et Mlle), à Saint-Gaudens (Haute-Garonne).
Martinaud, membre de la Chambre de Commerce de Limoges.
Jean Martineau, ancien greffier, 5, rue Carcel à Paris.
Fernand Martinet (et famille), 36, rue de Dôle à Besançon.
Vincent Martinez, commis de quincaillerie à Blida (Alger).
Guillaume Martinou, maire de Bonnac (Ariège).
M. et Mme Eugène Marton, Nouveautés à Adriers (Vienne).
Alexandre Marton, négociant à Luchapt (Vienne).
Alfred Mascuraud, sénateur, président du Comité républicain du Commerce, de l'Industrie et de l'Agriculture, 9, rue Soufflot à Paris.
Commune de Massaguel (Tarn).
Henri Masse, 10, boulevard Raspail à Paris.
Renée Masse, 7, rue de l'Echelle à Paris.
Adolphe Masseron-Butin, secrétaire de la Chambre de Commerce de Laval.
Jules Masson, maire de La Feuillée (Seine-Inférieure).

Commandant Masson (et Mme), 9, avenue des Iles-d'Or à Hyères (Var).
J. Masson-Bück, brasseur à Lons-le-Saulnier.
Ch. Masson, membre de la Chambre de Commerce de Dunkerque.
Lucien Masson à Saint-Remimont (Vosges).
Maxime Massoni, juge au Tribunal civil (et Mme) ; Louis Massoni, négociant à Blida (Alger).
Charles Mathenet, maire de Lux (Côte-d'Or).
Emile Mathié, maire de Fontenay (Yonne).
Gabriel Mathière, professeur d'Ecole Normale ; Jean Mathière, étudiant en lettres, 45, rue de Saint-Germain à Evreux.
Lucien Mathieu à Mairy-Mainville (Meurthe-et-Moselle).
Constantin Mathieu, adjoint au maire à Deycimont (Vosges).
Edouard Mathieu, boulevard d'Alsace-Lorraine à Pamiers.
Gustave Mathieu, représentant, 33, avenue de Paris à Vincennes.
Pierre Mathiotte, conseiller général, maire, château de Belloy à Saint-Omer-en-Chaussée (Oise).
Henri Mathonnet, métreur, 54, rue Dombasle à Paris.
Mathivelle, secrétaire de mairie à Cauvicourt (Calvados).
Hyacinthe Mattei, lieutenant honoraire à Piétraséréna (Corse).
Alphonse Maudeix, maire de Vieux-Mareuil (Dordogne).
Ernest Maudelonde, maire de Surville (Calvados).
Auguste Mauduech, maire de Détrie (Oran).
Sosthène Mauduit, maire de Saint-Martin-des-Champs (Manche).
François Maugard, professeur adjoint au Lycée à Foix.
Mme Vve Florine Mauguy, 3, chemin du Sacré-Cœur à Caudéran (Gironde).
Commune de Mauperthuis (Seine-et-Marne).
Louis Maurel, étudiant, 18, cours d'Herbouville à Lyon.
Théodore Maurer, vice-président de la Société des Poètes français, 18, Grande-Rue à Croissy-sur-Seine (Seine-et-Oise).
Maury, membre de la Chambre de Commerce de Limoges.
Mme Renaud-Maury, compositeur de musique, 137, boulevard Saint-Michel à Paris.
Paul Mayaud, conseiller général, maire de Villeneuve-sur-Yonne (Yonne).
Louis Mayaud, maire de Saumur.
Commune de Mayres (Ardèche).
Lieutenant Marceau-Mazas, 5e Bataillon d'Afrique à Gabès (Tunisie).
Camille Maze, secrétaire-général de la mairie de Périgueux.
Félix Mazères, 5, rue O'quin à Pau.
Charles Mazoyer, pharmacien à Brienon (Yonne).
Henri Meffre, horticulteur à Chéragas (Alger).
Arthur Mégret, maire de Beton-Bazoches (Seine-et-Marne).
Julien Mehl, notaire à Saint-Dié (Vosges).
Joseph Meirier à Solliès-Pont (Var).
Mohammed Meissa, interprète judiciaire, Tribunal de 1re instance à Oudjda (Maroc).
Justin Méline à Thil (Meurthe-et-Moselle).
Edmond Ménager, maire d'Estouches (Seine-et-Oise).
Commune de Mesnil-sur-Saulx (Meuse).
Gaëtan Mention, rentier, 4, rue de Sarthe à Sablé (Sarthe).

Henri Menut, maire de La Glacerie, 5, rue Christine à Cherbourg.
Louis Méquignon, entraîneur à Wizernes (Pas-de-Calais).
A. Mercier, 69, rue Lamartine à Cognac.
François Mercier, entrepreneur de travaux publics, 10, rue de la Gare de débord à Moulins.
Mercier, notaire à Mantoche (Haute-Saône).
Jules Mercier, maire de Selles (Haute-Saône).
Mme Marcelle Mercier, 106, avenue Mozart à Paris.
Commune de Méré (Yonne).
Louis Mérindol, facteur-receveur des P. T. T. à Fontaine-du-Génie (Alger).
Docteur Henri Merlet, à Apremont (Vendée).
Hippolyte Merlin (bibliophile Bussand), bourg de Saint-Martin-le-Châtel (Ain).
G. Merlin, maire, 128, Grande-Rue à Maisons-Alfort (Seine).
Juliette Méron, propriétaire, villa Frédéric, boulevard Bru à Alger.
Ernest Merrer, sculpteur à Lannion.
Commune de Merry-le-Sec (Yonne).
Léon Merveillon, conseiller municipal à Sossay (Vienne).
Adhémar Meslier, Pellegeais, Châteauneuf-sur-Charente (Charente).
Commune de Messy (Seine-et-Marne).
Jean de Mestral-Combremont, agriculteur à Ben-Chicao (Alger).
Emile Mestrel, 43, rue Jeanne-d'Arc à Cherbourg.
Gabriel Métivier, comptable, 20, rue de Malzéville à Nancy.
Emile Meugnot, maire de Flavigny-sur-Ozerain (Côte-d'Or).
L'abbé Meuley à Montgeron (Seine-et-Oise).
Edmond Meunier, viticulteur-agriculteur, Cinq-Vallons à Bouira (Alger).
Gustave Meunier, membre correspondant de la Chambre de Commerce, 14, Grande-Rue à Poitiers.
Vincent Meunier, maire de Chissey-lès-Mâcon (Saône-et-Loire).
P. Meusnier à Saint-Remimont (Vosges).
Commune de Mexy (Meurthe-et-Moselle).
Alphonse Meynard, médecin vétérinaire, conseiller municipal, Le Carbon-Blanc (Gironde).
Charles Meyniard, publiciste (et Mme), 16, avenue Trudaine à Paris.
Marcel Michaud, maire de Fleurac (Charente).
Pierre Michaud, instituteur à Lussac (Charente).
Octave Michaud, plâtrier, rue des Loges à Fontenay-le-Comte.
Maurice Micheau, maire à Saint-Martin-de-Juillers (Charente-Inférieure).
H. Michel, maire de Lorey (Meurthe-et-Moselle).
Michel, maire de Labry (Meurthe-et-Moselle).
Mme Vve C. Michel-Causse (et Mlle), à Laqueuille (Puy-de-Dôme).
Joseph Michel à Friauville (Meurthe-et-Moselle).
Paul Michel, cultivateur à Sainte-Anne (Doubs).
Jules Michelet, juge de paix (et Mme) ; Bernard Michelet à Luzech (Lot).
André Michelin, ingénieur E. C. P., 105, boulevard Péreire à Paris.
Adrien Michellon, instituteur à Montjay (Hautes-Alpes).
Eléonore Midsaëles, infirmière, Hôpital Complémentaire du Louvre, 34, rue des Mathurins à Paris.
Mme Vve Mignard, 267, faubourg Saint-Antoine à Paris.

Mignard, entrepreneur de couverture (et Mme), 168, faubourg Saint-Antoine à Paris.
Docteur Gustave Mignen à Montaigu (Vendée).
Demêtre Mihaesco, propriétaire Oltenitza, Roumanie, 37, avenue Kléber à Paris.
Mlle Milan, 145, route de Versailles à Boulogne-sur-Seine (Seine).
Henri Milet, pharmacien, Le Bonpère (Vendée).
Fernand Million, officier d'administration de 1re classe, 5, boulevard Périer à Marseille.
Millon-Benoît, conseiller municipal à Chissey-les-Mâcon (Saône-et-Loire).
M. Millon des Marquets, maire de Quinsac (Gironde).
Mme Millot à Paris.
Louis Millot, ingénieur civil, 43, rue Nationale à Toulon.
Stanislas Millot, capitaine de corvette, 111, rue Michelet à Alger.
Auguste Milot, huissier à Lagnieu (Ain).
Miodrag Novakovitch, étudiant yougo-slave à l'Université de Grenoble.
Louis Mirault, épicerie en gros, 36, rue de Clocheville à Tours.
Modeï, impresario, 36, rue Montholon à Paris.
Mme Paule de Modrest, au *Courrier de Tunisie* à Tunis.
Achille Moine, maire d'Harmonville (Vosges).
Georges Moïse, conseiller municipal à Céaux-en-Loudun (Vienne).
François Moissette, conseiller municipal à Friauville (Meurthe-et-Moselle).
M. et Mme Aug. Monbrun de Boisguillaume, propriétaires, 21, rue de Dixmude à Oran.
Molinard à Arlanc (Puy-de-Dôme).
E. Moncassin, 156, Grande-Rue à Maisons-Alfort (Seine).
J.-B. Mongaston, vétérinaire à Tardets-Sorholus (Basses-Pyrénées).
Mme Joséphine Monge à Alma (Alger).
A. Monicard, 8, rue des Écoles à Maisons-Alfort (Seine).
Joseph Monier à Toronto (Canada).
Commune du Monistrol-d'Allier (Haute-Loire).
Mme Monjoie, propriétaire, rue de la Préfecture à Foix.
Henri Monthioac, adjoint au maire, Le Puy.
C. Monloup, 138, rue Saint-Martin à Paris.
Monné, service de la navigation du Niger à Koulikoro (Sénégal).
Georges Monnet, voyageur de commerce à Saint-Junien (Haute-Vienne).
Docteur Alfred Monod à Ugine (Savoie).
Noël Monsigny, 50, rue Daguerre à Alger.
Docteur Montagnon, 1, rue Antoine-Roule à Saint-Étienne.
Célestin Montagnon, cultivateur, aux Mures, Saint-Victor (Ardèche).
F. Montaigne, Hôpital Complémentaire 38, Sainte-Feyre (Creuse).
Emmanuel de Montard, propriétaire à Lalinde (Dordogne).
Ville de Montbéliard.
L. de Monténon, château des Courgès par Chailland (Mayenne).
Commune de Montfermeil (Seine-et-Oise).
Commune de Montignac-Charente (Charente).
Montis, banquier à Arlanc-bourg (Puy-de-Dôme).
Commune de Montmain (Côte-d'Or).
Commune de Montoir-de-Bretagne (Loire-Inférieure).

Ville de Montpellier.
Bibliothèque de l'Université de Montpellier.
Commune de Montpezat de Quercy (Tarn-et-Garonne).
Commune de Montréal (Ain).
Mme Vve Moquet, ménagère, 15, rue Pastourelle à Paris.
Pierre Moracchini, propriétaire-cultivateur à Venzolasca (Corse).
Commune de Moraches (Nièvre).
E. Moranger, 24, rue de la Tour à Paris.
Gustave Morbois, instituteur à Friauville (Meurthe-et-Moselle).
Moreau, conseiller municipal à Quinsac (Gironde).
Docteur Armand Moreau à Rocheservière (Vendée).
Auguste Moreau, contrôleur général au Ministère de l'Intérieur, en retraite, 24, rue Saint-Dominique à Vichy (Allier).
Louis Moreau, La Tranche (Vendée).
Morel, membre correspondant de la Chambre de Commerce de Limoges.
M. et Mme Jean Morel, 72, rue de la Jonquière à Villeurbanne (Rhône).
Mme Amélina Morel à Pilliat (Ain).
Jules Morel, membre de la Chambre de Commerce de Dieppe.
Félix Morel-Kahn, banquier (et Mme) à Paris.
Louis Morel, membre de la Chambre de Commerce de Villefranche-sur-Saône (Rhône).
Mme L. Moret, professeur à l'Ecole Normale Supérieure de filles à Lannemezan (Hautes-Pyrénées).
H. Moret, professeur à l'Ecole primaire supérieure à Lannemezan (Hautes-Pyrénées).
Mme C. Moret, professeur à L'Ecole Normale d'Institutrices à Tarbes (Hautes-Pyrénées).
Françoise Moreux, 6, avenue du Palais à Saint-Cloud (Seine-et-Oise).
Pierre Morgand, maire du Havre.
Edouard Moriceau, administrateur en chef des Colonies, en retraite, Villa Majunga, avenue Carnot à Hyères (Var).
Louis Moricci, imprimeur-éditeur, 11, rue Charles-Poncy à Toulon.
Louis Morillon, ancien bâtonnier de l'Ordre des Avocats à Saint-Jean-d'Angely.
Eugène Morin, notaire à Brion (Deux-Sèvres).
Alfred Moroge, principal clerc de notaire à Saint-Georges-du-Vièvre (Eure).
Th. Moron, 232, boulevard Péreire à Paris.
Michel Mortier, 5, rue Boccador à Paris.
Mosdier, maire de Villemoiron (Aube).
Jean-Baptiste Mothe, cultivateur à Fontenay près Chablis (Yonne).
Eugène Mottas, cultivateur à Sainte-Anne (Doubs).
François Mouche, adjoint au maire, La Genétouze (Charente-Inférieure).
Gaston Mouchot, maire de Lesches (Seine-et-Marne).
Mme Mouchot, 57, boulevard Voltaire à Paris.
Théophile Mougeville, bibliothécaire à Vallery (Yonne).
Eugène Mouillot, notaire à Fontenay-Rohan-Rohan (Deux-Sèvres).
Zéphirin Moulaine, maire de Friauville (Meurthe-et-Moselle).
Célestin Moulène, adjoint au maire de Bannes (Lot).
Moulignier, secrétaire de mairie à Vitrac-Saint-Vincent (Charente).

Henri Moulin (et Mme), maire de Rauville-la-Bigot (Manche).
M. et Mme Marin-Moulinet, commerçants, 21, rue Ampère à Paris.
O. Moulinet, propriétaire-éleveur à Saint-Léger-sur-Sarthe (Orne).
Pierre Moulis, conseiller général du canton d'Hyères (Var).
Remy Mouquet, vice-président de la Chambre de Commerce de Dieppe.
Mourier, 61, rue de Lyon à Saint-Etienne
Commune de Mourjou (Cantal).
Aimé Mourot, propriétaire à Rupt-aux-Nonains (Meuse).
Henri Mouton, conseiller municipal à Glos-sur-Lisieux (Calvados).
Mousnier-Lompré, maire de Javerlhac (Dordogne).
Gustave Moussion, négociant à l'Ile-Garo (Finistère).
E. Mousson-Lestang, juge de paix à Mugron (Landes).
Commune des Moutiers-lès-Maufaits (Vendée).
Léon Mouton, agriculteur à Vadenay (Marne).
Commune de Moux (Aude).
Commune de Moyen (Meurthe-et-Moselle).
Mme Vve Eugène Mozet, 14, rue de la République à Rouen.
Aimé Muel, maire de Chenevières (Meuse).
Jean Mugnerot, directeur d'usine à Yssingeaux (Haute-Loire).
Emile Muler, rentier, villa Rose-Virginie à Hyères (Var).
Benoît Mulsant, vice-président de la Chambre de Commerce de Villefranche-sur-Saône.
Baptiste Munier, maire de Ceyssac (Haute-Loire).
Mure, commis des P. T. T. à Koulikoro (Sénégal).
Musey, huissier au Sénat, 5, square Delambre à Paris.
Henry Mutin, maire de Quémigny-Poisot (Côte-d'Or).

N

Commune de Nabirat (Dordogne).
Louis Nalpas, villa Liserb à Cimiez (Nice).
Commune de Nanclars (Charente).
Ville de Nancy.
Commune de Nans (Var).
Ville de Nantes.
Commune de Nantiat (Haute-Vienne).
Antoine Napoléoni, président de Section au Tribunal de Commerce d'Alger, 7, boulevard de Cimiez à Nice.
Alfred Naret, 23, rue d'Anjou à Paris.
Gaston Nassiet, secrétaire de la Chambre de Commerce de Saint-Nazaire.
Arthur Nau, maire de Turquant (Maine-et-Loire).
Naude, juge de paix, à Sauveterre-de-Béarn (Basses-Pyrénées).
Navarre, membre de la Chambre de Commerce d'Oran.
Pierre Navarron, maire de Morlanne (Basses-Pyrénées).
Commune de Naves (Corrèze).
Nazerat, adjoint au maire de Javerlhac (Dordogne).
Louis Néel, 11, boulevard des Batignolles à Paris.

François de Negretti, Château-Cyrnos à Aregno (Corse).
Edmond Neumayer, 9, rue Frédéric-Bastiat à Paris.
Maurice Neveu, 6, rue Abel à Paris.
Louis Ney, 11, rue de Châteaudun à Paris.
Neyret, maire de Saint-Etienne.
Claude Neytolon, maire de Bressolles (Ain).
Paul Nicard, maire de Champnétery (Haute-Vienne).
Marcel Nicolle à Mâcon.
Jules Nicole, maire de Laheycourt (Meuse).
Commune de Nieul-le-Dolent (Vendée).
Mlle Germaine Ninot, 134, Grande-Rue à Sens (Yonne).
Mme Berthe Ninsbourg, 3, rue Boissière à Paris.
Noailles, greffier en chef honoraire, 64, rue Saint-Rémi à Bordeaux.
Jean Noailly, pharmacien à Morez (Jura).
Paul Noailly à Theillat (Allier).
Louis Noël, maire de Sers (Charente).
Docteur Julien Noir, 9, rue Linné à Paris.
Camille Nolin, cartonnier, 2, rue Pastourelle à Paris.
Paul Nolla, industriel, 63, rue d'Hauteville à Paris.
Commune de Nonzeville (Vosges).
Jules Normand, 91, rue Lafayette à Paris.
Hippolyte Normand, 9 *bis*, boulevard Rochechouart à Paris.
Commune de Notre-Dame-de-Franqueville (Seine-Inférieure).
Ernest Nottin, notaire, 23, rue d'Anjou à Paris.
Albert Nouel, membre de la Chambre de Commerce d'Angoulême.
Arsène Nouteau, conseiller général, membre de la Chambre de Commerce de Saint-Nazaire.
Mlle Horty Noyès, Villeneuve-de-Berg (Ardèche).
Nugue, maire de Trilport (Seine-et-Marne).
Commune de Nully (Haute-Marne).
François Nus, maire d'Aïn-Sidi-Chérif (Algérie).

O

MM.

Ochsenbein à Paris.
Louis Odone, avocat à Ribérac (Dordogne).
Victor Offroy, 2, rue Baudin à Paris.
René Ogier, maire de Foucaucourt (Meuse).
Dimitri Olaru, chimiste, 32, rue du Laos à Paris.
Mme Clémentine Olive, gérante des postes à Labastide-en-Val (Aude).
Gérard Olivéra fils aîné, industriel, quai de Lesseps à Bayonne.
Albert Olivier, adjoint au maire d'Auzits (Aveyron).
Ollier, maître d'hôtel à Arlanc (Puy-de-Dôme).
Jean-Baptiste Ollier, fabricant de passementeries ; Pierre Ollier, employé de commerce à Saint-Germain-l'Herm (Puy-de-Dôme).
Mme Julienne Olloy, couturière, 3, passage Kuszner à Paris.
Oreille, adjoint au maire de Monségur (Lot-et-Garonne).

Docteur Jules Orme, 10, rue Muiron à Toulon.
Docteur Ch. Valentin des Ormeaux, 15, rue de Strasbourg à Nantes.
Orsoni, directeur du *Petit Echo de la Mode*, 7, rue Lemaignan à Paris.
Ory, trésorier honoraire de la Chambre de Commerce de Limoges.
Mme Otin Fargère, 35, rue de la Paix à Saint-Etienne.
Ouvrard, négociant en vins, quai d'Orléans à Tours.
Cyrus Ouvry, maire d'Hermanville (Seine-Inférieure.)
Commune d'Ozouer-le-Voulgis (Seine-et-Marne).

P

MM.

Pierre Pacques, employé de mairie à Auchel (Pas-de-Calais)
Raoul Paget, notaire à Hyères (Var).
Commune de Paillart (Oise).
Jean Paillas, négociant à Casablanca (Maroc).
Emile et Lucien Paire à Lépaud (Creuse).
Commune de Palestro (Alger).
Mlle Eugénie Pahargues à Royat (Puy-de-Dôme).
Palette, adjudant d'infanterie coloniale à Koulikoro (Haut-Sénégal).
Louis Palix, instituteur à Saint-Barthélemy-le-Pin (Ardèche).
Palvadeau, rédacteur aux P. T. T., 32, avenue Verdier à Montrouge (Seine).
René Palyart à Saint-Arnoult (Calvados).
Docteur Alfred Pamard, 4, place de la Mirande à Avignon.
Léonard Papaud, instituteur à Saint-Hilaire-la-Treille (Haute-Vienne).
Achille Papegaey, négociant en vins, rue Pasteur à Boulogne-sur-Mer.
Mme Désirée Papier, 5, place Daguerre à Bry-sur-Marne (Seine).
M. et Mme Paquier et leurs filles à Niort.
P. Parages, président honoraire de la Chambre de Commerce française de Madrid.
M. et Mme Guy de Paravicini, 222, rue de Rivoli à Paris.
Gabriel Pardigon, inspecteur-adjoint des douanes à Bizerte.
Suzanne Pardigon, élève maîtresse à l'école normale d'institutrices à Tunis.
M., Mme et Mlle Parme.
Albert Parmentier, bijoutier, 76, rue de Turenne à Paris.
Commune de Parnans (Drôme).
Guillaume Parasse, maire de Moussages (Cantal).
Oscar Part, chef de bureau à la mairie d'Auchel (Pas-de-Calais).
Mlle Marie Parys, fabricante de lingerie, 2, rue de Mulhouse à Paris.
Adrien Pascal, 6, boulevard Chave à Marseille.
Paul Pascal, professeur de chimie à la Faculté des Sciences de Lille.
Georges Pascalis, 215, faubourg Saint-Honoré à Paris.
Jean Pascaud, négociant en vins à Cheniers (Creuse).
Fernand Pascual, employé de banque, impasse Rabelais à Oran.
Ludovic Pasquier, président du Conseil d'Administration de la Caisse d'Epargne de Tours, 15, rue Jules-Simon à Tours.

Mme Marie Pasquignon, institutrice à Touville (Eure).
Passerat de la Chapelle, sous-directeur du Crédit Lyonnais, S. de la Chapelle, M.-A. de la Chapelle, Y. de la Chapelle, brigadier Jean de la Chapelle, 21, rue Gambetta, à Saint-Etienne.
L. Pasteur, conservateur des hypothèq^{es} de l'arrond^t de Vienne (et famille).
Commune de Pastricciola (Corse).
Patry, secrétaire de la Chambre de Commerce de Limoges.
Lucien Paulot, supérieur du Grand Séminaire de Reims.
François Pautet, directeur du Théâtre des Variétés, Le Creusot.
Mme Pauthier, institutrice, Le Cordonnet (Haute-Saône).
François Pauzon, 35, rue Boisson à Saint-Etienne.
E. Pavard, adjoint au maire de La Ferté-Saint-Aubin (Loiret).
Edmond Pavèse, maire de Chambéry.
André Pavie, maire d'Escoublac-la-Baule (Loire-Inférieure).
Mme Vve Marie Pax, concierge de l'Ecole Saint-André à Oran.
François Paya, conseiller municipal de Saint-Félicien (Ardèche).
Commune de Payns (Ardèche).
Edmond Pélissier, archiviste départemental, 19, rue Saint-Vincent à Foix
Philibert Pélissier, membre de la Chambre de Commerce d'Annecy.
Joseph Pelisson, agent commercial, expert, 6, avenue de Bouzaréah à Alger.
Léon Pellerin, conseiller municipal aux Grandes-Ventes (Seine-Inférieure).
Célestin Pelletier-Dinard, maire de Saint-Benoît-sur-Loire (Loiret).
Etienne Pelletier, curé de Notre-Dame-des-Aydes, Chapelle-Vieille, à Saran (Loiret).
Emmanuel Pelletier, secrétaire de mairie à Poiré-sur-Velluire (Vendée).
Ludovic Pélocieux, industriel à Olliergues (Puy-de-Dôme).
Odile Pélot, 36, rue de Dôle à Besançon.
Docteur Bernard Pénard, chirurgien à Moulins.
Docteur Claudius Penel à Olliergues (Puy-de-Dôme).
François Pépin, maire de Brûlain (Deux-Sèvres).
Jules Pépiot, cultivateur à Provenchères (Doubs).
Anatole Péraud, membre de la Chambre de Commerce d'Angoulême.
Mme Vve Péraud, M. Charles Péraud, Mlle Valentine Péraud, 16, rue Montgolfier à Paris.
Docteur Elie Percepied, 34, rue Desbordes-Valmore à Paris.
Prosper Perdrix, conseiller général, maire de Saint-Etienne-du-Bois (Ain).
Adolphe Péré, château de Fleurac par Mérignac (Charente).
Perez, membre de la Chambre de Commerce d'Oran.
Docteur Victor Pernet, 3, rue du Parmoulin à Rambervillers (Vosges).
Joseph Péron à Lannion (Côtes-du-Nord).
Jules Péronne, maire de Vauclerc (Marne).
Jean Perraudin, propriétaire d'Hôtel, 10, avenue de la Gare à Chantilly (Oise).
Mme Perret, institutrice en retraite, Les Damps (Eure).
Fernand Perret, publiciste, 20, rue Michelet à Alger.
Claude Perrin, industriel, 132, rue de Turenne à Paris.
Mme Vve Perrin, M. Henri, Mlles Marcelle et Suzanne Perrin, 3, rue Charras à Alger.

Georges Perrin, juge d'instruction à Oudjda (Maroc).

Mme Armand Perrodin, à La Redoute près Alger.

Joseph Perrot, maire d'Island (Yonne).

Mme Louise Perrot, 10, rue Guillaume-Fichet à Annecy (Haute-Savoie).

Perrotin, membre correspondant de la Chambre de Commerce de Tours à Bléré (Indre-et-Loire).

Léon Perroux, négociant, 44, rue de la République à Lyon.

Mme Vve Nestor Perrut, Mlles Marthe et Marie Perrut à Saint-Remimont (Vosges).

Yves et François Person, carriers à Lannion.

Charles Pesquet, maire de Gonneville-la-Mallet (Seine-Inférieure).

L'abbé Auguste Petit, curé d'Arrest (Somme).

Désiré Petit, retraité de la Cie du Gaz à Dormont (Eure).

L'abbé P. Petit, curé-doyen à Carlux (Dordogne).

Henri Petit, membre de la Chambre de Commerce d'Angoulême.

Pierre Petit, maire de Puy-Malsignat (Creuse).

Charles Petit, conseiller municipal à Coulaures (Dordogne).

Pierre Petit, maire de Saint-Sauveur (Vienne).

Théophile Petit, adjoint au maire à Moux (Aude).

Charles Petit, sous-ingénieur des Ponts et Chaussées à Foix.

Commune du Petit-Couronne (Seine-Inférieure).

Lucien, Hélène, Suzanne Petot, 76, avenue de la République à Paris.

Petrier-Tissot et Raybaud, 24, rue de la Part-Dieu à Lyon.

M. et Mme Charles Pétrier à Crames-Sales (Haute-Savoie).

Pierre Peyrat, maire de Saint-Germain-les-Vergnes (Corrèze).

Mlle Josette Peyronny, 4, rue de la Selette à Clermont-Ferrand.

Mme Vve Phelut à Blesle.

Anatole Philipot, sénateur à Chassenay (Côte-d'Or).

Georges Philippon, négociant, 98, rue Saint-Denis à Paris.

Docteur H. Pialoux à Saint-Méard-de-Gurçon (Dordogne).

Piatti, maître d'Hôtel à Tucquegnieux (Meurthe-et-Moselle).

Jules Picard, conseiller général du Calvados à Caen.

Etienne Picard, pharmacien aide-major de 1re classe, ambulance 8/6.

Léon Picard, professeur, 10, rue de Châteauneuf à Nice.

Maurice Picard, maire de Soucelles (Maine-et-Loire).

Gaston Pichot, officier d'administration de 1re classe du génie, 12, rue Courbet à Alger.

Picoche, 94, rue Victor-Hugo à Maisons-Alfort.

Gustave Piéron, chef de bataillon d'infanterie en retraite, secrétaire général de l'Union des Mines marocaines, 55, rue de Châteaudun à Paris.

Commandant Piéron, 84, rue Lauriston à Paris.

Docteur Maurice Pierre à Vauvillers (Haute-Saône).

Roger Pierre-Auguste, 86, boulevard Saint-Marcel à Paris.

Louis Pierre, directeur de l'Ecole communale, rue Rivay à Levallois-Perret (Seine).

Jean Pierret, cultivateur à Mexy (Meurthe-et-Moselle).

Commune de Pierreville (Manche).

Anatole Pierron à Mairy-Mainville (Meurthe-et-Moselle).

M. et Mme Jean Pierrot à Marault (Haute-Marne).

P. Piétri, maire de Casabianca (Corse).

G. Pigerre, métreur-vérificateur, 13, rue Brey à Paris.
A. Pilot, maire de Fontenoy-la-Joute (Meurthe-et-Moselle).
Hilaire Pinelli, maire de Pastricciola (Corse).
Pinet, maire de Parnans (Drôme).
Pinguet-Guindon, membre correspondant de la Chambre de Commerce de Tours à Saint-Symphorien (Indre-et-Loire).
Edouard Pinot, Conseil général, maire de Rupt-sur-Moselle (Vosges).
Frédéric Pinsot, cultivateur à Fontenay près Chablis (Yonne).
Pinton, membre de la Chambre de Commerce de Limoges.
Paul Piquet, cultivateur à Thierville (Meuse).
Emile, Paul et Hubert Piquet à Terrasson (Dordogne).
Philippe Pirat, instituteur à Chavannes-sur-Suran (Ain).
Piscot, au Tremblay (Seine).
Jean Pitavy, instituteur à Cervières (Loire).
Planchard, membre de la Chambre de Commerce de Tours à Bléré (Indre-et-Loire).
A. de Plancis, Mme et Mlle Gaëtan de Plancis à Marigny-sur-Yonne (Nièvre).
Henri Pluche, notaire à Laheycourt (Meuse).
Docteur Paul Pont à Saurat (Ariège).
Léon Pobé, maire de Vitrimont (Meurthe-et-Moselle).
Léon Poggi, instituteur public à Lamanon (Bouches-du-Rhône).
Théophile Poinsignon à Mairy-Mainville (Meurthe-et-Moselle).
Capitaine René Poirel à Grignon-Ecole (Seine-et-Oise).
Ernest Poizat, banquier, 8, rue de la Bienfaisance à Paris.
Alcyon Polder à Alger.
Auguste Polge, maire de Vialas (Lozère).
Constantin Polysu, avocat à la Cour d'Appel de Bucarest, Hôtel Fumel, 8, avenue Durante à Nice.
Louis Pomey, industriel, avenue de la République à Ivry (Seine).
Docteur Georges Pomme à Givors (Rhône).
Félix Pommeyrol, maire de Marsac (Puy-de-Dôme).
Commune de Pompogne (Lot-et-Garonne).
Jean-Baptiste Pon, protonotaire apostolique, 6, rue Thiac à Bordeaux.
Achille Pons, agriculteur à Montmaur (Aude).
Manuel Pons à Oran.
Mlle J. Pons, institutrice à Laferrière (Oran).
Emile Pons, instituteur (et Mme), André et René Pons à Camplong (Hérault).
Docteur Victor Pons à Draguignan.
Ville de Pontarlier.
Le vicomte de Pontavice de Heussey, ancien inspecteur général des Haras à Saint-Julien-le-Faucon (Calvados).
Commune de Pont-lès-Bonfays (Vosges).
Jules Porgès, 1, avenue du Président-Wilson à Paris.
Pornin, membre de la Chambre de Commerce de Limoges.
Jean-Baptiste Portail à Arlanc-bourg (Puy-de-Dôme).
Charles Portalié, place Chaptal à Mende (Lozère).
Docteur Auguste Portalier, conseiller municipal de Florac (Lozère).
Germain Porte, propriétaire, avenue de Prades à Perpignan.

Paul Pothet, maire de Ver-sur-Mer (Calvados).
M., Mme et Mlle Pothier, 25, rue Saint-Georges à Maisons-Alfort.
Pothier, colon à Palat (Oran).
Jacques Poulet, maire de Saint-Honoré-les-Bains (Nièvre).
Mlle Suzanne Poulet, 5, rue Bansac à Clermont-Ferrand.
Benjamin Poulet à Saint-Remimont (Vosges).
Jean Poullard, secrétaire-trésorier de la Chambre de Commerce de Dieppe.
M. et Mme Poulletier de Gannes, M. Amaury de Gannes.
Hippolyte Poupard à Aussac (Charente).
Louis Poupeau, aide-pharmacien à Mouchamps (Vendée).
Pierre Poupinot, cultivateur à La Balaudrie-de-Saint-Génard (Deux-Sèvres).
Edgar Pourcelle, 59, rue de Châteaudun à Paris.
Vital Pourny, maire de Saint-Point (Doubs).
M. et Mme Frédéric Pracht, boulangers, 3, rue Massicault à Souk-el-Arba (Tunisie). M. et Mme Emile Pracht, Frédéric, Paul, Maurice, Claire, Héloïse Pracht.
Jean Prades, officier de Ire classe de la Direction des Travaux de la marine, en retraite à Monségur (Lot-et-Garonne).
Pradier, conseiller municipal à Marnac (Dordogne).
Mme Alberte Préceptis, professeur au Lycée Victor-Duruy à Paris.
Préfecture du Doubs.
Commune de Prémery (Nièvre).
Jules Prigent fils, industriel, rue de la Fontaine à Lannion.
Arthur Prinvault, fabricant d'encres d'imprimerie, 147, rue de Javel à Paris.
Docteur Paul Pris, 53, rue Lafayette à Rouen.
Privat, maire de Beaucaire (Gard).
Joseph Profit, négociant en vins à Pradines (Corrèze).
Joseph Protheau à Châlon-sur-Saône.
Marius Protoy, maire de Bourdons (Haute-Marne).
Proust, membre correspondant de la Chambre de Commerce de Limoges.
Emmanuel Provost, membre de la Chambre de Commerce de Saint-Nazaire, conseiller d'arrondissement, maire du Croisic (Loire-Inférieure).
Antoine Prunière, maire de Nabirat (Dordogne).
Gilbert Puel, 20, avenue Barbe-Bleue à Saint-Gratien (Seine-et-Oise).
Colonel de Puineuf, député des Deux-Sèvres, 6, avenue Marceau à Paris.
Paulin Puits, instituteur en retraite (et Mme), Saint-Tropez (Var).
Pierre Pujos, notaire à Montmédy (Meuse).
Marius Puy, percepteur des Contributions directes (et sa famille) à Ollioules (Var).
A. Pyl, membre de la Chambre de Commerce de Dunkerque.

Q

MM..

Charles Quéheillard, agent régional de la Maison Menier, 71, cours d'Aquitaine à Bordeaux.

Quentin à Paris.

A. Quérioux, Aciers et Outillage, 13, rue Le Châtelier à Paris.

Léonce Quilliet, 27, avenue de la Gare à Berck-Plage.

Commune de Quincé (Maine-et-Loire).

J.-B. Quinet, 12, rue Poulletier à Paris.

J. Quinson, maire de Tenay (Ain).

Denis Quintainne, 55, rue Ampère à Paris.

Jacques Quiot, contrôleur-adjoint des Contributions directes à Foix.

R

Mme Louise Rachel à Joinville (Haute-Marne).

Jacques Racher, maire d'Apchat (Puy-de-Dôme).

Louis Radigon, entrepreneur de travaux publics, 1, rue du Sabot à Paris.

J. Radiguer, Caractères d'imprimerie, 13, rue Sainte-Cécile à Paris.

Michel Radulesco, avocat, 38, rue Saint-Séverin à Paris.

C. Râdulesco-Istritza, 8, boulevard de Port-Royal à Paris.

Raffier, notaire et adjoint au maire à Saint-Alyre (Puy-de-Dôme).

Edmond Raffin, avoué à Lesparre (Gironde).

Mme Vve Coraly Faffin de la Raffinie, 4, rue Loverdo à Alger.

Mme Elisabeth Rafflet à Alma (Algérie).

André Raimbert, 5, rue de Messine à Paris.

M. et Mme Emile Rainaud, instituteurs à Saint-Ciers-sur-Bonnieure (Charente).

Commune de Ramonchamp (Vosges).

Commune de Ramoulu (Loiret).

François Rannaz, membre de la Chambre de Commerce d'Annecy.

Commune de Raon-aux-Bois (Vosges).

François Raoul, tailleur de pierres à Lannion.

Léon Rastoul, instituteur à Rouairoux (Tarn).

A. Rateau, 40, rue du Colisée à Paris.

Henry Rau, 12, rue Gaillon à Paris.

Germain Raulet, sous-ingénieur principal des Ponts et Chaussées à Foix.

Marcel Raveneau, 4, avenue de La Bourdonnais à Paris.

Prosper Raveneau, agent de change, 10, rue Cambacérès à Paris.

Amable Raveton, avoué honoraire près le Tribunal de la Seine, 8, rue de Castellane à Paris.

Rayoux-Garbit, conseiller municipal à Arlanc (Puy-de-Dôme).

Félix Ravoux, propriétaire, conseiller municipal à Arlanc (Puy-de-Dôme).

Georges Ray à Vernon (Eure).
Raymond, membre de la Chambre de Commerce de Limoges.
E. Raymond, 7, avenue de l'Asile à Saint-Maurice (Seine).
Raynal, maire de Saint-Urcize (Cantal).
Mlle A. Raynaud, rue de Bordeaux à Chamalières (Puy-de-Dôme).
René Raynaud, maire de Gaugeac (Dordogne).
Maurice Raynaud, député de la Charente, 2, rue Pasquier à Paris.
Emile Raynaud, propriétaire à La Civrenière (Vendée).
Jean Raz, Machines agricoles à Arlanc (Puy-de-Dôme).
Pascal Razoulś, ingénieur-chimiste, 29, rue Maréchal-Soult à Alger.
Commune de Réalcamp (Seine-Inférieure).
Docteur M.-G. Reboul, à Brignoles (Var).
Albert Reboul, ingénieur à Saint-Seine-sur-Vingeanne (Côte-d'Or).
Louis Rebours, facteur des postes à Crouttes (Orne).
Ulysse Rebours, instituteur en retraite à Orrouy (Oise).
Redon, domestique à Monségur (Lot-et-Garonne).
Mlle M. Redon à Herbet (Puy-de-Dôme).
Commune de Reffroy (Meuse).
Anatole Regnard, cultivateur-vigneron à Fontenay (Yonne).
Théogène Regnault, maire de Marçais (Cher).
Regnault, maire de Saint-Gilnien (Marne).
Jean Régné, archiviste, 29, cours Saint-Louis à Privas.
A.-E. Regnier, conseiller général, maire de Jouy (Yonne).
Ernest Régnier, maire de Villers-le-Sec (Meuse).
Régnier, maire de Gyé-sur-Seine (Aube).
Arnold Reichenbad, 53, avenue Montaigne à Paris.
Robert Reignier, adjoint au maire de Selles (Eure).
Auguste Reiller, maire de Voutezac (Corrèze).
Casimir Renard, 16, boulevard Saint-Denis à Paris.
Louis Reinholt, président de « La Lyre Alsace-Lorraine de Paris », 30, place de la Nation à Paris.
M. et Mme Emile Reinhardt, 92, rue Moncey à Lyon.
Comte Joseph de Reiset, Le Vieux Manoir à Marcilly-sur-Eure (Eure).
Mme Alfred Reitlinger, château de Voisenon (Seine-et-Marne).
Honest Remonnay, notaire à Saint-Ouen-lès-Parey (Vosges).
Abel Renan, maire de Lanques (Haute-Marne).
Emile Renaud, industriel, 7, passage Saint-Pierre-Amelot à Paris.
Mme Vve Paul Renaud, Mlles Suzanne et Marthe Renaud, 7, rue Vineuse à Paris.
Renault, curé, faisant fonctions de maire à Saint-Symphorien (Manche).
Docteur Jules Renault, 217, faubourg Saint-Honoré à Paris.
Julien Renault, conseiller municipal à Lancieux (Côtes-du-Nord).
L. Renault, 72, rue des Archives à Paris.
Emile Renaux à Saint-Remimont (Vosges).
Commune de Renazé (Mayenne).
Etienne Renoud-Camus, maire de Boz (Ain).
Baron Gaston de Renty, 15, avenue d'Eylau à Paris.
M. et Mme Eugène Rethoré, 42, avenue Bouchaud à Nantes.
Théodore Revillon, 12, rue de Presbourg à Paris.
André Reymond, assureur-conseil, 53, rue Victor-Clappier à Toulon.

Reymonenq, maire de La Roquebroussanne (Var).
Édouard Reynaud, maire de Collobrières (Var).
Joseph Reynaud, 16, cours Vitton à Lyon.
Commune de Rians (Var).
Docteur Félix Ribard, 104, avenue de Versailles à Paris.
Ribes et fils, industriels à Saint-Laurent-de-Cerdans (Pyrénées-Orientales).
Edmond et Mme Vve E. Ricard, boulevard Carnot, châlet Colibri à Dax.
Joseph Ricard, avocat, rue Delcassé à Foix.
Ernest Richard, maire de Merry-Sec (Yonne).
Joseph Richard, maire de Marainville (Vosges).
Pierre Richard, publiciste à Bourg-lès-Valence (Drôme).
Félix Richard à Saint-Remimont (Vosges).
A. Richard, curé de Castelmorron-sur-Lot (Lot-et-Garonne).
Mme Vve G. Richard, directrice d'école primaire, 21, rue de la Liberté,
Mlle Marcelle Richard, faisant fonctions d'interne des hôpitaux, 5, rue du Docteur-Trolard à Alger.
Richard, membre de la Chambre de Commerce de Tours à Loches (Indre-et-Loire).
Paul Richard, maire de Vandœuvre (Meurthe-et-Moselle).
Marc de Richaud, industriel, 97, rue de l'Hôtel-de-Ville à Lyon.
Charles Richet, membre de l'Institut, 15, rue de l'Université à Paris.
Étienne Richet, professeur au collège libre des Sciences sociales, 95, avenue de Villiers à Paris.
Henri Ricord, villa Aletti à Cannes.
Gustave Rieu, membre de la Chambre de Commerce de Carcassonne.
Commune de Rieux-Minervois (Aude).
Commune de Rigny-la-Salle (Meuse).
Mlle P. Rigotard, 34, rue Blatin à Clermont-Ferrand.
Laurent Rimbaud, 5, place Victor-Hugo à Bône (Algérie).
Fernand Rinsbert, membre de la Chambre de Commerce de Dieppe.
Louis Rionet, instituteur, archéologue à Passy-sur-Marne (Aisne).
E. Riotteau, sénateur, membre du Conseil supérieur des Haras, 10, rue de Sèze à Paris.
Marcel Rioux, 83, rue du Cherche-Midi à Paris.
Alfred Riva, instituteur à La Roche-sur-Yon.
Paul Rivat, maire de Rehaupal (Vosges).
Gabriel Rives, maître de forges à Foix.
Eugène Rivet, représentant de fabriques, 5, rue Félix-Ziem à Paris.
Rivière, maire de Naveil (Loir-et-Cher).
Charles Rivière, ancien négociant, 70, rue du Colombier à Orléans.
Jacques Rivoullan, polisseur à Lannion.
Ville de Roanne.
Georges Robbe, président de la Chambre de Commerce de Dieppe.
Jules Robellaz, cultivateur, à Saint-Anne (Doubs).
Adrien Robert, maire de Labastide-de-Lévis (Tarn).
Mlle Lucie Robert, 56, rue de la Barre à Dieppe.
Joseph Robert, propriétaire, rue du Gué à Hortes (Haute-Marne).
Eugène Robert, propriétaire, à Saint-Martin-des-Noyers (Vendée).
Victor Robin, maire d'Auzainvilliers (Vosges).

L'abbé E. Robin, curé de Reuves et de Mondement (Marne) à Broussy-le-Petit.
Mlle Eliane Roche, 8, rue Jolie, à Clermont-Ferrand.
Docteur Léon Roché à Châtel-Censoir (Yonne).
Mme Marthe Rochebonne à Sadirac (Gironde).
Commune de Rochefort (Côte-d'Or).
M. et Mme Rochereau de la Sablière, 17, boulevard Latour-Maubourg à Paris.
Edgar de Rochecouste, rentier, 16, avenue de Friedland à Paris.
Noël Rodier, instituteur, vice-président de la Préparation militaire d'Oran.
L. Olry Roederer, propriétaire-éleveur, 41, rue de Monceau à Paris.
Le comte Pierre Rœderer, chef d'escadron de réserve, 5, rue Freycinet à Paris.
Joseph Roger, propriétaire à Jarzé (Maine-et-Loire).
Louis Roger, secrétaire de mairie à Saint-Just-des-Marais (Oise).
Maurice Roggy, maire de Vacon (Meuse).
Commune de Roissy-en-Brie (Seine-et-Marne).
Albert Roland, bibliothécaire à Mâcon.
Mme Berthe Rolland, institutrice à Villars-Fontaine (Côte-d'Or).
Jean Rolland, secrétaire de mairie à Usson (Loire).
Capitaine A. de Rolland à Cubjac (Dordogne).
Marquis de Rolland-Dalon, maire de Garigny, Château de Doys (Cher).
Mme Maurice Rollet, aux Charmettes à Ugine (Savoie).
Antonio Roman, ancien diplomate, 1 *bis*, rue Hôtel-des-Postes à Nice.
Mme Noël Romand à Chazelles-sur-Lyon (Loire).
A. Romanetto, pharmacien à Annonay (Ardèche).
Auguste Rondel, 2, place Saint-Ferréol à Marseille.
Mme Vve Charles Rondel, 77, rue de Saint-Mandé à Montreuil-sous-Bois (Seine).
Edouard Ronfot, ancien constructeur, 19, rue Inkermann à Tours.
Commune de La Roquebrussanne (Var).
Ernest Roquelaure, industriel, villa des Oiseaux à Capdenac-Gare (Aveyron).
Mme Irma Roques, tailleuse à Foix.
Paul Roquigny, maire de Malleville-les-Grès (Seine-Inférieure).
Jean Rosay, notaire (et Mme) à Annecy.
Commune de Rosay (Marne).
L.-G. Rosenweig, professeur honoraire au Lycée Charlemagne, 27, rue de la Gare, à Epinal.
Paul Rosier, ancien tanneur, rue des Templiers à Dôle (Jura).
Commune de Rosnay-l'Hôpital (Aube).
Commune de Rosny-sur-Seine (Seine-et-Oise).
Albin Rosset, caissier de commerce, 3, rue Charles-Lorilleux à Puteaux (Seine).
François Rossiaud, membre de la Chambre de Commerce d'Annecy.
Roth, Service de la Navigation du Niger à Koulikoro (Sénégal).
Louis Roth, propriétaire à Dély-Ibrahin (Algérie).
Louis Rouanet, maire d'Aïn-el-Arba (Algérie).

Jacques Rouché, directeur de l'Opéra de Paris.
Régis Rouchon, propriétaire à Ambert (Puy-de-Dôme).
Lieutenant-colonel F. Roudière, ancien commandant du 73e régiment d'infanterie territoriale à Quimper.
Anatole Rouel, directeur d'école publique, 6, cours Gay-Lussac à Limoges
Rougeaux, Service de la Navigation à Koulikoro (Haut-Sénégal).
Rougier, conseiller municipal à Marnac (Dordogne).
Rougier, vice-président de la Chambre de Commerce de Limoges.
Alphonse Rouillé, représentant de commerce, rue de Boisdenier à Tours.
Albert Roulaud, 52, rue de la Barre à Dieppe.
Albert Roullet, architecte de la ville, 23, grande-rue Notre-Dame à Niort.
J. Roullet, maire de Châtain (Vienne).
Emile Roumégous, professeur-adjoint au Lycée, 21, rue Delcassé à Foix.
Casimir Rouquairol, industriel à Cenne-Monestiés (Aude).
Calixte Rouquette, inspecteur des P. T. T., villa des Rosiers, 17, chemin de la Vieille-Chapelle à Marseille.
Hippolyte Rouquette, conseiller municipal de Vincennes (Seine).
Georges Rousseau, fermier à Fontenay près Chablis (Yonne).
Camille Rousseau, pharmacien à Fontenay-le-Comte (Vendée).
L'abbé Joseph Rousseau, curé à Chapelle-Royale (Eure-et-Loir).
Mme Rousseau, employée, 26, rue Delambre à Paris.
Achille Roussel, commerçant à Amfreville-les-Champs (Eure).
Gaston Roussel, tanneur à La Ferrière-sur-Risle (Eure).
Georges Roussel, conseiller municipal, Les Grandes-Ventes (Seine-Inférieure).
Mme Madeleine Roussel à Amfreville-les-Champs (Eure).
Docteur Paul Rousselot, place Stanislas à Saint-Dié (Vosges).
Henry Rousset, trésorier de la Chambre de Commerce de Tours.
Joseph Roussillon, cultivateur à Sainte-Anne (Doubs).
Fernand Routier de Lisle, A. R. Consul de S. M. le Roi d'Italie, 3, rue du Champ-de-Mars à Bordeaux.
René Routier de Lisle, 55, rue de Babylone à Paris.
François Roux, maire de Saint-Romain-sur-Vienne (Vienne).
John Roux, administrateur, 87, avenue Wagram à Paris.
Emilien Roux, ingénieur civil des Mines, 21, rue des Arts à Levallois-Perret (Seine).
Mme Jane Roux, 44, avenue Charles-Floquet à Paris.
Auguste Rouzaud, industriel, président du Tribunal de Commerce de Clermont-Ferrand à Royat (Puy-de-Dôme).
Constant Rouzaud, directeur-adjoint des Chemins de fer algériens de l'Etat, 1, rue Charras à Alger.
Raoul Roy, adjoint technique principal des Ponts et Chaussées, 109 *bis*, rue Gambetta à Niort.
Anselme Roy, instituteur public à Saint-Martin-des-Noyers (Vendée).
Paul Roy, publiciste à Bourg-la-Reine (Seine).
Camille Roze, maire de Moyen (Meurthe-et-Moselle).
Ph. du Rozier, membre du Conseil supérieur des Haras, château du Petit-Jard, par La Ferté-Macé (Orne).
Docteur Henri Roziès, villa Folle-Brise à Sainte-Maxime-sur-Mer (Var).

Pedro Rubirosa, chargé d'affaires de la République dominicaine, 6, avenue Mac-Mahon à Paris.
Léon Ruby, 25, avenue Gambetta à Paris.
Th. Rudelle, 4, rue Saint-Lazare à Versailles.
Commune de Rudelles (Lot).
Paul Ruffieux, pharmacien à Relizane (Algérie).
A. de la Ruffinière à Koulikoro (Haut-Sénégal).
Docteur Célestin Soret, 11, rue Edmond-Morin, Le Havre.
Commune de Ruines (Cantal).
Jean Rullier, trésorier de la Chambre de Commerce d'Angoulême.
Commune de Rupt-aux-Nonains (Meuse).

S

Mme Hélène Saad, institutrice en retraite à Signéville (Haute-Marne).
Jacques Sadik ; Sadik Haïn d'Abraham, négociants-industriels, 58, Souk-el-Leffa à Tunis.
Léon Saguin, distillateur à Fougerolles (Haute-Saône).
Achille Saimpol, Brasserie à Auchel (Pas-de-Calais).
Jean Saindenis, maire de Clermont (Oise).
Commune de Saint-Bonnet (Charente-Inférieure).
Commune de Saint-Chamas (Bouches-du-Rhône).
Commune de Saint-Claud (Charente).
Commune de Saint-Denis-de-Palin (Cher).
Ville de Saint-Etienne.
Jean-Baptiste Sabde, instituteur honoraire, 1, rue Proudhon à Cette.
Commune de Saint-Bonnet-le-Château (Loire).
Commune de Saint-Denis-sur-Loire (Loir-et-Cher).
Commune de Saint-Etienne-du-Valdonnez (Lozère).
Commune de Saint-Félicien (Ardèche).
Commune de Saint-Frichoux (Aude).
Commune de Saint-Georges (Yonne).
Commune de Saint-Germain-la-Cigogne (Eure).
Commune de Saint-Germain-lès-Corbeil (Seine-et-Oise)
Commune de Saint-Gilnien (Marne).
Commune de Saint-Héand (Loire).
Commune de Saint-Herblon (Loire-Inférieure).
Commune de Saint-Himer (Calvados).
Commune de Saint-Jacques-d'Ambur (Puy-de-Dôme).
Commune de Saint-Jean-de-Nay (Haute-Loire).
Commune de Saint-Junien-la-Brégère (Creuse).,
Commune de Saint-Just-des-Marais (Oise).
Commune de Saint-Just-Malmont (Haute-Loire).
Commune de Saint-Mandé (Charente-Inférieure).
Commune de Sainte-Marguerite (Vosges).
Commune de Saint-Martial (Ardèche).
Commune de Saint-Martin-des-Champs (Manche).

Commune de Saint-Martin-des-Noyers (Vendée).
Commune de Saint-Martin-le-Châtel (Ain).
Commune de Sainte-Maure (Indre-et-Loir).
Commune de Saint-Maurice-sur-Chalençon (Ardèche).
Commune de Saint-Michel-en-l'Herm (Vendée).
Commune de Saint-Michel-Loubéjou (Lot).
Commune de Saint-Ouen-lès-Parey (Vosges).
Louis Saintout à Margaux, Médoc (Gironde).
Commune de Saint-Pardoux-la-Croisille (Corrèze).
Commune de Saint-Philibert-de-Grandlieu (Loire-Inférieure).
Saintpierre, membre de la Chambre de Commerce d'Oran.
Le comte de Saint-Quentin, sénateur, membre du Conseil supérieur des Haras, 3, rue de Magdebourg à Paris.
Commune de Saint-Rémy (Vosges).
Commune de Saint-Sauveur (Vienne).
Commune de Saint-Savin-sur-Gartempe (Vienne).
Commune de Saint-Sulpice (Nièvre).
Commune de Saint-Symphorien (Manche).
Charles Sainturette, maire, Le Noyer-en-Ouche (Eure).
Commune de Saint-Urcize (Cantal).
Commune de Saint-Valérien (Vendée).
Commune de Saint-Victor-de-Réno (Orne).
Commune de Saint-Vincent-Rive-d'Olt (Lot).
Commune de Salavre (Ain).
Victor Salenave, courtier de commerce, 8, rue Tallemand-des-Réaux, à La Rochelle.
Léon Salgues, membre correspondant de la Chambre de Commerce d'Angoulême.
Jean Salinier, publiciste, 41, rue d'Ormilly à Caudéran (Gironde).
M. et Mme Salle, 69, rue de la République à Rouen.
Henri Sallé, agriculteur à Amblainvilliers (Seine-et-Oise).
Commune de Sallèles-d'Aude (Aude).
Docteur Aristide Samalens, maire d'Auch.
Commune de Sambin (Loir-et-Cher).
Commune de San-Damiano (Corse).
Sandro-de-Saint-Elie, consulat de France à Sassari (Sardaigne).
Docteur Marcel Sans, 14, rue Porte-Rouge à Elbeuf.
Sanson, 14, rue du Paradis à Paris.
Mlle Renée Santoni, institutrice à Kellermann (Algérie).
Docteur Arsène Sarazin à Monchamps (Vendée).
Camin Sarces, membre de la Chambre de Commerce de Carcassonne.
Pierre Satgé, propriétaire à Sainte-Foi (Ariège).
Commune de Saugues (Allier).
Commune de Saulieu (Côte-d'Or).
H. Saulnier-de-Beaupine, 116, rue Legendre à Paris.
Commune de Saulon-la-chapelle (Côte-d'Or).
Commune de Saulxures-lès-Nancy (Meurthe-et-Moselle).
Jean Saumande, conseiller municipal à Coulaures (Dordogne).
Elie Saurel, propriétaire à Fort-de-l'Eau (Alger).
Sauroy, membre correspondant de la Chambre de Commerce de Tours.

Louis Saury, fabricant de pâtes alimentaires à La Calle (Algérie).
P. Sauvage, maire de Brévands (Manche).
Commune de Sauvessanges (Puy-de-Dôme).
P. Sauzet, bibliothécaire municipal à Annonay (Ardèche).
Mlle A. Sauzzède, 15, rue Chaufour à Clermont-Ferrand.
Commune de Savenès (Lot-et-Garonne).
Commune de Savigny-lès-Beaune (Côte-d'Or).
François Savoyet, instituteur à Grand-Abergement (Ain).
Gabriel Scellier, président du Syndicat de la Presse Républicaine Périodique, 61, rue des Martyrs à Paris.
Louis Scellier, retraité des Chemins de fer à Fouilloy (Oise).
Jules Schaal, chef d'escadron, 1er spahis à Médéa (Algérie).
F. Schipman, membre de la Chambre de Commerce de Dunkerque.
S. Schleich, receveur municipal à Dax.
François Schuh, membre de la Chambre de Commerce de Bizerte.
Mlle Madeleine Schmitz, 53, rue des Jacobins à Clermont-Ferrand.
Mme Marie Schumacher à Friauville (Meurthe-et-Moselle).
S. Seban, caporal, Travailleurs coloniaux, usine des produits dolomitiques à Hérépian (Hérault).
Côme Sebastiani, adjoint au maire à La Porta (Corse).
Louis Sébline, constructeur, 9, place des Ternes à Paris.
Lucien Sée, 46, rue Lafayette à Paris.
Albert Séguéla, ingénieur à Foix.
Jean Séguéla, contrôleur-rédacteur des Contributions directes, villa Marguerite à Foix.
J.-B. Seguin, juge de paix à Nantiat (Haute-Vienne).
Eugène Seigneur, ingénieur, 58, rue du Mont-Cenis à Paris.
Commune de Seigny (Côte-d'Or).
Gilles Sellier, maire de Paillart (Oise).
Ovide Sellier, banquier, 33, rue Lafayette à Paris.
Ville de Semur.
Arthur Sénéchal, directeur de l'Enregistrement et des Domaines du Pas-de-Calais à Maintenay (Pas-de-Calais).
Adrien Senergous, œnotechnicien, 23, boulevard Marceau à Oran.
Jean Sens, maréchal des logis chef de gendarmerie à Eyguières (Bouches-du-Rhône).
Auguste Sergent, maire, Les Poulières (Vosges).
Antonin et Claude Serra, consulat de France à Sassari (Sardaigne).
Mlle Noëli Serre, 49, avenue Albert-Elisabeth à Clermont-Ferrand.
Commune de Serrières (Ardèche).
Michel Serven, agent de la Cie des Salins du Midi, domaine du Castellas (Hérault).
Servy Duclos à Arlanc (Puy-de-Dôme).
Mlle Cornély Série, institutrice à Avesnelles (Nord).
Fernand Séry, instituteur à Villainville (Seine-Inférieure).
Charles Séry-Bruyerre, expert-comptable à Avesnelle (Nord).
Léon Sevestre, maire de Rouvray-Saint-Denis (Seine-et-Oise).
Clément Sicard, trésorier de la Société Amicale des Voyageurs de commerce, 26, rue Jeanne-d'Arc à Orléans.
Léon Siger, négociant, 18, porte Saint-Jean à Orléans.

E. Simiant à Saint-Remimont (Vosges).
J.-M. Simon, rédacteur en chef du *Réveil de la Meuse* à Bar-le-Duc.
André Simon, conseiller général, président de la Chambre de Commerce de Corbeil-Etampes.
Simon, négociant en vins, place Foire-le-Roi à Tours.
Gustave Simon, maire de Nancy.
Claude Simonet, ancien maire de Jalogny (Saône-et-Loire).
Auguste Simonin, cultivateur à Laloeuf (Meurthe-et-Moselle).
Jules Simorre, maire de La Tour-du-Crieu (Ariège).
Jules Singeon à Thil (Meurthe-et-Moselle).
Jules Sion, directeur honoraire d'école normale, 12, place Vauban à Arras.
Commune de Solliès-Pont (Var).
Mme Sollet à Oran.
Pierre Solois, 3, rue de la République à Grand-Quevilly (Seine-Inférieure).
Félix Sondecoste, cultivateur à Enchir-Saïd (Constantine).
Commune de Sorèze (Tarn).
Société d'Encouragement pour l'amélioration du Cheval français et du Demi-Sang, 7, rue d'Astorg à Paris.
H. Sombardier, administrateur-délégué des papeteries du Pont-de-Claix (Isère).
Edouard Soubrillard, administrateur-adjoint de commune mixte à Duperré (Alger).
Henri Souchon, commis des P. T. T., 8, rue de Ceyrat à Clermont-Ferrand.
Léon Souilhac, propriétaire à Saint-Michel-Loubéjou (Lot).
Commune de Soulanges (Marne).
Félix Souriau, propriétaire à Sossay (Vienne).
Mlle Soutif, directrice d'école, Les Andelys (Eure).
Spezzechino, architecte (et Mme), 34, rue des Martyrs à Paris.
Charles Sponville, conseiller municipal à Friauville (Meurthe-et-Moselle).
Ferdinand Squelin, expert, 12, rue Friant à Paris.
Commune de Stainville (Meuse).
Michel Stahl, conseiller municipal à Foix.
Pierre Staron, fabricant de rubans, 2, rue de la République à Saint-Etienne.
Sabda Stefanescu, professeur universitaire à Bucarest, 7, place Saint-Michel à Paris.
Henri Stofer, directeur de l'hôtel Gonnet, à Cannes.
Suaud, maire à La Chapelle-aux-Lys (Vendée).
Léon Suberville, membre de la Chambre de Commerce de Carcassonne.
Commune de Subligny (Cher).
Ed. Sudour, Commission-représentation, 62, cours Pasteur à Bordeaux.
Armand Sudreau, adjoint au maire à Saint-Pancrace (Dordogne).
Antonin Suire, avocat, 1, rue des Fonderies à La Rochelle.
Jean Sujobert, employé de la Maison Ollier à Saint-Germain-l'Herm (Puy-de-Dôme).
Mme Suquet à Paris.
Mme Jane Surre, institutrice, 115, cours Lafayette à Toulon.

Auguste Suty, employé principal au Chemin de fer du Nord, 5, rue de la Concorde à Blanc-Mesnil (Seine-et-Oise).

Syndicat du Commerce en gros des vins et spiritueux d'Indre-et-Loire à Tours.

T

Commune de Taillancourt (Meuse).
Taillandier, Café à Arlanc (Puy-de-Dôme).
Eugène Taillefumier, maire de Champaubert-aux-Bois (Marne).
Mme Marie Talidec, institutrice à Reims.
Henri Taminiau, 37, rue de l'Abbé-Groult à Paris.
Bibliothèque de Tanavel (Cantal).
Louis Tardy, maire de Charron (Creuse).
Amédée Tarrisse, curé de Lamoricière (Oran).
Emile Tasse, cafetier à Fouilloy (Oise).
Charles Tassin, capitaine de gendarmerie en retraite à Stainville (Meuse).
Mme Louise Tatin, employée de commerce, 54, rue de l'Arbre-Sec à Paris.
Taulle, 75, rue des Archives à Paris.
Mme Adolphe de Taxis du Poët, 9, rue Charles-Richard à Lyon.
Mardoché Teboul, propriétaire à Frenda (Algérie).
Léonce Tédeschi, rentier, 40, rue Philibert-Delorme à Paris.
Le baron du Teil, président de la Société hippique française, 3, avenue d'Antin à Paris.
Mlles Antoinette et Geneviève Teillard à Bordeaux.
Jules Teissier, fondé de pouvoirs de M. R. Ravel, à Descartes (Oran).
R. Tellier, 25, rue Guérin à Charenton.
Commune de Tenay (Ain).
Albert Terrade, agent-voyer de circonscription à Tiaret (Oran).
Eugène du Terrail-Couvat à El-Biar (Alger).
Paul Terrillon, président de la Société de tir à Fontaine-les-Sèches (Côte-d'Or).
M. et Mme Henry Teste, 24, avenue Daumesnil à Paris.
Léon Testud, professeur, 42, route de Fontenay-aux-Roses à Bourg-la-Reine (Seine).
Eugène Tevenaz, maire de Devecey (Doubs).
Etienne Teychenné à Saint-Jean-de-Barrou (Aude).
René Teyssié, maire de Grand-Castang (Dordogne).
Léonce Tezzillon à Fontaines-sur-Liches (Côte-d'Or).
Thabaud, 1er adjoint au maire de Neuvy-Saint-Sépulcre (Indre).
Emile Theulot, cordonnier et négociant en chaussures, Grande-Rue à Conches-les-Mines (Saône-et-Loire).
Theus, trésorier de la Chambre de Commerce d'Oran.
Louis Thevenot, maire de Semur.
Alphonse Thibault, maire de Latillé (Vienne).
Maxime Thibault, avocat à Laigle (Orne).

J. Thibault, propriétaire-éleveur à Larré (Orne).
Jules Thibout, propriétaire-éleveur, maire de La Cambe (Calvados).
Emile Thiebaut, adjoint au maire de Stainville (Meuse).
Mlle Thiérat, peintre, 23, quai des Grands-Augustins à Paris.
Lucien Thiercelin à Pithiviers (Loiret).
Louis Thiéry, capitaine au 24e régiment d'artillerie, 8, rue Delayant à La Rochelle.
Robert Thierrée, 13, rue du Helder à Paris.
Joseph Thierry à Fabras (Ardèche).
Thierry, banquier à Champlitte (Haute-Saône).
Léon Thierry, conseiller municipal, Les Grandes-Ventes (Seine-Inférieure).
Commune de Thil (Meurthe-et-Moselle).
Alphonse Thiriet, président du Conseil d'arrondissement de Juvaincourt (Vosges).
Thirion, maire de Saint-Remimont (Vosges).
Félix Thivel, fabricant de dentelles à Arlanc (Puy-de-Dôme).
Jean-Baptiste Thomas, conseiller municipal à Brouvelieures (Vosges).
Docteur Robert Thomas, 11, rue de la République à Lyon.
L. Thomas, 90, avenue Philippe-Auguste à Paris.
Paul Thomasse, maire de Couverville (Calvados).
Louis Thomasset, 86, quai de Pierre-Scize à Lyon.
Maurice Thoumyre, membre de la Chambre de Commerce de Dieppe.
François Thorrand, industriel à Tunis.
Pierre Thouet, 43, rue Crozatier à Paris.
Paul Thouvenot, adjoint spécial de Fontaine-du-Génie (Algérie).
V. Thuault, directeur de l'Archiconfrérie de Saint-Christophe (Orne).
Elie Thulièvre, négociant en métaux, 21, rue des Olivettes à Nantes.
Tiffeneau, membre correspondant de la Chambre de Commerce de Tours à La Haye-Descartes (Indre-et-Loire).
Commune de Tillé (Oise).
Robert de Tinguy, maire de Bourneau (Vendée).
Louis Tinière, inspecteur principal honoraire de l'Assistance publique, au Guichet (Seine-et-Oise).
Albert Tinland, maire de Saint-Maurice-sur-Chalençon (Ardèche).
Alexis Tirlot, coutelier-aiguiseur à Saïda (Oran).
François Tisserand, lieutenant, 500e régiment d'artillerie d'assaut à Louesmes (Yonne).
Mme Marguerite Tollet, institutrice à Droue (Eure-et-Loir).
Mlle Catherine Tomas, directrice d'institution libre, 126, route de Malakoff à Saint-Eugène (Alger).
Albert Tondeur, conseiller municipal à Bonnet (Meuse).
Valentin Tonna-Barthet, professeur de français au Lycée, 103, Strada Floria à Valette (Ile de Malte).
Commune de Tonnay-Boutonne (Charente-Inférieure).
Mme Denise Toureng, institutrice à Bir-Kasdali (Algérie).
Germain Tournier, commandant en retraite à Saint-Aubin-de-Nabirat (Dordogne).
F. et Alice Tournier, 30, rue Sidi-ben-Deglinick à Tunis.
Commune de Tours-sur-Meymont (Puy-de-Dôme).

Albert Tourtille, maire de Neuilly-en-Thelle (Oise).
Paul Tourtin, maire de Mazaugues (Var).
Joseph Toustou, instituteur à Ginoles (Aude).
Mlle M. Touzain, 10, rue d'Aigueperse à Clermont-Ferrand.
Mme Vve Traissac, 8, rue de la Bourse à Paris.
P. Trapu, adjoint au maire à Renazé (Mayenne).
Raymond Traversié, directeur des Contributions directes et du Cadastre, 24, rue Fénelon à Cahors.
Mme Vve Aimé Trébutien à Vimont (Calvados).
Louis Trégard, recteur de l'Ecole Saint-Louis-de-Gonzague, 12, rue Franklin à Paris.
Docteur Alcide Treille, ancien sénateur, Oasis d'El Amri par Tolga, annexe de Biskra (Constantine).
M., Mme et Mlle P. Trémolières, 2, rue Affre à Paris.
Trémolières à Bouillac (Tarn-et-Garonne).
Docteur Trémoulet, à Saillenard (Saône-et-Loire).
Mlle Juliette Trépas, institutrice, 17, rue de Château-Landon à Paris.
Pierre Tresca, 3, rue Garibaldi à Lyon.
Commune de Trets (Bouches-duRhône).
Aristide Tribolet, instituteur à Velars-sur-Ouche (Côte-d'Or).
Commune de Trilport (Seine-et-Marne).
Jean Tristan, à Cardesse (Basses-Pyrénées).
Marie Tronchon, directrice d'école honoraire, 25, rue Masséna à Lyon.
Alphonse Troquet, instituteur à Saint-Maurice-sur-Fessard (Loiret).
Trotobas, notaire à Pierrefeu (Var).
J. Trystram, sénateur, président honoraire de la Chambre de Commerce de Dunkerque.
Léon Tubiana, employé de commerce, 9, rue Dar-Sées à Sousse (Tunisie)

U

MM.

Bernard Ufferte, maire de Cadours, président du Conseil d'arrondissement de Toulouse (Haute-Garonne).
Emile Uriot à Saint-Remimont (Vosges).
Commune d'Usson (Loire).

V

MM.

André Vacherot, notaire, 17, quai de la Bourse à Rouen.
Maurice Vachette, fabricant de quincaillerie, 60, rue de Charonne à Paris.
Vacher à Saint-Meine-les-Carrières (Charente).
Commune de Vacon (Meuse).
Mme Vve E. Vadot, M. A. Vadot, Mlles Marthe et Jeanne Vadot à Vimont (Calvados).

Alfred Vaillat, président de la Société des Anciens sous-officiers à Saint-Hippolyte-du-Fort (Gard).
Mlle Suzanne Vaisse, 34, rue de Serbie à Clermont-Ferrand.
Edouard Vaissier, industriel à Ballan (Indre-et-Loire).
Louis Vidal, propriétaire à Chéragas près Alger.
Julien Vaissière, pharmacien à Moux (Aude).
Valadon, directeur du Cinéma Familia, 1, rue Fructidor à Châlon-sur-Saône.
Emile Valarcher, joaillier-bijoutier, 110, boulevard Sébastopol à Paris.
Mme Vve de Valdahon de Suremain (et ses enfants) à Monthelie (Côte-d'Or).
Commune du Val-d'Ajol (Vosges).
Albert Valdenaire, maire, 5, Grande-Rue à Cornimont (Vosges).
Simon Valency, notaire à La Cambe (Calvados).
Valentin, facteur des Postes à Arlanc-bourg (Puy-de-Dôme).
Antoine Valezy, maire de Chalmazel (Loire).
Jules de Vallat, ancien maire du 6e arrondissement, 1, rue Madame à Paris.
Commune de Vallery (Yonne).
Jules Vallet, notaire, à Serrières (Ardèche).
René Vallette, directeur de la *Revue du Bas-Poitou*, maire de Saint-Germain-l'Aiguiller (Vendée).
Jean Valleur, fabricant de broderies à Montluel (Ain).
Emile Vallot, ingénieur, capitaine d'infanterie territoriale, 14, avenue Bosquet à Paris.
Henri Vallot, administrateur du *Bien public* à Dijon.
Mme Blanche Valloton-Warnery, 32, rue de Lausanne à Morges (Suisse).
G. Vancauvenberghe, membre de la Chambre de Commerce de Dunkerque.
Jules Vandier, maire de La Forestière (Marne).
Commune de Vandœuvre (Meurthe-et-Moselle).
D. Vanhamme, membre de la Chambre de Commerce de Dunkerque.
Bibliothèque municipale de Vannes.
Jean-Baptiste Vanot, conseiller municipal à Chissey-lès-Mâcon (Saône-et-Loire).
Alexandre Vaquant à Mairy-Mainville (Meurthe-et-Moselle).
Commune de Varaville (Calvados).
Roger des Varennes, directeur de *L'Agence Politique Républicaine*, 56, rue de Rome à Paris.
Henri Varlot, maire de Godoncourt (Vosges).
Louis Varnier, propriétaire à Humbécourt (Haute-Marne).
Pierre Vasilesco, ancien député roumain, au Grand-Palais, Nice.
André Vassoille, propriétaire, maire d'El-Kseur (Constantine).
E. Vatin, ancien trésorier-payeur général, 18, rue des Pyrénées à Toulouse.
Commune de Vauclerc (Marne).
Léon Vaudecrane, directeur de *L'Exportateur Français*, 24, boulevard des Italiens à Paris.
Le vicomte J. de Vaulogé, château de Sully par Bayeux (Calvados).
Paul Vavon, 48, rue du Théâtre à Paris.

Albert Vayssière, professeur à la Faculté des Sciences et directeur du Muséum, correspondant de l'Institut, 22, rue Croix-de-Régnier à Marseille.
Auguste Védrine, pharmacien à La Bourboule (Puy-de-Dôme).
Louis Vegrette, 73, rue Monge à Paris.
Pierre Veillet, instituteur public à Aziré (Vendée).
Commune de Velaine-sous-Amance (Meurthe-et-Moselle).
Emile Velle, maire de Thil (Meurthe-et-Moselle).
Commune de Velle-sur-Moselle (Meurthe-et-Moselle).
Commune de Venès (Tarn).
Commune de Veneux-Nadon (Seine-et-Marne).
Michel Venture, armateur, 63, boulevard des Dames à Marseille.
Pierre Verand, maire de Lurcy (Ain).
René Vercken, avocat, 49, rue Cambon à Paris.
Marquis de Verdalle, maire d'Auge (Creuse).
Adolphe Verdier, maire de Hiers-Brouage (Charente-Inférieure).
Virgile Verdy, directeur d'école, en retraite, à Alger.
Pauline Verger à Gemozac (Charente-Inférieure).
Pierre, Léon et Constant Vergnat à Saint-Remimont (Vosges).
Etienne Vergnaud, maire de Ligné (Charente).
Vergne, conservateur des Hypothèques, en retraite à Castelmoron-sur-Lot (Lot-et-Garonne).
François Vergnies, percepteur à Foix.
Alfred Verjus, membre de la Chambre de Commerce d'Annecy.
François Vermare, professeur d'école primaire supérieure, conseiller général du Rhône, 36, rue Raspail à Oullins (Rhône).
Mlle Lucie Vernet, 17, rue de l'Hôtel-de-Ville à Clermont-Ferrand.
Mme Caroline Vernet, journalière chez Mme Fabiani, 59 bis, cours Vitton à Lyon.
Charles Vernet à Arlanc (Puy-de-Dôme).
Vve A. Vernhes, 8, rue Pastourelle à Paris.
Gustave et Antoine Vernholes, 54, rue Jacob à Paris.
Léonard Verrier, 10, Grande-Rue à Nogent-sur-Marne (Seine).
André Verrier, 6, boulevard des Deux-Communes à Nogent-sur-Marne.
Adrien Verry, conseiller municipal à Friauville (Meurthe-et-Moselle).
Pierre Vert, professeur au collège de Sarlat (Dordogne).
Lieutenant G. Vert, Commissaire-Militaire adjoint à la gare de Toul.
J. Vétier, notaire honoraire, 128, avenue Mozart à Paris.
Commune de Veuvey-sur-Ouche (Côte-d'Or).
Raoul de Vexiau, conseiller général, maire de Réaumur (Vendée).
Mme Vézien, institutrice à Céaux-en-Loudun (Vienne).
Charles Vezin, entrepreneur de travaux publics, 20, rue Mogador à Paris.
Fidelin Vial, garde champêtre communal à Banon (Basses-Alpes).
L. Viala à Oran.
Baron de Vialar à La Chiffa (Alger).
Simon Vialet, maire de Vernoux (Ardèche).
Antoine Viallard, administrateur-liquidateur de Sociétés, 92, rue de Richelieu à Paris.
L. Viard, 93, avenue Ledru-Rollin à Paris.
A. Viard, conseiller d'arrondissement et Roger Viard, château de Noncourt par Poissons (Haute-Marne).

Léon Viaut, conseiller d'arrondissement, maire de Villeneuve-la-Guyara (Yonne).
Casimir Vic, maire de Sousceyrac (Lot).
Edmond Vidal, membre de la Chambre de Commerce de Carcassonne.
Jean Vidal, 17, boulevard Sébastopol à Nantes.
Joseph Vidal, négociant, 63, rue d'Isly à Alger.
P. Vidal, chef électricien à la Cie du Midi-Traction à Béziers (Hérault).
Docteur Léon Vidal, correspondant de l'Académie de Médecine à Hyères.
Vidal, au chemin de fer Kayes-Niger à Koulikoro (Haut-Sénégal).
Alexandre Vieux, homme de lettres, secrétaire de la *Ligue Française*, 12, rue du Général-Chanzy à Sfax.
Commune de Vieux-Mareuil (Dordogne).
Commune de Vieux-Rouen-sur-Bresle (Seine-Inférieure).
Docteur Vigenaud, maire de Clermont-Ferrand.
Ernest Vigereau, maire de Rosny-sur-Seine (Seine-et-Oise).
Martin Vigier, ancien député, maire de La Tour-d'Auvergne (Puy-de-Dôme).
B. Vignalou, juge de paix (et Mme), 15, rue Jeanne-d'Arc à Pau.
Félix Vigneron à Friauville (Meurthe-et-Moselle).
Vigneron, ingénieur-expert (et Mme), 2, rue Em.-Deschanel à Paris.
Commune de Vignoux-sous-les-Aix (Cher).
Jules Vigot, maire des Authieux-sur-Calonne (Calvados).
Jean Vigouroux à Buffiérettes (Cantal).
Jean Vigouroux, agriculteur-exploitant, propriétaire à La Souque (Aveyron).
François Vigué, magasinier-comptable aux Hauts Fourneaux de Tarascon (Ariège).
Pierre Viguié, garde champêtre à Rulhe (Aveyron).
François Vilard, maire de Saint-Cirq-Souillaguet (Lot).
Paul et Georges Villadère, industriels à Olliergues (Puy-de-Dôme).
Ed. Villaret, directeur de l'Atelier-Ecole d'apprentissage, mairie du XVIIe, 47, rue Navier à Paris.
Eugène Villars, maire de Monprimblanc (Gironde).
Commune de Villars-Fontaine (Côte-d'Or).
Pierre Ville, professeur honoraire de l'Université, villa du Pont-Patin à Coulanges-les-Nevers (Nièvre).
Jean Villebessey, maire de Doutreix (Creuse).
Comte de Villechaize, maire de Noirétable (Loire).
Commune de Villefranche-de-Rouergue (Aveyron).
Villemin à Saint-Remimont (Vosges).
Commune de Villemoiron (Aube).
Commune de Villeneuve-de-Berg (Ardèche).
Ch. Villepigue, 28, rue Stephenson à Paris.
Commune de Villeporcher (Loir-et-Cher).
Camille Villers, maire de Tourly (Oise).
Commune de Villers-Vicomte (Oise).
Capitaine P. Villesèque, 6e régiment de tirailleurs indigènes au Maroc.
Commune de Villiers-le-Bel (Seine-et-Oise).
Auguste Vimard, maire de Trouville-sur-Mer à Saint-Arnoult (Calvados).
Pierre Vinay, conseiller général, maire de Rive-de-Gier.

Docteur François Vincent, professeur agrégé, chirurgien des hôpitaux, médecin-chef de l'H. A. T., 2, quai Gailleton à Lyon.

Julien Vinet, président fondateur de la Mutuelle des Mutilés de guerre du dépôt du Cher « Aide et Protection », 11, rue Louis-Segret à Bourges.

Vintecq, Cie Générale Transatlantique, secrétaire général de la « Ligue Maritime française » à Tunis.

Léon Vion, instituteur à La Chapelle-Iger (Seine-et-Marne).

Alexandre Viot, maire de Basse-Goulaine (Loire-Inférieure).

Philippe et Jean Virey à Mâcon.

Mme Vve Vital-Mourre, 56, cours Lafayette à Toulon.

Commune de Vitrac-Saint-Vincent (Charente).

Commune de Vitteaux (Côte-d'Or).

Henri Vivarrat, gare de Poliénas (Isère).

Docteur Vivien (et Mme), à Sidi-Bel-Abbès (Algérie).

Arsène Vogoyeau, capitaine aviateur, commandant le Centre d'Aviation de Clermont-Ferrand.

A. Vogt, trésorier de la Chambre de Commerce française de Madrid.

C. et Berthe Voilgué à Saint-Remimont (Vosges).

Commune de Voisey (Haute-Marne).

Voisin, maire du Plessis-Bouchard (Seine-et-Oise).

Edouard Voisin, négociant en tissus à Saint-Sever (Calvados).

Mme Volkmann à Blida (Alger).

Volpellière, retraité des Eaux et Forêts à Meyruès (Lozère).

Voultoury, membre correspondant de la Chambre de Commerce de Limoges.

Commune de Vrocourt (Oise).

Henri Vuillaume, propriétaire à Moriville (Vosges).

M. et Mme Louis Vuillermoz à Chalesmes (Jura).

W

MM.

Paul Wahl, pharmacien (et Mme) à Plougasnou (Finistère).

Louis Warnery, maire de Badevel (Doubs) à Beaucourt (Haut-Rhin).

Emile et Mlles Marguerite et Germaine Warnery, Châlet Rubby, Château d'Oex (Suisse).

Emile Warnery-Schlumberger, ancien industriel (et Mme), Thenay (Ain) et Guebwiller (Alsace).

Arthur Watier, instituteur à Bonnet (Meuse).

Georges de Wattripont, maire de Roissy-en-Brie (Seine-et-Marne).

Félix Weber, ingénieur, 26, boulevard de Grenelle à Paris.

Victor Weis à Thil (Meurthe-et-Moselle).

Joseph Weiss, 26, rue de Charonne à Paris.

Fr. Wiechert, membre de la F. F. du C. J., rue Lamoricière, Maison Charbit à Tlemcen (Oran).

Eugène Wieczffinski, membre de la Chambre de Commerce de Saint-Nazaire.

Mme Marie Wirth à Saint-Remimont (Vosges).

Mme Pauline Woillet à Labry (Meurthe-et-Moselle).
Henri Wullschleger, graveur, 19, rue Bouchardon à Paris.

Y

MM.

Comte Raymond d'Yanville, conseiller général, maire de Grangues (Calvados).

Juan Baptista Ybañez Carles, Benlliure, 116, Pral. (Cabañal) à Valencia (Espagne).

Z

Mme Vve Zimmermann à Saint-Remimont (Vosges).
Emile Zimmermann, cultivateur à Otton (Meurthe-et-Moselle).

DEUXIÈME LISTE

A

MM.

Alary, secrétaire de la mairie de Touffailles (Tarn-et-Garonne).
Ville d'Alger.
Conseil Général d'Alger.
Anastay, membre correspondant de la Chambre de Commerce de Mostaganem à Inkermann (Algérie).
Mmes Baptistine et Mathilde Aubert à Roche-sous-le-Buis (Drôme).

B

MM.

Baillon, secrétaire de la bibliothèque scolaire à Avesnelles (Nord).
Simon Bakouche, propriétaire, 16, rue Rivière à Constantine.
Capitaine Antoine Balisoni, conseiller général, maire d'Olmeto (Corse).
Louis Balleroy père, fabricant de porcelaines, 35, faubourg d'Angoulême à Limoges.
Commune de Barbâtre (Vendée).
Bargeon-Bayle, limonadier à Arlanc (Puy-de-Dôme).
Mme Jean Bayard, industrielle, 7, rue Antoine-Marty à Carcassonne.
Jean Béal, pharmacien, 20, rue d'Orchies à Saint-Armand-les-Eaux (Nord).
Louis Bégué, industriel, place de la Préfecture à Foix.
Brahim Benkritly, négociant, membre de la Chambre de Commerce de Mostaganem (Algérie).
Théophile Benoît, directeur de l'Agence de la Société Générale, 1, avenue Carnot à Draguignan.
Bentayou, membre correspondant de la Chambre de Commerce de Mostaganem à Bouguirat (Algérie).
Berthault, président honoraire du Tribunal de Laon.
Berthot, receveur de l'enregistrement, en retraite à Champlitte (Haute-Saône).
Béthery, maire de Sarry (Yonne).
L. Bigot, conseiller municipal de Meursanges (Côte-d'Or).
Joseph Bigorre, minotier, membre de la Chambre de Commerce de Mostaganem à Tiaret (Algérie).

Marcel Boille, architecte, 37, rue Victor-Hugo à Tours.
Mme Vve Zoé Bonenfant, 3, Chemin de la Solidarité, Alger.
Mme Berthe Victor Boniard à Champlitte (Haute-Saône).
Michel Borg, négociant, 61, rue Saint-Thomas, La Floriane (Ile de Malte).
Commune de Bornel (Oise).
Bouteilloux, membre correspondant de la Chambre de Commerce de Limoges.
Pierre Boutin, maire de Saint-Maixent (Deux-Sèvres).
Arnaud Bouyssou, propriétaire à Roudayrou par Touffailles (Lot-et-Garonne).
Jean Bouyssou, notaire, 11, rue Denfert à Saint-Maixent (Deux-Sèvres).
Isaac Brami, négociant à Souk-el-Bey, Tunis.
Louis Brousse, commissionnaire en vins, vice-président de la Chambre de Commerce de Mostaganem.
Commune de Bucy-Saint-Liphard (Loiret).

C

MM.

Joseph Cadot, propriétaire à Beni-Mered (Algérie).
André Capmas, cultivateur, adjoint au maire de Touffailles (Tarn-et-Garonne).
Jos. Cauchi, négociant, 46, Strada Zecca, La Vallette (Ile de Malte).
L. Chaix, librairie-papeterie des Chemins de fer algériens, 11*bis*, rue d'Isly à Alger.
Chambre Mixte de Commerce et d'Agriculture du Centre à Sousse (Tunisie).
Commune de Changé de Laval (Mayenne).
Commune de Chaudevrolles (Haute-Loire).
Théodore Chaussinand, collecteur aux contributions diverses, 25, avenue Jules-Ferry à Tunis.
Fidèle Chauvin, à La Roche-sous-le-Buis (Drôme).
Mme Jeanne Chauvot, rentière à Berrouaghia (Alger).
Pierre Chazal, médecin major, 89, quai Pierre-Scize, Lyon.
Emile Chérau, maire de Bignon-Mirabeau (Loiret).
Henri Chomette, maire de Saint-Saturnin (Puy-de-Dôme).
A. Colleville, directeur d'école à Dives-sur-Mer (Calvados).
Emile Collin à Mairy-Mainville (Meurthe-et-Moselle).
F. Côme, cultivateur, maire de Haut-du-Them (Haute-Saône).
Georges Cosman, négociant, membre de la Chambre de Commerce de Mostaganem (Algérie).
Albert Cotté, maire de Tannerre-en-Puisaye (Yonne).
Jacques Courchinoux, maire d'Aïn-Abessa (Algérie).
Fernand Coustou, ingénieur à Alger.

D

MM.

Camille David, receveur des contributions indirectes, 109, Grande-Rue à Gérardmer (Vosges).

Gilbert Delamare, 82, rue de Varenne, Paris.

Docteur Emile Delmez à Saint-Nicolas-d'Aliermont (Seine-Inférieure).

Auguste Denis, entrepreneur, membre de la Chambre de Commerce de Mostaganem.

Maurice Desmoulin, vétérinaire, 26, rue du Clocher-Saint-Pierre à Douai (Nord).

Dony, membre de la Chambre de Commerce de Limoges.

André Dubrac, chirurgien-dentiste, 17, boulevard du Midi à Saint-Gaudens (Haute-Garonne).

Dubreuil-Baboreau, négociant en vins à Saint-Avertin (Indre-et-Loire).

Ducourtieux, membre correspondant de la Chambre de Commerce de Limoges.

Louis Duval, maire de Berville-sur-Seine (Seine-Inférieure).

E

MM.

Commune d'Egreville (Seine-et-Marne).

Edgard Eon, ancien président de la Chambre des Notaires de Nantes. 16, rue Gay-Lussac à Paris.

Ermant, sénateur, conseiller général, maire de Laon.

Louis Essirard, maire de Bucy-Saint-Liphard (Loiret).

F

MM.

Faure, maire de Chaudeyrolles (Haute-Loire).

J.-B. Ferrand, conseiller municipal de Meursanges (Côte-d'Or)

Emile Fléchel, cultivateur à Marlers (Somme).

Commune de Fontaines (Vendée).

Fournier, pharmacien à Champlitte (Haute-Saône).

Commune de Fraize (Vosges).

François Franceschi, chef cantonnier à Bou-Medfa (Alger)

Mme Frèrejacques, propriétaire à Champlitte (Haute-Saône).

René Fulconis, secrétaire général du Conseil Général d'Alger.

G

MM.

Garnier, secrétaire de la mairie de Fontaines (Vendée).

Aristide Gautier, industriel, membre de la Chambre de Commerce de Mostaganem.

Mme Lucie Georges-Zadès à Athènes (Grèce).
Joseph Gille, cafetier à Labry (Meurthe-et-Moselle).
Charles Glautenet, conseiller municipal de Meursanges (Côte-d'Or).
J. Glautenet, maire de Meursanges (Côte-d'Or).
Général F. Goiran, maire de Nice.
Joseph Guieu, conseiller municipal à Château-Arnoux (Basses-Alpes).
Alexis Guillet, négociant en grains, maire de Barbâtre (Vendée)
Ferdinand Guillet à La Fosse-Barbâtre (Vendée).
Roger Guillet à La Fosse-Barbâtre (Vendée).
Alexis Guillet à La Fosse-Barbâtre (Vendée).
Mme Andrée Guillot, institutrice à Thorey (Yonne).
Camille Gutzwiller, négociant en bois, 25, quai George V, Le Havre.

H

MM.

El Hadj Hassen Allal, membre de la Chambre de Commerce d'Oran.
Commune d'Hardanges (Mayenne).
Arthur Hardy, adjoint au maire de Rumesnil (Calvados).
Armand Haudricourt, propriétaire-viticulteur, membre de la Chambre de Commerce de Mostaganem.
Commune de Haut-du-Them (Haute-Saône).
Commune de l'Hillil (Oran).
L. Hippolyte, négociant, 15, rue Sadi-Carnot à Alger.
J.-Louis Hodé, maire de Saint-Herblon (Loire-Inférieure).
Holderer, membre correspondant de la Chambre de Commerce de Limoges.
Honnorat, maire de Saint-André de Méouilles (Basses-Alpes).
Mme Vve Léon Houssin, cultivatrice à Troisgots (Manche).
Antoine Huître, patron de douane, Caserne de la Douane, rue Berthezène à Alger.
Fernand Husson, secrétaire de mairie à Ambacourt (Vosges).

J

MM.

Jean-Baptiste Jailler, maire de Tours-sur-Meymont (Puy-de-Dôme).
Louis James, conseiller municipal à Chissy-lès-Mâcon (Saône-et-Loire).
F. Jamois (et Mme), tailleur-couturier ; R. Jamois, étudiant, 59, rue Rochechouart à Paris.
Louis Japy, filateur-tisseur à Valentignay (Doubs).
Docteur A Jeanne, chirurgien de l'Hospice Général, 14, rue des Carmes à Rouen.
Gustave Jobert, manufacturier en tabacs, Président de la Chambre de Commerce de Mostaganem.
Mme Ernestine Joly, institutrice à Saint-Cyr (Manche).
Mme Marthe Jouatel, institutrice publique à Origny-le-Roux (Orne).
Mme Paule Juillet de Saint Lager, 12, boulevard Bon-Accueil à Alger.

K

M. Hamadi Kazdali, négociant, membre de la Chambre de Commerce de Mostaganem.

L

MM.

Georges Labat, chef de la Sûreté à Constantine.
Commune de La Celle-sous-Chantemelle (Marne).
Lachaux, directeur de l'Ecole supérieure à Champlitte (Haute-Saône).
Edmond Lagrange, pharmacien à l'Isle-sur-Serein (Yonne).
Paul Lamouche, fondé de pouvoirs, 24, rue de la Liberté à Alger.
Commune de La Neuville-Garnier (Oise).
Ville de Laon.
Henry Lapeyre (et Mme), orfèvre, 49, rue Meslay à Paris.
* Jean Larré, maire d'Accous (Basses-Pyrénées).
Jean Lassalle, agriculteur, rue Amiral-Courbet à Casablanca (Maroc).
Pierre Lasserre, inspecteur primaire à Nontron (Dordogne).
Leclerc, maire de La Neuville-Garnier (Oise).
Octave Lecourt, épicier en gros, 15, rue Jean-Foriquet à Tours.
Gustave Ledun, capitaine au long cours, 9, rue Maupas à Fécamp (Seine-Inférieure).
Georges Lepeltier, brasseur, membre de la Chambre de Commerce de Saint-Nazaire.
Léon Lerebours, cultivateur à Troisgots (Manche).
Désiré Lerouxel, cultivateur, conseiller municipal de Troisgots (Manche).
Commune de Licey-sur-Vingeanne (Côte-d'Or).

M

MM.

Louis Magot, maire de Rudelles (Lot).
Théodore Malosse, professeur à la Faculté de Médecine, 64, rue Michelet à Alger.
Commune de Marault (Haute-Marne).
Louis Marc, notaire, 20, rue Saint-Dizier à Nancy.
Joseph Marchand à la Belletière, Nort-sur-Erdre (Loire-Inférieure).
Ferdinand Mariette, cultivateur à Toisgots (Manche).
Ch. Martin, conseiller municipal de Meursanges (Côte-d'Or).
Maudavy, membre de la Chambre de Commerce de Limoges.
Auguste Mayonobe, conseiller municipal d'Auzits (Aveyron).
Georges Meffre, horticulteur à Chéragas (Alger).
Félix Meurgey, industriel à Saint-Vinnemer par Tanlay (Yonne).
Commune de Meursanges (Côte-d'Or).

Stanislas Millot, capitaine de corvette, 111, rue Michelet à Alger.
Deny Mingret à Mâcon.
René Le Prévost de la Moissonnière-Cauvin, propriétaire-éleveur, château de Canteleu (Seine-Inférieure).
Désiré Monnier, entrepreneur de travaux publics, membre de la Chambre de Commerce de Mostaganem.
Docteur René Moreau à Sens.
Docteur Antoine Mosca, 20, rue de Constantine à Alger.
Aimable Mourocq, propriétaire-cultivateur à Troisgots (Manche).
Charles Mousset, maire de Chavigné (Deux-Sèvres).
Désiré Mullier, maire de Bulles (Oise).

N

MM.

Claude Nallet, adjoint au maire de Salavre (Ain).
Commune de Nalliers (Vendée).
L. Naudin, conseiller municipal de Meursanges (Côte d'Or).
Henri Negrel, armateur, trésorier de la Chambre de Commerce de Mostaganem.
Ville de Nice.
Paul Nicolardot, maire de Licey-sur-Vingeanne (Côte-d'Or).
Armand Niepceron, président de la Chambre syndicale de la boulangerie 17, place du Palais à Tours.

O

Édouard Olin, décorateur, 44, boulevard Gambetta à Nice.

P

MM.

Désiré Patin, propriétaire-cultivateur à Troisgots (Manche).
Docteur Pédro A. Nolasco da Cunha, 102, Avenido Rio-Branco à Rio-de-Janeiro (Brésil).
Edmond Pélissier, négociant, 87, rue de Constantine à Alger.
Ferdinand Perrot, conseiller municipal de Verneuil-sur-Seine (Seine-et-Oise).
Commune de Pexonne (Meurthe-et-Moselle).
Albin Pontois, entrepreneur de travaux publics à Berre (Bouches-du-Rhône).
Cl. Poupon, conseiller municipal de Meursanges (Côte-d'Or).

R

MM.

Emile Rainaud (et Mme), instituteurs à Saint-Ciers-sur-Bonnieure (Charente).

Commune de Rhodon (Loir-et-Cher).

Mme Angèle Charles-Robert, 23, avenue Pasteur à Alger.

Commune de Rocquemont (Seine-Inférieure).

M. Rousseau, instituteur public à Changé-lès-Laval (Mayenne).

L. Rouxel, Président du Syndicat des Courtiers-représentants de l'alimentation, 42, rue Marceau à Tours.

Ruffio, membre de la Chambre de Commerce de Limoges.

S

MM.

Commune de Saint-André-de-Méouilles (Basses-Alpes).

A. Sainte Luce Banchelin, professeur au Lycée Carnot à La Pointe à Pître (Guadeloupe).

Ville de Saint-Maixent (Deux-Sèvres).

Jean Salom, horticulteur, à Djenen-es-Saouda, El-Biar (Alger).

Salmon, secrétaire de la mairie de Saint-Maixent (Deux-Sèvres).

Moïse Samama, négociant à Souk-el-Bey, Tunis.

Commune de Sarry (Yonne).

Gaget-Saulé, courtier de commerce, 50, rue Giraudeau à Tours.

Louis Saury, fabricant de pâtes alimentaires à La Calle (Constantine).

Mme Laure Joseph Sellier, 8, rue Barbès à Alger.

Mme Amélie Sisco, 11, rue Berthezène à Alger.

Société Nationale d'Horticulture de France, 84, rue de Grenelle à Paris.

T

MM.

Commune de Tonnerre-en-Puisaye (Yonne).

Commune de Touffailles (Lot-et-Garonne).

Arsène Tourgis, bouilleur de crû à Troisgots (Manche).

Mme Vve Marie Tourgis, cultivatrice à Troisgots (Manche).

V

Mme Blanche Vallotton-Warnery, 32, rue de Lausanne à Morges (Suisse).

Docteur Emile Vaquier, maire de Castels (Dordogne).

Commune de Varzy (Nièvre).

Commune de Vauréal (Seine-et-Oise).
Marcelin Vayssières, propriétaire à Larrien par Touffailles (Tarn-et-Garonne).
Balthazard Verdeirenq, maire d'Aups (Var).
Commune de Verneuil-sur-Seine (Seine-et-Oise).

W

Docteur Gaston Walch, chirurgien des Hôpitaux, 19, place de l'Hôtel-de-Ville, Le Havre.

TABLE

	Pages
En ce Livre d'Hommage	10
Écrits pour la Postérité	11
Une Page de Clémenceau.	13
Documents et Pages d'Histoire	89
Les Heures graves	91
Les Heures tragiques	115
Les Heures décisives	151
Les Heures triomphales	173
Quelques Télégrammes, Messages et Adresses de Félicitations au Président du « Ministère de la Victoire » et aux Armées	225
. . . . Et l'on écrivait dans la Presse	285
Des Noms	311
Première Liste	312
Deuxième Liste	390

J. CUSSAC, IMP.
40, RUE DE REUILLY, 40
PARIS

Lightning Source UK Ltd.
Milton Keynes UK
UKHW020630200621
385805UK00005B/431